国际贸易理论

主　　编　龙游宇　许抄军
副 主 编　程　杨　付　永　吕　颖
　　　　　龚中纯　江　群
参　　编　田苗苗　纪向岚　何世明
　　　　　钟显龙　刘红英

北京理工大学出版社
BEIJING INSTITUTE OF TECHNOLOGY PRESS

内 容 简 介

本书分四大部分共14章，首先讲述国际贸易理论的产生和发展，然后讲述国际贸易政策，再分析国际贸易的影响，最后介绍国际贸易的新发展。全书内容充实、新颖和易读，注重对学生实践实训能力的培养。

本书可供地方本科院校经济管理类专业本科生使用，也可供高职高专院校学生使用。

图书在版编目（CIP）数据

国际贸易理论/龙游宇，许抄军主编．—北京：北京理工大学出版社，2017.3
ISBN 978-7-5682-3804-5

Ⅰ．①国… Ⅱ．①龙… ②许… Ⅲ．①国际贸易理论 Ⅳ．①F740

中国版本图书馆CIP数据核字（2017）第047696号

出版发行／北京理工大学出版社有限责任公司
社　　址／北京市海淀区中关村南大街5号
邮　　编／100081
电　　话／（010）68914775（总编室）
（010）82562903（教材售后服务热线）
（010）68948351（其他图书服务热线）
网　　址／http：//www.bitpress.com.cn
经　　销／全国各地新华书店
印　　刷／北京紫瑞利印刷有限公司
开　　本／787毫米×1092毫米　1/16
印　　张／18.5
字　　数／449千字
版　　次／2017年3月第1版　2017年3月第1次印刷
定　　价／65.80元

责任编辑／刘永兵
文案编辑／赵　轩
责任校对／周瑞红
责任印制／李志强

图书出现印装质量问题，请拨打售后服务热线，本社负责调换

前　言

2000多年前，欧亚大陆上勤劳勇敢的人民探索出多条连接亚欧非几大文明的贸易和人文交流的“丝绸之路”。千百年来，“和平合作、开放包容、互学互鉴、互利共赢”的丝绸之路精神推动着人类文明不断进步。进入21世纪以来，全球经济复苏乏力、国际和地区问题纷繁复杂，传承和弘扬丝绸之路精神更显得重要和珍贵。2013年9月和10月，国家主席习近平在出访中亚和东南亚期间，先后提出共建“丝绸之路经济带”和“21世纪海上丝绸之路”（简称“一带一路”）的重大倡议。这是一项有利于促进世界和平发展、造福世界各国人民的伟大事业。这一事业需要各类人才的共同努力，特别是国际经济与贸易专业的人才。

我国在“十三五”规划中提出“开放发展”的理念（五大发展理念之一），极大地丰富了对外开放内涵，对进一步推动实现合作共赢，解决好发展中的内外联动问题有重要意义，也必将极大地提升对外开放水平，为发展注入新动力、增添新活力、拓展新空间。“开放发展”是时代的潮流，是国家繁荣发展的必由之路。新时代的“开放发展”更需要培养新型的国际贸易人才。事实上，20世纪末以来，随着WTO的成立和跨境电商的发展，国际贸易对世界经济发展的促进作用日益显著，国际贸易的发展也开始发生深刻的变化，对国际经济与贸易专业的人才培养也提出了新要求。本书正是在这一历史背景下编撰的，目的就是探索一条培养地方应用型人才的道路。

本书有两大特色：一是“实”，二是“新”。“实”包含了“充实”和“实用”两层意思。“充实”指的是内容充实，本书的编写原则是将主要知识列入正文，将相关知识列入链接，努力保持理论体系相对完善、知识内容相对完整。内容充实就是为了实用，而实用是本书编写的重要指导思想。由于本书入编的知识点充实，保证了其具有更广的适用面，所以本书能够同时满足不同层次的本科教学的需求，专科教学可以根据实际情况选讲部分内容。实用性还体现在本书的作业丰富，可以满足自我学习和提升的需要。“新”指的是体系新和资料新。在体系上，本书介绍了国际贸易的最新发展，将当前全球关注的国际贸易的热点包括进来，如跨太平洋伙伴关系协定（TPP）、WTO 贸易便利化协定（TFA）等；在资料收集上，尽量收集最新资料，包括最新的数据和案例，让学生在学习中能够把握当前国际贸易的新特征。

本书注重理论和实践相结合，注重对学生实践动手能力的培养。在理论上，力求通俗易懂、重点突出；在能力培养上，突出对实践的指导，力求实用、易懂。本书特别强化了课后练习，将其分为课堂讨论、复习思考题和课外实训，目的是进一步培养学生深入探索能力和实践能力，以更好地适应社会经济发展的需要。本书在编写过程中还加入一些提示和知识链接，丰富了案例内容，使本书更具有趣味性和可读性。

本书主要面向地方本科院校的经济管理类专业的本科生，用以满足地方本科院校的教学需要，也可作为其他本科院校相关专业的教学参考书，还可以满足高职高专等职业技术教育相关专业的教学需求。

本书分四大部分共 14 章。第一部分讲述国际贸易理论的产生和发展，包括第一章导论（龙游宇编写），第二章古典国际贸易理论（付永、田苗苗编写），第三章新古典国际贸易理论（江群编写），第四章当代国际贸易理论（许抄军编写）；第二部分讲述国际贸易政策，包括第五章国际贸易政策概述（纪向岚编写），第六章关税壁垒（程杨编写），第七章非关税壁垒（何世明编写），第八章出口促进政策（龚中纯编写），第九章战略性贸易政策（田苗苗编写）；第三部分讲述国际贸易的影响，包括第十章跨国公司与国际贸易（钟显龙编写），第十一章区域经济一体化与国际贸易（吕颖编写），第十二章国际贸易与环境（钟显龙编写）；第四部分讲述国际贸易的新发展，包括第十三章国际服务贸易（刘红英编写），第十四章国际贸易新格局（许抄军、龙游宇编写）。

本书由龙游宇、许抄军、程杨和付永共同商议拟定大纲，由龙游宇负责统稿和定稿。

本书编写过程中参考和吸收了有关专家和学者的最新研究成果，韶关学院经济管理学院、岭南师范学院商学院和北京交通运输职业学院的教师和领导给予了大力支持和帮助，在此一并表示诚挚的谢意。

由于编者水平有限，书中若有不当之处，真诚地希望各位同人提出宝贵意见。

编　者

目　录

第一章

导论

★学习目标

了解国际贸易产生与发展的过程；熟悉并掌握国际贸易的类型；熟悉和掌握当代国际贸易的特点。

重点：理解国际贸易的基本概念，把握国际贸易与资本主义生产方式的关系。

难点：通过对国际贸易的产生和发展的学习，理解当代国际贸易与传统国际贸易的差异。

★引例

加纳和韩国为什么出现这么大的差距？

1970 年，加纳人均 GDP 大约为 250 美元，韩国为 260 美元，两国的生活水平大致相同。1992 年，加纳人均 GDP 上升到 450 美元，而韩国则高达 6 790 美元。为什么会有这么大的差距？加纳人均 GDP 在 1968—1988 年增长率仅为 1.5%，1988—1992 年仅为 0.1%。相反，1968—1992 年韩国人均 GDP 则以 9% 的增长率快速增加，最终形成了两国之间的巨大差异。两国政府对国际贸易的态度虽不能全部解释其原因，但也可以部分说明问题。世界银行的一项研究表明，韩国政府特别支持国际贸易，而加纳政府却不鼓励本国的生产商参与国际贸易。

加纳曾是英国在西非的殖民地之一，于 1957 年获得独立，第一任总统是克瓦米·恩克鲁玛。加纳拥有适宜的气候、肥沃的土壤和便利的海运航线，这一切都决定了其在可可（世界三大饮料植物之一，原产美洲热带，可做饮料和巧克力糖，营养丰富，味醇且香）生产方面具有绝对优势，是世界上最适宜种植可可的国家。1957 年，加纳是世界最大的可可生产国和出口国。加纳独立后，新政府成立了一个由国家控制的可可推销委员会，它有权确定可可的价格，并且被指定为加纳生产的可可的唯一购买者。该委员会压低可可的收购价格，以市场价格在国际市场上出售，收支差额进入国库作为国有化和工业化的资金。1963—

1979 年，可可推销委员会收购可可的价格增长率远低于同期物价上涨水平，致使加纳农民放弃了可可种植，转而生产一些在国内市场可以销售出去的基本粮食作物。这样，加纳的可可生产和出口锐减 1/3 以上。与此同时，加纳政府依靠国有企业建立国家工业基础的努力也宣告失败，加纳出口收入的锐减使其经济陷入衰退。加纳作为非洲最繁荣的国家之一逐步变成世界最贫穷的国家之一，这无疑是一场灾难。究其原因在于，该国在独立后采取的内向型贸易政策，对很多进口产品征收关税，实行进口替代政策以促进本国在某些制成品方面的自给自足，并且采取了阻止本国企业进行出口贸易的政策，从而使资源转向没有优势的领域。

而韩国则采用了“极为外向型”贸易政策，韩国政府强调对制成品进口设置低障碍（对农产品不同），并采取刺激措施鼓励韩国公司从事进出口贸易。从 20 世纪 50 年代后期开始，韩国政府逐渐将进口关税的平均水平从进口产品价格的 60% 降低到 80 年代中期的 20% 以下，并将大多数非农产品的进口关税降为零。受进口配额限制的产品数目从 50 年代后期的 90% 以上减少到 80 年代初的零。韩国政府给出口商的补贴也从 50 年代后期的占销售价格的 80% 逐渐下降到 1965 年的不到 20%，到 1984 年则不给予补贴。除农业部门（其游说集团强烈要求对农产品实施进口限制）以外，韩国贸易政策逐渐向自由贸易方向发展。在这一过程中，韩国的资源都是从低生产率部门向高生产率部门流动，即先从农业部门流向纺织、服装等劳动密集型企业，20 世纪初开始向汽车、家电等资本密集型产业流动。50 年代后期，其 77% 的劳动力在农业部门，进入 21 世纪以来，农业部门的劳动力不到 20%。同时，制造业在 GDP 中所占比重也从不足 10% 上升到 30% 以上，GDP 年增长率超过 9%。这使得韩国发生了巨大的变化。

显然，加纳和韩国在起步相同的情况下，由于对待国际贸易的态度和政策不同，在 30 年后呈现出完全不同的结果：一个步入中等发达国家行列，一个仍在贫困边缘挣扎。可见，国际贸易对于经济发展多么重要。通过本章的学习，我们应了解什么是国际贸易，国际贸易是怎么产生和演变的，以及当前国际贸易的特点有哪些。

国际贸易（International Trade）是指不同的国家（地区）之间的商品和劳务交换活动，反映出不同国家之间的分工形式和相互依赖关系。应该说，从相对独立的氏族部落产生起，国际贸易的雏形就形成了，直到国家的出现，特别是国家设立贸易通关许可后，国际贸易有了正式形态。显然，国际贸易的产生和发展是人类生产力发展的结果。社会生产力的发展，不仅促进了商品生产和商品交换的产生和发展，而且促进了私有制和国家的产生和发展，从而促进了国际贸易的产生和发展。国际贸易的发展又进一步促进了资本主义生产方式的产生和发展，对世界各国经济发展产生了巨大推动作用。

第二次世界大战以后，特别是 20 世纪 80 年代以来，随着世界政治、经济情况的变化，国际贸易的发展出现了许多新的特点，国际贸易在世界各国经济社会中的地位和作用显得越来越重要。新世纪以来，随着电子商务的应用和普及，国际贸易理论开始向跨境电商发展，传统的国际贸易理论开始面临新的考验。学习国际贸易产生和发展的历程所涉及的理论及诸多基本概念，对于学习和掌握国际贸易理论具有重要意义。

第一节　国际贸易的产生与发展

国际贸易最初作为国家或地区之间单纯的商品交换活动是伴随着人类社会生产力的发展而产生的。其产生的条件有两个：一是阶级和国家的产生；二是商品生产的出现。因此，从根本上讲，人类社会生产力的发展和社会分工是国际贸易产生和发展的基础。

一、国际贸易的产生

国际贸易属于历史范畴，是在一定的历史条件下产生和发展起来的，它是人类社会生产力发展到一定阶段的产物。国际贸易的产生必须同时具备两个基本条件：一是生产力发展到一定的水平，有可以供各国之间交换的剩余产品；二是社会分工的扩大和社会经济实体即国家的存在。从根本上说，社会生产力的发展和社会分工的扩大是国际贸易产生和发展的基础。

当人类还处在原始社会初期的时候，生产力水平十分低下，没有剩余产品，没有私有制，也没有阶级和国家。人们生活在原始共产主义社会里，实行平均分配制度，没有交换活动，更谈不上国际贸易。原始社会后期，人类社会出现了第一次社会大分工，畜牧业逐渐从农业中分离出来。社会分工促进了生产力的发展，产品有了剩余，于是在氏族之间、部落边缘发生剩余产品的交换。生产力的发展促进了手工业从农业中分离，人类社会出现了第二次社会大分工。手工业的出现，产生了以直接交换为目的的商品生产，促进了交换的发展。第三次社会大分工出现后，专门从事贸易的商人产生，商品交换得到进一步发展。但是，因为还没有产生私有制和国家，这时的商品交换只能是氏族公社之间和部落之间的贸易活动，属于地域之间的贸易。

人类社会生产力的发展进一步促进了社会分工的发展，而社会分工发展的直接结果是私有制、阶级和国家的产生。恩格斯在论述私有制、阶级和国家产生的直接原因时明确指出，原始社会的“生产在本质上是共同的生产”，“但是，分工慢慢地侵入了这种生产过程。它破坏生产和占有的共同性，它使个人占有成为占优势的规则”①，“氏族制度已经过时了，它被分工及其后果即社会之分裂为阶级所炸毁。它被国家代替了”。② 国家的产生是原始社会结束、阶级社会形成的标志，国家的产生将人类历史推进到阶级社会。国家产生以后，商品流通超出国界便产生了国际贸易。奴隶社会和封建社会相比原始社会，虽然生产力有了很大发展，但是从生产力发展的历史看，还是处于比较低级的状态，自然经济仍然占据统治地位。所以各国对外贸易发展很慢，对外贸易的领域仍然是局部的、区域性的，对外贸易的内容仅限于各种奢侈品。在奴隶社会时期，对外贸易的国家主要有欧洲的威尼斯、希腊、罗马等，我国夏商时代主要集中在黄河流域。在封建社会早期阶段，对外贸易主要集中在地中海东部。后来，新航路的开辟使贸易范围迅速扩大，世界市场开始真正形成。欧洲和亚洲、非洲、美洲之间形成了直接的贸易往来，从此，原来局部、孤立的地区被卷入世界范围的经济贸易体系中。世界的重要商路也从地中海转移到大西洋沿岸，地中海在国际贸易中的地位一

① 《马克思恩格斯选集》第四卷，北京：人民出版社，1972 年版，第 170 页。

② 《马克思恩格斯选集》第四卷，北京：人民出版社，1972 年版，第 165 页。

落千丈，意大利的威尼斯、热那亚等城市的商业地位也不得不让位于大西洋沿岸的里斯本、塞维利亚、安特卫普和伦敦。到16世纪，尼德兰的安特卫普已成为世界贸易的中心。我国对外贸易开始于公元前2世纪的西汉。中国的茶叶、丝绸经“丝绸之路”运往中东和欧洲。明朝郑和七次下西洋，扩大了中国的海上贸易，促进了我国与欧洲及世界各国的贸易往来。

二、资本主义生产方式与国际贸易的发展

国际贸易的产生与发展，促进了资本主义生产关系的产生。资本主义生产关系的确立必须具备劳动力、资本和市场三个要素。国际贸易促进了资本的原始积累，从而为资本主义生产方式提供了劳动力、资本和市场。资本主义的原始积累最典型的形式是“圈地运动”、贩卖黑奴和对殖民地掠夺。“圈地运动”不但使英国新兴资产阶级出口羊毛和毛纺制品赚取大量利润，而且为他们提供了大量的劳动力。对殖民地的掠夺使资本家手里集中了大量的货币资本。新航路的开辟，促进了世界贸易的发展，在欧洲引起了“商业革命”和“价格革命”，促进了欧洲封建社会的解体。“美洲的发现，绕过非洲的航行，给新兴的资产阶级开辟了新的活动场所。”[①] 非洲和拉丁美洲广大地区都卷进世界市场中，既成为资本主义国家的商品销售市场，又成为它们的商品原料产地。市场的扩大不但使欧洲市场上有了世界各地的商品，而且世界各地对欧洲商品的需求也急剧增长。传统的封建行会的手工业生产经营方式已无法适应新的市场需求，于是，萌芽中的资本主义手工工场迅速发展起来。同时，新航路的发现，使欧洲殖民者掠夺了大量的金银，引起了物价的飞速上涨，致使城乡雇佣劳动者破产，收取定额货币地租的封建地主也受到损失，但却大大有利于新兴资产阶级。马克思指出：“美洲金银产地的发现，土著居民的被歼灭、被奴役和被埋葬于矿井，对东印度开始进行的征服和掠夺，非洲变成商业性地猎获黑人的场所：这一切标志着资本主义生产时代的曙光。”[②] 由此可见，国际贸易的产生和发展是资本主义生产方式产生的必要条件，而资本主义生产方式产生的根本原因是社会生产力的发展引起生产关系变革的结果，即生产力与生产关系矛盾运动的结果。

1. 资本主义生产方式准备时期的国际贸易

马克思在《资本论》中说：“资本主义社会的经济结构是从封建社会的经济结构中产生的。后者的解体使前者的要素得到解放。”[③] 14—15世纪，欧洲地中海沿岸的一些发达城市（主要是威尼斯、热那亚、佛罗伦萨等），在织布、采矿、冶铁等行业已经产生了资本主义的萌芽，但资本主义真正的发展却是从16世纪开始的。16—18世纪是西欧各国封建制度瓦解的时期，也是资本原始积累和资本主义工场手工业发展的时期。在这一时期，由于欧洲城市的不断兴起，城市手工业得以迅速发展，商品经济取得了很大的进步，国际贸易发展的物质基础得到夯实。同时，地理大发现所带来的殖民制度的建立和海外贸易公司的出现更使得国际贸易的范围和规模空前扩大。

15世纪以前，东方出产的香料、珠宝、丝绸等由波斯人、阿拉伯人、东罗马人运到地中海东岸，再转运到欧洲其他地方。意大利威尼斯人一度垄断了欧洲与亚洲之间的香料贸

① 《马克思恩格斯选集》第一卷，北京：人民出版社，1972年版，第252页。
② 《马克思恩格斯选集》第二卷，北京：人民出版社，1972年版，第255页。
③ 《马克思恩格斯全集》第二十三卷，北京：人民出版社，1975年版，第783页。

易。1453 年，东罗马帝国首府君士坦丁堡被奥斯曼土耳其人攻陷，欧洲人从此不能再像他们的先辈那样通过波斯湾前往印度及中国获得他们日益依赖且需求量巨大的香料，他们必须找到一条新的贸易路线，直接从香料群岛获得香料资源。葡萄牙首先发起了大规模的航海探险活动。15 世纪早期，航海家恩里克王子创办地理研究机构，组织了多次前往非洲西岸的探险活动，先后发现了马德拉岛、佛得角群岛，并从直布罗陀出发，沿非洲西海岸到达几内亚湾。在葡萄牙人探寻新航路的同时，西班牙统治者也极力从事海外扩张。哥伦布发现美洲，就是这种扩张的最重要收获。哥伦布相信大地球形说，认为从欧洲西航可到达东方的印度和中国，哥伦布的西航计划得到西班牙国王和王后的支持。1492 年，他携带西班牙国王和王后致中国皇帝的国书，率领船队从帕洛斯港出发，经加那利群岛向西航行，先后到达巴哈马群岛和古巴、海地等。但是，哥伦布误以为巴哈马群岛是印度的辖地，把当地土著居民称为印第安人，并误认为古巴是中国的一个省。1493—1496 年、1498—1500 年和 1502—1504 年，哥伦布又分别进行了第二、第三和第四次航行，先后发现了多米尼加、波多黎各、牙买加、特立尼达等岛屿，并且由洪都拉斯航行到巴拿马的海岸。第三次航行中在帕里亚湾首次登上美洲大陆。哥伦布至死也没意识到，他发现的这些地方并非中国和印度。后来，意大利探险家亚美利哥·韦斯普奇到达美洲，才认识到这是一块新大陆。在意识到大西洋西岸的陆地并非亚洲而是一块新大陆后，人们的地理视野扩大了。1513 年，西班牙探险家巴尔鲍亚越过巴拿马海峡，看到了西南面的大海，他把这片海域称为“南海”（今太平洋）。为了到达亚洲，人们努力寻找沟通大西洋和“南海”的海峡，或者像好望角那样的地角。基于这种愿望，葡萄牙航海家麦哲伦在西班牙国王查理一世的支持下，开始了新的航海探险活动。麦哲伦曾经参加葡萄牙远征队，到过非洲、印度、苏门答腊、爪哇、班达群岛和马六甲海峡等。他相信大地球形说。1519 年麦哲伦率船队从西班牙的桑卢卡尔港出发，经加那利群岛，到达南美东岸以后沿海南下，在南美大陆和火地岛之间穿过后来以他的名字命名的海峡，进入“南海”，初向西北，后向西航行。船队在航行中从未遇到风暴，于是把该海域称为太平洋。1521 年船队到达菲律宾群岛，麦哲伦在与当地土著人的冲突中被杀。1522 年麦哲伦船队仅存的“维多利亚”号返回桑卢卡尔港，完成环球航行。

欧洲直通印度新航线的开通和美洲大陆的发现，以及环球航行的成功，使英国的对外贸易迅速增长，进一步刺激了英国羊毛出口业和毛织业的发展。羊毛价格不断上涨，养羊业成为利润丰厚的行业，往往 10 英亩①牧场的收益便超过 20 英亩的耕地。英国圈地运动最早从工商业较发达的东南部农村开始，地主贵族最初圈占公有地，后来圈占小佃农的租地和公簿持有农的份地。在宗教改革中，国王把没收的教会领地赐给亲信宠臣，或卖给乡绅、土地投机家、市民、商人和工场主，他们变成新贵族，也大规模地圈占农民土地。根据 1630 年和 1631 年的调查报告，莱斯特郡在两年内圈地 10 万英亩，约占该郡土地的 2%。大部分圈占地变成牧场，主要的圈占者是乡绅。1485—1550 年，莱斯特郡的圈地面积占圈地总面积的 60%，大批农民被迫出卖土地，或远走他乡，或到处流浪，陷于极端悲惨的境地，莫尔在《乌托邦》中辛辣地指责这是“羊吃人”。

地理大发现开辟的新航路引起了所谓的“商业革命”，扩大了世界各地区、各民族之间的经济和文化交流，促进了各国之间文化与科技的融合，欧洲同非洲、亚洲之间的贸易规模

① 1 英亩 =4 046. 856 平方米。

扩大，同美洲开始形成紧密的经济联系，世界各国、各地区的商品逐渐在欧洲市场上出现。欧洲的商路和贸易中心随之从地中海转移到大西洋沿岸，意大利的商品贸易垄断地位逐渐被葡萄牙和西班牙、尼德兰和英国取代。由于西方殖民者的掠夺，大量的贵金属源源不断地涌入欧洲，造成了金银价值下降，物价猛涨引起了“价格革命”。在“价格革命”的过程中，新兴的工商业资产阶级获得暴利，封建地主势力不断衰落，劳动者的生活日益贫困。商业革命和价格革命加速了欧洲封建制度的衰落和资本主义的发展。

地理大发现使欧洲人沿着通往亚洲和美洲的新航线大力开展海外贸易，加速了资本的原始积累，促使世界市场形成，推动了世界贸易规模的急剧扩大。西欧各国纷纷走上向亚洲、非洲和拉丁美洲扩张的道路，开始进行殖民和血腥的资本原始积累。

2. 自由竞争时期国际贸易的发展

从16世纪起，资本主义生产方式就在西欧各国逐步发展，但仍受到封建制度的种种束缚，自给自足的自然经济仍然居于统治地位，自由竞争尚未成为普遍的、占统治地位的经济现象。自由资本主义作为人类社会发展中的一个历史阶段，它的产生是以封建王朝的崩溃和资产阶级政权的建立为标志的。从这个意义上说，17世纪英国资产阶级革命的胜利具有划时代的意义，它标志着人类进入自由资本主义的历史时期。继英国资产阶级革命之后，美国和法国相继爆发资产阶级革命，资本主义制度从欧洲扩展到美洲和世界各地，形成资本主义世界体系。

资产阶级革命的胜利，为自由竞争的迅速发展创造了有利的条件。主要表现在：①废除了封建土地所有制和人身依附关系，为资本主义的发展提供了必要的劳动力；②结束了封建割据的局面，取消了封建的行会制度，实行了统一的度量衡和货币制度，促进了国内市场自由竞争的发展；③资产阶级成为社会的统治阶级，颁布和施行各种有利于资本主义发展的法律和政策，保证了资本主义竞争的迅速发展。正如马克思所说：“资本的统治是自由竞争的前提，就像罗马的皇帝专制政体是自由的罗马‘私法’的前提一样。”[①]

在自由资本主义阶段，资产阶级提倡经济自由主义或自由放任主义，强烈要求实行完全的自由竞争政策，反对封建割据和闭关自守，主张国家不干预经济生活。在政治上，他们提出“自由”“平等”“博爱”的口号，要求建立资产阶级民主共和制。在文化方面，他们积极发展近代的文化、艺术，普及和提高教育，特别是大力推动科学技术的发展，奖励发明创造。这些措施对冲破封建主义的束缚、推动资本主义经济的发展起到促进作用。

自由竞争促进了资本主义生产的发展，这一进步的历史作用突出地表现在以机器生产代替手工劳动、以机器大工厂代替手工工场的产业革命过程中。产业革命为资本主义生产创造了现代化的技术基础，使资本主义社会的生产力获得空前的提高。可见，处于自由竞争阶段的资本主义属于向上发展时期，它的生产关系基本上是适合生产力发展要求的。

自由竞争资本主义时期的国际贸易在各方面都发生了显著的变化，有如下特点：

首先，国际贸易量增长迅速，商品的种类越来越多，商品的结构不断变化。从1720年到1800年，国际贸易总量在80年内增长了1倍。1800年以后，国际贸易增长明显加快，到1880年，国际贸易增长了13倍多。同时，贸易商品结构开始发生变化：①贸易中出现了织布机、纺织机、船舶和机床等机器设备；②随着贸易商品的数量和种类在不断增加，传统的

① 《马克思恩格斯全集》第四卷（下），北京：人民出版社，1998年版，第160页。

大宗商品如香料、茶叶、丝绸和咖啡等，在国际贸易总量中所占的比重逐步下降，纺织品贸易则迅速增加，占据优势地位；③棉花、羊毛、煤炭、钢铁、石油等原料和工业制成品成为大宗交易商品。

其次，英国成为国际贸易中心，国际贸易被英国、法国、德国、美国、俄国等几个主要资本主义国家垄断。在资本主义自由竞争时期，殖民地日益成为资本主义宗主国的销售市场和原料基地，形成了不合理的国际分工，国际贸易中的斗争也日趋激烈。英国是工业革命的先驱，倚仗工业革命形成的雄厚技术基础，取得了世界工业霸权地位，成为“世界工厂”。工业霸权带来了商业上的霸权，1880 年，这五个国家的贸易额占国际贸易总额的 54.9%，其中英国在国际贸易中的比重高达 20.8%，是世界上最大的贸易国。

最后，国际贸易方式有了进步，国际贸易组织机构纷纷建立，国家之间的贸易条约关系也逐渐建立起来。随着贸易规模的扩大，一方面，国际贸易的组织机构日趋专业化，出现了许多专门经营某一种或某一类商品的贸易企业，商品交易所、样品展览会等期货交易方式逐步取代了现场看货交易；另一方面，运输业、保险业、银行业等在国际贸易中也得到广泛运用，出现了专门的运输公司、保险公司等，国际信贷也逐步发展起来，各种票据及汇票等开始广泛流行。此外，为了保持在世界市场上占有的份额，稳定贸易渠道，协调国家之间的贸易关系或争取到贸易国的优惠待遇，国家之间开始签订贸易条约，通过贸易条约来规定缔约国双方在贸易、航海、商品进出口、转口和关税上的权利和义务。协议形式的普遍发展也保障了各国的贸易利益，使国际贸易能够迅速稳定地发展。

3. 垄断资本主义时期的国际贸易

19 世纪 70 年代以后，资本主义自由竞争阶段逐渐向垄断阶段过渡，到 19 世纪末 20 世纪初，资本主义发展到帝国主义阶段。19 世纪末，第二次科技革命（工业革命）蓬勃发展起来，人类从蒸汽机时代进入电气时代。新的科学技术广泛地应用于生产，促进了钢铁、汽车、石油、电力等新兴工业的蓬勃发展。科技和工业的发展也促进了交通运输业的发展，使铁路运输得到普及，海运速度提升、运费下降，为进一步扩大资本输出、开拓市场、掠夺原材料创造了有利条件。可以说，新机器、新交通工具、新能源、新动力、新通信工具的出现使世界经济成倍增长，整个社会经济发生重大变化，生产力水平极大提高，生产规模不断扩大。随着生产规模的扩大，卡特尔、辛迪加、托拉斯等新的生产组织形式出现，资本和社会财富日益集中在少数大资本家手中。大资本家通过控制某些部门的生产、价格、市场等，获得高额利润。主要资本主义国家的对外贸易被为数不多的垄断组织控制，由它们决定一国对外贸易的地理方向和商品构成。

早期垄断组织的形式有卡特尔、辛迪加、托拉斯等，后来还出现了跨行业的垄断组织康采恩。19 世纪晚期到 20 世纪初期，较著名的垄断组织有洛克菲勒财团的美孚石油公司、摩根财团的美国钢铁公司、福特财团的汽车公司、美国通用电气公司、德国电气总公司、西门子公司、克虏伯公司、英国的壳牌石油公司等。这些垄断组织把资本输出与商品输出结合起来，加重了对殖民地、附属国的掠夺，在国际贸易中通过垄断价格，不断扩大不等价交换。资本主义国家的全部经济都卷入错综复杂的国际经济联系中，形成了资本主义的世界经济体系。各主要资本主义国家之间的竞争更趋激烈，由于资本主义内部矛盾及帝国主义国家之间为重新瓜分世界市场的斗争更趋尖锐化，先后发生了五次世界性经济危机，并且爆发了两次世界大战，使世界资本主义遭受重创。

在这一时期，国际贸易出现了一些新的变化。首先，国际贸易的规模虽然仍在扩大，但增长速度较自由竞争时期减缓。1840—1870 年，国际贸易量增长了 3.4 倍；1870—1900 年只增长了 1.7 倍；1900—1914 年仅增长了 62%。1914—1945 年两次世界大战期间，国际贸易几乎停止增长。其次，英国的垄断地位开始动摇并呈下降趋势，垄断集团开始对国际贸易产生重大影响。由于生产和资本的高度集中，垄断组织在经济生活中越来越起到决定性作用。它们不仅控制国内的生产和流通，而且控制了各国的对外贸易，通过垄断价格使国际贸易成为垄断组织追求最大利润的手段，在对外贸易中获取超额利润。最后，一些主要资本主义国家的垄断组织开始输出资本。为了确保原材料供应和对市场的控制，少数资本主义国家开始向殖民地输出资本。1862 年资本主义国家海外投资总额仅为 20 亿美元，1900 年增加到 200 亿美元，1913 年增加到 440 亿美元，是 1862 年的 20 多倍。资本输出不仅带动了本国商品的出口，而且成为垄断组织掠夺、控制原料和奴役殖民地的重要工具，还是垄断组织争夺国际市场的有力手段。

4. 当代国际贸易（第二次世界大战结束至 2000 年）

第二次世界大战以后，世界经济和政治格局发生了巨大的变化，在 GATT、IMF 和 WB 三大组织的推动下，资本输出迅速增长，国际贸易发展迅速，世界贸易的增长速度超过了生产的增长速度。在资本主义国家仍然是国际贸易主体的格局中，世界贸易中出现了社会主义国家和一大批政治上独立的发展中国家。国际贸易的发展也刺激了国际服务贸易的发展，带动了国际投资，促进了与资本主义相适应的货币体系形成。

当代国际贸易呈现出如下特点：

（1）国际贸易进入新一轮增长期，贸易对经济增长的拉动作用愈加明显。从 1950 年到 2000 年的 50 年中，世界商品出口总值从约 610 亿美元增加到 61 328 亿美元，增长了近 100 倍。扣除价格上涨因素，实际商品出口值增长了 15 倍多，远远超过历史上任何一个时期国际贸易的增长速度。世界贸易实际价值增长速度年均 6% 左右，而同期世界 GDP 的年均增长速度为 3.8% 左右。这说明国际贸易对各国 GDP 增长的拉动作用越来越重要。

（2）国际贸易从过去发达国家垄断时代逐步转变为各种类型国家相互合作、相互竞争的时代。在发达国家继续在国际贸易中占据主导地位的前提下，发展中国家在国际贸易中的地位有所增强。第二次世界大战后，许多发展中国家纷纷独立，越来越多的发展中国家参与到国际贸易竞争中来，各种类型的国家对外贸易都有不同程度的增长。增长速度最快的仍然是发达资本主义国家之间的相互贸易。1950 年发达国家之间的贸易总额占世界贸易总额的 60.8%，1985 年上升为 65.5%，1990 年进一步上升为 72.5%。发达资本主义国家通过开展区域贸易合作和控制多边贸易体制获得了大部分贸易利益，尽管如此，发展中国家的对外贸易总额还在不断扩大，特别是新兴工业化国家和地区、金砖五国的贸易和分工地位在不断上升。

（3）国际贸易的商品结构高级化，新商品不断涌现，服务贸易和技术贸易发展迅速。国际贸易不仅推动了世界经济发展，更推动了产品的不断创新和技术进步，消费品不断高级化。传统产业如纺织、服务等商品在国际贸易中的比重不断下降，而以机器和运输设备及其零配件为代表的重工业产品的贸易额则迅速上升，也就是说，制成品贸易从生活消费品开始向资本货物转变。在初级产品的国际贸易中，燃料（主要是石油）所占的比重急剧上升，而其他原料和食品贸易则发展缓慢。在制成品贸易中，工业制成品所占比重超过了初级产品所占比重。与此同时，服务贸易发展迅猛，规模不断扩大。服务贸易日益向金融、信息、技术、咨询、通信等新兴领域倾斜，发达国家在服务贸易中占据绝对优势。

（4）贸易投资一体化趋势明显，跨国公司对全球贸易的主导作用日益增强。随着国际贸易的深入广泛开展，生产要素特别是资本逐渐在全球范围内自由流动，跨国公司更是在全球范围内配置资源，建立其生产营销网络，形成了贸易投资一体化格局，由此也促使世界经济日益呈现出全球化的特征。跨国公司通过其设在各国的分公司之间的内部贸易在国际贸易中所占的比重越来越大，这一趋势进一步促进了国际分工深化，加速了国际贸易的发展，也推动了科学技术的迅猛发展。

（5）全球范围的区域经济合作势头高涨，各种类型国家之间的区域贸易组织层出不穷，经济贸易集团内部各成员之间的贸易发展也十分迅速。第二次世界大战后，国际竞争日益加剧，世界主要贸易国不断寻求与他国联合，以保持其在全球市场上的竞争力。通过优惠贸易安排、自由贸易区、关税同盟、共同市场等形式，相关利益国由此组建区域贸易集团，实现区域内贸易自由化。20 世纪 90 年代后，区域经济合作不断加深，贸易集团化步伐不断加快，区域内贸易日益活跃和扩大。截至 2006 年 3 月，GATT 和之后的 WTO 通报的区域贸易协定已有 340 个，并以每月 1 个的速度递增。区域内贸易总量占国际贸易总量的比重已超过 50%，并呈上升趋势。

（6）贸易自由化和贸易保护主义的斗争愈演愈烈，各种贸易壁垒层出不穷。经济全球化促使各国在经济上的交往日益频繁，贸易自由化成为不可逆转的趋势。但是，随着贸易规模的不断扩大，贸易摩擦也越来越多，在经济发展不平衡的情形下，贸易保护主义也迅速抬头。经济发展的不平衡性、区域贸易集团的排他性、贸易分配利益的两极化等都是造成贸易保护主义层出不穷的重要原因。当前的贸易争端有如下特点：一是基于战略利益引发的贸易摩擦；二是贸易保护手段不断翻新，各种技术壁垒成为贸易保护的新武器，知识产权纠纷也成为国际贸易竞争的重要方面；三是贸易摩擦已经从单纯的贸易问题转向了更为综合的领域，如社会保障、汇率制度已经成为贸易摩擦的新领域，资源摩擦与贸易摩擦交互作用的趋势越来越明显；四是中国已成为国际贸易保护最大的受害者。

5. WTO 成立以来国际贸易的新发展

（1）世界经济与国际贸易的发展互为因果，共同发展。由图 1.1 可知，近年来，世界经济与国际贸易的发展互为因果，当世界经济发展较快时，世界贸易量相应增加，世界经济发展缓慢时，世界贸易量相应减少；反之亦然。WTO 成立 20 年以来，世界 GDP 与商品出口的变化高度相关，但出口增长变化更不稳定。1995—2000 年，世界商品出口年平均增长率为 7%，而 GDP 年平均增长率只有 3.4%；2000—2005 年，出口年平均增长率为 5%，GDP 年平均增长率接近 3%；2005—2010 年，出口年平均增长率为 3.5%，而 GDP 年平均增长率为 2.3%；2010—2014 年，出口年平均增长率为 3.5%，而 GDP 年平均增长率为 2.5%。2009 年和 2010 年，受金融危机的影响，出口更是出现了巨大波动。

通过深入分析发现，国际贸易深受经济危机的影响。受墨西哥货币危机的影响，1996 年国际贸易下滑；受亚洲金融危机的影响，1998 年国际贸易再次剧烈下滑；受互联网泡沫破灭的影响，2001 年国际贸易呈现负增长；美国金融危机直接导致 2009 年全球国际贸易下降了 12%。

（2）中国在世界贸易中的地位和作用不断加强。在世界贸易增长中，中国的增长引起世界关注。中国通过改革开放，建立市场经济体制，极大地解放了生产力，不但使国内经济

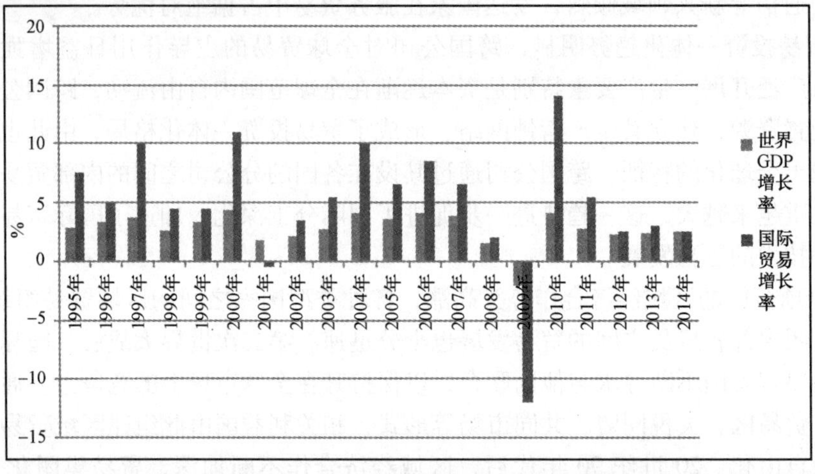

图 1.1　1995—2014 年世界商品出口和 GDP 增长速度

资料来源：WTO 的统计报告（http：//www. wto. org）。

得到迅速发展，而且也对全球贸易做出了贡献。特别是加入 WTO 以后，中国的进出口贸易都有较大增长。加入 WTO 三年后的 2004 年，中国超过日本成为亚洲出口的引领者、世界第三出口大国；2007 年，中国超过美国成为世界第二出口大国；2009 年，中国超过德国成为世界第一出口大国，“中国制造”遍布世界各地。随着贸易的发展，中国正在成为世界制造业的中心之一，世界经济发展最具有活力的地区之一。由此，发展中国家的出口额占世界贸易的比重从 1995 年的 26% 上升到 2014 年的 39%，而发达国家的比重从 68% 降到 56%。

（3）计算机与信息服务出口发展迅速。1995—2014 年，全球计算机和信息服务出口迅速发展，达到年均增长 18% 的速度，超过了其他服务出口。2014 年，全球计算机和信息服务出口价值估计高达 3 020 亿美元。WTO 成立 20 年来，全球商业贸易服务年均增长 8%，尤其在 2002—2008 年，全球商业贸易服务呈现两位数的增长速度，而个别服务类型，如计算机和信息服务及金融服务，更是高速增长（图 1.2）。

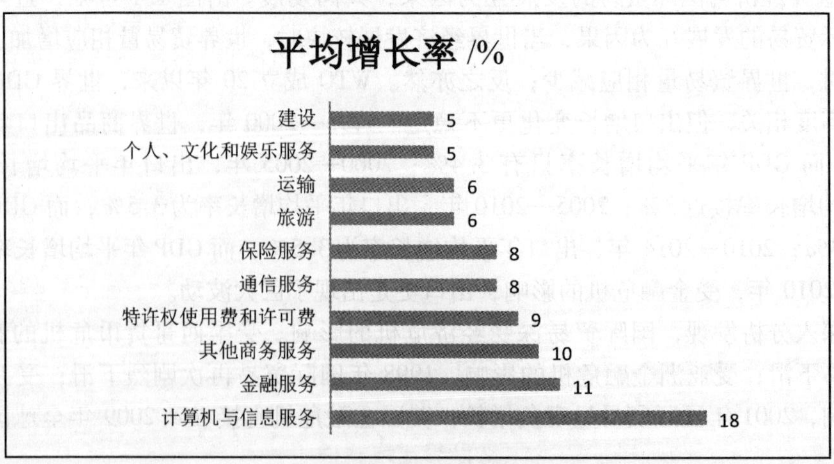

图 1.2　1995—2014 年全球服务贸易主要构成的发展

资料来源：WTO - UNCTAD - ITC。

新兴经济体（尤其是在亚洲）逐步成为重要的计算机服务出口方。随着印度和中国的出口增加，亚洲的计算机和信息服务出口占世界的比例从1995年的约8%增加到2014年的约29%。北美国家在这方面已经落后，其占世界出口比例下降。当然，欧洲仍然是计算机和信息服务的最大出口国，2014年其出口占全球出口的58%。

为什么计算机和信息服务会成为最具活力的出口？在全球经济危机期间，对有成本效益的技术有稳定的需求，软件行业在生产制造、金融、保险和医疗保健等方面取得了创新进展，IT安全问题也需要解决，这些都使得信息技术成为最富有弹性的服务行业。

（4）电子商务蓬勃兴起。新技术的发展、互联网技术的不断进步和电子支付和交付系统的成熟创造了一种新贸易手段——电子商务。世贸组织在1998年成立了一个电子商务工作项目，将电子商务定义为“通过电子手段生产、分销、营销、销售或交付商品和服务”。

2013年，B2B电子商务交易价值约15万亿美元，B2C电子商务也超过1万亿美元。据联合国贸易与发展会议（UNCTAD）的估计，B2C电子商务在最近几年发展更加迅速。上述数据涵盖国内和国际交易，但B2C电子商务仍然具有边际增长率（即增加投入可增加收益）。在这方面，中小企业落后于跨国公司。

补充知识

商品贸易统计电子商务订单是依据越过边境的包裹数量来反映，而服务贸易统计则是依据在各自的服务类别中下载的产品（如电子书）。

有资料显示，跨境贸易的增加部分缘于电子商务，即小包裹通过海关的数量。根据万国邮政联盟（UPU）的数据，2011—2014年小包裹通过海关的数量增加了48%。鉴于界定国际电子商务交易的困难，使用官方资源是难以精确测量其市场大小的。有关部门的估计表明，亚太地区在2014年是最大的电子商务市场，中东和非洲则是最小的。

三、国际贸易对资本主义发展的作用

国际贸易促进了资本主义生产方式的产生，资本主义生产方式产生以后，由于这种生产方式的内在要求，又决定了资本主义国家离不开对外贸易。正如马克思指出的，“生产剩余价值或赚钱，是这个生产方式的绝对规律”。[①] 这个绝对规律制约着资本主义生产发展的一切主要方面和一切主要过程。

（一）拓宽了资本主义发展的市场

两次工业革命后，资本主义的生产增长速度远超其消费的增长速度，亟须更大的市场容纳新增的生产能力。19世纪中后期，第一次工业革命的顺利完成促使资本主义世界市场初步形成。第一次工业革命是由英国向欧美扩展的，它强化了国际分工，加速了国际的人口和资金流通，促进了国际交流的迅速发展。一方面，发达资本主义国家利用廉价优质的商品打开别国门户，换回工业原料，拓展市场，使得世界贸易的范围和规模迅速扩大；另一方面，蒸汽机、汽船、铁路等工业革命的成果也为推动国际交流提供了技术条件。19世纪末、20世纪初，第二次工业革命促进了资本主义世界市场最终形成。首先，第二次工业革命的浪潮

① 《马克思恩格斯全集》第二十三卷，北京：人民出版社，1975年版，第679页。

推动了世界范围内工业生产的空前发展，更多的产品销往世界各地，世界市场得到进一步发展。其次，第二次工业革命中发展起来的新型交通工具和通信手段为世界市场的发展提供了先进的物质条件，汽车、火车、轮船等越来越先进、快捷，交通日益便利；电报、电话的出现使世界各地之间商业信息的交流与传播更加便捷。再次，随着世界市场的发展，国际分工日益明显，国际的人口、资金的流动和贸易更加扩大。第二次工业革命进一步推动了资本主义的发展，主要资本主义国家为了获得更多的原料产地、销售市场和资本输出场所，掀起瓜分世界的狂潮，20 世纪初，亚非拉绝大多数国家和地区成为资本主义世界经济体系的一部分，资本主义世界市场最终形成。20 世纪四五十年代，第三次工业革命开始，科学技术在原子能、电子计算机、微电子技术、航天技术、分子生物学和遗传工程等领域取得重大突破，由此产生了一大批新型工业，第三产业迅速发展。最具划时代意义的是电子计算机的迅速发展和广泛运用，它带来了一种新型经济——知识经济，知识经济的发达程度已成为各国综合国力竞争中成败的关键所在。第三次工业革命使得世界市场联系更加紧密，世界的交往更加密切有效。三次工业革命都催生了一批新兴产业，使得社会生产的发展速度超过了社会需求的增长速度，掌握先进技术的资本主义国家不断开辟外部市场，推动了国际贸易的发展。

（二）加剧了资本主义的内部竞争

海外市场的开拓加剧了资本主义国家之间的内部竞争，造成了国际局势不稳定。国际贸易的迅速发展在为资本主义开辟海外市场的同时，也造成了资本主义国家之间对海外市场的争夺。如前所述，第一、第二次工业革命都在不断加剧资本主义国家对海外市场和资源的争夺，两次世界大战的爆发显然是当时的发达资本主义国家瓜分世界市场分赃不均的结果。资本主义国家之间的竞争经历了殖民地争夺、资源争夺和市场争夺的发展历程，争夺的手段也从最初的依靠军事力量，转变为依靠多种力量共同作用。第二次世界大战后，为了防止依靠军事力量的争夺引发新的世界大战，成立了一系列和平解决经济竞争的国际组织，如国际货币基金组织（IMF）、世界银行（WB）和关贸总协定（GATT）等。第三次技术革命以后，资本主义国家之间的竞争日益向技术领域倾斜。第三次科技革命提高了世界生产力水平，加速了战后世界经济的恢复和发展，促进了国际贸易的发展、世界货币金融关系的变化和生产要素的国际流动，推动了跨国公司和国际经济一体化，并引起了世界经济结构和经济战略的变化。

1. 国际贸易是资本主义生产方式的内在要求

资本主义商品生产和商品流通需要国际市场。资本主义生产方式确立以后，商品生产和商品流通得到充分的发展。资本主义商品生产和商品流通要在深度和广度上继续发展，只靠国内资源和国内市场已无法满足需要。因此，必须不断扩大对外贸易，利用“两种资源”和“两个市场”。如果离开了国外的资源和市场，资本主义商品生产和商品流通便很难进行。对外贸易是资本主义生产和再生产不可缺少的重要环节，从实践上看，没有对外贸易的资本主义国家是不可设想的。

资本主义发展的不平衡规律需要国际市场。资本主义社会各生产部门之间、各种工业部门之间互为市场，不平衡规律作用的结果，使得资本主义再生产过程的比例关系经常遭到破坏，因此较为发达的工业要寻求国外市场。也就是说，通过对外贸易，可以平衡资本主义国内部生产与市场的矛盾，使资本主义生产和再生产顺利进行、平衡发展。

资本主义生产无限扩大的趋势需要国际市场。资本主义生产的绝对规律是赚钱，为了赚钱，也为了在竞争中取胜，资本家必然千方百计地扩大生产规模，使资本主义生产具有无限扩大的趋势。无限扩大的生产与国内有限的市场和需求之间的矛盾不可避免，解决这个矛盾的有效途径是扩大国外市场。

2. 资本主义国家可以通过对外贸易提高利润率

马克思在谈到资本主义国家对外贸易时一针见血地指出，资本主义国家“投在对外贸易上的资本能够提供较高的利润率”。

（1）通过对外贸易降低成本。资本主义国家通过对外贸易，可以从国外市场进口廉价的机器设备、原料、燃料、辅助材料等，从而降低生产成本，提高利润率。

（2）通过对外贸易实现规模效益。资本主义国家通过对外贸易，可以扩大生产规模，提高劳动生产率，从而实现规模经济效益，提高利润率。

（3）通过对外贸易攫取超额利润。发达资本主义国家劳动生产率高，生产商品的个别劳动时间大大低于国际社会生产同类商品的平均时间。发达国家按照国际市场价格出售商品，从而攫取大量超额利润，提高了利润率。

（4）通过对外贸易输出资本。伴随着对外贸易的发展，资本输出逐渐代替商品输出。资本输出之所以能够提高利润率，是因为资本输出目的地的生产发展程度较低，剥削程度较高，所以利润率较高。尤其是当代的跨国公司，它们在全球各地建工厂，利用当地的廉价原料和劳动力进行生产，可以绕过关税、非关税壁垒，在生产国销售商品，从而大大提高了利润率。

总之，资本主义生产方式确立以后，对外贸易就成为资本主义经济体系中的重要组成部分。资本主义生产和发展离不开对外贸易，对外贸易为资本主义发展开辟了市场，带来了利润；同时，也扩大了商品货币关系，促进了资本主义发展。

第二节 国际贸易的类型

国际贸易（International Trade）也称通商，一般由进口贸易和出口贸易组成，因此也可称为进出口贸易，是指跨越国境的货品和服务交易，是各国（地区）在国际分工的基础上相互联系的主要形式，反映了世界各国（地区）在经济上的相互依赖关系。国际贸易也叫世界贸易。某个国家的国际贸易也称为该国的对外贸易（Foreign Trade）。对外贸易亦称“国外贸易”或“进出口贸易”，简称“外贸”，是指一个国家（地区）与另一个国家（地区）之间的商品、劳务和技术的交换活动。这种贸易由进口和出口两个部分组成。对运进商品或劳务的国家（地区）来说，就是进口；对运出商品或劳务的国家（地区）来说，就是出口。对一些岛国而言，国际贸易也称为海外贸易（Overseas Trade），如日本、英国等岛国，通常把对外贸易称作海外贸易。国际贸易与对外贸易的区别是从不同的角度看待国际贸易，前者是从世界的角度看待贸易，后者是从某个国家的角度看待贸易。二者在内容上并没有区别，都包括进口和出口两个方面。根据国际贸易发生时间、地点以及交易形式等不同，国际贸易可以划分为不同的类型。

一、按货物移动的方向划分

国际贸易按货物移动的方向划分，可分为出口贸易、进口贸易和过境贸易。

1. 出口贸易

出口贸易（Export Trade）又称输出贸易，是指本国生产或加工的商品（包括有形商品和无形商品）输往国外市场销售。从国外输入的商品，未在本国消费，又未经本国加工而再次输出国外，称为复出口或再输出（Re-Export Trade）。

2. 进口贸易

进口贸易（Import Trade）又称输入贸易，是指将外国商品（包括有形商品和无形商品）输入本国市场销售。输往国外的商品未经消费和加工又输入本国，称为复进口或再输入（Re-Import Trade）。

3. 过境贸易

过境贸易（Transit Trade）是指甲国向乙国运送商品，由于地理位置的原因，必须通过第三国，对第三国来说，虽然没有直接参与此项交易，但商品要进出该国的国境或关境，并要经过海关统计，从而构成了该国进出口贸易的一部分。过境贸易可分为直接和间接两种。直接过境贸易是指外国商品纯系转运性质经过本国，并不存放在本国海关仓库，在海关监督下，从一个港口通过国内航线装运到另一个港口再输出国外，或在同一港口内从这艘船装到另一艘船上，或在同一车站从这列火车转装到另一列火车上离开国境。间接过境贸易是指外国商品运到国境后，先存放在海关保税仓库，不经加工改制，又从海关保税仓库提出，再运出国境。

二、按是否有第三国参加划分

国际贸易按是否有第三国参加划分，可分为直接贸易、间接贸易和转口贸易。

1. 直接贸易

直接贸易（Direct Trade）是指商品生产国与商品消费国直接买卖商品的行为。商品直接从生产国卖给消费国，对生产国来说是直接出口；对消费国来说是直接进口。或者说是消费国直接进口生产国的货物时两国之间发生的贸易，即由进出口两国直接完成的贸易。贸易双方的货物既可以直接从生产国运到消费国，也可以通过第三国的国境转运到消费国，只要不通过第三国作为中介人来进行贸易就是直接贸易。

2. 间接贸易

间接贸易（Indirect Trade）是指商品生产国与商品消费国通过第三国或其他中间环节进行买卖商品的行为。其中，生产国是间接出口，消费国是间接进口，第三国是转口。间接贸易中，商品从生产国到最终消费国经过一次以上交换过程的活动，每次贸易至少有一方不是生产国或者消费国。间接贸易的产生可能是因为地理、政治等原因使得直接贸易受阻，只能通过第三国作为中介来完成。如第二次海湾战争后，我国出口到伊拉克的商品多是先把商品卖给伊拉克的周边国家，再由这些国家转口到伊拉克。

3. 转口贸易

转口贸易（Entrepot Trade）是指商品生产国与商品消费国通过第三国进行商品买卖，对第三国来说是转口贸易。交易的商品可以由出口国运往第三国，在第三国不经过加工（改换包装、分类、挑选、整理等不作为加工论）再销往消费国；也可以不通过第三国而直接由生产国运往消费国，但生产国与消费国之间并不发生交易关系，而是由中转国分别同生产国和消费国发生交易。从事转口贸易的国家或地区大多地理位置优越、运输便利、结算方便、贸易限制较少，如中国香港、新加坡等。中国香港是全世界最大的转口商埠，其转口贸易额约占出口总值的一半。

提 示

过境贸易可是直接贸易，也可是间接贸易，不同于转口贸易。转口贸易和过境贸易的区别在于，商品的所有权在转口贸易中先从生产国出口者那里转到第三国（或地区）商人手中，再转到最终消费该商品的进口国商人手中；而在过境贸易中，商品所有权无须向第三国商人转移。转口贸易属于复出口，是过境贸易的一部分。

三、按境界标准划分

国际贸易按境界标准划分，可分为总贸易（General Trade）和专门贸易（Special Trade），或总贸易体系（General Trade System）和专门贸易体系（Special Trade System）。境界标准分为国境和关境两种。

知识链接

国境是指一个国家行使全部过境主权的国家空间，包括领陆、领海、领空。第二次世界大战后，关税同盟和自由区、自由港大量出现，国境等于关境的原则被突破，国家政治国境和关境有时不完全一致。几个国家结成关税同盟，组成一个共同关境，实施统一的海关法规和关税制度，其成员国的货物在彼此之间的国境进出不征收关税，此时关境大于其成员国各自的国境。自由港、自由区虽在国境之内，但从征收关税看，它可以被视为在该国境之外，进出自由港（区）可以免征关税，此时关境小于国境。针对原为殖民地的国家或地区，《关税及贸易总协定》第24条规定，经其宗主国同意并用发表声明和证实等方法，可以单独成为《关税及贸易总协定》一个成员。此条将关境定义为：在对外贸易方面独立实行关税和贸易管理制度的地区，即所谓的单独关境。

1. 总贸易

总贸易（General Trade）是指以国境为标准划分进口、出口的贸易。凡是进入一国国境的商品一律列为总进口；凡是离开一国国境的商品一律列为总出口。在总出口中又包括本国产品的出口和未经加工的进口商品的出口。总进口额加上总出口额就是一国总贸易额。美国、日本、英国、加拿大、澳大利亚、中国等国采用这种划分标准。

2. 专门贸易

专门贸易（Special Trade）是指以关境为标准划分进口、出口的贸易。只有从外国进入关境的商品以及从保税仓库存放、提出进入关境的商品才列为专门进口。当外国商品进入国境后，暂时存放在保税仓库，未进入关境，不列为专门进口。从国内运出关境的本国商品以及进口后未经加工又运出关境的商品，则列为专门出口。专门进口额加专门出口额称为专门贸易额。德国、法国、瑞典、意大利等国采用这种划分标准。

知识链接

单独关境区（separate customs territory）：一国与毗邻国家共同拥有的统一而又独自对外

的关境区域，或在国家领土范围内，在一定条件下，实行独自对外的海关法规和关税制度的关境区域。1997 年 7 月 1 日和 1999 年 12 月 20 日，中国政府对香港和澳门先后恢复行使主权，并实行“一国两制”政策，香港特别行政区和澳门特别行政区仍属单独关境地区。

四、按商品的形式与内容划分

国际贸易按商品的形式与内容划分，可分为有形商品贸易和无形商品贸易。

1. *有形商品贸易*

有形商品贸易（Tangible Goods Trade）是指买卖那些看得见、摸得着的物质性商品的活动，即传统的商品进出口，也称货物贸易。因为这些商品是有形的，看得见、摸得着，所以人们习惯把这些商品的贸易称作有形商品贸易。有形商品的种类繁多，按照联合国《国际贸易标准分类》，国际货物贸易分为 10 大类，分别是：①食品及主要供食用的活动物；②饮料及烟类；③燃料以外的非食用粗原料；④矿物燃料、润滑油及有关原料；⑤动植物油脂及蜡；⑥未列名化学品及有关产品；⑦主要按原料分类的制成品；⑧机械及运输设备；⑨杂项制品；⑩其他制品。在国际贸易统计中，一般把①~⑤类商品称为初级产品，把⑥~⑨类商品称为制成品。

补充知识

国际贸易中的有形商品种类繁多，为便于统计，联合国秘书处于 1950 年起草了联合国《国际贸易标准分类》，分别在 1960 年、1974 年和 1985 年进行了修订。在 1985 年的修订本里，把国际贸易商品共分为 10 大类、67 章、261 组、1 033 个分组和 3 188 个基本项目。

2. *无形商品贸易*

无形商品贸易（Intangible Goods Trade）是指没有实物形态的服务贸易和与知识产权有关的技术贸易，如专利使用权的转让、旅游、金融保险企业跨国提供的服务等。无形贸易的发展是伴随有形贸易发展起来的，随着国际经济关系的扩张和新技术的应用，围绕商品购销的各种服务（如运输、保险、金融、通信等）迅速发展，从而使得无形贸易的发展大大加快。

服务贸易是指国家间的服务输出或服务输入这样一种贸易形式。乌拉圭回合达成的《服务贸易总协定》第一条对国际服务贸易定义做出四项规定：①跨境交付，即从一成员方境内向任何其他成员方境内提供的服务；②境外消费，即一成员方的服务消费者到另一成员方接受服务；③商业存在，即一成员方的服务提供者通过在其他成员方境内建立经营企业或专业机构来提供服务；④自然人流动，即一成员方的服务提供者到其他成员方境内提供服务。

国际技术贸易是指不同国家企业、经济组织或个人之间按一般商业条件，将其技术的使用权授予、出售给他方或购买他方的技术使用权的一种商业行为，是国际技术转让的重要组成部分。技术贸易的主要方式有许可证贸易、技术咨询和专业人才培训、工程设计、设备安装和调试等。许可证贸易是技术进出口采用的主要形式，主要包括专利使用权的转让、商标使用权的转让和技术诀窍的转让。

提 示

有形贸易因为要结关，故其金额显示在一国的海关统计上。无形贸易无须经过海关办理手续，其金额不反映在海关统计上，但显示在一国国际收支表上。

无形商品出口是指一国对外国提供劳务服务和有偿转让技术；无形商品进口是指一国使用他国的劳务服务和有偿转让的技术。在国际收支上主要包括：①和商品进出口有关的一切从属费用的收支，如运输费、保险费、商品加工费、装卸费等；②和商品进出口无关的其他收支，如国际旅游费用、外交人员费用、侨民汇款、使用专利特许权的费用、国外投资汇回的股息和红利、公司或个人在国外服务的收支等。以上各项中的收入，称为“无形出口”；以上各项中的支出，称为“无形进口”。

五、按运输方式划分

国际贸易依据运输方式划分，可分为陆路贸易、海路贸易和空运贸易。

1. 陆路贸易

陆路贸易（Trade by Roadway）是指陆路相连的国家之间的贸易。通常采用陆路运输方式，主要运载工具有火车、汽车等。

2. 海路贸易

海路贸易（Trade by Seaway）是指通过海上运输的贸易。船舶是主要运输工具。国际贸易中，绝大部分货物是靠海上运输。

3. 空运贸易

空运贸易（Trade by Airborne）是指单位价值较高或数量较少的货物，为争取时效，往往以航空货运方式装运的贸易。

六、按清偿方式划分

国际贸易按清偿方式划分，可分为自由结汇贸易和易货贸易。

1. 自由结汇贸易

自由结汇贸易（Cash-Liquidation Trade）又称现汇贸易，是用国际货币进行商品或劳务价款结算的一种贸易方式。买卖双方按国际市场价格水平议价，按国际贸易惯例议定具体交易条件。交货完毕以后，买方按双方商定的国际货币付款。结算方式有两种：

（1）有证支付。卖方在货物发运以前要以收到对方通过银行开出的符合合同规定要求的信用证或保函为前提，银行起中间保证作用。

（2）无证支付。无须金融机构从中作保，完全凭交易双方的信用；价款结算虽然也通过银行，但银行只是受委托，代表有关交易方面办理货款支付。

不论是有证支付还是无证支付，在办理货款结算时，都必须依凭规定的装运单证。在支付时间上可以有预付、即付和延付之别。中国对西方国家及我国香港、澳门地区的贸易，主要采用现汇贸易，有时也适当采用其他收汇和付汇方式。

2. 易货贸易

易货贸易（Barter Trade）是指以货物经过计价作为清偿工具的贸易活动，实质是指在换货的基础上，把等值的出口货物和进口货物直接结合起来的贸易方式。以货易货可以使贸易双方在外汇不足的情况下达到交易的目的。传统的易货贸易，一般是买卖双方各以等值的货物进行交换，不涉及货币的支付，也没有第三者介入，易货双方签订一份包括相互交换抵偿货物的合同，把有关事项加以确定。在国际贸易中，使用较多的是通过对开信用证的方式进行易货，即由交易双方先订易货合同，规定各自的出口商品均按约定价格以信用证方式付款。根据协定规定，任何一方的进口或出口，由双方政府指定的银行将货值记账，在一定时期内互相抵冲结算，其差额按照规定结转下一年度。

目前，自由结汇方式是国际贸易中使用最广泛的方式。易货贸易通常只在一些外汇非常短缺的发展中国家之间采用，但近年来逐渐发展，其贸易额已接近世界贸易额的三分之一。

知识链接

协定贸易（Agreement Trade）是指两个国家签订贸易协定，通过记账方式交易，而不是直接动用外汇，在一定时期内（通常为一年）进行结算。贸易差额转到下一年度账户上。

【案例 1.1】

易货贸易：一种全新而古老的贸易方式

自2002年下半年以来，埃及政府在对外贸易活动中一直寻求与其贸易伙伴开展易货贸易，很多埃及企业也希望通过易货方式进行贸易和项目合作。如2002年上半年埃及政府提出，希望与俄罗斯、乌克兰、澳大利亚等国以易货贸易方式进口小麦，埃及则以柑橘、磷酸盐、冶金制品等作为易货物品，棉花进出口商协会、埃及广播电视联盟均表示，希望通过易货贸易方式（或以埃镑结算）进行贸易和项目合作。2002年6月，埃及易货俱乐部（Bartercard Egypt）在开罗正式成立，并作为会员加入总部位于澳大利亚的国际易货俱乐部（Bartercard International）（1992年成立，专为中小企业服务）。

七、按贸易国之间经济发展水平差异划分

国际贸易按贸易国之间经济发展水平差异划分，可分为水平贸易和垂直贸易。

1. 水平贸易

水平贸易（Horizontal Trade）是指经济发展水平比较接近的国家之间开展的贸易活动。例如，在发达国家之间开展的贸易以及在发展中国家之间开展的贸易。

2. 垂直贸易

垂直贸易（Vertical Trade）是指在经济发展水平不同的国家间开展的贸易活动。发达国家与发展中国家间进行的贸易大多属于这种类型。这两类国家在国际分工中所处地位不同，其贸易往来通常是基于产品生产的不同阶段连接起来，即特定产品的生产过程分割为不同的生产阶段，散布于多个国家（地区）进行，并以跨国界的垂直贸易链相互连接。

20世纪后半期以来，国际垂直贸易分工与建立在此基础上的贸易得益于经济全球化背景下的技术进步、运输与通信成本降低、贸易自由化等因素，快速发展。技术进步使生产过程能够分割为不同的阶段，而运输与通信的发展便利了把生产环节分配到不同的国家。关税等贸易壁垒的削减则极大地促进了国际垂直贸易及整个世界贸易的增长，因为垂直贸易涉及

原材料、零部件、中间产品等多次跨越国界，当世界平均关税水平降低时，散布在垂直贸易链上的不同环节均能享受到贸易自由化的利益，使贸易对关税的反应弹性大大提高。并且，如果关税水平较高时不存在垂直贸易，而当关税下调到某个临界值以下时垂直贸易出现，关税削减就会产生更大的贸易增长效果，这样贸易对关税削减的反应就呈现出非线性的变化。国际垂直贸易分工与建立在此基础上贸易的快速发展，被认为是20世纪后半期兴起的第二次经济全球化高潮。

八、按交易手段划分

国际贸易按交易手段划分，可分为单证贸易和无纸贸易。

1. 单证贸易

单证贸易（Trade with Documents）是指以纸面单证为基本手段的贸易。这是一种传统的交易方式，目前大部分交易仍采用此手段。

2. 无纸贸易

无纸贸易（Trade without Documents，Electronic Data Interchange）是一种在公司之间传输订单、发票等作业文件的电子化手段。它通过计算机通信网络将贸易、运输、保险、银行和海关等行业信息，用一种国际公认的标准格式，实现各有关部门或公司与企业之间的数据交换与处理，并完成以贸易为中心的全部过程。它是20世纪80年代发展起来的一种新颖的电子化贸易工具，是计算机、通信和现代管理技术相结合的产物。

九、按参加贸易的国家多少划分

国际贸易按参加贸易国家的多少划分，可分为双边贸易和多边贸易。

1. 双边贸易（Bilateral Trade）

双边贸易是指两个国家或地区之间的贸易。目前，世界贸易中的90%都是双边贸易，如中美、中日、中欧等之间的贸易都属于双边贸易。

2. 多边贸易（Multilateral Trade）

多边贸易又称多角贸易，是指三个或三个以上的国家，为使相互间的收支在整体上获得平衡，通过协议在多边结算的基础上进行的贸易。其产生往往是由于两国间彼此供应的商品不对路或价格不相当，进出口不能平衡，外汇收支发生困难，需要第三国或更多的国家参加协议，建立三国或多国贸易，以使彼此间的进出口达到基本平衡。例如，有甲、乙、丙三国，甲对乙出超1 000万美元，乙对丙出超1 000万美元，丙对甲出超1 000万美元。

第三节 国际贸易的相关概念

一、对外贸易值、对外贸易量和贸易差额

1. 对外贸易值

对外贸易值（Value of Foreign Trade）是以货币表示的贸易金额。一定时期内一国从国外进口的商品的全部价值，称为进口贸易总额或进口总额；一定时期内一国向国外出口的商品的全部价值，称为出口贸易总额或出口总额。两者相加为进出口贸易总额或进出口总额，

是反映一个国家对外贸易规模的重要指标。一般用本国货币表示，也可以用国际上习惯使用的货币表示。联合国编制和发表的世界各国对外贸易值的统计资料是以美元表示的。

把世界上所有国家的进口总额或出口总额用同一种货币换算后加在一起，即得到世界进口总额或世界出口总额。就国际贸易来看，一国的出口就是另一国的进口，如果把各国进出口值相加会造成重复计算。因此，一般是把各国出口值相加，作为国际贸易值（Value of International Trade）。由于各国一般都是按离岸价格（Free on Board，FOB，启运港船上交货价，只计成本，不包括运费和保险费）计算出口额，按到岸价格（Cost Insurance and Freight，CIF，成本、保险费加运费）计算进口额。因此世界出口总额略小于世界进口总额。

2. 对外贸易量

对外贸易量（Quantum of Foreign Trade）是为剔除价格变动的影响，并能准确反映一国对外贸易的实际数量而建立的一个指标，是以一定时期不变价格为标准计算出的各个时期的对外贸易值。以货币表示的对外贸易额，即对外贸易值经常受到价格变动的影响，因而不同时期的对外贸易值是不能直接比较的。所以，在实际工作中，是以固定年份为基期确定的价格指数除报告期的进口或出口总额，得到相当于按不变价格计算的进口额或出口额，称作报告期的对外贸易量。

例如，以 2010 年为基期，某国该年的进出口价格指数均定为 100。2011 年该国进口贸易额为 1 170 亿美元，出口贸易额为 1 200 亿美元。2011 年该国出口产品价格平均下跌 5%，出口价格指数为 95%；2011 年该国进口产品价格平均上涨 3%，进口价格指数为 103%。该国 2011 年剔除了价格变动因素后的贸易额，即实际的进出口贸易量：

进口贸易量 = 1 170 ÷ 103% = 1 135.92（亿美元）

出口贸易量 = 1 200 ÷ 95% = 1 263.16（亿美元）

通过这种计算方法计算出来的对外贸易值已经排除了价格变动的影响，单纯反映对外贸易的量，所以称为对外贸易量。它不仅可以比较确切地反映出对外贸易的规模，而且也便于对不同时期的对外贸易额进行比较。

3. 贸易差额

一国在一定时期内进口值与出口值的差额叫贸易差额（Balance of Trade）。如果出口值大于进口值叫出超（Excess of Export over Import），也叫贸易顺差（Favorable Balance of Trade）；如果进口值大于出口值叫入超（Excess of Import over Export），也叫贸易逆差（Unfavorable Balance of Trade）；如果进出口值相等，则称为贸易平衡（Balance of Trade）。

贸易平衡是指一国在特定年度内外贸进出口总额基本上趋于平衡。纵观世界各国（地区）政府的外贸政策实践，这种现象并不多见。一国政府在对外贸易中应设法保持进出口基本平衡，略有结余，此举有利于国民经济健康发展。贸易失衡指贸易逆差或顺差过大的现象，贸易顺差就是在一定的单位时间里（通常按年度计算），贸易双方互相买卖各种货物，互相进口与出口，甲方的出口金额超过乙方的出口金额，或甲方的进口金额少于乙方的进口金额，其差额对甲方来说，叫作贸易顺差，对乙方来说，叫作贸易逆差。

一般认为贸易顺差可以推动经济增长、增加就业，表明一国在对外贸易上处于有利地位，而贸易逆差则表明一国在对外贸易收支上处于不利地位。贸易顺差越大并不一定越好，过高的贸易顺差是一件危险的事情，意味着经济增长对外依存度过高。国际收支的巨额顺差的影响主要表现在：外汇储备过多会造成资金的闲置浪费，不利于本国经济发展；储备货币汇率下跌时，外汇储备会遭受损失，一国的外汇储备增加，本币发行也必然相应增加，从而产生潜在的通货膨胀压力；本币若是可兑换的货币，贸易顺差将使外汇市场上对本国货币求大于供，易受抢购冲击，本国货币被迫升值，使出口处于不利的地位。如果一个国家经常出现贸易逆差现象，国民收入便会流出国外，使国家经济表现转弱。政府若要改善这种状况，就必须把该国的货币贬值，币值下降即变相地把出口商品价格降低，可以提高出口产品的竞争能力。当该国外贸赤字扩大时，就会利淡该国货币，令该国货币下跌；反之，当出现外贸盈余时，则利好该国货币。因此，国际贸易状况是影响外汇汇率十分重要的因素。

二、贸易条件和对外贸易依存度

1. 贸易条件

贸易条件（Terms of Trade）是用来衡量在一定时期内一个国家出口相对于进口的赢利能力和贸易利益的指标，反映该国的对外贸易状况，一般以贸易条件指数表示，在双边贸易中尤其重要。常用的贸易条件有三种不同形式：价格贸易条件、收入贸易条件和要素贸易条件。它们从不同的角度衡量一国的贸易所得。其中价格贸易条件最有意义，也最容易根据现有数据进行计算，也称净贸易条件。

假定某国贸易条件以 1950 年为基期，进出口价格指数均为 100。到 1990 年，该国出口价格指数下降 5%，为 95；进口价格指数上升 10%，为 110。那么，这个国家 1990 年的贸易条件为：

$$NBTT = 95/110 \times 100 = 86.36$$

这表明该国从 1950 年到 1990 年的 40 年间，净贸易条件从 1950 年的 100 下降到 1990 年的 86.36。1990 年与 1950 年相比，贸易条件恶化了 13.64。

一般来说，当贸易条件指数小于 100 时，表示贸易条件恶化，出口越多越不利。此时政府应当采取措施调整进出口商品结构，以改变对外贸易的不利状况。但是，孤立地考察贸易条件并不能很好计量福利或贸易利益变动，例如，在出口价格下降而进口价格相对不变的情形下，如果出口商品的劳动生产率没有提高，则出口贸易对本国的福利有不利影响；如果因技术进步劳动生产率有较大提升且其影响超过了价格下降带来的影响，则出口贸易对本国的福利仍然是有利的。

2. 对外贸易依存度

对外贸易依存度（Ratio of Dependence on Foreign Trade）是指一国的进出口总额占该国国民生产总值或国内生产总值的比重。其中，进口总额占 GNP 或 GDP 的比重称为进口依存度，出口总额占 GNP 或 GDP 的比重称为出口依存度。对外贸易依存度反映一国对国际市场的依赖程度，是衡量一国对外开放程度的重要指标。

知识链接

国内生产总值（GDP）与国民生产总值（GNP）

国内生产总值（GDP）是指一个国家（地区）在一定时期内生产的所有最终产品和服务的价值总和，是按国土原则核算的生产经营的最终成果。

国民生产总值（GNP）是指一个国家（地区）所有国民在一定时期内新生产产品和服

务的价值总和，是按国民原则核算的生产经营的最终成果。

GNP = GDP + 本国投在国外的资本和劳务的收入 - 外国投在本国的资本和劳务的收入

进口依存度反映一国市场对外的开放程度，出口依存度则反映一国经济对外贸的依赖程度。一般来说，对外贸易依存度越高，表明该国经济发展对外贸的依赖程度越大，同时也表明对外贸易在该国国民经济中的地位越重要。伴随经济的全球化，对外贸易在各国经济中的比重都在增加。1980—2000 年，世界货物贸易的年均增长速度达到 6.1%，而世界经济增长速度为 5.4%。据 WTO 和 IMF 的数据测算，1960 年全球外贸依存度为 25.4%，1970 年为 27.9%，1990 年升至 38.7%，2000 年升至 41.7%，2003 年已接近 45%。

【案例 1.2】

中国对外贸易依存度逐年提高

20 世纪 80 年代以来，随着中国经济融入世界经济一体化的进程，对外贸易快速增长。伴随着外贸的增长，中国的对外贸易依存度也不断提高。中国对外贸易依存度经历了三个阶段的发展：

第一阶段是 1985—1990 年，随着中国对外开放逐步扩大，出口缓慢增长。1985 年，中国对外贸易依存度为 23.1%，其中出口依存度为 9.02%，进口依存度为 14.08%，1990 年中国对外贸易依存度首次达到 30%，其中出口依存度为 16.16%，进口依存度为 13.84%，中国出口慢慢赶上并超过进口。这一阶段，主要由于国内资源紧缺和大量技术设备的进口，使进口依存度连续多年高于出口依存度。

第二个阶段是 1990—2000 年，在这一阶段，中国采取了一系列的宏观经济调控措施，使出口额年均增长达到 12.4%，超出中国年均 GDP 的增长速度 8.8%。劳动密集型产业崛起，加工贸易的开展，使出口快速增长，出口依存度超过进口依存度，推动外贸稳步上升，中国的对外贸易依存度于 1994 年突破 40%。虽然 1996—1999 年四年内中国的对外贸易依存度有所滑落，但是徘徊在 35%，2000 年再次达到 43.9%。

第三个阶段是 2001 年至今。随着中国加入 WTO，经济全球化进一步加深，对外贸易对经济增长的作用日益明显，2004 年中国进出口贸易总额历史性地突破万亿美元大关，超过日本，名列世界第三位，对外贸易的增长速度远远高于中国国内生产总值的增长和世界贸易的增长速度。中国对外贸易依存度快速增长，2002 年突破 50%，2005 年已经高达 63%，2006 年更是达到 67% 的高点。此后受我国经济转型、内外需结构调整以及国际金融危机的影响，从 2007 年开始，对外贸易依存度逐步回落，2008 年为 60.2%，到 2011 年更是低至 50.1%，仅比 2002 年高 0.1%。据有关学者分析，中国已经跻身中等贸易依存度国家行列，即贸易依存度集中在 30% ~100%。

三、贸易商品结构

贸易商品结构（Composition of Trade）是指一国（地区）在一定时期内（通常是一年）各类商品的贸易额在总贸易额中所占的比重。一国出口商品构成取决于它的国民经济状况、自然资源以及对外经济政策等因素。通过分析贸易商品结构，可以考察一国的产业结构状况和经济发展水平等。一般将国际贸易商品分为初级产品和工业制成品两大类。初级产品指未经加工或只有简单加工的农、林、牧、渔、矿业产品，如食品、工业原料、燃料等。工业制成品指经过机器完全加工的产品，如机械设备、化学制品等。更进一步，可以根据商品生产中所消耗的生产要素的多少将商品分为劳动密集型产品、资本密集型产品。

一国出口制成品所占的比重越大，反映该国的生产力水平越高。科学技术的发展和应用使越来越多的综合替代物被引入，天然原料在国际贸易中的作用明显下降，世界市场对一些初级产品的需求随之减少，价格降低，甚至出现初级产品贸易的供应大于工业化国家需求量的局面。于是出现了制成品在世界贸易中的比重上升以及初级产品的比重下降。20 世纪 90 年代以来，在世界商品贸易中，最具活力的是工业制成品贸易。从近 10 年的情况看，在世界贸易中，工业制成品贸易年均增长 9.8%，而初级产品贸易仅增长 2.2%。乌拉圭回合谈判的成功，贸易自由化进程的加快，使大多数工业化国家对制成品的保护程度急剧降低，制成品贸易比初级产品贸易有更大的自由度，制成品贸易得以几乎不受限制地自由发展。因此，提高外贸商品中工业制成品所占比重，是一个国家增强国际竞争力的重要方面。

贸易商品结构可分为国际贸易商品结构和对外贸易商品结构。

1. 国际贸易商品结构

国际贸易商品结构（Composition of International Trade）是指一定时期内各大类商品或某种商品在整个国际贸易中的构成，即各大类商品或某种商品贸易额与整个世界出口贸易额之比，以比重表示。国际贸易商品结构可以反映出整个世界的经济发展水平、产业结构状况和科技发展水平。国际贸易商品结构的高级化与产业结构调整将会影响各国的对外贸易商品结构。

近年来，国际贸易商品结构呈现出高级化趋势。一方面，电子产业、海洋及微生物技术、太空航天技术、环境保护技术、新材料技术等高新技术产业及具有高新技术含量的产品在国际货物贸易中的比重直线上升，并使国际贸易商品结构发生变化，出现了国际货物贸易商品结构的高级化趋势。据联合国统计，1965 年世界技术贸易额仅 25 亿美元，在世界贸易总额中所占比例不足 1%；进入 20 世纪 90 年代，这一比例猛增至 25%，一般商品望尘莫及。另一方面，在国际服务贸易构成中，运输和旅游等传统服务贸易所占比重下降，通信、保险、广告、租赁、管理等新型服务贸易所占比重不断提高，特别是知识产权、技术转让、数据处理、咨询等知识含量较高的服务行业发展更快，使服务贸易结构向知识密集型转变。

2. 对外贸易商品结构

对外贸易商品结构（Composition of Foreign Trade）是指一定时期内一国进出口贸易中各种商品的构成，即某大类或某种商品进出口贸易额与整个进出口贸易额之比，以份额表示。一国对外贸易商品结构可以反映出该国的经济发展水平、产业结构状况、科技发展水平等。世界各国的对外贸易商品结构共同构成了国际贸易商品结构。

四、国际贸易地理方向和对外贸易地理方向

国际贸易地理方向（Direction of International Trade）亦称国际贸易地区分布（International Trade by Region），是反映国际贸易地区分布和商品流向的指标，指各个国家（地区）在国际贸易中所处的地位，通常以它们的出口额（进口额）占世界出口额（进口额）的比重来表示。随着国际经济的不断发展，各国的经济实力不断变化，国际贸易地理方向也不断发生变化。但就世界贸易总额的地区分布来看，欧洲一直位居榜首，非洲最为落后；从国家分布来看，美、日、德、法、英等主要发达国家所占的比重最大，发达国家在国际贸易乃至世界经济格局中仍占主导地位。

对外贸易地理方向（Direction of Foreign Trade）又称对外贸易地区分布或国别结构，是指一定时期内各个国家或区域集团在一国对外贸易中所占有的地位，通常以它们在该国进出口总额或进口总额、出口总额中的比重来表示。对外贸易地理方向指明一国出口商品的去向和进口商品的来源，从而反映一国与其他国家或区域集团之间经济贸易联系的程度。表 1.1 和表 1.2 分别反映了 2015 年我国按洲和国家（组织、地区）划分的对外贸易地理方向分布。

表 1.1　2015 年我国对外贸易地理方向分布（按洲和组织划分）　千美元

进出口原产国（地）	进出口	出口	进口
亚太经济合作组织	2 579 827 898	1 448 965 179	1 130 862 719
亚洲	2 095 631 127	1 140 850 432	954 780 695
欧洲	696 547 004	403 338 258	293 208 745
北美洲	614 413 579	439 334 839	175 078 740
欧洲联盟	564 754 837	355 875 901	208 878 937
东南亚国家联盟	472 161 970	277 486 834	194 675 136
拉丁美洲	236 544 934	132 215 947	104 328 987
非洲	179 033 143	108 666 940	70 366 203
大洋洲	133 577 151	50 543 427	83 033 725

表 1.2　2015 年我国对外贸易地理方向分布前 20 位（按国家或地区划分）　千美元

进出口原产国（地）	进出口	出口	进口
美国	558 275 039	409 538 341	148 736 698
中国香港	343 602 928	330 835 683	12 767 245
日本	278 657 654	135 670 629	142 987 025
韩国	275 814 596	101 296 404	174 518 192
中国台湾	188 205 492	44 898 800	143 306 692
德国	156 783 677	69 160 911	87 622 766
澳大利亚	113 964 957	40 322 246	73 642 711
马来西亚	97 290 534	43 990 257	53 300 277
越南	95 965 678	66 123 914	29 841 764
新加坡	79 564 731	52 008 290	27 556 441
英国	78 518 302	59 581 675	18 936 627
泰国	75 462 787	38 293 275	37 169 512
印度	71 622 891	58 240 171	13 382 720
巴西	71 583 502	27 416 635	44 166 867
荷兰	68 255 396	59 462 954	8 792 442
俄罗斯	68 060 524	34 784 410	33 276 114
加拿大	55 677 998	29 426 178	26 251 820
印度尼西亚	54 230 440	34 342 230	19 888 211
沙特阿拉伯	51 658 130	21 622 838	30 035 292
法国	51 410 101	26 753 091	24 657 010

知识链接

亚太经济合作组织包括文莱、中国香港、印度尼西亚、日本、马来西亚、菲律宾、新加坡、韩国、泰国、越南、中国、中国台湾、俄罗斯、智利、墨西哥、秘鲁、加拿大、美国、澳大利亚、新西兰、巴布亚新几内亚。欧洲联盟包括比利时、丹麦、英国（已于2016年公投脱欧）、德国、法国、爱尔兰、意大利、卢森堡、荷兰、希腊、葡萄牙、西班牙、奥地利、芬兰、瑞典、塞浦路斯、匈牙利、马耳他、波兰、爱沙尼亚、拉脱维亚、立陶宛、斯洛文尼亚、捷克、斯洛伐克、保加利亚、罗马尼亚、克罗地亚。东南亚国家联盟包括文莱、缅甸、柬埔寨、印度尼西亚、老挝、马来西亚、菲律宾、新加坡、泰国、越南。

一国（地区）的对外贸易地理方向通常受经济互补性、国际分工的形式与贸易政策的影响。对一国（地区）而言，如果商品进出口集中在某一个或几个国家（地区），则该国（地区）对外贸易地理方向比较集中；反之，则对外贸易地理结构比较分散。对外贸易地理方向比较集中有利于出口商之间的信息交流，交易成本较低；但往往会导致国内厂商之间争夺客户，造成出口国内部竞争激烈。无论是出口还是进口，一国（地区）的对外贸易地理方向过于集中，都容易使该国（地区）受制于人，从而在对外贸易中处于不利地位。对外贸易地理方向分散则可以降低一国（地区）所面临的政治和经济风险，避免进出口商之间的恶意竞争，不利之处则是交易成本较高。

本章小结

国际贸易是不同的国家（地区）之间的商品和服务的交易活动，它是人类社会生产力发展到一定阶段的产物，是国家出现后的产物。国际贸易经过漫长的发展，在当代呈现出新趋势。

按照不同的标准，国际贸易可以分为出口贸易、进口贸易、过境贸易、有形商品贸易、无形商品贸易、总贸易、专门贸易、直接贸易、间接贸易、转口贸易等。对外贸易值、贸易量、贸易差额都是用来反映一个国家（地区）的贸易规模及其变化的指标。贸易商品构成、对外贸易依存度、贸易条件、贸易地理方向等概念是国际贸易的重要概念。

当代国际贸易发展呈现出一些新特色，中国在国际贸易中的地位越来越重要，服务贸易和跨境电子商务发展越来越迅速。

课堂讨论

1. 国际贸易是怎样产生的？
2. 什么是无形贸易？其主要形式有哪些？
3. 假如没有国际贸易，资本主义生产方式还能够产生吗？

复习思考题

一、名词解释

国际贸易　对外贸易　有形贸易　无形贸易　对外贸易值　对外贸易量　总贸易　专门

贸易　转口贸易　过境贸易　贸易条件　对外贸易依存度

二、选择题（1～5题为单选题，6～10题为多选题）

1. 一个国家（地区）的对外商品交换活动，称为该国的（　　）。
A. 国际贸易　B. 对外贸易　C. 货物进出口　D. 国际服务贸易

2. 为表明各个国家（地区）在世界贸易中所占的地位，通常采用的指标是（　　）。
A. 贸易差额　B. 对外贸易额
C. 国际贸易地理方向　D. 国际贸易商品结构

3. 对外贸易和经济发展的关系，归根到底是（　　）的关系问题。
A. 交换和生产　B. 交换和分配　C. 交换和消费　D. 生产和消费

4. 从甲国经过丙国国境向乙国运输商品，对于丙国而言就是（　　）。
A. 转口贸易　B. 过境贸易　C. 间接贸易　D. 专门贸易

5. 假设以2010年为基准年，其进出口价格指数为100，2011年出口价格上涨6%，进口价格下降2%，则其贸易条件（　　）。
A. 改善　B. 恶化　C. 平衡　D. 无法确定

6. 国际贸易的产生必须具备两个基本条件，即（　　）。
A. 有可待交换的剩余产品
B. 商人的出现
C. 手工业的出现
D. 在各自独立为政的社会实体之间进行交换

7. 第二次世界大战后国际贸易迅速发展的主要原因有（　　）。
A. 科技革命引起的工业生产的增长
B. 国际分工和生产国际化的深化和扩大
C. 战后国际金融贸易组织的建立和区域经济一体化
D. 国家加强在对外贸易中的作用

8. 下列说法不正确的有（　　）。
A. 统计国际贸易额的方法是把世界各国或地区的进出口额相加
B. 过境贸易的货物价值应统计在该国的进出口贸易值内
C. 复出口是指从国外进口的产品在该国内经过加工改制后再出口
D. 凡是通过第三国或地区转运出口的商品，对第三国而言，均称为转口贸易

9. 国际贸易对一国经济发展的作用体现在（　　）。
A. 互通有无，调剂余缺　B. 利用国际分工，节约社会劳动
C. 促进劳动生产率的提高　D. 带动相关经济部门的发展

10. 根据商品移动方向不同，国际贸易可分为（　　）。
A. 出口贸易　B. 无形贸易　C. 过境贸易　D. 进口贸易

三、简答题

1. 为什么说国际贸易是一定历史阶段的产物？
2. 简述地理大发现对国际贸易的影响。
3. 国际贸易对资本主义的作用有哪些？
4. 当代国际贸易发展的新特点是什么？

四、计算题

1. 以2010年为期，如果2011年的进出口价格指数为105，2012年的进出口价格指数为120，三年的贸易进出口额统计见表1.3。

表1.3　贸易进出口额　　亿美元

时间	进出口额	出口额	进口额
2010	4 743	2 492	2 251
2011	5 098	2 662	2 436
2012	6 208	3 256	2 952

试问：(1) 这三年的贸易差额分别是多少？是顺差还是逆差？

(2) 2011年和2012年的对外贸易量是多少？

(3) 2011年和2012年的对外贸易额增长率是多少？

2. 已知某国的GDP为40 000亿美元，货物出口贸易额为1 600亿美元，货物进口贸易额为1 400亿美元，则该国的对外贸易依存度是多少？

课外实训

1. 请当地外贸主管部门的人员到学校介绍该地区外贸发展情况。

2. 调查一家当地的外贸企业的生产经营特色。

第二章

古典国际贸易理论

★学习目标

了解重商主义学说产生的历史背景、主要内容、历史地位和局限性；掌握以绝对利益学说和比较利益学说为代表的自由贸易学说的历史背景、主要内容；了解古典贸易保护主义，尤其是李斯特的贸易保护学说的主要内容。

重点：重商主义学说、绝对利益学说、比较利益学说以及李斯特贸易保护理论的主要内容。

难点：对各个学说的评价以及绝对利益贸易模型和比较利益贸易模型。

★引例

中国农产品出口有优势吗?

中国的人均可耕地面积是全世界最少的国家之一。那么按道理来讲中国的农产品出口应该是处于劣势，农产品对外贸易应该是以进口为主。但事实却不是这样，中国的农产品出口每年都以两位数的速度增长。以加入 WTO 前后几年为例，中国 1999 年的农产品进出口总额为 216.3 亿美元，其中出口为 134.7 亿美元；2003 年中国农产品进出口总额为 403.6 亿美元，其中出口为 214.3 亿美元。然而从 2004 年开始，我国农产品出口出现逆差，且随着贸易总量的快速上升，这一逆差也呈增长态势；2015 年我国农产品进出口总额为1 875.6亿美元，其中出口 706.8 亿美元，依然存在贸易逆差，但我国农产品出口的增长速度则一直居高不下，试问中国农产品出口的优势在哪?

国际贸易理论是国际经济学的一个重要组成部分。而古典国际贸易理论则是国际贸易理论的第一座里程碑，它是随着资本主义生产方式的出现而产生和发展起来的。在资本主义生产方式准备时期，西欧的重商主义开始探讨国际贸易问题。随着资本主义生产方式的确立，国际贸易理论有了较大的发展。在资本主义经济发展较快的英国，古典学派的亚当·斯密和大卫·李嘉图提出以“绝对利益学说”和“比较利益学说”为中心的自由贸易学说，随后约翰·穆勒提出的相互需求理论又丰富了这一学说。在资本主义经济不发达的美国与德国，汉密尔顿和李斯特则提出了保护贸易的学说。学习和了解这些学说对理解和掌握古典国际贸易理论和政策具有重要意义。

第一节　重商主义学说

【案例 2.1】

材料一：16 世纪时，西班牙人路易·奥蒂斯的回忆录在开篇一再重复：由于出售原材料给外国人，并支付 10 倍于原材料价格的价格用于购买外国人用西班牙原材料生产的商品，西班牙使自己变得贫困。因此货币不能以这种方式流出王国，而必须用于改善原材料生产，去建造运河和磨坊，尤其是制造业，以便把西班牙的原材料制成最终产品，在国内与国外市场上出售。他指出，西班牙的困难归因于无力将国内生产建立在其资本（原材料与货币形式）基础上，结果是禁止竞争性外国产品的销售，要求货币不能流出国家，它并不关心黄金被保持的数量，只关注留下来投入经营的资本数量。在对外贸易方面，这种思想体现得最为显著，其实质是渴望创造剩余的财富。

材料二：17 世纪时，英国人托马斯·孟反对货币主义者所主张的限制货币输出的原则，要求取消禁止输出货币的法令。他说：“我们的金钱加在我们的商品上面，使它们一块儿输往外国，从而可以获得更多得多的财富。”输出商品的同时也输出货币，是指先以货币购进更多的外国商品来扩大贸易，等到时机成熟，再把这些商品以远远超过购价的价格销售给外国人，使国家大量增加财富。他还补充说：“我们要促成一种加快和加大的贸易，并不是要将金钱都保存在王国之内，而是要使外国需要和使用我们的货物，同时使我们对于他们的商品的需要能够促进各方面吐出和吸进。”

上述案例展示了早期重商主义和晚期重商主义的代表性经济主张，那么它们的主张是什么？有何异同？材料一中“西班牙变得贫困”的原因是什么？你认为上述观点正确吗？

重商主义（Mercantilism）指的是在 14 世纪末到 18 世纪存在于欧洲的经济思想的总称。这些思想及其相应观点是这一时期经济思想和经济政策的主要意见。重商主义学说的许多观点源自当时的一些经济事件，而且还借助于政府决策的作用影响了历史进程。值得重视的是，重商主义及其观点在所处时代经历了近 300 年的发展，影响极其深远，更重要的是，即便进入经济全球化时代的 21 世纪，重商主义的一些思想仍然根深蒂固地影响着一些国家的国际贸易政策选择。

一、重商主义学说产生的历史背景

15—16 世纪，西欧封建制度逐渐瓦解，作为西欧封建制度解体和资本主义生产关系产生时期的代表性经济思想，重商主义产生和发展的历史条件可以从经济与政治两个方面加以概括。

在经济上，随着封建自给自足的自然经济的瓦解，资本主义经济关系在封建社会内部开始萌芽和成长，各种力量的共同推动促进了资本原始积累。在资本原始积累时期，资本主义经济关系中是商业支配产业，流通支配生产，商业资本的力量大大超过以庄园主为代表的生产资本势力，因此产生了以流通过程为研究中心的重商主义学说。同时，15 世纪末、16 世纪初的地理大发现，扩大了世界市场，促进了商业、航海业和手工业的发展，加速了资本原始积累，以及封建生产方式解体的步伐，为重商主义的产生和发展奠定了经济基础。

在政治上，当时西欧国家处于封建王权和封建领主割据统治下。商业资本的发展要求消除割据，统一国内市场；同时航海业的发展需要国家有强大的军事力量维持海上利益。这些都要求封建国王削弱领主力量，加强自己的权力，维持庞大的军队，并建立统一的中央集权国家，这需要商业资本的支持。在这种情形下，国王与商业资本家结成联盟，实行重商主义的政策与主张。

二、重商主义学说的主要内容

重商主义分为早期重商主义和晚期重商主义。早期重商主义和晚期重商主义是重商主义学说发展的两个阶段。

（一）早期重商主义

早期重商主义者主张禁止货物出口，以防止贵金属外流，认为这是保留货币的有效手段，这种思想发展成为货币平衡论，即重金主义学说体系。例如，当时的英国，为了防止外国人把出售商品得来的货币带出英国，颁布了两条法令，即消费法和侦探法（Searchers）。前一条法令规定外国人在英国收到的汇款，必须完全用于购买英国的商品；后一条法令规定对每个“外来的客人”都必须由一个“主人”或“侦探”形影不离地跟踪，把“外来客人”的交易行为统统记录下来，防止他们把货币运出国外。

英国的威廉·司塔福特就是早期重商主义的代表人物。威廉·司塔福特于 1581 年出版了《对本国同胞若干不同意见之批评的记述》一书。全书用对话体写成，参与对话的有各种等级的人物：骑士、商人、手工业者、农夫、神学者等。作者以神学者的身份发表意见，也代表了全书的基本思想，也代表了早期重商主义观点。时值英国正在进行圈地运动，书中的各色人物诉说着各自的不平，而且就不幸的原因互相埋怨着。骑士说：“我的种田的邻人、商人先生、亲爱的铜匠和其他手工业者们！你们能够比较容易地保护自己的利益，因为一切物价越比以前贵，你们就把你们的商品和对外出售的你们自己的劳动生产品的价格提得越高。然而，我们却没有一件可以高价出售的东西。因此就无法弥补我们购进商品的时候所受的损失。”而农业经营者则埋怨土地所有者，指责他们把土地圈了起来，变成牧场，认为“这些围栏是经营者普遍衰退的原因。因为这些围栏迫使我们支付更高的地租，而且妨碍我们耕种。这些绵羊是我们的灾祸的来源”。商人和手工业者则把所有的罪恶都归到工人身上，埋怨工人抬高了劳动价格。只有神学者超然地站在一切阶级之上，代表“超阶级”的真理，发表了早期重商主义观点。早期重商主义者反对进口，认为从外国输进商品是有害的，尤其是输入自己国内能够制造的商品害处更大。因为输入商品，就会使货币流出。对此，司塔福特感叹道：“凡是我们跟外国人贸易时得到的一切货币，都一去不复返了；反之，凡我们英国人相互所赚到的，是留在家里、留在国内的。”在下面的对话里，反映了作者保护关税的思想。他写道：“有一次我问书贾：为什么在我们国内不能像海外一样，制造白色的和灰色的写字纸。我听到的答复是：若干时期以前，曾经有一个人着手造纸，但是没有多久，他就把工厂关闭了；因为他看到目前造纸不能像外国那样便宜……书贾接着又说：但是我相信，如果能够禁止外货入口，或者只有课以较高的关税，那么在我们国内很快就可以使造纸成本低于国外。”显然，早期重商主义者主张实行高关税以阻止进口。

（二）晚期重商主义

晚期重商主义者则要求发展对外贸易，出发点是对外贸易所吸引进来的货币多于流出去的货币。这种思想发展成为贸易平衡论或贸易差额论，即狭义的重商主义学说体系。这一时期，商业已很发达，工场手工业已经产生，信用制度也随之发展起来，资本原始积累时期开始了。商业资产阶级对金银的追求变本加厉，然而对金银的态度已完全不同。因为他们懂得了货币只有在运动中才能成为资本，实现增殖。因此，不能过分地去限制这种运动，过去的格言“多卖少买”已经过时了。晚期重商主义者主张取消禁止货币输出的禁令，使本国的出口多于进口，即出超的对外贸易。

托马斯·孟是晚期重商主义者的重要代表人物。其代表作是《英国在对外贸易中的宝库或对外贸易平衡》。他认为：“国外贸易是增进我们的财富和宝库的普通手段。在这个贸易中，我们应当永远遵守下列原则：即每年我们所卖给外国人的货物总额，应当多于我们所消费的外国货物。”主张把货币投入具有“生殖力”的流转中去。他说：“货币建立贸易，而贸易能增值货币。因此，投入流转的货币越多，事情就越好。”他用播种做比喻：“农夫在播种的时候，把那么多的谷粒抛在地上，如果仅仅以这个时期来判断农夫的行为，那么一定不会说他是个好主人，而要说他是疯子了。但是如果在秋天，当他的努力要成功的时候，去看他的劳动成果，那么我们就会发现他的劳动所得到的报偿是很丰富的。”

托马斯·孟反对以任何措施去限制出口贸易，甚至主张降低出口关税。他认为转口贸易是最有利的事情，它可以产生最大的商业利润。司塔福特总是企图把货币保留在国内；而托马斯·孟则希望把货币输出国外，以便更大量地输入货币。他还主张扩大农产品和工业品的出口，并且主张以低廉的物价增加商品在国外市场上的竞争力。

无论是早期重商主义者还是晚期重商主义者，他们的研究对象都是流通，研究的方法都是记述他们所观察到的现象，因而重商主义学说并不是一种科学的体系。

（三）重商主义主要贸易观点

1. 认为贵金属（货币）是衡量财富的唯一标准，强调对外贸易的重要性

重商主义认为，一个国家的财富必不可少的是贵金属，如金银等。一切经济活动的目的就是为了获取金银。除了开采金银矿以外，对外贸易是货币财富的真正来源。因此，要使国家变得富强，就应尽量使出口大于进口，因为贸易出超才会导致贵金属的净流入。一国拥有的贵金属越多，就会越富有、越强大。因此，政府应该竭力鼓励出口，不主张甚至限制商品（尤其是奢侈品）进口。

2. 对外贸易必须保持顺差，即出口必须超过进口

由于所有贸易参加国不可能同时出超，而且任一时点上的金银总量是固定的，所以一国的获利总是基于其他国家的损失，即国际贸易是一种“零和游戏”。因此，伊丽莎白一世不仅采取许多有利于贸易发展的措施，同时提高商人的政治地位。早期重商主义主张采取行政手段，禁止货币输出和积累货币财富。晚期重商主义与早期重商主义不同的是，认为国家应该将货币输出国外，以便扩大对外国商品的购买。不过他们要求，在对外贸易中应谨守的原则是购买外国商品的货币总额，必须少于出售本国商品所获得的总额，其目的仍是要保持有更多的货币流回本国。因此，晚期重商主义者主张，对外贸易必须做到输出大于输入，以保持出超。

三、重商主义的历史地位和局限性

重商主义是对资本主义生产方式最早进行理论探讨的经济理论。重商主义所考察的对象已不是家庭管理，而是一国的财富增长，它对经济思想史以及国际贸易史做出了一定贡献，占有极其重要的历史地位。然而这一理论存在的时期还是封建时代，理论本身并没有成为一种科学体系，其还存在着许多局限性。

（一）历史地位

1. 在研究内容上开拓了新的研究领域

第一，重商主义所考察的对象已不是家庭管理，而是一国的财富增长，涉及广泛的社会经济问题，正是从重商主义开始，经济学的研究范围拓宽到一个新的领域。

第二，重商主义考察财富增长的途径是将国家放在一个开放的国际经济环境中。所以，从这个意义上说，重商主义是现代"开放经济模式"及宏观经济学的先导。

第三，重商主义研究财富增长的途径是着重于流通，特别是对外贸易，这也为现代的国际贸易理论的形成提供了基础。

第四，重商主义主张保护本国商品的更多出口，因为它可以增加国内支出；认为货币的流入会刺激工商业，增加国内就业，这些观点是西方现代经济理论中乘数观点的萌芽。

第五，重商主义的国家干预经济的思想，被称为原始的国家干预主义，成为凯恩斯经济政策思想的先导。

2. 有助于人们对资本主义初期的经济状况及商业资本利益的认识

重商主义者把货币看作真正的财富，而且还认为货币必须投入流通才能增殖，这些观点表明，在资本主义关系萌芽和刚产生的时期，重商主义者就直率地道出，在资本家的心目中，财富并不是使用价值，而是交换价值，是货币；资本主义生产的实质和使命是赚钱发财；货币已不是一般的交换手段，而具有了资本的职能。这些观点尽管论述还很粗糙，但有助于人们认识资本主义初期的经济状况及商业资本利益。

3. 实践作用

在西欧，如英、法等国，由于实行了重商主义政策，积累了大量货币资本，促进了商品经济和资本主义工场手工业的发展，为资本主义生产方式的成长创造了必要的前提。在今天，重商主义的国家干预经济的思想仍被重视，我国发展社会主义市场经济及西方垄断资本主义经济的发展，仍必须考虑到国家在经济生活中的作用。同时，重商主义对发展顺差外贸和转口贸易的重视及在外贸中运用保护关税政策以促进本国商品出口的思想，对实行市场经济的国家仍有很大的借鉴作用，要发展市场经济，无疑应重视对外贸易的作用，以此推动经济向外向型发展。

（二）局限性

首先，重商主义者认为货币是财富的唯一形态，从而把金银与货币、货币与财富简单地等同。重商主义学者对资本主义经济的研究只局限在流通领域，只是对该领域的表面现象进行描述，对货币的认识还处于简单、粗陋的状态。

其次，重商主义者认为，除了金银等贵金属开采，顺差贸易是财富的唯一源泉。这样，重商主义者就把财富和利润的来源归结为流通。这种关于财富和利润来源的见解，也是由当时的历史条件决定的。因为在封建社会晚期、资本主义发展初期，商业资本占有重要地位。

总之，重商主义者关于货币和财富的观点，表明了他们根本不理解货币的起源和本质，从而也不可能理解财富的真正源泉。货币不过是商品生产和商品流通发展的产物，是交换价值发展的必然结果。货币虽然也是商品，但和一般商品不同，它是充当一般等价物的特殊商品。随着商品生产和交换的发展，交换价值在货币上得到完成，这是因为金银具有充当货币材料最合适的属性，一般等价物才最后固定地由金银来充当。

第二节　绝对利益学说

【案例 2.2】

如果一件东西在购买时所花费的代价比在家里生产时所花费的小，人们就永远不会在家里生产，这是每一个精明的家长都知道的格言。裁缝不想自己制作鞋子，而向鞋匠购买。鞋匠不想制作他自己的衣服，而雇裁缝裁制……他们都感到，为了他们自身的利益，应当把他们的全部精力集中使用到比邻人处于某种有利地位的方面，而以劳动生产物的一部分购买他们所需的任何其他物品。如果每一个私人家庭的行为是理性的，那么整个国家的行为就很难是荒唐的。如果外国能以比我们自己制造还便宜的商品供应我们，那么我们最好就用自己有优势的商品同他们交换。

国家储存大量金币看似对人民个人无损，但其实是对全社会造成了损害。为阻止进口或减少进口而设立的关税，则显然是既破坏贸易自由也有损于关税收入的。国家与国家之间要像个人与个人之间那样实行分工。国家的职责应该是维护国家安全、环境和平、个人公平竞争，并避免各种垄断。换言之，国家应充当的是守夜人的角色。

——亚当·斯密

18 世纪的英国，经济市场发育良好，传统的反资本主义市场偏见在人们的心理和意识形态领域已大为削弱。在当时的英国，受不断增长的外国需求刺激，技术革新爆发，这场革新既从根本上改变了英国及世界大部分地区的经济，也从根本上影响了经济学的发展，古典经济学理论，特别是以亚当·斯密《国民财富的性质和原因的研究》（以下简称《国富论》）为代表的自由市场、自由贸易的经济思想在这场经济变革中孕育而生。

一、古典理论产生的历史背景

19 世纪中叶，英国在全球确立了“世界工厂”的地位。随着英国资本主义的迅速发展，新兴资产阶级要求扩大对外贸易，扩大海外市场和原料来源，而重商主义的贸易理论和政策限制了新兴资产阶级的利益，所以英国新兴资产阶级迫切要求废除重商主义的贸易保护，实行自由贸易。一些资产阶级思想家开始探寻对外贸易与经济发展的内在联系，试图从理论上说明自由贸易对经济发展的好处，于是产生了自由贸易理论。自由贸易理论的代表人物是英国古典经济学家亚当·斯密和大卫·李嘉图，其代表学说分别是“绝对利益学说”和“比较利益学说”。

二、绝对利益学说的基本概念和内容

亚当·斯密（Adam Smith，1723—1790）是英国著名经济学家，也是资产阶级经济学古典学派的主要奠基人之一，其代表作是《国富论》，代表学说为“绝对利益学说”。斯密的绝对优势理论是他在批判重商主义财富观时提出来的，他基于自己对于财富的一贯认识，在对财富原因的研究中提出了绝对优势理论。

（一）基本概念

1. 绝对优势与绝对劣势

一国如果在某种产品上具有比别国高的劳动生产率，该国在这一产品上就具有绝对优势；相反，劳动生产率低的产品则具有绝对劣势。

2. 绝对优势的衡量

在劳动价值论前提下，单位产品所需劳动（成本或劳动生产率）或单位劳动所得产量（成本倒数）可以衡量绝对优势。

（二）绝对利益学说的主要内容

1. 国际分工建立在一个国家所拥有的自然优势和获得这种优势的基础上

所谓优势，是指绝对优势或绝对利益。斯密认为，各国因地域和自然条件不同而形成的商品成本的绝对差异是国际贸易发生的原因。一国出口那些在本国进行生产有效率的商品，进口那些在国外进行生产有效率的商品，该国就会取得贸易利益。他说：“如果一件东西在购买时所花费的代价比在家里生产时所花费的小，人们就永远不会在家里生产，这是每一个精明的家长都知道的格言。”

2. 主张自由贸易

亚当·斯密认为，自由竞争和自由贸易是实现自由放任原则的主要内容。国际贸易是自由市场经济的一部分，不应加以任何限制。既然贸易双方都具有绝对优势，那么通过自由贸易双方都能取得贸易利益。因为自由贸易会使贸易双方的资本和劳动力从生产能力低的行业转移到生产能力高的出口行业中去，实现资源的有效配置，提高劳动生产率。生产商品的数量增加了，通过贸易双方的消费量也增加了，对双方都有好处，即只要国家生产和出口它具有绝对优势的产品，所有参与贸易的国家都将得益。

三、绝对优势贸易模型

假定英国和葡萄牙两国都生产葡萄酒和毛呢，生产情况见表 2.1（a）。从该表可以看出，这一简化模型为 $2\times2\times1$ 模型，即两个国家、两种产品、一种生产要素。假设生产过程中只投入一种生产要素，有关的生产成本就只是劳动力的成本。

表 2.1（a） 分工前

国家	葡萄酒产量/单位	所需劳动人数/（人·年$^{-1}$）	毛呢产量/单位	所需劳动人数/（人·年$^{-1}$）
英国	1	120	1	100
葡萄牙	1	80	1	110

从亚当·斯密对“绝对优势”的界定可以看出，所谓绝对优势可以从两个方面加以理解，一是可从生产率的角度来理解，指一个国家在某种产品的生产上，投入同样数量的资源（生产要素）能比别的国家生产出数量更多的产品（假设不存在质量与种类的不同）；另一种理解可从生产成本的角度来看，即一个国家在某种产品的生产上，生产出同样数量的产品能比别的国家投入数量更少的资源。基于这两个方面的理解，可将表 2.1（a）转化为表 2.1（b）。

表 2.1（b）　劳动生产率与生产成本比较

项目	产品种类	英国	葡萄牙
劳动生产率	葡萄酒	1/120	1/80
	毛呢	1/100	1/110
生产成本	葡萄酒	120	80
	毛呢	100	110

从表 2.1（b）可以看出，劳动生产率越高越好或生产成本越低越好，英国在毛呢生产上具有绝对优势，葡萄牙在葡萄酒的生产上则具有英国比不上的优势。根据绝对优势学说，英国专门负责生产并出口毛呢，葡萄牙专门负责生产并出口葡萄酒，形成国际分工与贸易的格局。

为便于分析，假设两国都有 200 单位的劳动力，为更好地比较参与国际贸易与自给自足的生产情况，这里再假设两国 200 单位劳动力在自给自足状态下是均匀地分布在两种产品的生产上的，也就是说，两国生产葡萄酒与毛呢的劳动力在自给自足的条件下各为 100。根据上述假设，两国在分工前后的生产量可见表 2.1（c）。

表 2.1（c）　分工前后两种产品的生产量情况

生产量	产品种类	英国	葡萄牙	合计
自给自足	葡萄酒	5/6	1.25	25/12
	毛呢	1	10/11	21/11
分工后	葡萄酒	0	2.5	2.5 =（30/12）
	毛呢	2	0	2 =（22/11）

在自给自足状态下，根据生产率与劳动力情况，英国在两种产品上的生产量分别是 5/6 与 1；葡萄牙则分别为 1.25 与 10/11，两种产品的合计量分别为 25/12 与 21/11。但如果按照绝对优势理论的要求进行国际分工，两国分别生产生产率高的商品，英国可生产 2 单位的毛呢，比自给自足状态多生产 1/11 单位；葡萄牙可生产 2.5 单位的葡萄酒，比自给自足状态多生产 5/12 单位。分工带来了更多的生产量，整个社会福利得到提升。

再进一步，假设在国际分工的基础上，两国实行贸易，按照各自 100 个单位生产出的产品进行交换，也就是英国按照 1 单位毛呢（100 劳动生产）与葡萄牙 1.25 单位葡萄酒（100 劳动生产）进行交换，我们可得出在分工基础上新增的社会福利分配，两国的消费都得以改善，具体见表 2.1（d）。

表 2.1（d） 贸易前后两种产品的消费量情况

消费量	产品种类	英国	葡萄牙	合计
自给自足	葡萄酒	5/6	1.25	25/12
	毛呢	1	10/11	21/11
分工后	葡萄酒	1.25	1.25	2.5 =（30/12）
	毛呢	1	1	2 =（22/11）

根据上述分析，显而易见，在自给自足状态下，生产量即为消费量。分工后，英国可以将自己生产的 1 单位毛呢出口到葡萄牙，同时进口 1.25 单位的葡萄酒，与自给自足状态相比，通过贸易英国获得了比自给自足状态下多出 5/12 单位的葡萄酒的消费；同理，葡萄牙也从贸易中得利，比自给自足状态下消费更多的毛呢（具体增量为 1/11 单位）。

四、对绝对利益学说的评价

（一）积极方面

（1）绝对利益学说有力地抨击了重商主义，其主张自由经济，为自由贸易奠定了坚实的基础。

（2）绝对利益学说第一次从生产领域出发说明了国际贸易发生与发展的必然性。亚当·斯密提出了绝对优势这一概念来解释国际贸易的基础，他认为贸易之所以发生，其基础在于各国生产成本上存在绝对差异。

（3）“绝对利益”概念的提出，强调了技术水平的重要性，对提高劳动生产率有重要意义，对现代国际分工仍有指导意义。

（二）局限性

在国际贸易学说史上，绝对利益学说具有划时代的意义，然而它只是说明了国际贸易中的特殊现象，即在一种商品的生产上处于绝对优势的国家，通过参加国际分工和国际贸易可以从中取得利益，没能说明不具绝对优势的国家是否能参加国际分工与贸易，所以无普遍意义。在现实国际贸易中，发达国家和发展中国家的贸易往来广泛存在，然而强调互利贸易的绝对利益学说仅仅适用于两个总体技术发展水平相同或相近的经济体之间，而不能解释两个技术发展水平或生产条件差异较大的经济体之间的贸易。

第三节 比较利益学说

【案例 2.3】

美国的鲜花进口是坏事吗?

1996 年情人节恰好与新罕布什尔州的初选日期 2 月 20 日相隔不到一周。这一天，共和党总统候选人帕特里克·布坎南在苗圃为他的妻子购买了一打玫瑰。他趁此机会做了一次演讲，谴责美国日益增长的鲜花进口将美国鲜花种植者挤出了该行业。确实，美国的冬季玫瑰有一部分是由南美进口的，且所占市场份额日益上升。那么美国从南美进口鲜花对美国、美国鲜花种植者和美国消费者来说是否就是一件坏事呢？我们可以通过比较利益学说的学习来给出答案。

大卫·李嘉图（David Ricardo，1772—1823）是英国著名的经济学家，也是资产阶级经济学古典学派的主要奠基人之一。其代表作是《政治经济学及赋税原理》，在这一著作中李嘉图提出了比较成本贸易理论，后人称之为“比较优势贸易理论”或“比较利益学说”（Law of Comparative Advantage）。该理论认为，国际贸易的基础是生产技术的相对差别（而非绝对差别），以及由此产生的相对成本的差别。每个国家都应根据“两利相权取其重，两弊相权取其轻”的原则，集中生产并出口其具有“比较优势”的产品，进口其具有“比较劣势”的产品。比较利益学说在更普遍的基础上解释了贸易产生的基础和贸易利得，大大发展了斯密的绝对利益学说。

一、比较利益学说的产生背景

1815 年，英国政府为维护土地贵族阶级利益而修订施行了《谷物法》。《谷物法》颁布后，英国粮价上涨，地租猛增，这对地主贵族有利，却严重损害了产业资产阶级的利益。昂贵的谷物使工人工资被迫提高，成本增加，利润减少，削弱了工业品的竞争能力；同时，昂贵的谷物也扩大了英国各阶层的吃粮开支，而减少了对工业品的消费。《谷物法》还招致外国以高关税阻止英国工业品对其出口。为了废除《谷物法》，工业资产阶级采取了多种手段，鼓吹谷物自由贸易的好处。而地主贵族阶级则千方百计维护《谷物法》，认为英国既然能够自己生产粮食，就根本不需要从国外进口，反对谷物的自由贸易。这时，工业资产阶级迫切需要找到谷物自由贸易的理论依据，而比较利益学说的产生顺应了这一历史需求。

二、比较利益学说的主要内容

（1）国际贸易的基础是生产技术的相对差别而非绝对差别，以及由此产生的相对成本的差别。李嘉图提出，即使一个国家在两种产品生产上较之另一国均处于绝对劣势，但只要处于劣势的国家在两种产品生产上劣势的程度不同，处于优势的国家在两种产品生产上优势的程度不同，则处于劣势的国家在劣势较轻的产品生产方面具有比较优势，处于优势的国家则在优势较大的产品生产方面具有比较优势。若是进行分工专业化生产和出口其具有比较优势的产品，则两个国家都能从贸易中得到利益。比较优势理论认为，每个国家都应该根据“两利相权取其重，两弊相权取其轻”的原则，集中生产并出口其具有比较优势的产品，进口其具有比较劣势的产品。

（2）国际贸易给社会带来利益并非因为一国商品价值总额的增加，而是因为一国商品总量的增长。国际贸易之所以对国家极为有利，是因为“它增加了用收入购买的物品的数量和种类，并且由于商品丰富和价格低廉而为节约和资本积累提供刺激”。同斯密一样，李嘉图强调了进口带来的利益。不过，李嘉图并非只是重复斯密关于自由贸易的好处，而是提出了更加系统的自由贸易理论，他从资源的最有效配置（使用）角度来论证自由贸易与专业分工的必要性。

三、比较优势贸易模型

英国和葡萄牙两国都生产葡萄酒和毛呢，生产情况见表2.2（a）。

表2.2（a） 分工前

国家	葡萄酒产量/单位	所需劳动人数/（人·年$^{-1}$）	毛呢产量/单位	所需劳动人数/（人·年$^{-1}$）
英国	1	120	1	100
葡萄牙	1	80	1	90

1. 比较优势的确定

由表2.2（a）可见，生产同样单位的毛呢，葡萄牙需要90人，英国需要100人；生产同样单位的葡萄酒，葡萄牙需要80人，英国需要120人。从葡萄牙方面看，两种产品生产都比英国效率高、成本低。根据斯密的观点，两国不存在进行国际贸易的基础条件，因为相对于英国，葡萄牙在两种产品的生产上都处于绝对优势地位，或者说英国在两种产品的生产上处于绝对劣势状态。

然而，李嘉图则认为，尽管从葡萄牙方面看，两种产品生产都比英国效率高、成本低，但是其程度是不同的。毛呢的成本相当于英国的90%（90/100），而葡萄酒的成本相当于英国的67%（80/120），可见葡萄牙生产酒的效率相对更高些。从英国方面看，两种产品生产都比葡萄牙效率低、成本高，但是高的程度不同。毛呢的成本是葡萄牙的1.1倍（100/90），而酒的成本是葡萄牙的1.5倍（120/80），可见英国生产毛呢的效率相对高一些，见表2.2（b）。

表2.2（b） 劳动生产率与生产成本比较

项目	产品种类	英国	葡萄牙
劳动生产率	葡萄酒	1/120	1/80
	毛呢	1/100	1/90
生产成本	葡萄酒	120	80
	毛呢	100	90

因此，在李嘉图看来，如果两国都生产相对优势的产品，即葡萄牙把全部劳动力都用来生产酒，英国把全部劳动力都用来生产毛呢，各自发挥相对优势，就可以使两种产品的产量都得到增加；而且通过贸易双方可以消费比分工前更多的商品，都获得利益。概括地说，产品的比较优势可以用相对劳动生产率、相对生产成本或者机会成本来确定。

（1）用产品的相对劳动生产率来衡量。相对劳动生产率是不同产品劳动生产率的比率，或两种不同产品的人均产量之比。用公式表示如下：

产品A的相对劳动生产率（相对于产品B）＝产品A的劳动生产率（人均产量：Q_A/L）/产品B的劳动生产率（人均产量：Q_B/L），其中，Q_A和Q_B分别表示A、B的产量，L表示劳动力人数。

如果一个国家某种产品的相对劳动生产率高于其他国家同样产品的相对劳动生产率，该国在这一产品上就拥有比较优势；反之，则只有比较劣势，见表2.2（c）。

表2.2（c）　英、葡两国的相对劳动生产率

国家	葡萄酒/毛呢	毛呢/葡萄酒
英国	0.83	1.2
葡萄牙	1.125	0.89

表2.2（c）中的数字是根据前面的例子计算的相对劳动生产率。可以看到，1.125 > 0.83，葡萄牙生产葡萄酒的相对劳动生产率高于英国，葡萄牙有生产葡萄酒的比较优势；两国生产毛呢的相对劳动生产率正好相反，英国在毛呢生产上具有比较优势。

（2）用相对成本来衡量。所谓相对成本，指的是一个产品的单位要素投入与另一产品单位要素投入的比率。用公式表示为：

产品A的相对成本（相对于产品B）=单位产品A的要素投入量（a_{LA}）/单位产品B的要素投入量（a_{LB}）

如果一国生产某种产品的相对成本低于别国生产同样产品的相对成本，该国就具有生产该产品的比较优势，见表2.2（d）。

表2.2（d）　英、葡两国葡萄酒和毛呢生产的相对成本

国家	葡萄酒（a_{LA}/a_{LB}）	毛呢（a_{LA}/a_{LB}）
英国	1.2	0.83
葡萄牙	0.89	1.125

葡萄牙生产葡萄酒的相对成本比英国低，而英国生产毛呢的相对成本比葡萄牙低。因此，葡萄牙有生产葡萄酒的比较优势，英国在毛呢生产上具有比较优势。

（3）用该产品的机会成本来衡量。一种产品是否具有生产上的比较优势，可用该产品的机会成本来衡量。所谓机会成本，指的是为了多生产某种产品（如葡萄酒）而必须放弃的其他产品（毛呢）的数量。例如，用葡萄酒衡量的每单位毛呢产量的机会成本为：

葡萄酒的机会成本=减少的葡萄酒产量/增加的毛呢产量

如前所述，在给定的时间（或土地）里，葡萄牙可以生产1单位葡萄酒，也可以生产0.89单位的毛呢，但不能同时生产1单位葡萄酒和0.89单位毛呢。也就是说，在葡萄牙，要想多生产1单位葡萄酒，就不得不少生产0.89单位毛呢。每单位葡萄酒的机会成本是0.89单位毛呢。对葡萄牙而言，多生产1单位毛呢，就不得不减少1.125单位的葡萄酒生产，每单位毛呢的机会成本是1.125。同理，可以确定英国生产葡萄酒与毛呢的机会成本，葡萄牙生产葡萄酒的机会成本低，具有比较优势。英国毛呢的机会成本低，具有生产毛呢的比较优势。

由此可见，三种方法的结论是相同的，都能确定本国产品的比较优势。但通过上述分析，值得指出的是：优势是比较出来的，如果从成本的角度来看，比较优势也就是比较成本，而成本的比较从概念上与机会成本的运用实质上是一回事。

2. 贸易所得

在绝对优势贸易理论中，人们对贸易所得比较容易看得清楚，因为一国出口产品的绝对生产成本一定比别国低，而且进口的也一定是自己生产成本绝对比别国高的产品，所以贸易一定能够赚钱或省钱。但在比较优势理论中，贸易所得不是那么直观。一国有可能出口比别国生产成本高的产品，也有可能从别国进口生产成本不如本国低的产品。在这种情况下，一国参与国际贸易的利益何在？

我们假定分工前，葡、英两国共生产 2 个单位的毛呢和 2 个单位的葡萄酒，即在分工前的自给自足状态下，葡萄牙与英国分别生产并消费了 1 个单位的毛呢与 1 个单位的葡萄酒。根据前述葡萄牙与英国各自的比较优势分析，分工后，葡萄牙把 170（80 + 90）个劳动力都用来生产葡萄酒，则生产 2.125（170 ÷ 80）个单位；英国把 220（100 + 120）个劳动力都用来生产毛呢，则生产 2.2（220 ÷ 100）个单位。两种产品的产量总和为 4.325 个单位，多于原来的 4 个单位。通过国际贸易，两个国家总计的生产量增加见表 2.2（e）。同样，假设两国交换的比价为 1∶1，那么交换前后，两国国内消费变化见表 2.2（f）。

表 2.2（e）　分工后两种产品的生产量情况

国家	葡萄酒产量/单位	所需劳动人数/（人·年$^{-1}$）	毛呢产量/单位	所需劳动人数/（人·年$^{-1}$）
英国			2.2（220/100）	220
葡萄牙	2.125（170/80）	170		

表 2.2（f）　交换后两种产品的消费数量

国家	葡萄酒产量/单位	毛呢产量/单位
英国	1	1.2
葡萄牙	1.125	1

从表 2.2（f）可以看出，分工后，两国的劳动投入并没有增加，但是两种产品的总量却增加了。其中毛呢增加了 0.2 个单位，葡萄酒增加了 0.125 个单位。两国进行交换，双方都得到了比较利益。

四、对比较利益学说的评价

（一）比较利益学说的历史进步性

（1）为当时英国新兴资产阶级的自由贸易主张提供了理论支持，促进了英国生产力的发展。比较成本说将自由贸易领域推广到各种类型的经济水平各异的国家，从而论证了自由贸易政策的普遍性和合理性。正因为如此，比较成本说成为自由贸易理论的主线。

（2）为世界各国参与国际分工、发展对外贸易提供了理论依据，各国根据各自的比较优势组织生产、从事贸易，不仅可以获得利益，而且会促进国际贸易的发展。这样，不同经济发展水平的国家都可找到自己的相对优势参与国际竞争，而不致被淘汰，为发展中国家对外开放提供了理论指导。

（二）比较利益学说的历史局限性

（1）比较利益学说是建立在 9 个假定条件的基础上的，即假定两国进行两种商品的交易；假定所有的劳动都是同质的；假定生产是在成本不变的情况下进行的；假定劳动力在国际不能自由流动；假定市场是完全竞争的市场；假定收入分配没有变化；假定贸易是没有货币的物物交换；假定没有运输费用；假定没有技术进步的影响，国际经济是静态的。这一系列的假定不可能同时成立，所以该理论缺乏坚实的科学基础，对当代国际贸易的许多现象不能做出解释。

（2）李嘉图解释了劳动生产率差异如何引起国际贸易，但没有进一步解释造成各国劳动生产率差异的原因。

（3）比较利益学说主张一国只从事具有比较优势行业的生产和出口，而对那些没有比较优势的行业彻底放弃，很可能出现“比较优势陷阱”。然而事实上，完全依据生产率差异进行的国际分工是不存在的。李嘉图的主张更有利于当时英国这个“世界工厂”的利益。

补充知识

有经济学家认为，按照比较优势理论，发展中国家应该专业化生产低技术含量的劳动密集型产品，这样发展中国家的产业结构将低级化，在国际分工中处于不利地位，从而落入“比较优势陷阱”。

第四节　相互需求学说

相互需求学说（Reciprocal Demand Theory），是从需求和交换比率方面论述国际分工和国际贸易的理论，就其实质而言，是一种供求关系决定商品价值的理论，是比较利益论的补充。李嘉图的比较成本论虽然揭示了分工和交换能为分工国带来利益，但是有两个问题没有解决：一是贸易给各国带来的利益有多大；二是这个范围内双方各占的比例是多少。于是约翰·穆勒承上启下，提出相互需求理论，在比较成本理论的基础上，着重从需求方面的分析入手，探讨国际交换比例的现实决定问题，正好对上述两个问题做出了补充，从而使比较成本理论更完善，也为后来新古典学派马歇尔的相互需求理论奠定了基础。

知识链接

约翰·斯图亚特·穆勒（John Stuart Mill，1806—1873），英国著名经济学家、哲学家、政治学家、逻辑学家，是李嘉图之后最著名的古典经济学家，古典经济学的集大成者。穆勒的天赋是“地球人都知道的”，他3岁开始学希腊文，8岁开始学习拉丁文，13岁开始学习政治经济学，并结识了李嘉图，后者的读书笔记就是他父亲詹姆斯·穆勒的《政治经济学要义》的基础。到14岁时，他所受教育基本结束。其主要著作有《略论政治经济学的某些有待解决的问题》《政治经济学原理》等。其中，1848年出版的《政治经济学原理》是当时最好的经济学教科书。

一、穆勒相互需求理论的基本观点和内容

（一）互惠贸易的范围

相互需求论认为，交易双方在各自国内市场有各自的物物交换比例，在世界市场上，两

国商品的交换形成一个国际交换比例（即贸易条件），这一比例只有介于两国的国内交换比例之间，才对贸易双方均有利。

现以中、美两国按比较优势原则生产和交换大米、小麦为例，假定中国和美国投入一定量的劳动生产大米和小麦的数量，如表2.3所示。

表2.3　中、美两国两种产品的国内交换比例

国家	大米/吨	小麦/吨	国内交换比例
中国	10	15	1∶1.5
美国	10	20	1∶2

由表2.3可见，中国国内15吨小麦换10吨大米，而美国国内20吨小麦才能换到10吨大米，所以中国的大米便宜；美国国内10吨大米能换到20吨小麦，而中国只能换到15吨小麦，即美国的小麦便宜。按比较优势原则，中国应出口大米，进口小麦；美国应出口小麦，进口大米。

那么，两国应以何种比例进行交换？对中国来说，出口10吨大米要换回15吨以上的小麦；对美国来说，出口20吨小麦应该换回10吨以上的大米。所以两国间大米和小麦的交换比例必须为：10吨大米/20吨小麦（1∶2）<国际交换比例<10吨大米/15吨小麦（1∶1.5）。

（二）贸易利益的分配

贸易利益的大小取决于两国国内交换比例之间范围的大小。而贸易利益的分配，则取决于具体的国际交换比例，即国际商品交换比例越接近本国国内的交换比例，对本国越不利，分得的贸易利益越少；国际商品交换比例越接近对方国家国内交换比例，对本国越有利，分得的贸易利益就越多。

上例中，中、美两国间大米和小麦贸易的交换比例若为10吨大米交换16吨小麦，则中国比分工前国内交换多获得1吨小麦，美国比分工前国内交换少支出4吨小麦；若为10吨大米交换17.5吨小麦，则中国多获得2.5吨大米，美国少支出2.5吨小麦；若为10吨大米交换19吨小麦，则中国多获得4吨大米，美国少支出1吨小麦。因此可以得出结论：首先，在（1/2，1/1.5）的交换比例范围内，国际交换比例越接近中国国内的交换比例，则美国获得的贸易利益越多；国际交换比例越接近美国国内的交换比例，则中国获利越多。其次，达到或超过任何一国国内交换比例上下限的国际交换比例都意味着一方获得全部贸易利益，而另一方损失了利益，因而不可能成为现实的交换比例。

（三）相互需求法则

（1）相互需求的含义：穆勒认为一切贸易都是商品的交换，一方出售商品是购买对方商品的手段，即一方的供给是对对方商品的需求。同时，进口商品的价值不是由其生产成本，而是由“获得成本”决定的，而获得成本是指为了换取进口所需偿付的出口商品的数量。

（2）在互惠贸易的范围内，两国间商品交换比例（贸易条件）是由两国相互需求对方产品的强度决定的，它与两国相互需求对方产品总量之比相等，这样才能使两国贸易达到均衡。

（3）当两国间商品交换的比例与相互需求对方产品总量之比相等时，两国的贸易达到均衡，即必须满足国际需求方程式：

$$甲国进口需求量 \times 国际交换价格 = 甲国的出口$$
$$\|$$
$$乙国进口需求量 \times 国际交换价格 = 乙国的出口$$

下面依旧以中、美两国大米和小麦的交换为例：假定中国的小麦进口需求为 1 000 × 17 = 17 000（吨），愿意提供大米 1 000 × 10 = 10 000（吨）作偿付；美国的大米进口需求为 1 000 × 10 = 10 000（吨），愿意提供小麦 1 000 × 17 = 17 000（吨）作偿付。此时，双方的相互需求均衡，那么国际交换比例可在 1∶1.7 的国际需求方程中确定。如果相互需求不均衡，双方或者调整进口需求量，或者调整交换比例以达到均衡。

以美国对中国产品需求强的情况为例：

假定中国对美国小麦的进口需求降低到 800 × 17 = 13 600（吨）时，按 1∶1.7 的国际交换比例，则中国只需提供 800 × 10 = 8 000（吨）大米作偿付。

再假定美国对大米的进口需求仍为 1 000 × 10 = 10 000（吨），并愿意提供 1 000 × 17 = 17 000（吨）小麦作偿付，则国际市场上小麦供过于求，大米供不应求，这将导致小麦的价格下跌，中国的小麦进口需求增加，如增加到 900 × 18 = 16 200（吨）；大米的价格上涨，美国的大米进口需求下降，如下降到 900 × 10 = 9 000（吨），则新的国际交换比例为 1∶1.8（9 000∶16 200）。

可见，如果两国的需求强度发生变化，则贸易条件或两国间的交换比例必然发生变动。同时，一国对另一国出口商品的需求越强，则贸易条件对该国越不利，该国的贸易利得越小；反之，则贸易条件对该国越有利，该国的贸易利得越大，这就是相互需求方程。

二、对穆勒相互需求理论的评价

（一）相互需求学说的历史进步性

穆勒的相互需求理论在李嘉图的比较优势原理的基础上又前进了一步，具体表现在以下三个方面：

（1）明确提出贸易条件和贸易利益两个概念。

（2）明确提出相互需求法则。

（3）明确说明贸易条件的决定和贸易利益大小的决定。

（二）相互需求学说的历史局限性

首先，该理论以两国物物交换的贸易平衡作为贸易条件决定的前提，但两国贸易平衡并不容易实现，且实际上出口和进口不是同时进行的，而是彼此分离的。

其次，穆勒的相互需求理论一般只能应用于经济规模相当、双方需求对国际市场价格有显著影响的两个国家。

第五节　古典贸易保护主义学说

一、汉密尔顿贸易保护主义学说

亚历山大·汉密尔顿（Alexander Hamilton，1757—1804）是美国独立运动时期的政治家、经济学家，也是美国独立后第一任财政部长，是保护幼稚工业理论的最早提出者，他代表工业资产阶级的利益，极力主张实行以关税保护为主的保护贸易政策。

（一）汉密尔顿贸易保护主义学说的产生背景

1776 年，美国宣告独立，当时摆在美国面前有两条路：一是实行自由贸易政策，继续向英、法等国出口农产品，换回它们的工业品，这种贸易格局有利于美国南方种植园主，但不利于美国北方工业制造业的发展；二是实行保护关税政策，独立自主地发展自己的工业，减少对外国工业品的依赖，这是美国北方工业资本家的要求。当时的美国是后起的资本主义国家，产业革命比较晚，工业基础薄弱，其产品无法与英国竞争，因此，新兴的工业资产阶级要求实行保护贸易政策。1791 年，美国当时的财政部长代表工业资产阶级的利益，向国会提交了《关于制造业的报告》，在报告中极力主张实行保护关税制度，明确表达了他的保护贸易观点。该报告被视为保护贸易理论的第一份重要的经典文献。

（二）汉密尔顿贸易保护主义学说的主要内容

1. 自由贸易不适合美国

汉密尔顿认为，亚当·斯密的自由贸易理论不适合美国。因为其经济情况不能同英国相提并论，美国作为一个刚刚起步的国家，工业基础薄弱，技术落后，生产成本高，无法在平等的基础上进行对外贸易。如果实行自由贸易政策，只会使美国继续充当欧洲的原材料供应基地和工业品的销售市场，产业将被限制在农业范畴，而使制造业受到极大损失，使美国经济陷入困境。所以，他强调，在一国工业化的早期阶段，应当排除外来竞争，保护国内市场，以促使本国新的幼稚工业顺利发展。

2. 制造业的发展对国家利益至关重要

汉密尔顿在《关于制造业的报告》中详细地论述了发展制造业的直接与间接利益，认为制造业的发展不仅能够使特定生产部门发展起来，还可以产生连带效应，使相关部门也得到发展，从而为美国带来利益。

3. 为保护和发展制造业，政府应加强干预，实行保护关税制度

汉密尔顿认为，政府应积极介入保护和发展制造业，实行合理的、针对幼稚工业产业的保护性制度，具体包括以下几方面：

（1）向私营工业发放贷款，扶植私营工业发展。

（2）实行保护关税制度，保护国内新兴工业免遭外国企业的冲击。

（3）限制重要原料出口，免税进口本国急需的原料。

（4）给各类工业发放奖励金，并为必需品工业发放津贴。

（5）限制改良机器及其他先进生产设备输出。

（6）建立联邦检查制度，保证和提高工业品质量。

（7）吸收外国资金，以满足国内工业发展需要。

（8）鼓励移民迁入，以增加国内劳动供给。

汉密尔顿强调，国家在贸易和经济政策的制定过程中，不应只追求近期利益而牺牲长远利益，同时，实行贸易保护应是有选择地针对成长期幼稚产业，而不是对全部产业的保护。

（三）汉密尔顿贸易保护主义学说的意义

1. 理论意义

由于汉密尔顿的保护贸易学说主要是为阐述经济政策，因而理论体系显得比较零碎，尽管如此，它仍是落后国家进行经济自卫和与先进国家相抗衡的理论武器。这一学说的提出，标志着从重商主义分离出来的资产阶级国际贸易学说的两大体系已经基本形成，对美国工业制造业的发展有较大的推动作用。

2. 现实意义

美国于1789年通过的第一个关税法案规定的关税税率只有5%～15%，不足以保护自己的工业。从19世纪初期，美国开始不断提高关税，1816年关税税率为7.5%～30%，1824年平均关税税率提高到40%，1828年又提高到45%。保护关税使美国工业得以避免与外国竞争而顺利发展，并很快赶上了英国。至19世纪80年代，美国的工业产值跃居世界首位。

二、李斯特贸易保护主义学说

李斯特（F. List，1789—1846）是德国著名经济学家，历史学派的先驱者。他早年倡导自由主义，1825年出使美国后，受汉密尔顿观点的影响，转为提倡贸易保护主义。1841年出版了《政治经济学的国民体系》，系统地建立起一套以生产力理论为基础，以保护关税制度为核心，为后进国家经济发展提供依据的理论体系，系统地阐述了幼稚产业保护的学说。

（一）李斯特贸易保护理论的历史背景

19世纪初，德国是一个政治上分裂、经济上落后的农业国。拿破仑战争后的德国仍保持着中古时代的封建制度，全境分裂为38个小邦，每个小邦都拥有自己的政府、军队、法庭、货币及外交。各邦之间关卡重重，各邦内部省区之间也因为地方税率的差异而彼此分隔。直到1834年，各邦才建立起统一的关税同盟，1848年结束封建割据局面，完成政治上的统一。德国发展资本主义经济面临着强大的外部竞争压力。当时的英国已经完成了工场手工业向机器大工业的过渡，法国的工业也有很大的发展，它们竭力提倡在国际市场上开展自由竞争，以大量廉价的商品冲击德国的市场。摆脱外国自由竞争的威胁，促进德国大工业的发展，成为德国资产阶级的迫切要求。李斯特的贸易保护理论正是在这样的背景下提出的。

（二）李斯特贸易保护主义的主要内容

1. 主张保护幼稚工业

李斯特认为，一个国家的财富和力量来源于本国社会生产力的发展，提高生产力是国家强盛的基础。“财富的生产力比之财富本身，不晓得要重要到多少倍。”他认为，购买外国的廉价商品，从眼前利益看，可能会得到一些实惠，但是从长远利益看，则会影响德国工业的发展。因为这样做会使德国工业长期落后，甚至会成为先进工业国的附庸。他主张德国对幼稚工业实行保护，提高关税，限制进口。这样做，一开始国内工业品价格会上涨，消费者也会受到损失。但是经过一段时间，德国工业发展起来以后，商品的价格就会下降，甚至会低于外国进口商品的价格，更为重要的是使德国具备了生产财富的能力，提高了国力。

这一保护主义理论被称为幼稚工业保护论（Theory of Infant Industry Protection），也称幼稚产业保护论，是指经济发展较为落后的国家，采用保护关税政策，培育或扶植其国内具有潜力的幼稚工业，使之发展到能与先进工业国家竞争的程度，从而提高国家的经济地位。

2. 经济发展阶段论

古典学派的自由贸易理论认为，各国按照比较成本学说可以形成和谐的国际分工，而且形成这种分工只需要自由贸易。李斯特认为，这种观点抹杀了各国的经济发展和历史特点。他认为各国经济发展必须经过五个历史时期，即原始的未开化时期、畜牧业时期、农业时期、工农业时期、工农商业时期。处在不同历史时期的国家应该实行不同的贸易政策。处于农业时期的国家应该实行自由贸易政策，因为自由贸易不但可以自由输出农产品，而且可以自由输入外国工业产品，促进本国工业发展。处于工农业时期的国家应该实行保护关税制度，因为保护关税可以限制外国工业产品进口，保护本国尚缺乏国际竞争力的工业发展。处于工农商业时期的国家应该实行自由贸易政策，因为自由贸易可以使本国得到最大利益。

李斯特认为，英国经济已处在工农商业时期，应该实行自由贸易政策；德国经济处在工农业时期，应该实行保护关税制度。

3. 贸易保护的手段、目的和对象

李斯特贸易保护的手段主要是禁止输入和保护性关税，保护的目的是发展本国生产力，保护的对象是国内幼稚工业。

（1）不是保护所有幼稚工业，而是要保护有发展前途的幼稚工业。

（2）一国工业虽然幼稚，但没有遇到强有力的国际竞争时也无须保护。

（3）被保护的工业生产出的产品能与外国竞争时，就无须继续保护。被保护的幼稚工业一段时间扶植不起来的就放弃保护。

（4）农业不需要保护。

（三）对李斯特保护主义的评价

1. 李斯特贸易保护主义学说的积极作用

李斯特的贸易保护主义不是主张保护落后，而是主张通过保护关税，用机器挤掉手工劳动，用现代的生产代替宗法式的生产。因此，这一理论有利于德国工业资产阶级反对封建主义的斗争，促进德国工业资本主义发展，为发展中国家民族工业的发展提供了借鉴，有利于促进发展中国家民族工业的发展。

2. 李斯特贸易保护主义学说的主要缺陷

李斯特对生产力概念的理解是错误的，对影响生产力发展的各种因素的分析也是混乱的，他以经济部门作为划分经济发展阶段的基础，歪曲了社会经济发展的真实性。

【案例 2.4】

中国农产品出口有优势吗？

中国的人均可耕地面积是全世界最少的。根据李嘉图的“比较利益”理论，中国的农产品出口处于劣势，农产品对外贸易应该以进口为主。然而，实际上考察一个国家对外贸易的比较优势不应囿于某一方面，而应综合考虑各种生产要素。比如中国的农产品出口，如果从人均可耕地面积考虑，中国处于劣势，但是，如果从劳动力的因素来考虑，中国处于绝对优势。因此，中国可以选择劳动密集型的产品出口，而进口一些土地密集型或资源密集型的产品，中国的农产品对外贸易额每年都以较大的速度增长就不足为奇了。

本章小结

古典国际贸易理论是随着资本主义生产方式的出现而产生和发展起来的。在资本主义生产方式准备时期，西欧的重商主义开始探讨国际贸易问题，具体分为早期重商主义和晚期重商主义两个阶段。随着资本主义生产方式的确立，国际贸易理论有了较大的发展。在资本主义经济发展较快的英国，古典派亚当·斯密和大卫·李嘉图提出以绝对利益学说和比较利益学说为中心的自由贸易学说。绝对利益学说的中心思想是：每一个国家生产本国具有绝对优势的产品，然后用这种产品去换取外国具有绝对优势的产品，双方都能从中获利。但是这种情况不具有一般性，因此大卫·李嘉图在绝对利益学说的基础上提出了比较利益学说，认为决定国际贸易的基础是比较优势而不是绝对优势，尽管一个国家在两种商品的生产上都处于绝对有利的地位，但有利的程度并不相同，在此种情况下，处于绝对优势的国家应专门从事有利程度大的商品生产，处于绝对劣势的国家则应专门从事不利程度最小的商品生产，通过贸易，双方都能获利。其核心思想是“两利相权取其重，两弊相权取其轻”。但是李嘉图的理论有两个问题没有解决：一是贸易给各国带来的利益有多大；二是这个范围内双方各占的比例是多少。约翰·穆勒承上启下，提出相互需求理论，在比较成本理论的基础上，着重从需求分析入手，探讨国际交换比例的现实决定问题，补充比较优势学说的不足。

同时期，在资本主义经济不发达的美国与德国，汉密尔顿和李斯特则提出了以保护关税论和幼稚工业保护论为代表的保护贸易学说，主张有选择地通过提高关税等贸易保护措施，对本国幼稚产业进行扶植，最终提高本国产业国际竞争地位。至此，从重商主义中分离出来的资产阶级国际贸易学说的两大体系基本形成。

本章根据理论产生的时间先后和在国际贸易理论体系中的重要性，分别阐述了重商主义学说、绝对利益学说、比较利益学说和古典贸易保护主义学说的产生背景、主要内容以及相应的评价。通过学习这些内容，能使学生对古典国际贸易理论有一个初步的、全面的认识，同时有利于理解国际贸易理论的体系构成，为后面贸易理论和政策的学习奠定基础。

课堂讨论

1. 根据重商主义的观点，一国必须保持贸易顺差，在两国模型中是否可能？为什么？

2. 比较优势不是一成不变的，相反是处于经常变化之中，中国历史上很多具有比较优势的产品还有优势吗？景泰蓝、景德镇陶瓷、宣纸、北部湾的珍珠等，为什么它们的比较优势风光不再？

3. 比较优势也是可以创造的。以色列是一个沙漠国家，但是为什么它的农业那么发达？

4. 按照约翰·穆勒的解释，贸易的基础是什么？贸易利得如何获得？

5. 几十年来对幼稚产业进行保护，在各个国家，尤其是发展中国家几乎成为通行的做法，这一保护主义理论具有合理性，然而现实施行上却存在很多问题，比如幼稚产业的选择问题、被保护产业的效率问题。结合我国现状，试讨论应对哪些行业进行保护，同时如何兼顾产业效率。

复习思考题

一、名词解释

绝对利益学说　比较利益学说　相互需求　重商主义　幼稚产业保护论　贸易差额论

二、选择题

1. 主张对外贸易顺差，并将金银视为财富的唯一形式的理论是（　　）。
   A. 比较优势理论　　B. 贸易差额理论
   C. 要素禀赋理论　　D. 相互需求理论
2. 重商主义贸易差额论认为对外贸易应追求（　　）。
   A. 顺差　　B. 平衡　　C. 逆差　　D. 收支相抵
3. 绝对优势理论认为国际贸易产生的主要原因是（　　）。
   A. 生产要素禀赋差异　　B. 相互需求强度差异
   C. 劳动生产率的相对差异　　D. 劳动生产率的绝对差异
4. 甲国生产单位布和小麦分别需要6天和9天，乙国为10天和12天，则（　　）。
   A. 乙国进口小麦　　B. 甲国出口布
   C. 乙国出口布　　D. 甲国出口小麦
5. 依据绝对优势理论，如某国在某产品生产上具有绝对优势，则该产品（　　）。
   A. 机会成本高　　B. 劳动生产率低
   C. 单位劳动投入少　　D. 边际成本递增
6. 律师打字速度是打字员的两倍却雇用打字员打字，以下表述错误的是（　　）。
   A. 律师在打字上具有绝对优势　　B. 律师在律师咨询上具有比较优势
   C. 打字员在打字上具有比较优势　　D. 打字员在打字上具有绝对优势
7. 如果甲国生产一单位粮食需要80人一年的劳动，生产一单位布需要90人一年的劳动；乙国生产一单位粮食需要120人一年的劳动，生产一单位布需要100人一年的劳动，根据比较优势理论，（　　）。
   A. 甲国应生产出口粮食，乙国应生产出口布
   B. 甲国应进口粮食
   C. 甲国应生产出口布，乙国应生产出口粮食
   D. 乙国应进口布
8. 按照比较优势理论，大量贸易应发生在（　　）。
   A. 发达国家之间　　B. 发展中国家之间
   C. 发达国家与发展中国家之间　　D. 需求相似国家之间
9. 根据相互需求理论，贸易利益分配取决于（　　）。
   A. 国际具体交换比例　　B. 两国经济实力
   C. 进出口产品性质　　D. 比较优势大小
10. 根据相互需求理论，国际贸易交换比例的变动是由于（　　）。
   A. 相互需求强度的变动　　B. 贸易条件恶化
   C. 贸易规模扩大　　D. 两国通货膨胀率差异

11. 保护关税论主张以（　　）措施来保护本国的（　　）产业。

A. 关税　农业　　B. 非关税　制造　　C. 关税　制造　　D. 关税　幼稚

12. 李斯特认为，处于工农业阶段的国家应采取的贸易政策是（　　）。

A. 自由贸易政策　　B. 保护贸易政策　　C. 管理贸易政策　　D. 超保护贸易政策

三、简答题

1. 重商主义理论的主要内容是什么？
2. 什么是绝对利益学说？其主要内容有哪些？
3. 比较利益学说的内容是什么？与绝对利益学说比较，两者有何异同？
4. 相互需求理论的内容是什么？如何对其进行评价？
5. 简述汉密尔顿贸易保护主义学说的主要内容及其意义。
6. 李斯特贸易保护主义学说的主要内容是什么？

四、计算题

1. 美国小麦4千克/天，布1码①/天，英国小麦1千克/天，布2码/天。

试问：(1) 两国具有优势的产品是什么？

(2) 国际交换比小麦：布＝4：4，两国各获利多少？

2. 美国小麦4千克/天，布3码/天；英国小麦1千克/天，布2码/天。美国工资率6美元/天，英国工资率1英镑/天。

试问：(1) 根据比较优势理论，两国应出口什么产品？

(2) 小麦和布在两国的价格是多少？

(3) 两国互利贸易的国际交易比例范围应为多少？两国互利贸易的汇率范围又是多少？

课外实训

到一个专门生产出口产品的外资企业参观学习，了解其为什么要到中国进行投资生产活动。

① 1码＝0.914 4米。

第三章

新古典国际贸易理论

★学习目标

了解相互需求理论，会利用国际贸易发生的贸易条件以及提供曲线分析国际贸易模式；理解凯恩斯主义超保护贸易学说的理论依据与危害。

重点：掌握要素禀赋理论的主要内容；了解对要素禀赋理论的实证检验。

难点：理解并解释列昂惕夫之谜。

★引例

美国钢铁产品201条款保障措施案

在美国传统的利益集团中，钢铁制造商和钢铁工人工会仍然保持着相当大的影响力。2002年11月，美国国会进行中期选举，布什政府希望通过帮助钢铁工业来支持这几个州的共和党候选人。

在此背景下，2001年6月28日，美国国际贸易委员会（United States International Trade Commission，USITC）启动了针对4大类、33小类进口钢产品的201保障措施调查，并于同年12月7日就16小类产品分别提出提高关税、实施关税配额或配额管理等救济措施的建议。2002年3月5日，美国政府宣布对部分国家对美出口的16小类钢材实行保障措施，加征8%～30%的关税，为期3年；同时对其优惠贸易伙伴加拿大、以色列、约旦和墨西哥以及大部分发展中国家免除以上措施。

USITC发表了关于总统自2002年起实施的钢铁产品保障关税（措施）的中期影响报告。该报告称，GDP受到的影响并不大，大约为3 004万美元。钢铁产品国内的直接购买从65%增加到73%。保障措施对美国各产业的福利影响不等，从受益6 560万美元到损失1.1亿美元。综合来说，损失4 160万美元。

2003年7月11日，专家小组裁定，美国针对钢铁产品的保障措施违反了世贸组织的有关规则；认为美国没有证明“不可预见的发展”导致了对国内相关钢铁产品制造商造成严重伤害的进口激增；没有提供充分和足够的证据，说明进口激增和国内相关产业严重伤害之间的“因果联系”。

WTO 上诉机构于2003 年 11 月 10 日公布了对轰动一时的美国钢铁保障措施案的终审裁决，维持该案专家小组2003 年 7 月的裁定，即认为美国从2002 年 3 月 6 日起对热轧、冷轧钢材与不锈钢材等 10 种钢铁产品采取的保障措施违背了世贸组织的有关规则，作为原告的欧盟、日本、中国、巴西、韩国、新西兰、挪威、瑞士等 8 国胜诉。最后，上诉机构建议，争端解决机构要求美国根据上诉机构报告和修改后的专家小组报告，将其不符合《保障措施协议》和《1994 年关税和贸易总协定》（简称《GATT 1994》）规定的保障措施进行修改，以符合其在这些协议下承担的义务。

2003 年 12 月 4 日，美国总统布什终于发表声明，决定取消美国对进口钢材征收的保护性高关税，同时声明，决定取消从2002 年 3 月开始对进口钢材征收的惩罚性高关税。消息传出，欧盟、日本也纷纷宣布放弃将对美国采取的贸易报复计划。中国商务部也表示欢迎美国的这一决定，如果美国兑现其取消保护性关税的承诺，中国将不再对部分自美国进口的商品采取报复措施。一场全球贸易大战终于得以避免。

第一节　马歇尔的相互需求理论

上一章探讨了约翰·穆勒的相互需求理论（Theory of Reciprocal Demand），该理论是从需求与交换比率的角度来论述国际分工与国际贸易。本章进一步探讨阿里弗里德·马歇尔（A. Marshall）的相互需求理论。由于马歇尔是新古典经济学的创始人，所以我们将他的这一理论归入新古典国际贸易理论。

一、穆勒的相互需求理论的简单回顾

穆勒认为，进口国在两国商品交换比率下愿意接受的商品数量等于出口国在这种比率下愿意提供的商品数量。如果 A 国对 B 国商品的需求越大，那么 B 国商品的国际价格会越高。这样，B 国相对于 A 国从国际贸易中获利较大；反之，B 国的获利就较小。也就是说，贸易条件越是接近对方国内交换比率，或贸易条件线越是接近对方国内交换比率线，本国分享的贸易利益比重越大。如图 3. 1 所示，英国和德国的亚麻布（*M*）/呢绒（*N*）的国内交换比率分别为 1/2 ∶ 1 和 2 ∶ 1。

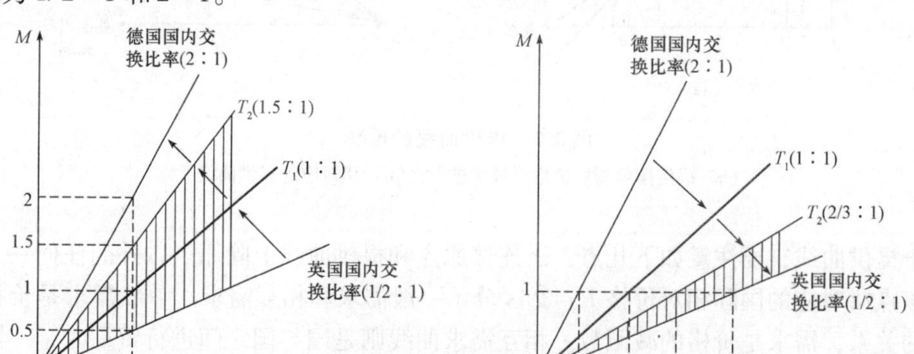

图 3. 1　贸易条件的决定和贸易利益的分配

从图 3.1 可知，在英国国内交换时，10 码呢绒可以换到 5 码亚麻布。当国际交换比率为 1.5∶1 时，接近德国的国内交换比率，此时英国可以用 10 码呢绒交换 15 码亚麻布，多交换 10 码亚麻布。当国际交换比率为 2/3∶1 时，接近英国国内交换比率，此时英国可以用 10 码呢绒交换 20/3 码亚麻布，多交换 5/3 码亚麻布。可以看出，国际交换比率越接近德国的国内交换比率，英国的贸易利益越大；反之，英国分享的贸易利益越小。

穆勒不仅说明了贸易条件取决于两国的相互需求状况，而且进一步说明了相互需求状况对贸易利益的影响。国际贸易利益的大小取决于国际交换比率上下变动的范围。两国国内交换比率间的差异越大，可能获得的贸易利益也越大。这种贸易利益在各贸易国之间分配的多寡，则取决于具体的交换比率，即均衡贸易条件。均衡贸易条件又取决于贸易国各自对对方产品需求的相对强度。一国对他国产品的需求越强烈，贸易条件就越对其不利；反之亦然。

二、马歇尔的相互需求理论

马歇尔在穆勒的基础上发展了相互需求理论，他把供给和需求两个方面结合起来探讨，提出了提供曲线这一重要的分析工具。

（一）提供曲线的推导

提供曲线表示的是一国在不同的相对价格下愿意进口与出口的商品数量。在给定生产可能性曲线和社会无差异曲线的情况下，求出不同国际相对价格下一国最优的进口数量和出口数量。例如，在图 3.1 中，英国的国内交换比率为 1/2∶1，当国际交换比率也是 1/2∶1 时，英国就没有参与国际贸易的必要。此时，英国出口呢绒和进口亚麻布的数量均为 0，对应提供曲线上的点就是原点（0，0）。依次类推，可以求出不同国际交换比率下英国出口呢绒和进口亚麻布数量，把这些点用平滑的曲线连接起来就构成了英国出口呢绒和进口亚麻布的提供曲线（见图 3.2）。用同样的方法，也可以推导出德国出口亚麻布和进口呢绒的提供曲线。

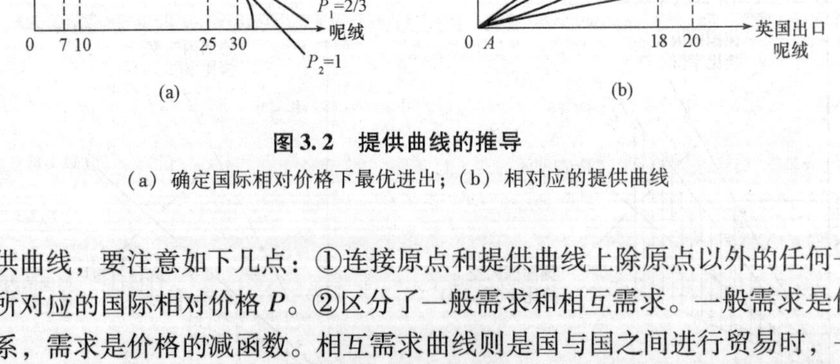

图 3.2　提供曲线的推导

（a）确定国际相对价格下最优进出；（b）相对应的提供曲线

关于提供曲线，要注意如下几点：①连接原点和提供曲线上除原点以外的任何一点，斜率等于该点所对应的国际相对价格 P。②区分了一般需求和相互需求。一般需求是价格与需求之间的关系，需求是价格的减函数。相互需求曲线则是国与国之间进行贸易时，一国在既定贸易条件下愿意实现的出口和进口数量的组合的轨迹。在图 3.2 中，英国和德国的提供曲线在一定范围内没有交点，因为在这个范围内，英国愿意出口呢绒的数量不等于德国愿意进口呢绒的数量，不能达到供求均衡的状态，需要进一步调整国际交换价格以达到贸易均衡。③提供曲线越向左上方弯曲，表示英国能以越少的呢绒进口越多的亚麻布。④两国的提供曲线在两国的国内交换比率围成的区域内，过原点的切线分别为两国的国内交换比率。

（二）国际相对价格的确定

根据提供曲线的导出过程，可知提供曲线上除原点以外的点与原点的连线是各国对应的国际相对价格下的进出口数量。因此，只有两国对应的国际相对价格相等时，即在两国提供曲线的交点 P（原点处的交点除外）处，国际贸易才能达到均衡。当国际相对价格低于 P 时，英国愿意进口亚麻布的数量低于德国愿意出口的数量，在亚麻布市场上出现供过于求的情况，亚麻布的相对价格下降。随着亚麻布的相对价格下降，英国愿意进口的亚麻布数量增加，德国愿意出口的亚麻布数量减少，供求关系得到缓解，直到国际相对价格达到 P 时，供求均衡，亚麻布的相对价格不变。同理，可以分析国际相对价格高于 P 时的情况。因此，只有国际相对价格在两国的国内交换比率之间时，两国才有参与国际贸易的动力和意愿。当国际相对价格超过两国的国内交换比率时，两国将会自给自足，国际贸易不存在。

第二节　凯恩斯主义超保护贸易学说

英国经济学家凯恩斯（John Maynard Keynes，1883—1946）是凯恩斯主义的创始人。其代表作是1936年出版的《就业、利息和货币通论》。凯恩斯在20世纪30年代之前是一个自由贸易论者，但1929—1933年的经济大危机彻底改变了他的立场，他认为重商主义的贸易保护政策能够保证经济繁荣，扩大就业。

一、凯恩斯主义超保护贸易学说产生的历史背景

自19世纪末20世纪初开始，资本主义经济发生了巨大变化，主要表现在三个方面：一是垄断代替了自由竞争；二是国际经济制度和秩序发生了巨大变化；三是1929—1933年资本主义世界爆发了空前的经济危机，各国争夺市场的斗争进一步尖锐。在这种情况下，各国相继放弃了自由贸易政策，转而奉行保护政策，强化了国家政权对经济的干预作用，超保护贸易政策盛行起来。经济学家提出了各种支持超保护贸易政策的理论根据，其中有重大影响的是凯恩斯主义有关重商主义的学说。凯恩斯没有专门系统地论述国际贸易的著作，但是他和他的弟子们有关国际贸易的观点与论述却形成了颇具影响的超保护贸易学说。凯恩斯主义认为，净出口属于总需求的一部分，可以刺激国民经济的发展，而进口则会收缩国民经济。一国外贸顺差或逆差对于该国经济的盛衰起着重要的作用。因此，凯恩斯主义提倡国家干预国际贸易，主张采用包括财政政策、货币金融政策、收入分配政策以及对外经济政策在内的一系列宏观经济管理和调节措施为主要干预手段，以增加有效需求，扩大就业。凯恩斯主义为各国实施贸易保护措施提供了有力的理论支持。

二、超保护贸易学说的主要内容

（一）对古典自由贸易理论的批判

凯恩斯主义超保护贸易学说指出，古典自由贸易理论假定各国总处于贸易平衡状态，是

建立在国内充分就业的前提下的。凯恩斯认为，古典贸易理论已经不适用于解释20世纪30年代经济大危机下各国普遍的失业现象和国际贸易问题。

凯恩斯及其追随者批评自由贸易论的“国际收支自动调节说”，认为其忽视了贸易顺差、逆差调节均衡的过程对一国国民收入和就业产生的影响。凯恩斯认为，顺差能增加国民收入、扩大就业，逆差则会减少国民收入、加重失业。因此他赞成贸易顺差，反对贸易逆差。

（二）对外贸易乘数理论

凯恩斯主义超保护贸易学说强调一国贸易收支顺差与总需求之间的关系。为证明新增加投资对国民收入和就业的好处，凯恩斯提出了投资乘数理论。对外贸易乘数理论是凯恩斯投资乘数在贸易方面的应用。

凯恩斯认为，一国投资的增加对国民收入的影响有乘数作用，故称为乘数理论。他认为新增加的投资会引起对生产资料需求的增加，从而引起从事生产资料生产的工人、企业主收入的增加，继而引起对消费品需求的增加，最终导致从事消费品生产的人们收入的增加。如此连锁发展，结果增加的国民收入总量会是原增加投资量的若干倍。他还认为，国民收入增加的倍数取决于边际消费倾向（c）。如果边际消费倾向为零，那么人们会把增加的收入全部用于储蓄，而一点也不消费，所以国民收入就不会增加；如果边际消费倾向为1，那么人们会把增加的收入全部用于消费，而一点也不储蓄。

用ΔY表示国民收入的增加量，ΔI表示投资的增加量，K表示投资乘数，根据乘数理论则有：$\Delta Y = K \times \Delta I$。其中，乘数$K = 1/(1-c)$。由于$0 < c < 1$，乘数介于0与无穷大之间，所以由投资增长带来的国民收入增加的倍数在1和无穷大之间。

在国内投资乘数理论的基础上，凯恩斯的追随者引申出对外贸易乘数理论。这一理论认为，增加出口与增加投资一样都会导致有效需求的增加，对国民收入的扩大也有同样的乘数作用。一国的进口则和国内储蓄一样有减少国民收入的作用。当一国出口的商品和劳务增加时，从国外得到的货币收入会使出口产业部门收入增加，从而引起消费需求的增加，继而引起其他产业部门生产增加、就业增多、收入增加。以此类推，国民收入的增加量会是出口增加量的若干倍。

用ΔY表示国民收入的增加量，ΔNX表示净出口的增加量，K表示对外贸易乘数，根据乘数理论则有：$\Delta Y = K \times \Delta NX$。其中，乘数$K = 1/(1-c)$。由于$0 < c < 1$，贸易乘数也介于0与无穷大之间。

当一国进口商品和劳务增加时，必然向国外支付更多的货币，引起国内收入减少、消费下降，与储蓄一样，成为国民收入中的漏洞。于是，他们得出结论：只有净出口为正或国际收支为顺差时，对外贸易才能增加一国的就业量，提高国民收入。此时，国民收入的增加量将是贸易顺差的若干倍。这便是对外贸易乘数理论的含义。这一理论主张扩大出口、减少进口，认为贸易顺差越大，对一国经济发展和劳动就业越有好处。对外贸易乘数理论为超保护贸易政策提供了理论依据。为了实现贸易顺差的目标，各国竞相使用超保护贸易措施。

三、对超保护贸易学说与政策的评价

超保护贸易学说以提高有效需求为借口，极力提倡国家干预对外贸易活动，运用各种保护措施，以扩大出口、减少进口，争取贸易顺差。主要措施是对进出口贸易实行更严格的许可证制度及外汇管制，如对进口商品规定进口限额、征收高额进口关税或禁止进口，对出口商品给予补贴或关税减免等。超保护贸易政策与保护贸易不同，它已经不限于保护国内的工农业生产，还要保护高度发展的垄断集团利益；不是防御性地保护国内市场，而是进攻性地夺取国外市场，实现经济扩张。

凯恩斯超保护贸易学说是时代的产物，具备一定的进步性。从方法论上看，对外贸易乘数理论把贸易流量与国民经济结合起来，分析出口对国民经济的乘数效应，从而将贸易问题纳入宏观分析的范围，这在贸易理论上是一种突破。从局部看，这一理论推动了超保护贸易政策的实施，而超保护贸易政策的实施，出口贸易的增加，对这些国家的经济发展、扩大就业、增加国民收入产生了一定的刺激作用。

凯恩斯主义对外贸易乘数理论具有明显的局限性。从整体看，其自身存在矛盾。对外贸易乘数理论的核心是扩大出口，实现贸易顺差，以促进本国经济发展和就业，但是超保护贸易政策主张减少进口，如果各国都减少进口，那么一国出口量的增加就无法实现。也就是说，对外贸易乘数理论发生作用的条件是世界总进口量增加，超保护贸易政策又必然导致世界总进口量不会增加，这显然是自相矛盾的，使对外贸易乘数理论失去了普遍发挥作用的条件。从现实来看，超保护贸易政策阻碍了国际贸易的发展。凯恩斯超保护贸易理论推动了超保护贸易政策的发展，如果各国为了追求贸易顺差，无节制地奖出限入，其结果必然导致关税高筑，非关税壁垒盛行，贸易战烽烟四起，阻碍各国经济和国际贸易发展。

第三节　生产要素禀赋理论

【案例 3.1】

要素禀赋与贸易结构

对石油的高度依赖，使沙特阿拉伯深受国际市场石油价格波动的影响。20 世纪 70 年代石油价格高攀时，给沙特阿拉伯带来了可观的贸易收益，使其一跃成为世界人均高收入国家，而 80 年代以后，石油价格萎靡不振，也给其带来了巨大的不利影响。

大多数发展中国家的出口商品都与其要素禀赋密切关联。尼日利亚、印度尼西亚、墨西哥、肯尼亚、埃及、委内瑞拉等是世界石油的主要供给国，赞比亚、扎伊尔、智利是著名的铜出口国，哥伦比亚、坦桑尼亚、埃塞俄比亚、巴西、科特迪瓦、危地马拉是闻名的咖啡供应地。马来西亚在 1957 年独立时，基本上是单一经济结构，橡胶出口占其出口收入的一半，占国内生产总值的近 1/4。锡是其第二大出口产品，占全部出口收入的 10% ~20%。独立后，马来西亚继续投资于初级产品出口，并在制成品出口上进行投资。结果，其出口逐步多样化，保持了快速的增长。非洲的科特迪瓦共和国，为维持咖啡出口，加强了投资，同时，还增加了对可可、木材和其他初级产品的投资，出口不断增长，居民生活水平也不断提高。

也有相反的例子。科特迪瓦的邻居加纳在 1957 年独立时，大概是非洲最富裕的国家。当时的加纳和大多数发展中国家一样，经济结构单一，可可出口占其出口收入的 60%。独立后，加纳将投资从出口基地转到进口替代产业。结果，到 19 世纪 80 年代，可可的出口量仅为 60 年代的一半，而其他出口产品并没有弥补这一缺口。

在亚当·斯密和大卫·李嘉图看来，劳动生产率差异是导致国际贸易发生的最重要的原因。因此他们采用了两个国家、两种产品、一种生产要素（劳动）的2×2×1贸易模型。劳动生产率差异背后隐含的假定是技术差异。然而在现实世界中，各国在劳动生产率上的差异只能部分地解释贸易产生的原因。瑞典经济学家赫克歇尔（Eil Filip Heckscher）和俄林（Bertil Gotthard Ohlin）抛开劳动生产率差异，研究资源禀赋对国际贸易的影响，把模型拓展为2×2×2贸易模型，即两个国家、两种产品、两种生产要素，创立了要素禀赋理论（Factor Endowment Theory），又称赫克歇尔-俄林模型（或H-O模型）。这一理论强调不同生产要素的禀赋在不同国家所占的比率和它们在不同产品生产中所占比例之间的相互作用，因此又被称为要素比例理论。自问世以来，要素禀赋理论一直是国际贸易学中最主流的一个理论。尽管20世纪80年代以后，由于新贸易理论的兴起，要素禀赋理论的地位受到一定的挑战，但时至今日它仍然是研究国际贸易现象最有效的工具。

一、概念界定与基本假设

（一）两个基本概念

1. 要素丰裕度

不同要素禀赋的含义是指不同的相对要素禀赋，而不是要素的绝对数量不同。要素禀赋理论分析的关键是两个国家要素的比例是不一样的。表3.1为1992年部分国家的相对要素禀赋比较。相对要素的丰裕程度可以用两种方式来定义：实物定义和价格定义。

表3.1　1992年部分国家的相对要素禀赋

国家和地区	资本/劳动	资本/土地	劳动/土地	国家和地区	资本/劳动	资本/土地	劳动/土地
澳大利亚	38 729	40 278	1.04	意大利	33 775	2 580 748	76.41
奥地利	36 641	1 744 478	47.61	日本	41 286	6 881 138	166.67
玻利维亚	5 355	24 274	4.55	马达加斯加	1 750	14 910	8.52
加拿大	44 970	62 958	1.40	墨西哥	13 967	223 809	16.34
智利	11 306	74 733	6.61	挪威	47 118	290 718	6.17
丹麦	33 814	2 359 203	69.77	菲律宾	3 598	287 840	80.00
芬兰	47 498	421 782	8.88	西班牙	30 888	917 682	29.71
法国	37 460	1 764 366	47.10	瑞典	41 017	364 641	8.89
德国	41 115	4 491 403	109.24	瑞士	76 733	5 614 554	73.17
希腊	23 738	719 261	30.30	土耳其	7 626	244 718	32.09
中国香港	14 039	42 117 000	3 000.0	英国	22 509	2 572 554	114.29
印度	1 997	204 073	102.19	美国	35 993	476 187	13.23
爱尔兰	22 171	633 425	28.57	委内瑞拉	18 296	140 513	7.68

注：资本价格按照1985年价格计算；资本/劳动比率的单位为美元/工人；资本/土地比率的单位为美元/平方千米；劳动/土地比率的单位为工人/平方千米。

资料来源：Capital/labor：Penn World Tables，obtained from datacenter. chass. utoronto. ca；capital/labor×（capital/land）capital/land：World Bank，World Development Report 1994，New York：Oxford University Press，1994，pp. 162－163，210－211。

实物定义是以两国可供利用的两种要素（如资本和劳动力）的实物数量来解释要素的丰裕程度。如果国家 A 的资本相对于劳动的比率超过国家 B 的同一比率，即 $(K/L)_A > (K/L)_B$，那么国家 A 就是资本丰裕的国家。一个小国的资本绝对实物数小于大国，但也可以是资本丰裕国。在两个国家、两种要素的模型中，如果国家 A 是资本丰裕国，那么国家 B 必然是劳动丰裕国。

价格定义是根据资本与劳动的相对价格来决定两个国家属于什么样的要素丰裕国家。根据这一定义，如果国家 A 的 $(r/w)_A < (r/w)_B$，则该国就是资本丰裕的国家，即国家 A 资本的价格或租金（r）与劳动价格（w）之间的比率小于国家 B。这一定义是根据要素的相对稀缺价格来看待要素的相对丰裕程度。一种要素的相对丰裕程度越高，其相对价格就越低。

2. 要素密集度

一种商品如果使用的第一种要素 x 与第二种要素 y 的比率大于另外一种使用同样两种要素的商品时，就称这种商品是 x 要素密集型的商品。例如，如果钢铁生产中 K/L 的比率大于布匹生产中 K/L 的比率，那么与布匹相比，钢铁就是资本密集型产品。赫克歇尔-俄林模型不仅假设在相同要素价格条件下两种商品具有不同的要素密集度，而且假设这种不同并不随着两国要素价格水平的变化而变化。表 3.2 为 2006 年加拿大部分产业的资本/劳动比率。

表 3.2 2006 年加拿大部分产业的资本/劳动比率

产业	资本/工人（2006 年加元）	产业	资本/工人（2006 年加元）
油气开发	2 675 267	林业及采伐	49 007
石油及煤产品制造	617 066	食品加工	45 111
铁路运输	413 434	计算机及电子产品制造	44 266
采矿（石油及天然气除外）	398 287	废物管理与修复服务	43 851
化学制品	144 029	塑料及橡胶产品制造	40 912
造纸	118 777	电子及电气设备制造	32 340
交通运输设备制造	92 315	卡车运输	30 180
木材加工	70 598	金属制造	22 349
医院	56 559	皮革制品	12 573
影视和录音	53 596	制衣	8 954

注：本表数据及结果是基于“加拿大统计数据”给出的每名工人制造的实际 GDP 和每千加元实现的实际 GDP 计算所得，参见 www.csls.ca/ptablnAug2008/。

（二）基本假设

与其他的现代经济学家一样，要素禀赋理论做了一系列的假设，具体为：

（1）只有两个国家、两种同质的商品和两种同质的生产要素，两国拥有的生产要素的初始水平是固定不变的，拥有的数量各不相同。

（2）两国采用的技术相同，生产两种商品时都表现出规模报酬不变的特征。

（3）两种商品具有不同的要素密集度，每种商品的要素密集程度不因要素相对价格变化而不同。

（4）两国偏好相同，且都属于完全竞争市场。

(5) 要素在各国国内可以自由流动，但要素没有跨国流动，同时忽略运输成本。

(6) 政府不限制跨国的商品流动，也不对市场价格和产量进行干预。

上述假设中，关键假设是 (1)：各国的要素禀赋并不相同，以及 (3)：无论要素的相对价格怎样变化，商品的要素密集度都不会改变。

二、要素禀赋理论的主要内容

要素禀赋理论有狭义和广义之分。狭义的理论被称作要素比例理论，其主要观点是用生产要素禀赋来解释国际贸易发生的原因和进出口商品的特点。广义的生产要素禀赋还包括生产要素均等化定理，其主要内容是说明国际贸易不仅会使贸易各国的商品价格趋于相等，而且会使贸易各国生产要素价格趋于一致。

下面简要介绍要素禀赋理论包含的四个定理，即赫克歇尔-俄林定理（H-O 定理）、斯托尔珀-萨缪尔森定理（Stolper-Samuelson 定理）、罗勃津斯基定理（Rybczynski 定理）和赫克歇尔-俄林-萨缪尔森定理（H-O-S 定理）的基本要点。

（一）赫克歇尔-俄林定理

人们对国际贸易产生原因的认识是不断深入的：亚当·斯密认为是建立在绝对比较优势基础上的；李嘉图认为不必局限于绝对优势，在比较优势的基础上国际贸易也可以进行；赫克歇尔与俄林认为，国际贸易是建立在生产要素禀赋基础上的，即使生产技术相同，只要要素禀赋不同，就能够进行国际贸易并获取利益。

赫克歇尔-俄林定理的基本结论可以简述如下：贸易国应该出口密集使用本国丰裕资源的商品；进口密集使用本国稀缺资源的商品。劳动力相对丰裕的国家拥有生产劳动密集型产品的比较优势，就应该生产并出口劳动密集型产品，进口资本密集型产品；资本相对丰裕的国家拥有生产资本密集型产品的比较优势，就应该生产并出口资本密集型产品，进口劳动密集型产品。这种分工和贸易模式对贸易双方都有利。

H-O 定理的分析逻辑：各国生产同种产品时，其价格的绝对差异是推动国际贸易产生的直接原因。这种价格差异是由于生产同种产品时的成本差别造成的，而各国产品的生产成本不同是市场要素价格的不同导致的。由于生产要素价格取决于国内该种要素的供给状况，即取决于两国的要素禀赋，各国生产要素丰裕度不同和各种产品生产所需的要素比例不同，使得各国分别在不同的产品生产上具有比较优势，从而导致国际分工和国际贸易的产生。

（二）斯托尔珀-萨缪尔森定理

H-O 定理在一国拥有资源禀赋不同的基础上，分析了一国应根据其要素禀赋优势进行生产与贸易，但没有讨论这种生产和贸易给本国不同行业的要素所有者带来了怎样的影响，以及要素收益和产品价格之间存在何种关系。斯托尔珀和萨缪尔森通过论证，得出了在长时期内所有生产要素都可以在各行各业之间流动时，要素收益的分配以及要素收益与产品价格的直接关系。

斯托尔珀-萨缪尔森定理可简述如下：在出口产品生产中密集使用的生产要素（本国的丰裕要素）的报酬提高；在进口产品生产中密集使用的生产要素（本国的稀缺要素）的报酬降低，而不考虑这些要素使用在哪个行业中。

其推理过程可描述为：要素收益等于其边际产量乘以产品的市场价格。边际产量也就是要素的边际生产率，是指增加 1 单位的生产要素所增加的产品数量。影响要素收益的两个因素为产品价格和要素的边际生产率，产品价格由国际贸易决定，要素的边际生产率是生产组合变动和要素流动的结果，在长时期内能够对工资和利润产生影响。在长时期内，产品价格和要素的边际生产率都可以影响要素收益。出口产品使产品的国内价格上升，进口产品使产品的国内价格下降。出口行业由于产品价格上升，会扩大产品生产，需要资本和劳动力的投入。进口行业由于产品价格下降，则减少产品生产，出现闲置的资本和劳动力。出口产品和进口产品的要素密集度不同，进口行业闲置的资本和劳动力不能完全由出口行业吸收。这样出口行业会根据其生产产品中密集使用的生产要素的数量来确定另一要素的使用数量，这会导致在进口行业中密集使用的生产要素不能被出口行业完全吸收，出现剩余。剩余的这种生产要素在供大于求的情况下，不得不降低价格以被进口行业和出口行业吸收。这样，出口行业中密集使用的生产要素的边际生产率会因这种剩余要素投入增加而提高，该种投入增加的要素本身的边际生产率则会下降。进口行业中密集使用的生产要素的边际生产率由于投入的增加而降低，另一种生产要素的边际生产率则会因密集使用的生产要素投入的增加而提高。

（三）赫克歇尔-俄林-萨缪尔森定理

赫-俄理论认为要素价格均等化是一种趋势，而美国经济学家萨缪尔森后来论证，自由贸易导致要素价格均等化不仅仅是一种趋势，更是一种必然。萨缪尔森于 1948 年首先证明了生产要素价格均等化定理，由于该定理是建立在赫克歇尔-俄林模型的基础上，因此称为赫克歇尔-俄林-萨缪尔森定理，又称为要素价格均等化定理。

赫克歇尔-俄林-萨缪尔森定理可以简单地表述为：国际贸易最终会使生产要素价格在不同国家趋于一致，不仅使生产要素价格在不同国家的相对价格相等，而且绝对价格也相等。也就是说，长期看来，美国劳动者的工资与中国劳动者的工资不仅是相对的相等，而且是绝对的相等。

该理论的推理逻辑简述为：假如甲、乙两国拥有两种要素的丰裕和稀缺程度不同，甲国拥有的劳动力要素相对丰裕，而拥有的资本要素相对稀缺；乙国拥有的资本要素相对丰裕，而拥有的劳动力要素相对稀缺。甲国出口劳动密集型产品，该类产品因扩大了需求而导致国内对劳动力需求的增加，使丰裕的劳动力要素变得稀缺，价格上涨；而进口资本密集型产品，该类产品因扩大了供给而导致国内对资本需求的减少，使稀缺的资本要素变得丰裕，价格下降。相反，乙国出口资本密集型产品，该类产品因扩大了需求而导致国内对资本需求的增加，使丰裕的资本要素变得稀缺，价格上涨；而进口劳动密集型产品，该类产品因扩大了供给而导致国内对劳动力需求的减少，使稀缺的劳动力要素变得丰裕，价格下降。甲、乙两国通过贸易，使两国拥有的劳动力和资本要素的丰裕或稀缺程度，以及生产要素的价格随着国际贸易趋于相等。

（四）罗勃津斯基定理

H-O 定理和斯托尔珀-萨缪尔森定理都是在假定一国拥有的生产要素不变的情况下，分别对国际生产和贸易模式以及国际贸易对生产要素收益的影响进行分析。然而在现实中，一国拥有的生产要素是不断变化的。这些要素在一国的增长有快有慢，其在一国的不同部门里的增长也不相同。这种变化的快慢必然导致一国生产能力发展的不平衡增长。罗勃津斯基正是基于生产要素变化对经济增长的影响提出了自己的理论。

“不平衡增长”包括“进口替代型增长”和“出口扩张型增长”。罗勃津斯基定理主要针对“进口替代型增长”对小国①的影响提出的。进口替代型增长是指进口行业的生产能力增长得比较快，从而使得国内生产增加，一部分原来进口的商品被国内生产的产品替代。

罗勃津斯基定理的结论简述如下：在商品相对价格不变的情况下，某种生产要素的增长会使密集使用该要素的商品生产扩大，使密集使用其他要素的商品生产缩小。在该定理中，商品价格不变是一个重要条件，因此其结论只适用于国际贸易中的小国。

该定理的证明推导可表述为：一种生产要素的增长使得该生产要素的价格下降，使用该生产要素的成本下降。相对于密集使用其他要素的产品，密集使用这种生产要素生产产品获得的利润更多。从而在长时期内，不仅新增加的生产要素投到密集使用该要素的产品的生产行为中，而且密集使用其他生产要素的产品行业里的该要素也会转移过来，生产密集使用该增加的生产要素进行生产的产品。从而，密集使用该种生产要素的产品因为要素投入的增加而扩大生产，密集使用其他生产要素的产品因要素转移而缩小生产。

罗勃津斯基定理研究的是一种不平衡增长对经济增长的影响。在某些特别的情形下，这种不平衡增长会对本国经济产生负面影响。20 世纪 70 年代发生在荷兰和欧洲其他国家的“荷兰病”就是一个典型的案例。当时，荷兰大规模从事开发和出口北海的石油与天然气，使得大量的劳动力和资本流向石油和天然气行业，从而造成荷兰制造业的生产和出口相对萎缩，经济学家将这种现象称为“荷兰病”。

知识链接

国际经济学巨匠：保罗·A·萨缪尔森

保罗·A·萨缪尔森（1915—2009）是美国当代最著名的经济学家之一。这一方面是因为他在过去半个多世纪做出了举世瞩目的研究成果，另一方面也是由于他撰写的《经济学》一书的成功，这本书带领数百万学子进入了经济学殿堂。萨缪尔森于 1915 年出生在印第安纳州，17 岁进入芝加哥大学，1935 年毕业后，他又去哈佛大学学习了 5 年经济学。1937 年他发表了第一篇论文，当时他 22 岁，正在读研究生。此后，他平均每年发表 5 篇以上的文章，他 1941 年的博士论文到现在还被认为是奠定理论经济学数学基础的开山之作。1940 年，他在麻省理工学院谋得经济学教职，并一直留在那里直至去世。

萨缪尔森曾经说：“当我们的学科能在国际贸易问题上侃侃而谈时，就能给人留下好的印象。”他自己在这一领域中的贡献影响至今。在有关贸易问题的研究中，他因为对赫克歇尔-俄林模型的创新研究而闻名。他的研究主要集中于要素价格均等化问题，也涉及贸易对收入分配影响的理论。他获得了经济学界所有的主要荣誉，1970 年获得了诺贝尔经济学奖，他在经济学理论上的贡献对经济学理论及其学科发展产生了深远影响。他在麻省理工学院的同事索洛（也是诺贝尔经济学奖得主）评论道：“他在 94 岁和生命中的最后一年仍然有新的思想提出。”

① 小国是指那些在国际市场上份额很少，其进出口变动不会影响国际商品市场价格的国家。与小国相对应的是大国，大国是指那些会影响国际商品市场价格的国家。对于小国而言，国际市场价格是不变的。

第四节　要素禀赋理论的实证检验：列昂惕夫之谜

自从20世纪初赫克歇尔和俄林提出要素禀赋理论以来，在很长时间里，H-O定理逐渐为西方经济学界所接受，并成为解释国际贸易产生原因的主要理论。H-O模型的中心论点就是一国将出口使用相对丰裕的要素生产的产品，而进口使用相对稀缺的要素生产的产品。

经济理论对真实经济现象的解释能力很大程度上受到其本身所做严格假设的限制，一旦现实经济中某些变量（即便是某个变量）违背了理论假设的限定条件，就会降低理论的解释能力。正如接下来将要看到的，经济学家对于相对要素禀赋在多大程度上可以解释国际贸易流量以及贸易流量可能引起的后果并没有达成一致。

列昂惕夫之谜是西方国际贸易理论发展史上的一个里程碑，列昂惕夫对传统的资源禀赋理论的验证具有重大理论意义。他运用投入—产出法分析美国贸易结构，创造性地把统计学运用于经济理论分析。列昂惕夫之谜说明传统的贸易理论存在着理论与实际不符的严重缺陷，这个“谜”的提出，引起了经济理论界的广泛关注，激发了世界经济学家的探索热情，促进了国际贸易理论的发展。

一、列昂惕夫之谜

赫克歇尔-俄林要素禀赋理论在一定程度上弥补了比较优势理论的不足，更为贴近经济现实，使其成为解释产业革命以后国际贸易产生原因的主要理论。人们普遍认为，各国的资源禀赋条件和生产产品的不同要素比例是构成国家之间贸易的主要原因。一国出口的应该是密集使用本国丰裕要素生产的产品，进口的是密集使用本国稀缺要素生产的产品。

但美国经济学家列昂惕夫（Wassily Leontif）在用美国数据检验时发现，当时世界上最大的贸易国——美国的对外贸易并不符合赫克歇尔-俄林要素禀赋理论预测的贸易方式，情况恰恰相反，即美国出口的是劳动密集型产品，而进口的是资本密集型产品。

根据赫克歇尔-俄林的要素禀赋理论，美国是一个资本要素丰裕而劳动力要素稀缺的国家，美国应该出口资本密集型产品，进口劳动密集型产品。为了验证赫克歇尔-俄林理论的正确性，列昂惕夫分别在1953年和1956年利用投入—产出分析法对1947年和1951年美国200个行业的对外贸易商品结构进行了分析。他把生产要素分为资本和劳动力两种，然后计算出每百万美元的出口商品和进口替代商品中所含的国内资本和劳动量及其比率，以反映商品的资本和劳动密集度。计算结果表明，1947年美国每百万美元出口商品的国内资本/劳动比率为13 911，进口替代商品的国内资本/劳动比率为18 184，后者是前者的1.30倍。这一数字说明美国出口商品的资本密集程度低于进口替代商品，或者说美国出口商品劳动密集程度高于进口替代商品。这个验证结果正好与列昂惕夫的初始逻辑相反，他认为美国是资本相对丰裕的国家，按照赫克歇尔-俄林理论，美国进口商品的资本密集程度就应该低于美国出口商品的资本密集程度。而验证结果不是这样，正如列昂惕夫所言：“美国参加国际分工是建立在劳动密集型生产专业化基础上，而不是建立在资本密集型生产专业化基础上。”

知识链接

列昂惕夫

俄裔美国经济学家列昂惕夫（1906—1999）生于圣彼得堡，1925 年获列宁格勒大学文学硕士学位。同年留学德国，1928 年获柏林大学哲学博士学位。曾任德国基尔大学世界经济研究所研究助理、中国国民党政府铁道部顾问。1931 年由德国移居美国，先后任美国全国经济研究局研究助理、哈佛大学经济学教授、纽约大学经济学教授和经济分析研究所所长。1973 年获诺贝尔经济学奖（For the Development of the Input-Output Method and for Its Application to Important Economic Problems）。列昂惕夫最重要的贡献是从 20 世纪 30 年代开始研究投入产出分析法，即在编制反映各部门间产品量交流情况的投入产出表的基础上，用数学方法研究各部门产品生产和分配的关系。这种方法在世界各国迅速传播并被广泛运用，还被联合国确定为国民经济核算体系中的一个重要组成部分。他在 20 世纪 70 年代领导一个小组从事世界经济模式的研究，对 2000 年的世界经济情景进行了预测。

（资料来源：http：//www. baike. com）

列昂惕夫公开其验证结果后，西方经济学界大为震惊，其结论明显有悖于依照 H-O 定理推演出的结论，因而将这个不解之谜称为“列昂惕夫之谜”或“列昂惕夫悖论”，并掀起了对 H-O 定理重新评价、进一步验证和探讨列昂惕夫之谜的热潮。一些人怀疑列昂惕夫在方法和数据上存在错误，列昂惕夫自己也反复对方法和结论进行核对，证明检验结果是可信的。1956 年，列昂惕夫又根据美国 1947—1951 年的数据再次进行实证检验，获得与 1947 年相似的结果，美国出口商品的资本密集程度低于美国进口商品的资本密集程度，进口与出口商品资本劳动比率为 1. 06。这一研究结果又一次证明美国出口商品具有劳动密集型特征，而进口替代品具有资本密集型特征。

二、关于列昂惕夫之谜的有关解释和学说

列昂惕夫之谜激发了一些经济学家对其他国家的贸易结构进行研究，其研究结果证明其他国家也存在类似的情况。于是对列昂惕夫之谜西方经济学界提出了各种各样的解释。下面对具有代表性的解释与学说予以简述。

（一）产品要素密集度逆转论

要素密集度逆转（Factor Intensity Reversal）是指同一种产品在资本丰裕的国家是资本密集型产品，在劳动力丰裕的国家却是劳动密集型产品的情况。

H-O 定理对要素密集的基本假定是：如果按照生产要素价格的某一比率，某产品的资本密集度高于另一产品，那么在所有的生产要素价格比率下，这一产品的资本密集度都高于另一产品，即两种产品的要素密集度不同，同种产品在不同国家密集度相同，没有要素密集度逆转情况。

例如，在 A 国（劳动要素相对比较丰裕）的生产要素价格比率下，成衣是一种劳动密集型产品，在 B 国（资本要素相对比较丰裕）的生产要素价格比率下，成衣也是劳动密集型产品。但事实可能并非如此。B 国由于资本相对丰裕，可能在生产成衣中以资本代替劳

动，即生产过程更多地使用资本而不是劳动，这样，在 B 国成衣就变为资本密集型产品。这就是典型的生产要素密集度逆转的例子。

在这种情况下，可能会出现 B 国进口的商品在别国是劳动密集型产品，而在 B 国是资本密集型产品，B 国出口的商品在别国是资本密集型产品，而在 B 国为劳动密集型产品。这样一来，就有可能引发列昂惕夫之谜。因为在美国是资本密集的产品，如进口替代品，可能在真正对美出口的国家却是劳动密集型产品；而在美国本地生产的劳动密集型产品，对于接受美国产品的国家可能是资本密集型产品。最后的结果是美国出口商品的资本密集度低于进口商品的资本密集度。

列昂惕夫在计算美国出口商品的资本/劳动比率时，采用的是美国本土的数据，而进口商品资本/劳动比率是用进口替代品资本/劳动比率来代替，计算进口替代品资本/劳动比率也是用美国本土数据，不是在原出口国生产该商品实际使用的资本/劳动比率。因此，产生列昂惕夫之谜就不足为奇了。B. S. Minhas 1962 年发表的研究结果表明，有大约 1/3 的研究样本中存在生产要素密集度逆转的情况；不过，1966 年，Ball 的研究结果则是生产要素密集度逆转在现实中鲜有发生。

（二）劳动熟练说

劳动熟练说（Skilled Labor Theory）又称人类技能说（Human Skill Theory），由列昂惕夫最先提出，后来由美国经济学家基辛（D. B. Keesing）加以发展。这一理论利用劳动效率和劳动熟练程度或技能的差异来解释列昂惕夫之谜，认为列昂惕夫之谜的产生可能是由于美国工人的劳动效率比其他国家工人高所造成的。他认为，美国工人的劳动效率大约是其他国家工人的 3 倍。因此，如果劳动以效率单位衡量，美国就成为劳动要素相对丰裕、资本要素相对稀缺的国家，因而其出口商品的资本密集度低于进口商品的资本密集度就很容易理解了。至于为什么美国工人的劳动效率比其他国家高，他认为这是由于美国企业管理水平较高，工人所受的教育和培训较多、较好，以及美国工人具有较强的进取精神。但是，有些学者认为列昂惕夫的解释过于武断，因为一些研究表明，实际情况并非如此。例如，美国经济学家克雷宁（Krchnin）经过验证，认为美国工人的效率和欧洲工人相比，也就高出 1.2～1.5 倍，因此，列昂惕夫的这个论断通常不为人们所接受。

后来，美国经济学家基辛对这个问题进一步研究。他利用美国 1960 年人口普查资料，将美国企业职工区分熟练劳动和非熟练劳动两大类。熟练劳动包括科学家、工程师、经理人员、技术员、制图员、机械工人、电工、办事员、推销员、其他专业人员和熟练的手工操作工人等，非熟练劳动指不熟练和半熟练工人。他还根据对劳动的两大分类对 14 个国家的进出口商品结构进行分析，其结论是：资本较丰富的国家，如美国，倾向于出口熟练劳动密集型商品；资本较缺乏的国家，如印度，倾向于出口非熟练劳动密集型商品。基辛认为，熟练劳动程度的不同是国际贸易发生的重要影响因素之一。

（三）要素需求逆转论

该理论认为，受国内消费者偏好的影响，一国可能进口密集使用本国丰裕要素所生产的产品，从而导致生产要素密集度逆转的现象。

H-O 定理假设两国消费者对两种商品的消费偏好是相同的，所以，国际贸易原因仅需考虑要素禀赋的差异。但在现实的贸易实践中，影响国际贸易的因素还有参与双方的供求情况。如果一国的某种要素丰裕，则其密集使用该要素的产品的供给能力很强，不过同时该国消费者也特别偏好这种产品，需求能力更强时，这种产品在该国的相对价格将偏高。H-O定理决定的进口方向将改变，即该国可能将进口这种产品，而不是出口这种产品。相反，如果一国在某种要素上是稀缺的，则其密集使用该要素的产品的供给能力也较低，如果因消费者偏好导致需求能力更低时，这种产品在该国的相对价格将偏低，则该国可能将出口这种产品，而不是进口这种产品。这就出现了所谓的需求逆转。

资本相对丰裕的国家，如果国内强烈偏好资本密集型产品，其贸易结构就可能是出口劳动密集型产品，而进口资本密集型产品。如美国，它对资本密集型产品的需求远远大于对劳动密集型产品的需求，这就造成了美国贸易结构不同于要素禀赋理论所描述的一般情况，即进口资本密集型产品，出口劳动密集型产品。

（四）自然资源说

该理论认为：实证分析中，如果通过提高产品的资本/劳动比率来替代自然资源密集型产品，也会导致生产要素密集度逆转。

H-O定理只考虑了劳动和资本两种生产要素，但在现实生产过程中还需要考虑土地、矿藏、森林等自然资源。列昂惕夫曾在1956年指出，没有考虑自然资源的影响是可能出现悖论的原因之一。在列昂惕夫之谜中，许多资本密集型进口商品实际上也是资源密集型产品；在计算进口商品的要素需求量时，没有计算自然资源，通过提高进口商品资本/劳动比率来替代。例如，美国大量进口的石油、煤炭、钢铁等产品的生产，既有资本的贡献，也有自然资源的贡献，还可能属于资源密集型产品。美国初级产品的进口占总进口的60%～70%，这些初级产品的自然资源密集度都很高，把这些产品计入资本密集型产品，加大了美国进口商品的资本/劳动比率，导致列昂惕夫之谜。

（五）人力资本说

人力资本说（Human Capital Theory）是美国经济学家凯南（P. B. Kenen）等人提出的，他们运用人力投资这一概念来解释列昂惕夫之谜。他们认为，生产过程中的劳动是不同质的，这种不同质表现为劳动效率上的差异，这种差异主要是由劳动熟练程度所决定的，而劳动熟练程度的高低，又取决于对劳动者进行培训、教育和其他有关的开支水平，即对智力开发的投资，因此，高的劳动效率归根结底是对人力投资的结果。

由此可以认为，国际贸易商品生产所需要的资本投入应包括有形资本，即人力资本。人力资本主要是指一国在职业教育、技术培训等方面投入的资本。人力资本投入可提高劳动技能和专门知识水平，促进劳动生产率的提高。由于美国投入了较多的人力资本，因而拥有更多的熟练劳动力，因此，美国出口商品含有较多的熟练劳动。如果把熟练劳动收入高出非熟练劳动的部分资本化，并同有形资本相加，美国出口商品的资本密集度就会高于进口商品的资本密集度。

人力资本说对劳动熟练说起到了一定的补充解释作用。

（六）市场不完全说

有的经济学家认为，列昂惕夫之谜产生的原因是由于市场的不完全。赫克歇尔-俄林模型的一种重要假定就是完全竞争市场，这一假定保证了贸易能使商品价格和要素价格均等化。然而在现实中，不完全信息、行业壁垒、关税等贸易保护政策都会导致各种非完全竞争，从而使得要素禀赋理论揭示的贸易规则难以在现实中实现。有人认为，为了解决就业问题，美国政府的贸易政策（尤其是关税政策）有严重的保护本国非熟练劳动的倾向。假如美国不实行这种贸易保护政策而实行自由贸易政策，美国进口劳动密集型产品的实际比重应该高一些。鲍德温（Baldwin）确认了关税可能有这种影响，他的计算结果表明，如果美国进口商不受关税限制，美国进口商品的资本/劳动比率将比实际低5%。因此，贸易壁垒是产生列昂惕夫之谜的重要原因之一。

本章小结

本章主要介绍了三种具有代表性的新古典国际贸易理论，即相互需求理论、凯恩斯主义超保护贸易理论和要素禀赋理论。不同于古典比较优势理论，相互需求理论从需求与交换比率的角度来论述国际分工和国际贸易，穆勒认为贸易国之间的商品交换比率取决于贸易双方对对方商品的需求强度和需求弹性，在此基础上，马歇尔将供给与需求两方面结合起来，进一步提出了提供曲线这一重要的分析工具。在对外贸易乘数理论的基础上，凯恩斯主义学者提出了超保护贸易学说，他们认为出口会刺激国内经济增长，进口会降低就业，凯恩斯主义提倡国家干预国际贸易，主张采用一切有利于保护国内经济的政策和手段，大力推动出口，抑制进口，保持外贸顺差。

通过一系列严格的假设，生产要素理论（赫克歇尔-俄林理论）说明了相对要素禀赋的差异足以奠定国际贸易发生的基础，该理论不仅可以根据各国最初的要素禀赋状况来预测贸易模式，还能得出长时期内贸易会导致贸易国之间要素价格均等化的结论，而且这种要素相对价格的变动会改善丰裕要素所有者的收入状况，恶化稀缺要素所有者的收入状况。然而，列昂惕夫通过研究美国的贸易结构，发现美国并不按照赫克歇尔-俄林理论所预示的贸易模式进行，而是恰恰相反。于是，对列昂惕夫之谜，西方经济学界提出了各种各样的解释，并在一定程度上带来了第二次世界大战后西方国际分工和国际贸易理论的发展，为当代国际贸易理论奠定了基础。

课堂讨论

1. 相互需求理论与比较优势理论在解释国际贸易产生原因时有何区别？

2. 举例说明我国生产要素逆转现象。

3. 美国对劳动密集型产品设置的关税和其他贸易壁垒要高于资本密集型产品，因为根据赫克歇尔-俄林定理，稀缺生产要素的所有者能够从贸易保护中受益。那么，如何解释许多发达国家也同样对劳动密集型产品设置较高的进口壁垒？

复习思考题

一、名词解释

国际交换比率　提供曲线　对外贸易乘数　要素充裕度　要素密集度　要素禀赋　劳动密集　资本密集　进口替代　列昂惕夫之谜

二、选择题（1~5题为单选题，6~8题为多选题）

1. 从需求角度解释国际贸易产生原因的是（　　）。

A. 要素禀赋理论　B. 比较优势理论　C. 相互需求理论　D. 超保护贸易理论

2. 赫克歇尔–俄林的要素禀赋说设立的假定条件包括（　　）。
A. 生产要素在国内是完全自由流动的
B. 生产要素在国与国之间是自由流动的
C. 贸易是平衡的
D. 没有规模经济利益
3. 要素禀赋学说认为产生国际贸易的直接原因是（　　）。
A. 劳动生产率的国际差异
B. 价格的国际差异
C. 自然资源的国际差异
D. 资本生产率的国际差异
4. 在 H-O 定理中，国际贸易主要基于各国在（　　）方面的差别。
A. 技术　　B. 规模经济
C. 要素禀赋　　D. 产品差异化
5. 墨西哥拥有丰裕的非技术工人，而美国拥有丰裕的技术工人，在开放贸易后，从长期看，非技术工人的工资将会（　　）。
A. 在两国都下降　　B. 在美国上升，在墨西哥下降
C. 在美国下降，在墨西哥上升　　D. 在两国都上升
6. 对列昂惕夫之谜的解释理论主要有（　　）。
A. 技术差距学说和自然资源学说　　B. 要素密度逆转
C. 跨国公司影响学说　　D. 市场不完全学说
7. 关于要素比例学说，下列说法正确的是（　　）。
A. 由赫克歇尔和俄林提出来
B. 排除了各国劳动生产率的差异
C. 认为每个国家应生产和输出用其相对丰裕的生产要素生产的产品
D. 认为国际贸易的直接原因是各国价格的差异
8. 与要素禀赋理论相联系的几个理论是（　　）。
A. H-O 定理　　B. H-O-S 定理
C. 对外贸易乘数理论　　D. 里昂惕夫之谜的解释理论

三、简答题

1. 在穆勒的相互需求理论中，国际贸易的贸易条件是如何决定的？
2. 简述古典贸易保护主义学说与凯恩斯主义超保护贸易学说的区别。
3. 简述生产要素禀赋说的主要结论。

四、计算题

假设 A、B 两国生产技术相同且在短期内不变，生产 1 单位衣服需要 1 单位的资本和 3 单位的劳动，生产 1 单位食品需要 2 单位的资本和 2 单位的劳动。若 A 国拥有 160 单位的劳动和 100 单位的资本，B 国拥有 120 单位的劳动和 80 单位的资本。

试问：(1) 哪个国家为资本充裕的国家？

(2) 在衣服和食品中，哪种产品为劳动密集型产品？

(3) 假设两国偏好相同，两国进行贸易，各自生产和出口何种产品？

第四章

当代国际贸易理论

★学习目标

了解当代国际贸易的新特点及相关理论解释；掌握产业内贸易理论、国家竞争优势理论等当代国际贸易理论内容。

重点：掌握产品生命周期学说、需求偏好相似学说、产业内贸易学说和技术差距理论。

难点：产品生命周期学说、技术差距理论和规模报酬理论。

★引例

优势还是劣势？资本丰裕还是资本稀缺？

中国汽车工业协会网站数据显示，2015 年中国汽车整车进口 110.19 万辆、整车出口 75.55 万辆；《2015 年国民经济和社会发展统计公报》数据显示，2015 年中国对外直接投资额 1 180 亿美元，实际使用外商直接投资 1 263 亿美元（不含银行、证券、保险）。基于这些数据，按照传统贸易理论，我国汽车制造是优势产业还是劣势产业，是资本丰裕国家还是资本稀缺国家难以判断，传统贸易理论无法解释国际贸易中出现的新现象，国际贸易实践需要新理论。

20 世纪 60 年代以来，随着世界新技术和跨国公司的迅速发展，在国际贸易领域出现了许多新的动向，如发达的工业国家之间的贸易量大大增加，达到世界贸易量的 2/3 以上，成为国际贸易的主要部分。而在此之前，大部分贸易是发生在发达国家和发展中国家之间，西方工业国之间的贸易占世界贸易总额的 40% 左右。另外，同类产品之间的贸易量大大增加。工业国家传统的“进口初级产品—出口工业产品”的贸易模式逐步改变，许多国家既出口工业产品，也大量进口同类工业产品，出现了“双向贸易”或“产业内贸易”。对于这些新现象，传统的贸易理论已经难以提供有说服力的解释。在国际贸易实践中这些新现象出现之际，也正是对里昂惕夫之谜讨论热烈的时候，这促使人们不断思考传统贸易理论的不足，以提出能够解释这些现象的当代国际贸易理论。

第一节　产品生命周期学说

产品生命周期学说也称产品生命周期理论（Theory of Product Life Cycle），由美国经济学家雷蒙德·弗农（Raymond Vernon）首先提出。他认为，在产品的整个期间，生产所需的要素会发展变化，故在新产品的生产中可以观察到一个周期——产品创新阶段、产品成熟阶段和产品标准化阶段构成的产品生命周期。之后，该理论由威尔士（L. T. Wells）等人加以发展。该理论用来解释国家进出口贸易模式的变化。

知识链接

雷蒙德·弗农

雷蒙德·弗农（Raymond Vernon）1913 年出生，美国经济学家，第二次世界大战以后在国际经济关系研究方面最多产的经济学家之一，产品生命周期理论的提出者。他有着 20 年在政府部门任职的经历，还短期从事过商业。从 1959 年开始，他在哈佛大学任教，是克拉维斯·狄龙学院的国际问题讲座教授。

弗农早期曾致力于区位经济学的研究，后转入对信息和专业化服务的研究，受克拉伍斯（I. Klar-Vas）和波斯纳（M. V. Posner）技术差距理论的启发，于 1966 年发表《产品周期中的国际投资和国际贸易》一文，提出了著名的产品生命周期理论。他认为，产品生命周期理论可以解释发达国家出口贸易、技术转让和对外直接投资的发展过程。

一、新产品的技术周期

1. 产品创新阶段

少数在技术上领先的创新国家的创新企业，根据本国资源条件和市场需求发明了新技术，并开发出新产品在国内生产。新产品不仅满足了国内市场需求，而且出口到与创新国家收入水平相近的国家和地区（跟随国）。在这一时期，创新企业几乎没有竞争对手，在新产品的生产和销售方面享有垄断权。

2. 产品成熟阶段

随着技术的成熟，生产过程趋于标准化。成熟的技术随着产品的出口而扩散，与创新国家收入水平相近的国家和地区的一些企业能够迅速模仿并掌握这种新技术，进而开始在本国生产该产品并出口到其他国家。创新国面临仿制品和生产成本的竞争，往往选择在技术水平接近的跟随国建立子公司，就地生产和销售。这一时期，新产品的生产地点一般集中在跟随国，是新产品生命周期的鼎盛阶段。

3. 产品标准化阶段

在这一时期，产品已完全实现标准化，技术已物化到生产设备或流水线中，可以在世界范围内扩散。创新国家的技术优势已不复存在，发展中国家的劳动力成本优势开始显现。生产的最佳地点从发达国家转向发展中国家，新产品生命周期结束，发达国家继续进行其他新产品的发明创新。

二、新产品技术周期的要素密集度动态变化

如果从产品的要素密集度上看，处于产品生命周期不同阶段的产品存在不同的特征。在产品创新时期，需要投入大量的研究与开发费用，这一时期的产品要素表现为技术密集型；在产品的成熟时期，知识技术的投入减少，资本和管理要素投入增加，高级的熟练劳动投入越来越重要，这一时期的产品要素表现为资本密集型；在产品的标准化时期，产品的技术趋于稳定，技术投入更是微乎其微，资本要素投入虽然仍很重要，但非熟练劳动投入大幅度增加，产品要素也随之变为劳动密集型。

三、新产品技术周期的比较优势动态变化

在产品生命周期的各个时期，新产品的要素密集度是动态变动的，不同国家要素丰裕度各有优势：创新国具有技术优势，跟随国具有资本优势，发展中国家劳动力丰裕。这样，不同类型国家在新产品不同阶段的比较利益各不相同，导致比较利益从一个拥有大量熟练劳动力的国家转移到一个拥有大量非熟练劳动力的国家，产品贸易方式也随之变化。

图 4.1 可以用来说明产品生命周期过程中相关国家的贸易演进方式。图中的相关国家包括创新国、与创新国收入水平相近的跟随国、后起的处于发展进程中的国家（发展中国家）。从图中可以看到，随着产品生命周期的展开，产品生产的比较优势在相关国家之间依次转移：先从创新国转向与创新国发展水平接近的跟随国，再转向经济发展层次或水平较低的发展中国家。比较优势转移的具体表现就是产品净出口国的变迁，产品净出口国开始是创新国，最后演变为发展中国家，而创新国最终演化为产品的净进口国。

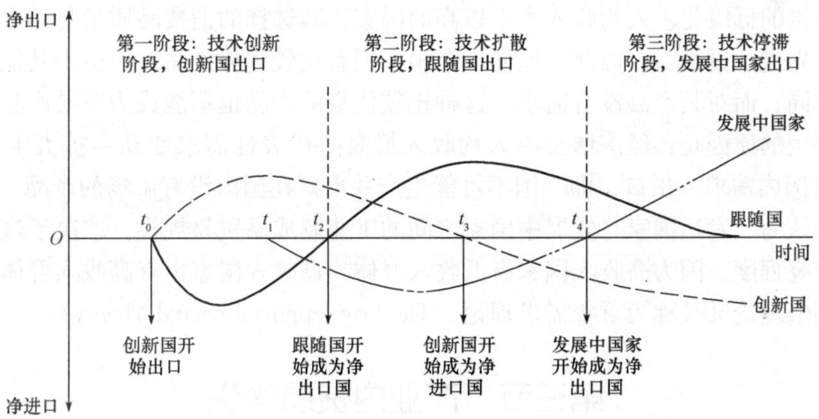

图 4.1 产品生命周期过程中国际贸易模式的演进

在产品生命周期理论中，产品要素的密集特征在产品生命周期的不同阶段发生规律性演变，随之比较利益从某一类国家转向另一类国家，这使得赫克歇尔-俄林静态的要素比例学说动态化，是对要素禀赋理论的发展。

第二节 需求偏好相似学说

需求偏好相似学说（Theory of Demand Preference Similarity）又称偏好相似学说或收入贸易学说（Income Trade Theory），是由瑞典经济学家林德（S. B. Linder）提出的，用国家之间需求结构相似性来解释发达国家之间的工业制成品贸易现象的理论。他认为 H-O 定理只能解释工业品生产国和初级产品生产国之间的贸易，而无法解释工业品生产国之间的贸易。

林德认为，工业品生产的初期是满足国内的需求，随着生产规模的扩大，才会想到扩大销售范围，将产品推向国际市场。由于该产品是为适应国内市场偏好和收入水平而生产的，故该产品较多地出口到那些偏好相似、收入水平相近的国家。这些国家间的需求结构和偏好越相似，其贸易量就越大，如果这些国家的需求结构和需求偏好完全一样，一国可能进出口的商品，也就是另一国可能进出口的商品。

那么，影响一国需求结构的因素是什么？林德认为主要因素是人均收入水平。人均收入水平的相似可以用来作为需求结构相似的指标。人均收入越接近的国家，其消费偏好和需求结构越相近，产品的相互适应性越强，贸易机会越多，人均收入水平的差异则是贸易的潜在障碍。

需求偏好相似学说的基本论点为：两个国家的需求结构（消费者的消费偏好）越相似，一国代表性需求的商品越容易在另一国找到市场，两国之间的贸易量就越大。需求结构的决定因素为人均收入水平。

林德认为，人均收入水平和消费品、资本品的需求类型有着紧密的联系。人均收入水平较低的国家，其选择的消费品质量也较低，因为要让有限的收入满足多样化的需求；同时，为了实现充分就业和发展生产，也只能选择通用的技术和简单的资本设备，这又导致这些国家消费品结构的低级化。人均收入水平较高的国家，其选择的消费品质量与档次较高，而资本设备也更先进、更高级。因此，即使一个国家拥有比较优势产品，但由于其他国家的收入水平与它不同，而对其产品没有需求，这种比较优势的产品也不能成为贸易产品。

贸易产生的原因是：经济增长→人均收入提高→代表性需求变动→扩大生产（改进技术）→超过国内需求→出口，即一国不可能生产并出口在国内没有市场的产品。

林德还认为，发达国家与发展中国家之间的工业制成品贸易规模，取决于这两类国家需求结构的重叠程度，因为高收入国家有低收入群体，低收入国家也有高收入群体，故林德的需求偏好相似理论又被称为重叠需求理论（The Overlapping Demand Theory）。

第三节 产业内贸易学说

第二次世界大战后，世界同类产品贸易增长迅速。较早关注该现象的是格鲁贝尔（H. G. Grubel）等人，他们对欧洲共同体一体化效果进行了分析论证，研究发现，欧共体内部贸易存在着大量同一产业部门内部同种产品的相互交换，这与要素禀赋理论是不相符合的。因为欧共体国家之间的要素禀赋接近、技术水平差别不大，同一产业部门产品的要素密集度也相似，故生产成本及产品价格应该是一致的，贸易似乎不可能产生。因此，需要新的贸易理论来解释这种新的贸易现象。

一、产业内贸易的概念与类型

产业间贸易（Inter-industry Trade）即产业间国际贸易，是指国家或地区之间进口和出口属于不同产业部门生产的商品的贸易现象。传统贸易理论解释的都属于产业间贸易现象，例如，英国的毛呢交换葡萄牙的酒。

产业内贸易（Intra-industry Trade）即产业内国际贸易，是指国家或地区之间同时进口和出口基本相同或相似产品的现象。例如，中国向韩国出口某种品牌的衬衣，同时又从韩国进口某种T恤衫。与之相对应的是产业间贸易。

产业内贸易分为同质产品的产业内贸易和差异产品的产业内贸易两大类。

所谓同质产品，是指效用和品质完全相同的产品，产品之间完全可以相互替代。同质产品的产业内贸易是指商品交换发生在同质产品之间的贸易现象，是特殊情况下发生的贸易现象。例如，大宗原材料的边境贸易、农水产品的季节性贸易、转口贸易等。

所谓差异产品，是指存在差别的同类产品，也称异质产品。差异产品的产业内贸易是指商品交换发生在差异产品之间的贸易现象，是产业内贸易理论研究的重点领域。例如，不同品牌的家用轿车属于同类产品，在一定程度上可以替代，但存在档次、规格、颜色等差异。

二、产业内贸易的特点

产业内贸易具有以下几个特点：

（1）它与产业间贸易在贸易内容上有所不同。它是产业内同类产品的相互交换，而不是产业间非同类产品的交换。

（2）产业内贸易的产品流向具有双向性，即同一产业内的产品，可以在两国之间相互进出口。

（3）产业内贸易的产品具有多样化特点。这些产品中既有资本密集型产品也有劳动密集型产品，既有高技术产品也有标准技术产品。

（4）产业内贸易的产品必须具备两个条件：一是在消费上能够相互替代；二是在生产中需要相近或相似的生产要素投入。

三、产业内贸易形成的原因

产业内贸易形成的原因或前提条件可以归纳为以下几方面：

（1）同类产品的异质性是产业内贸易形成的重要基础。产业内贸易论者摒弃了古典与新古典完全竞争的假设，认为大多数同类产品不是同质的。从实物形态上，同类产品可以由于商标、牌号、款式、包装、规格等方面的差异而被视为异质产品；即使实物形态相同，也可以由于信贷条件、交货时间、售后服务和广告宣传等方面的差异而被视为异质产品。这种同类的异质性产品可以满足消费者的不同消费心理、消费欲望和消费层次的消费需要。产品的异质性使其市场呈现出垄断竞争的特性，同类产品的生产者可以依据自己的优势或对消费者的吸引力，生产具有一定垄断性的产品，从而导致不同国家之间产业内贸易的发生与发展。

（2）规模收益递增是产业内贸易的重要成因。产业内贸易论者认为，生产要素禀赋相近或相似的国家之间能够进行有效的国际分工，从而获得贸易利益，其主要原因是企业规模经济的存在。一国的企业可通过大规模专业化生产，取得规模经济利益，其成本将会随着产量的增长而递减，使该国企业的生产成本具有比较优势，从而打破各生产企业之间原有的比较优势均衡状态，使自己的产品具有相对的竞争优势，在国际市场上具有更强的竞争力，从而扩大产品出口。这样，产业内部的分工和贸易也就形成了。

(3) 经济发展水平是产业内贸易的重要制约因素。产业内贸易论者认为，经济发展水平越高，产业部门内异质性产品的生产规模越大，产业部门内部分工就越发达，从而形成异质性产品的供给市场。同时，经济发展水平越高，人均收入水平也越高，较高人均收入消费者的需求会变得更加复杂和多样化，呈现出对异质性产品的强烈需求，从而形成异质性产品的需求市场。当两国之间人均收入水平趋于相等时，其需求结构也会趋同，产业内贸易发展倾向明显。

需求偏好相似理论是从需求方面阐述产业内贸易发展的原因，而产业内贸易学说是从供给的角度分析阐述产业内贸易问题。

四、产业内贸易与产业间贸易的区别

(1) 两者产生条件不同。产业内贸易主要发生在要素禀赋、经济技术发展水平、人均收入水平和需求结构相似的国家之间，贸易对象具有多样性、消费上能相互替代、要素投入密集度相似；产业间贸易主要发生在要素禀赋、经济技术发展水平、人均收入水平和需求结构相差较大的国家之间，贸易对象相对单一、消费上不能相互替代、要素投入密集度不同。

(2) 两者产品流向不同。产业内贸易是某一产业同类产品的交换，产品流动具有双向性；产业间贸易是不同产业间产品的交换，产品是单向流动的。

(3) 两者理论基础不同。产业内贸易理论的基本假设是存在规模经济、差异化产品和不完全竞争市场结构；产业间贸易理论的基本假设是规模报酬不变、产品同质和存在完全竞争市场结构。

五、产业内贸易指数

研究者采用产业内贸易指数（Index of Intra-industrial Trade，IIT）来测度产业内贸易程度，计算公式如下：

$$B_i = 1 - \frac{|X_i - M_i|}{X_i + M_i}$$

式中，X_i 为一国 i 产品的出口额，M_i 为该国 i 产品的进口额，B_i 表示 i 产品的产业内贸易指数。B_i 值在 0 ~ 1 之间，B_i 越接近 1，说明 X_i 和 M_i 越接近，即该国 i 产品的进出口额接近，说明产业内贸易程度越高；反之，B_i 越接近 0，意味着产业内贸易程度越低。

上述公式从一个产业部门角度来度量产业内贸易程度，产业定义的宽窄或者产品组的大小会影响产业内贸易指数的大小。

相关计算显示，美国 1970、1987、1999 年制造业产业内贸易指数分别为 55.1%、61%、81.1%，德国分别为 59.7%、66.4%、85.4%，中国 1999 年是 88.5%。上面的数据说明国家之间产业内贸易程度已经达到相当水平，在制造业部门，半数以上的贸易属于产业内贸易。

第四节　技术差距学说

技术差距学说（Theory of Technological Gap）又称为创新与模仿理论（Innovation and Imitation Theory），由美国经济学家波斯纳（M. V. Posner）提出，后经格鲁伯（W. Gruber）和弗农（R. Vernon）等人进一步发展。

一、主要观点

技术领先的国家具有较强的开发新产品和新工艺的能力，形成或扩大了国际的技术差距，从而有可能暂时享有生产和出口某类高新技术产品的比较优势。

二、技术差距形成的原因

波斯纳认为，人力资源是过去对教育和培训进行投资的结果，因而可以将其作为一种资本或独立的生产要素；技术是过去对研究与开发进行投资的结果，也可以作为一种资本或独立的生产要素。但是，由于各国技术投资和技术革新的进展不一致，因而存在一定的技术差距。这样就使得技术资源相对丰裕或者在技术发展中处于领先的国家，有可能享有生产和出口技术密集型产品的比较优势。

三、技术差距与国际贸易

由于技术差距而形成的比较优势导致贸易的产生。在图 4.2 中，创新国从 t_0 时点开始利用新技术生产新产品，国内对新产品的需求逐步增加，产量逐步上升；此时，技术模仿国还没有形成新产品的需求，创新国没有新产品出口。经过一段时间后，模仿国从 t_1 时点开始消费新产品，导致创新国出口新产品并不断增加到 t_2 时点，此时创新国的生产能力也达到最大。随着新产品的出口，新技术也扩散到模仿国，模仿国从 t_2 时点开始模仿生产新产品，随着生产规模不断扩大，模仿国进口新产品不断减少，直到 t_3 时点不再进口，之后转向创新国出口该新产品；同时从 t_2 时点开始，创新国新产品的生产量逐步缩减，到 t_4 时点不再生产该产品。创新国进入下一轮技术创新周期。

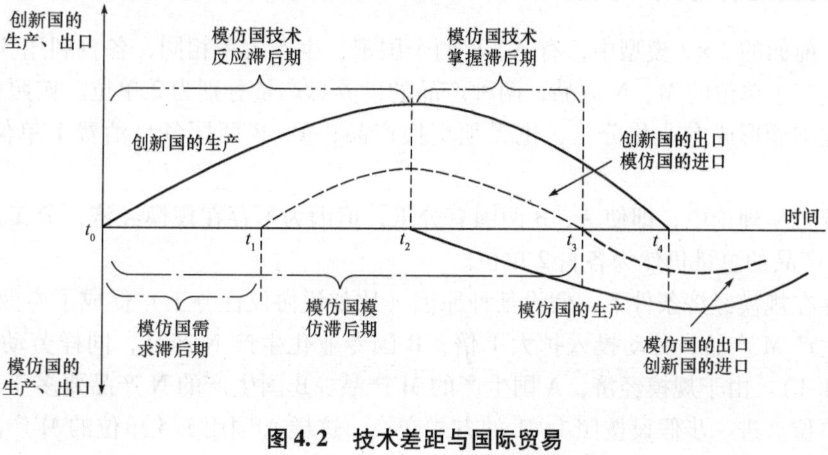

图 4.2　技术差距与国际贸易

四、实证检验

为了论证这个理论，格鲁伯和弗农等人根据1962年美国19个产业的有关资料作进一步的统计分析，发现其中5个具有高技术水平的产业（运输、电器、工具、化学、机器制造）的科研和开发经费占19个产业全部科研和开发经费总数的89.4%，其技术人员占19个产业总数的85.3%，其销售额占19个产业总销售额的39.1%，其出口量占19个产业总出口量的72%。这一实证结果表明，美国在上述5个技术密集型产品的生产和出口方面，确实处于比较优势。因此可以认为，出口科研和技术密集型产品的国家也就是资本要素相对丰裕的国家，而美国就是这样的国家。

技术差距论补充了要素禀赋论，并根据创新活动的连续性使要素禀赋论动态化。由于产品是技术的物化，大部分新技术是通过新产品来体现的，技术差距理论和前面的产品生命周期理论有一定相似之处：新产品是新技术的物化或体现，新技术有一个创新到成熟、最后被淘汰的周期，表现为产品的生命周期。

第五节　规模报酬理论

传统的贸易理论中以规模报酬不变作为假设前提之一，即假设生产中投入增加1倍，产出也相应扩张1倍。但现实中，很多行业具有生产规模越大，生产效率越高的规模经济特征。

一、规模经济概念

所谓规模经济，是指在生产过程中，单位产品的生产成本随生产规模的扩张而降低的现象；或者说，随着生产规模的扩张，产出的增加倍数大于投入的增加倍数。规模经济有内部规模经济和外部规模经济之分，内部规模经济是指单个企业规模扩张导致生产效率提高，而获得产出成倍增长的现象；外部规模经济是指由于行业的扩张，导致单个企业生产效率提高、单位产品成本降低的现象。

二、规模经济与国际贸易

假设，前面的2×2模型中，有A、B两个国家，生产效率相同，各自利用50单位劳动力，每年生产1单位的M、N产品，两种产品的世界总产量分别为2单位。按照传统的贸易理论，两国不能形成专业化分工，也无须交换产品，A、B两国各自消费1单位的M和N产品。

在传统贸易理论中，即使A、B两国有分工，但因为不存在规模经济，分工后世界生产M、N两种产品的总量仍然为各自2单位。

但在存在规模经济条件下，假设某种原因（比如说协议性分工）促成了专业化分工，A国专业化生产M产品，劳动投入扩大1倍；B国专业化生产N产品，同样劳动投入扩大1倍（见表4.1）。由于规模经济，A国生产的M产品、B国生产的N产品要多于2单位，现假设是3单位。进一步假设按照1∶1的方式交换，这样A国用1.5单位的M产品换回B国1.5单位的N产品，最终两国消费的产品数量比没有贸易前都要多，福利水平得到提升。

表 4.1　规模经济条件下的国际贸易

	国家	M 产品产量	劳动投入	N 产品产量	劳动投入
分工前	A	1	50	1	50
	B	1	50	1	50
	总产量	2		2	
分工后（规模经济）	A	3	100		
	B			3	100
	总产量	3		3	
交换后	A	1.5		1.5	
	B	1.5		1.5	

同时，由于规模经济使得产量增加，一定程度上也导致了国际贸易量的增加。

三、规模经济条件下国际贸易产生的原因

追求规模经济带来的高利润是国家（或企业）之间进行国际分工的直接原因。在规模经济条件下，各国依托现有的资源能生产的产品的种类势必就要减少，而消费者追求消费多样化，促进了两国间产品的交换，这是引起国际贸易产生的需求原因。

20 世纪七八十年代，以美国经济学家克鲁格曼（Krugman）为代表的学者提出了新贸易理论（New Trade Theory）。该理论认为：除资源差异之外，规模经济和不完全竞争是国际贸易产生的又一决定因素。该理论解释了为什么国际贸易容易被那些出口和进口同类产品的国家主导，例如，瑞典同时出口和进口轿车。这样的贸易模式使得专业化和规模生产成为可能，从而可以导致更低的价格和多样化的产品。现实经济运行中，规模经济一般意味着一定程度的垄断，和不完全竞争往往是相伴而行的，所以在用规模经济来说明贸易原因时，往往要结合市场结构引入不完全竞争理论等。

知识链接

克鲁格曼

保罗·克鲁格曼（Paul R. Krugman）1953 年出生于纽约长岛，犹太人，毕业于耶鲁大学经济学专业，1977 年获得麻省理工学院博士学位，先后在耶鲁大学、麻省理工、斯坦福大学任教。1991 年，年轻的克鲁格曼获得被视为诺贝尔奖重要指针的美国经济学会克拉克奖；2000 年，任普林斯顿大学公共事务和国际事务学院经济学教授。克鲁格曼的主要研究领域包括国际贸易、国际金融、货币危机与汇率变化理论。主要代表作有：《期望减少的年代》《亚洲奇迹之谜》《萧条经济学的回归》《流行国际主义》《国际经济学》《大破解》《一个自由主义者的良知》等。

克鲁格曼因对自由贸易与全球化研究的贡献而获诺贝尔经济学奖，瑞典皇家科学院在颁奖词中说："自由贸易与全球化有什么影响？全世界范围城市化背后的驱动力是什么？保罗·克鲁格曼创立并阐明了一套全新理论，可以回答所有这些（与自由贸易相关的）问题。"同时强调，"他也因此全面整合此前全异的国际贸易与经济地理学研究领域"。

第六节　国家竞争优势理论

国家竞争优势理论（又称钻石模型）由美国哈佛大学教授迈克尔·波特于 1991 年在总结新贸易理论各种观点的基础上提出。该理论的思想通过迈克尔·波特的主要代表作《竞争战略》《竞争优势》和《国家竞争优势》得以体现。

一、国家竞争优势的概念

国家竞争优势是指一个国家的产业和企业持续地以较低价格向国际市场提供高质量产品和服务，占有较高市场份额并获取利润的能力。该理论认为，一国兴衰的根本在于能否在国际竞争中赢得优势，而取得国家竞争优势的关键在于国家能否有合适的创新机制和充分的创新能力，这进一步取决于四组基本因素：要素条件；国内需求条件；相关产业与支撑产业；公司战略、结构和竞争。同时还要受到机遇和政府作用的影响，如图 4.3 所示。

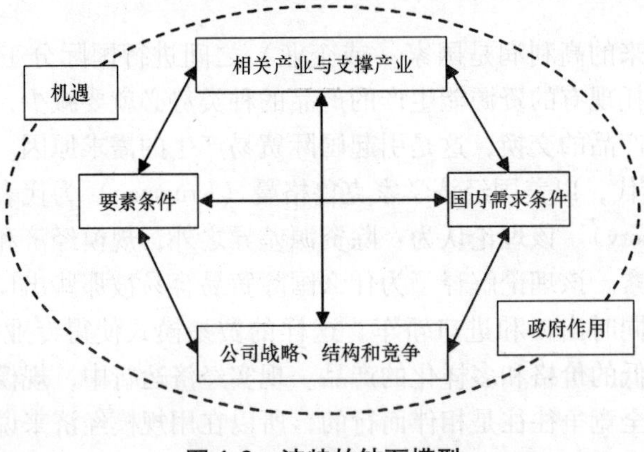

图 4.3　波特的钻石模型

二、各基本因素与国家竞争优势的关系

1. 要素条件与国家竞争优势

一国如果拥有对某一产业十分重要的某类低成本要素禀赋或高质量的要素禀赋，该国的公司就可能在该产业获得竞争优势。例如，新加坡独特的地理位置与其发达的修船业、瑞士特有的银行保密制度与金融业优势、中国廉价的劳动力与发达的制造业等。

一国的要素可以按照不同要求进行分类。根据产生机制和所起作用，可分为基本要素和推进要素。基本要素指先天所拥有或不需太多投资就能得到的要素（如自然资源、地理位置、非熟练劳动力）。推进要素指必须通过长期投资和培育才能创造出的要素（如高质量的人力资本）。推进要素是竞争优势的长远来源。

根据作用和专门性可分为一般要素和专门要素。一般要素指使用范围广泛的要素（如一般港口、受过普通高等教育的雇员）。专门要素指专门领域的专业人才（如特殊的基础设施、研究所毕业的专门人才）。专门要素比一般要素更能为一国创造持久的竞争优势。

2. 国内需求与国家竞争优势

（1）老练、挑剔的买主有助于产品高标准的建立。

（2）前瞻性的买方需求有助于国内公司在国际竞争中取得领先地位。

（3）国内需求的增长速度及独立的买主数量会对一国竞争优势产生影响。

3. 相关产业、支撑产业与国家竞争优势

相关产业指因共用某些技术、共享同样的销售渠道和服务而联系在一起的有互补性的产业。支撑产业指某一产业的上游产业，它主要向其下游产业提供原材料和中间产品。

一国如果有一系列国际竞争力较强的相关产业，就容易产生有国际竞争力的新产业。一国可通过产业分布的集中、信息的交流取得地方经济和集团经济效果，建立起强大的产业集群，形成产业的国际竞争优势。

4. 公司结构、战略和竞争与国家竞争优势

该理论认为，公司要在竞争中取得优势，必须根据内部条件和外部环境做出合适的选择。正常的国内市场竞争有利于公司的成长，并向外扩张，提高其国际竞争力。

5. 机遇、政府作用与国家竞争优势

机遇能打断事物发展的正常进程，使原来处于领先地位的公司失去竞争优势，落后国家的公司可能借此获得竞争优势。

政府作用通过对三种因素施加影响，进而影响竞争优势：教育政策、产业政策、消费者权益的保护。

三、国家竞争优势理论的评价

首先，该理论发展了传统贸易理论在要素基础上形成优势的静态观点，突破了以单项因素或其简单组合为出发点展开理论分析的不足。其一，该理论深化了对要素竞争优势的认识，提出：在要素基础上形成的竞争优势是动态变化的，要素上的劣势也能够产生国家竞争优势；相比要素禀赋，要素创造对于一国的竞争优势重要得多；其二，该理论将贸易和对外投资综合在一起，来解释一国何以能在一个特定产业中维持竞争优势；其三，该理论充分反映了竞争的丰富内涵。

其次，该理论强调国内因素对于竞争优势的重要性，并在此基础上强调国家在决定国际竞争力方面的重要性。

第七节 当代国际贸易理论述评

当代国际贸易理论起点源于对列昂惕夫之谜的持续讨论，随着学术界对列昂惕夫之谜讨论的深入，人们对国际贸易产生的原因由传统的生产效率差异、资源禀赋差异转向熟练劳动、需求逆转、自然资源、人力资本等多方面。

列昂惕夫之谜所引起的解释不是对比较成本说和赫克歇尔-俄林学说的全盘否定，也不是对这些传统理论的全盘继承，而是针对战后国际分工和国际贸易的新变化，在继承这些传统理论的基础上，有所创新，有所扩展。在理论上，继承了西方传统国际分工和国际贸易理论中最基本的东西，即比较优势的概念，把对两个国家、两种商品、两种要素的模式分析，变为对多个国家、多种商品以及天然资源、劳动效率、人力资本、技术差距、需求因素和规模经济等多因素分析；在方法上，将定性分析和定量分析结合起来，将理论研究和实践论证结合起来，将比较利益的静态分析和动态转移过程结合起来，特别是在产品周期学说中动态

地考察了比较利益的转移过程，使比较利益理论动态化。这些都是与传统理论的不同之处，起到了对传统理论修改、补充的作用。

新的国际贸易现象对传统的贸易理论提出了挑战，传统的贸易理论的前提是完全竞争市场、生产要素的国际非流动性、规模报酬不变、产品同质等。为解释新的贸易现象，新的国际贸易理论应运而生，它还是以比较利益为基础，但有了发展和超越。传统贸易理论中的比较利益来源于要素的禀赋差异，而新贸易理论中的比较利益来源于一国企业的垄断优势、规模经济、本国企业和产品对国际市场需求的反应能力，以及国内竞争所形成的国家竞争优势等。

随着互联网的应用与普及，人们的交换方式有了新的变化，新的贸易实践模式催生新的理论解释，贸易理论仍处于不断发展、完善的进程中。

本章小结

第二次世界大战后，新世界格局下的国际贸易发展迅速，传统的国际贸易理论已经不能解释现实，于是产生了当代国际贸易理论。这些理念包括产品生命周期学说、需求偏好相似学说、产业内贸易学说、技术差距学说、规模报酬理论和国家竞争优势理论等。

产品生命周期学说认为产品有其自身的技术周期，创新国开创新产品，开始出口。随着技术的成熟，跟随国开始成为净出口国，当生产标准化后，技术扩散到发展中国家，直到最终被淘汰。需求偏好相似学说则认为国家之间需求结构具有相似性，为满足国内市场而生产的产品，就会出口到那些偏好相似、收入水平相近的国家。产业内贸易学说则用同类产品的异质性和规模收益递增来解释不同国家之间同一产业部门内部同种产品的相互交易的现象。技术差距学说用国家之间的技术差异来解释国际贸易的发展。规模报酬理论则认为，追求规模经济带来的高利润是国家（或企业）之间进行国际分工的直接原因。国家竞争优势理论认为，一国取得竞争优势在于是否有合适的创新机制和充分的创新能力，并用要素条件，国内需求条件，相关产业与支撑产业，公司战略、结构和竞争等四个要素来解释国家竞争优势。总之，随着科技进步、新贸易实践现象层出不穷，当代贸易理论仍处于不断发展演变之中。

复习思考题

一、名词解释

产业内贸易　产品生命周期　国家竞争优势

二、简答题

1. 列昂惕夫之谜产生的原因有哪些？
2. 产品生命周期学说是如何解释产业优势地位在不同国家或地区进行转移的？
3. 产业内贸易学说是如何解释贸易形成的原因的？
4. 产业内贸易有哪些特点？
5. 什么是国家竞争优势理论？

第五章

国际贸易政策概述

★学习目标

了解国际贸易政策的基本含义和类型；了解国际贸易政策的演变；熟悉并掌握自由贸易政策和保护贸易政策的内容和理论基础。

重点：理解国际贸易政策的基本概念，把握国际贸易政策的内容。

难点：通过对国际贸易政策演变过程的学习，理解当代国际贸易政策的运用。

★引例

金融危机以来美国的贸易政策

自2007年金融危机以来，美国经济进入衰退期，其贸易政策也发生了重要调整。尽管金融危机的起因与美国长期积累的贸易赤字并不直接相关，但面对经济衰退，作为经济政策重要组成部分的美国贸易政策取向，立刻成为美国政府和国会政治家们关注的焦点。奥巴马上任伊始便强调了继续推行"自由且公平贸易"（Free but Fair Trade）政策的重要性，随后美国国会通过立法推出了"购买美国国货"（Buy American）的贸易保护策略，并通过了《汇率改革与公平贸易法案》，进一步强化了"制度"（Institution）在美国贸易保护中的地位和作用。2001年由反恐和国土安全引发的"非保护主义的贸易保护"（Trade Protection without Protectionism）（Aaron Lukas，2004）又顺理成章地回归到美国贸易政策的主流，对主要贸易顺差国的贸易限制似乎有理有据。这些贸易政策的出台既是美国贸易政策环境改变的结果，也与美国的外交战略和国家利益目标的实现相辅相成。

显然，作为拉动经济的"三驾马车"之一的国际贸易，国家不会任其自由发展，会根据本国经济发展的需要做出调整，所以要运用国际贸易政策。通过本章的学习，应了解什么是国际贸易政策、国际贸易政策的历史实践及理论基础，以及我国的国际贸易政策。

国际贸易是国家或地区之间商品和服务的交换活动。它与国内贸易的一个显著区别在于国际贸易是以国家为单位的，虽说国际贸易对双方都是有益的，但贸易条件直接关系到一个国家获取利益的多少。因此，出于对本民族利益的考虑，各国政府几乎无一例外地要采取一定的政策措施来干预对外贸易，并且有理有据。

从国际贸易产生以来，在不同的发展阶段，西方国家的对外贸易政策有明显的不同，并且有不同的理论支持这些策略。新世纪以来，随着贸易全球化的发展及各种区域经济一体化组织的出现，各国的贸易政策显得更加复杂和多变。学习国际贸易政策的基本概念和历史实践及其理论基础，有助于我们更好地理解当前的国际贸易政策。

第一节　国际贸易政策的内涵

一、国际贸易政策的含义

国际贸易政策又称对外贸易政策，是指一国政府根据本国的政治经济利益和发展目标制定的一定时期内的进出口贸易活动的规则。它集中体现为一国在一定时期内对进出口贸易所实行的法律、规章、条例及措施等。它既是一国总经济政策的一个重要组成部分，又是一国对外政策的一个重要组成部分。

各国或地区的对外贸易政策因各自的经济体制、经济发展水平及其产品在国际市场上的竞争能力而有所不同，并且随其经济实力的变化而不断变化，但大体上是一致的，就是保护本国的市场，扩大本国产品的出口市场，促进本国产业结构的改善，为本国的对外政策服务。从单个国家来说，有关国际贸易的政策就是一国的对外贸易政策；从世界范围看，国际贸易政策是世界各国贸易政策措施的总和，体现了世界贸易体制和贸易政策系统。

二、国际贸易政策的构成

国际贸易政策一般由三个部分构成，即各国对外贸易总政策、对外贸易国别政策和进出口商品政策。

1. 各国对外贸易总政策

各国对外贸易总政策是根据本国国民经济的总体情况、本国在世界舞台上所处的经济和政治地位、本国的经济发展战略和本国产品在世界市场上的竞争能力以及本国的资源、产业结构等情况制定的在一个较长时期内实行的对外贸易基本政策。

★示例

2016 年的《政府工作报告》中关于国际贸易的部分：坚持以开放促改革促发展。努力稳定对外贸易，调整出口退税负担机制，清理规范进出口环节收费，提高贸易便利化水平，出口结构发生积极变化。外商投资限制性条目减少一半，95% 以上实行备案管理，实际使用外资 1 263 亿美元，增长 5.6%。非金融类对外直接投资 1 180 亿美元，增长 14.7%。推广上海自贸试验区经验，新设广东、天津、福建自贸试验区。

2. 对外贸易国别政策

这是根据对外贸易总政策及世界经济政治形势，本国与不同国家（或地区）的经济政治关系，分别制定的适应特定国家（或地区）的对外贸易政策。

★示例

海关总署公告2016年第9号（《关于利比里亚籍船舶适用船舶吨税优惠税率的公告》）：根据《中华人民共和国船舶吨税暂行条例》和《中华人民共和国政府和利比里亚共和国政府海运协定》的相关规定，自2016年2月14日起，对利比里亚共和国籍的应税船舶适用船舶吨税优惠税率，实施期限为3年。特此公告。

3. 进出口商品政策

这是在对外贸易总政策的基础上，根据不同产业的发展需要，不同商品在国内外的需求和供应情况以及在世界市场上的竞争能力，分别制定的适用于不同产业或不同类别商品的对外贸易政策。

★示例

2016年进口许可证管理目录节选（重点旧机电产品进口目录）

序号	货物种类	海关商品编号	货物名称	单位
1	化工设备	8419409090	其他蒸馏或精馏设备	台
		8419409010	液化器（将来自级联的UF6气体压缩并冷凝成液态UF6）	台
		8419899010	带加热装置的发酵罐（不发散气溶胶，且容积>20升）	台
2	金属冶炼设备	8454100000	金属冶炼及铸造用转炉	台
		8454309000	其他金属冶炼及铸造用铸造机	台
3	工程机械类	8425319000	其他电动卷扬机及绞盘	台
		8426200000	塔式起重机	台
		8426411000	轮胎式起重机	台
		8426419000	其他带胶轮的自推进起重机械	台
		8426491000	履带式自推进起重机械	台

注：摘自中华人民共和国海关总署官网。

三、国际贸易政策的类型

从国际贸易的历史考察，以国家对外贸的干预与否为标准，可以把对外贸易政策归纳为三种基本类型：自由贸易政策、保护贸易政策和管理贸易政策。

1. 自由贸易政策

自由贸易政策是指国家对商品进出口不加干预，对进口商品不加限制，不设障碍；对出口商品也不给予特权和优惠，放任自由，使商品在国内外市场上自由竞争。自由贸易政策产生于资本主义自由竞争时期（18—19世纪），主要在英国、荷兰等首先进入资本主义社会，在经济上居于优势的国家实行，其主要代表人物是英国的古典经济学家亚当·斯密和大卫·李嘉图。

2. 保护贸易政策

保护贸易政策是指国家对商品进出口积极加以干预，利用各种措施限制商品进口，保护国内市场和国内生产，使之避免与国外商品竞争；对本国出口商品给予优待和补贴，鼓励扩大出口。保护贸易政策在不同的历史阶段，由于其所保护的对象、目的和手段不同，可以分为重商主义、保护幼稚工业论、超保护贸易政策和新贸易保护主义。

3. 管理贸易政策

管理贸易政策又称协调贸易政策，是指国家对内制定一系列的贸易政策、法规，加强对外贸易的管理，实现一国对外贸易有秩序、健康地发展；通过谈判签订双边、区域及多边贸易条约或协定，协调与其他贸易伙伴在经济贸易方面的权利与义务。管理贸易政策是20世纪80年代以来，在国际经济联系日益加强和新贸易保护主义重新抬头的双重背景下逐步形成的。在这种背景下，为了既保护本国市场，又不伤害国际贸易秩序，保证世界经济的正常发展，各国政府纷纷加强对外贸易的管理和协调，从而逐步形成管理贸易政策。管理贸易是介于自由贸易和保护贸易之间的一种对外贸易政策，是一种协调和管理兼顾的国际贸易体制，是各国对外贸易政策发展的方向。

第二节　国际贸易政策的演进

在人类社会发展的不同时期，由于生产力水平不同，国际分工和经济发展的方式和形式也不一样，对国际贸易所采取的政策也不同。

在资本主义生产方式确立以前，由于生产力水平低下、物资缺乏，各国经济基本上以自给自足的自然经济为主，国际分工和国际贸易在当时的经济活动中并不占主导地位，因此，国际贸易政策和措施并不占有很重要的地位。到了资本主义阶段，随着科学技术的发展，生产力水平的提高，商品极大丰富，各国经济也由自给自足的自然经济过渡到商品经济，此时国际贸易成了经济生活中必不可少的重要组成部分。国际贸易政策对一国及世界经济的影响越来越大。各国在不同的历史发展时期，其国际贸易政策也有很大变化。外贸政策的演变一定程度上反映了经济发展过程的要求。

一、资本主义生产方式准备时期的强制性保护贸易政策

15—18世纪是资本主义生产方式准备时期，也是西欧各国开始走向世界市场的时期。在这一时期，为了促进资本的原始积累，西欧各国在重商主义思想的影响下，实行强制性的贸易保护政策，通过限制货币（贵金属）的输出和扩大贸易顺差的办法来积累财富。重商主义最早出现在意大利，后来在西班牙、葡萄牙和荷兰实行，之后英、法、德、俄等国也先后实行。

重商主义认为贵金属（货币）是衡量财富的唯一标准，而国际贸易是一种“零和博弈”。基于这一认识，重商主义者主张国家必须干预对外贸易，实行贸易保护政策，以保证积累金银货币，增加国家财富。15世纪到16世纪后期，为早期重商主义阶段，早期重商主义又被称为“货币差额论”，该理论绝对禁止贵重金属外流。晚期重商主义盛行于17世纪后期，认为只要一国能够在总体上保持贸易收支顺差，其货币财富就会增加，所以晚期重商主义也被称为“贸易差额论”。

重商主义的保护贸易政策可概括为“奖出限入”。“奖出”政策主要包括：对本国商品的出口给予补贴、退税、减低或免除关税；奖励制成品的出口，阻止原料或半成品的出口；减免因加工出口制成品而进口的原材料的关税；采取保护关税、发放贷款、提供各种优惠条件等措施扶持本国幼稚工业的发展。“限入”政策主要是课征保护关税，对除原材料以外的商品征收重税，尽量减少或禁止本国能生产的消费品的输入，特别是奢侈品的输入。

知识链接

托马斯·孟的重商主义观点

托马斯·孟（Thomas Mun，1571—1641）出生于伦敦的一个商人家庭，早年从商，成为英国的大商人。他是英国晚期重商主义的代表人物，贸易差额说的主要倡导者。

托马斯·孟的《英国得自对外贸易的财富》一书，在历史上具有不可置疑的地位。马克思曾对该书给予很高的评价，将其看作“重商主义的圣经”。其基本思想是，要求取消禁止货币输出的法令，认为重要的不在于把货币储藏起来，而在于把货币投入有利可图的对外贸易中，只要在对外贸易中争取出超，就可以带来更多的货币，从而使英国致富。

“货币产生贸易，贸易增多货币”，这就是托马斯·孟的信条。他的观点反映了英国资本主义原始积累时期商业资本的利益和要求。为了扩大出口，作为晚期重商主义代表的托马斯·孟已开始关注商品生产的发展，从而为英国古典政治经济学从流通领域转向对生产领域的研究做了思想准备。

重商主义的政策措施在历史上确实起到过积极作用。它促进了资本的原始积累，加速了封建社会向资本主义社会的过渡，推动了资本主义生产方式的建立与发展，为经济学理论和实践的结合开辟了道路，为以后国际贸易理论的研究奠定了基础。但重商主义也有一些局限性：把国际贸易看作一种零和游戏的观点显然是错误的，把货币与真实财富等同起来也是错误的。

二、资本主义自由竞争时期的自由贸易政策

随着资本主义经济的发展，17 世纪初，西欧尤其是英国封建社会内部的资本主义生产关系有了很大发展。17 世纪中叶，工场手工业迅速发展。资本主义工农业的发展促进了商业和对外贸易的发展。英国商人展开了大规模的对外贸易，这些贸易不仅为英国资本主义的发展积累了大量的原始资本，也为国内商品开拓了广阔的海外市场。资本主义生产的发展，使产业资本逐步代替商业资本而在经济生活中占支配地位。此时，资本主义的迅速发展与当时封建制度之间的矛盾日益突出，封建专卖和关卡妨碍了自由贸易的发展，封建行会法规限制了手工工场的发展扩大。这种状况使得英国资产阶级的斗争矛头主要指向了封建主义和重商主义。18 世纪中叶，英国开始工业革命，“世界工厂”的地位已经确立并日益发展，在与外国商品的竞争中处于有利地位。在这种状态下，英国工业资产阶级要求在世界市场上进行无限制的自由竞争以及自由贸易政策。他们要从其他国家和殖民地获得廉价的原料和市场，向其他国家输出工业品。因此，新兴的工业资产阶级迫切要求废除重商主义时代所制定的一些对外贸易政策和措施。古典学派的自由贸易理论为这些政策措施提供了理论支持。

古典学派的自由贸易理论以亚当·斯密的绝对成本论、大卫·李嘉图的比较成本论和约翰·穆勒的相互需求原理为发展主线。

斯密在其经典巨著《国富论》中特别强调指出，由于自然与社会因素的差异，各国在生产同种商品时会有不同的劳动生产率，因而形成各自绝对生产成本的差异，也就是各自绝对优势的不同。一国参与国际分工和国际贸易的原因在于该国在生产某种商品时存在绝对优

势。李嘉图以相对成本论补充和发展了这一学说，回答了绝对成本理论没有解决的问题。李嘉图指出：当一国同另一国相比，其在两种产品的生产中均处在绝对劣势时，只要它在两种产品上的比较成本同另一个国家相比是有差别的，则仍有资格（必要）参与自由贸易。比较成本理论的核心观点就是，每个国家都会有一种比较优势，或者说是相对优势，都能通过贸易获得比较利益。这里的比较优势就是更大的绝对优势和更小的绝对劣势，即“两优相权取其重，两劣相权取其轻”。关于贸易利益的分配问题，英国经济学家穆勒运用相互需求原理做出了一定的解释。他运用比较优势原理，说明实际贸易条件必定介于两国国内两种商品交换比例所确定的上下限之间，超出上限或下限，国际贸易不会发生。他得出结论，实际的贸易条件取决于贸易国各自对对方商品的相对需求强度。外国对本国商品的需求强度大于本国对外国商品的需求强度，实际贸易条件就接近外国国内这两种商品的交换比例，这个实际的贸易条件对本国就有利。反之，本国对外国商品的需求强度大于外国对本国商品的需求强度，则实际贸易条件就接近本国国内这两种商品的交换比例，这个实际的贸易条件对外国就有利。

由于各国资本主义发展的不平衡，西方国家在这一时期实行的贸易政策也有差别。最早完成工业革命的英国和航海业发达的荷兰是全面实行自由贸易政策的国家。

英国采取的自由贸易政策措施有以下几项：

第一，废除《谷物法》。《谷物法》是当时重商主义保护贸易的重要立法，为保持国内粮食价格处于较高水平，用征收滑准关税的办法限制谷物进口。经过工业资产阶级与地主贵族之间的长期斗争，《谷物法》终于在 1846 年废除，工业资产阶级从中获得降低粮价、降低工资的利益，被视为英国自由贸易的最大胜利。

第二，改革关税制度。1842 年英国进口项目共有 1 052 个，1859 年减至 419 个，1860 年减至 48 个，以后又减至 43 个，将极复杂的关税税则加以简化，绝大部分进口商品不予征税，并基本上废除出口税。

第三，与外国签订贸易条约。1860 年，英法签订通商条约，之后，英意、英荷、英德等签订通商条约，相互提供最惠国待遇，放弃贸易歧视，意味着英国自由贸易政策在国际上的胜利。

第四，改变殖民地贸易政策。解散特权贸易公司，开放殖民地市场，把殖民地贸易纳入自由贸易体系。

工业资产阶级经过不断斗争，使自由贸易政策逐步取得胜利。自由贸易政策促进了当时的资本主义经济和对外贸易的迅速发展。只有实行自由贸易，机器的最大生产能力才能够充分发挥。尤其是英国，工业革命以及自由贸易的推行，使其经济和对外贸易迅速发展，跃为世界首位。其他主要资本主义国家在未完成产业革命之前则采取贸易保护政策。

三、资本主义自由竞争时期的贸易保护政策

18 世纪中叶至 19 世纪末，资本主义进入自由竞争时期，并在资本主义的经济基础上建立了适合工业资产阶级利益的对外贸易政策。但由于各国工业发展水平不同，采取的贸易政策也不尽相同。以英国为首的欧洲先进工业国完成工业革命后，为了得到更多利益，向世界市场扩张，开始逐步推行自由贸易政策。而此时美国刚刚取得独立和统一，德国也在 1871 年结束了封建割据的局面，开始了工业化进程。德、美等后起资本主义国家的工业缺乏竞争

力，没有力量与英国的工业品竞争，代表工业资产阶级利益的政府于19世纪先后实行严厉的贸易保护政策，使本国工业在英国等欧洲先进工业国的强大压力之下得以生存并获得发展。保护的方法主要是建立严格的保护关税制度，通过高关税削弱外国商品的竞争力；同时也采取一些奖励出口措施，提高国内商品的竞争力，以达到保护民族工业发展的目的。

亚历山大·汉密尔顿（Alexander Hamilton，1757—1804）认为，亚当·斯密的自由贸易理论不适用于美国。因为美国的经济情况不能同英国相提并论，工业基础薄弱，技术落后，生产成本高，无法在平等的基础上进行对外贸易。如果实行自由贸易政策，只会使美国的产业被限制在农业范畴，制造业将遭受极大损失，使美国经济陷入困境。所以，他强调，在一国工业化的早期阶段，应当排除外来竞争，保护国内市场，以促使本国新的幼稚工业顺利发展。因此，他极力主张实行保护关税政策来鼓励幼稚工业发展，阐述了保护和发展制造业的必要性和有利条件。但他并不主张对一切进口商品征收高关税或禁止进口，而只是对本国能生产但竞争力弱的商品实施严格的限制进口政策。在汉密尔顿理论的指导下，美国实行奖励出口限制进口的贸易政策。美国政府于1816年首次以保护关税的名义提高了制造品的关税；1828年，美国再度加强保护措施，将工业品平均税率提高到49%，同时鼓励工业技术的发展，以增强本国工业品的国际市场竞争力。就是在这种高度保护的关税下，美国取代英国坐上了世界工业产量的头把交椅，上升为世界工业的霸主。

李斯特（F. List，1789—1846）在他1841年出版的《政治经济学的国民体系》中认为，一个国家的财富和力量来源于本国社会生产力的发展，提高生产力是国家强盛的基础。财富的生产力比财富本身重要得多。购买外国的廉价商品，从眼前利益看，可能会得到一些实惠，但是从长远利益看，则会影响该国工业的发展。因为这样做会使该国工业长期落后，甚至会成为先进工业国的附庸。他主张德国对幼稚工业实行保护，提高关税，限制进口。这样做，一开始国内工业品价格会上涨，消费者也会受到损失，但是经过一段时间，德国工业发展起来以后，商品的价格就会下降，甚至会低于外国进口商品的价格。更为重要的是，这会使德国具备生产财富的能力，提高国力。而且，李斯特认为各国经济发展必须经过五个历史时期，即原始的未开化时期、畜牧业时期、农业时期、工农业时期、工农商业时期。处在不同历史时期的国家应该实行不同的贸易政策。处于农业时期的国家应该实行自由贸易政策，因为自由贸易不但可以自由输出农产品，而且可以自由输入外国工业产品，促进本国工业发展。处于工农业时期的国家应该实行保护关税制度，因为保护关税可以限制外国工业产品进口，保护本国尚缺乏国际竞争力的工业。处于工农商业时期的国家应该实行自由贸易政策，因为自由贸易可以使本国得到最大利益。李斯特还认为，英国经济已处在工农商业时期，应该实行自由贸易政策。德国经济处在工农业时期，应该实行保护关税制度。

李斯特提出的贸易保护的手段主要是禁止输入和保护性关税。保护的目的是发展本国生产力。保护的对象是国内幼稚工业，原因是：

（1）幼稚工业才需要保护，但并非保护所有幼稚工业，而是要保护有发展前途的幼稚工业。

（2）即使一国工业幼稚，但没有遇到强有力的国际竞争时也无须保护。

（3）当被保护的工业生产出的产品能与外国竞争时，无须继续保护。被保护的幼稚工业一段时间扶持不起来的，就放弃保护。

（4）农业不需要保护。

李斯特的贸易保护主义不是主张保护落后，而是主张通过保护关税，用机器挤掉手工劳动，用现代的生产代替宗法式的生产。因此，这一理论有利于德国工业资产阶级反对封建主义的斗争，促进德国工业资本主义发展，为发展中国家民族工业的发展提供了借鉴，有利于促进发展中国家民族工业的发展。但他以经济部门作为划分经济发展阶段的基础有待商榷，因为其歪曲了社会经济发展的真实性。

四、垄断资本主义时期的超保护贸易政策

自19世纪末20世纪初开始，资本主义经济发生了很大变化。一是垄断代替了自由竞争；二是国际经济制度和秩序发生了巨大变化；三是1929—1933年资本主义世界爆发了空前的经济危机，各国争夺市场的斗争进一步尖锐化。在这种情况下，超保护贸易政策盛行起来。于是各国经济学家提出了各种支持超保护贸易政策的理论依据，其中有重大影响的是凯恩斯主义。面对经济危机，英国经济学家凯恩斯在1936年出版的《就业、利息和货币通论》一书中有关对外贸易的阐述为超保护贸易主义提供了重要理论依据。凯恩斯认为，失业和危机的主要原因是有效需求不足，因此政府要制定政策来刺激有效需求，而奖出限入就是办法之一。

凯恩斯认为，古典贸易理论已经过时，因为它是建立在国内充分就业的前提下的，而20世纪30年代的大危机，使失业成为各国的普遍现象。凯恩斯及其追随者批评自由贸易论的“国际收支自动调节说”，认为它忽视了贸易顺差、逆差调节均衡的过程对一国国民收入和就业产生的影响。凯恩斯认为，顺差能增加国民收入、扩大就业，逆差则会减少国民收入、加重失业。因此，他赞成贸易顺差，反对贸易逆差。

凯恩斯认为，一国投资的增长对国民收入的扩大是乘数或倍数关系，故称为乘数或倍数理论。他认为新增加的投资会引起对生产资料需求的增加，从而引起从事生产资料生产的人们（工人、企业主）收入的增加，并引起对消费品需求的增加，最终引起从事消费品生产的人们收入的增加。如此连锁发展，增加的国民收入总量会等于原增加投资量的若干倍。他还认为，国民收入增加的倍数取决于“边际消费倾向”。如果“边际消费倾向”为零，那么人们会把增加的收入全部用于储蓄而不消费，所以国民收入就不会增加；如果“边际消费倾向”为1，那么人们会把增加的收入全部用于消费而不储蓄，所以国民收入增加的倍数为1+1+1……直到无穷大；如果“边际消费倾向”介于0与1之间，那么人们会把增加的收入以1/2或1/3或1/4……的比例用于消费，所以国民收入增加的倍数在1和无穷大之间。

只有贸易为出超或国际收支为顺差时，对外贸易才能增加一国的就业量，提高国民收入。此时，国民收入的增加量将是贸易顺差的若干倍。这便是对外贸易乘数理论的含义。

该理论主张扩大出口、减少进口，认为贸易顺差越大，对一国经济发展和劳动就业越有好处。为了实现贸易顺差的目标，各国竞相使用超保护贸易措施。

五、第二次世界大战后的自由贸易政策

第二次世界大战以后，世界经济和政治格局发生了巨大的变化，在GATT、IMF和WB三大组织的推动下，资本输出迅速增长，国际贸易发展迅速，世界贸易的增长速度超过了生产的增长速度。美国经济逐渐发展强大，成为经济超级大国，在这样的情况下，实行自由贸易对其更有利，所以一直奉行保护贸易政策的美国率先成为国际自由贸易的积极倡导者。随

着资本主义世界经济的恢复和发展，从20世纪50年代到70年代初期，其他发达资本主义国家也在不同程度上放宽了进口限制，在对外贸易政策上出现了贸易自由化的倾向。

科技革命的迅速发展，使世界经济状况、国际分工和国际贸易都发生了巨大变化。传统的国际分工和国际贸易理论越来越脱离实际，暴露出明显的理论缺陷和矛盾，有的理论甚至已不适用。在这种情况下，一些西方经济学家便试图用新的学说来解释国际分工和国际贸易中出现的某些问题，于是各种新的国际贸易理论应运而生。

产品生命周期学说是美国经济学家弗农提出来的。他认为产品具有不同的生命周期，在产品生命周期的不同阶段，一国出口和进口商品结构是不同的。产品的生命周期经历三个阶段：产品创新阶段、产品成熟阶段、产品标准化阶段。在每个阶段，产品要素密集度不同，技术先进程度不同，产品所属类型不同，因而使得各种不同类型的国家在产品的不同阶段具有不同的比较利益，而且这种比较利益会从创新产品生产国逐渐转移到发展中国家。

用产品生命周期学说来解释美国工业制成品的生产和出口变化情况，会得出下述结论：开始美国处于新技术垄断阶段，创新产品不仅在国内销售，而且出口到欧洲、日本等发达国家或地区；随后欧洲、日本等发达国家或地区也开始生产该种创新产品，逐步成为这种创新产品的出口国；在激烈的市场竞争中，美国的技术优势完全丧失，欧洲、日本等地生产规模不断扩大，成为创新产品的主要供应者，发展中国家也逐渐掌握创新产品的生产技术，开始生产、销售新产品，欧洲、日本等对美国大量出口这种创新产品，美国成为该种创新产品的净进口国，至此，这一产品的生命周期宣告结束。

产业内贸易学说是美国经济学家格鲁贝尔提出的，是关于产业内同类产品贸易增长和特点的理论。格鲁贝尔等人认为，当代国际贸易结构大致可以分为两类：一类是不同产业之间的贸易，另一类是产业内部同类产品之间的贸易。所谓产业内部同类产品之间的贸易是指一国同时出口和进口同类产品，或者贸易双方交换的是同一产业所生产的产品。

格鲁贝尔及许多西方学者认为，同类产品或同一产业生产的产品之间发生贸易关系的原因有：产品的差异性；厂商追求规模效益的动机；经济发展水平及需求的重叠。不同国家、不同阶层的人们的消费需求是不同的，但是相同阶层的人们的消费需求又是相同或相近的，如富裕的人对高档消费品的需求、贫穷的人对生活必需品的需求。不同国家需求的重叠，使得国家之间具有差异性的产品相互出口成为可能。

1. 战后贸易自由化的主要表现

贸易自由化主要表现为削减关税和取消非关税壁垒。

（1）关税减让。首先是在关税与贸易总协定的推动下，其成员间通过多轮贸易谈判，发达国家的平均关税水平大幅下降。平均最惠国待遇税从50%下降到5%。其次是欧共体结成关税同盟，对内取消关税，对外削减关税，也扩大了自由贸易的范围。最后，1968年2月联合国贸易和发展会议通过了普遍优惠制决议，要求发达国家对来自发展中国家的制成品、半制成品普遍地、非歧视地给予单方面的关税优惠，这也促进了关税水平的下降。

（2）降低或取消非关税壁垒。“二战”后初期，发达国家由于国内经济困难及国际收支失衡等问题，对许多商品的进口采取严格的限制措施。随着经济的恢复和发展，这些国家开始不同程度地放宽对进口的管制。放松数量限制、放宽或取消外汇管制、实行货币自由兑换、实行外汇自由化等，促进了贸易自由化的发展。

2. 战后贸易自由化的特点

战后贸易自由化不同于资本主义自由竞争时期的自由贸易，它是垄断资本对外扩张的要求，代表了垄断资本的利益。战后，随着发达国家经济的高速增长，跨国公司大量涌现，它们要求占领更多的世界市场，促使本国政府倡导和推行贸易自由化。这种贸易自由化更多的是要求别国开放市场，反映了垄断资本追求更大利润的欲望。另外，这是一种有选择的贸易自由化。体现为：工业制成品的贸易自由化程度超过农产品；机器设备等资本品的贸易自由化程度超过工业消费品；区域性经济集团内部贸易自由化程度超过外部；发达国家之间的贸易自由化程度超过其与发展中国家和社会主义国家之间的贸易自由化程度。

六、20 世纪 70 年代以来的新贸易保护主义政策

进入 20 世纪 70 年代以后，西方国家陷入“滞胀”，特别是美国的国际经济地位衰落，于是 70 年代中期以后，在国际贸易领域再次出现了贸易保护主义浪潮。到 80 年代后期，贸易保护主义浪潮席卷全球。由于这一时期的贸易保护政策与传统贸易保护政策相比出现了一些新特点，因此被称为“新贸易保护主义”。

第二次世界大战后，发源于美国的新贸易保护主义，是在以 GATT/WTO 为主导的国际多边自由贸易体制不断发展、经济全球化进程不断加快的背景下，西方发达国家维持经济均势的产物，是在贸易自由化不断加快的进程中不断改变自身形式的贸易保护主义，是经济发达国家为保住昔日的经济优势地位，通过广泛实行保护措施来维持其政治与经济利益的理论或思潮，是为了巩固和加强对国内外市场的垄断，得到一些新贸易理论的支持。

1. 环境优先论

20 世纪 90 年代以来，随着全球工业化加速，人类生态系统面临巨大威胁，环境的污染和破坏已日益威胁到人类的生存和发展。国际社会对环境问题以及全球经济可持续发展问题的关注和重视导致诸多国际公约的产生。各国政府也相继制定了一系列法律、法规和政策措施，希望通过对自由贸易政策的干预，实现保护自然环境、改善生态环境的目的。在此背景下，产生了环境优先新贸易保护论，主要表现在借保护世界环境之名限制国外产品的进口，保护本国衰退的劣势产业，其主要论点是：由于人类生态系统面临巨大威胁，在国际贸易中应该优先考虑保护环境，减少污染产品的生产与销售，为了保护环境，任何国家都可以设置关税和非关税壁垒控制污染产品进出口，同时任何产品都应将环境和资源费用计入成本，使环境和资源成本内在化。事实上，进口国主要采用以技术壁垒和环境壁垒为核心的非关税壁垒措施，以保护环境，保护人类、动植物的生命健康安全之名，行贸易保护之实。

2. 地区主义新贸易保护理论

蒂姆·朗和科林·海兹认为自由政策有自身固有的缺陷，在当今世界环境下，自由贸易政策所带来的问题比其期望解决的问题更多。例如，自由贸易政策本欲提高经济效益，增加就业，提高居民的生活水平，促进世界经济的增长，但带来的却是过度竞争、全球失业人数的增加、居民平均生活水准的下降和世界经济增长的缓慢。又如，自由贸易导致一些发展中国家为短期经济利益掠夺性开采资源，廉价出口，国家通过削减社会开支来鼓励出口，导致相对贫困的扩大，并未达到自由贸易缩小世界贫富差距的初衷。再如，近 20 年来，世界环境的急剧恶化与自由贸易政策导致的全球贸易迅速扩大，以及自由市场自身没有能力把环境损失计入贸易成本有着重要的关系。由于自由贸易政策存在缺陷，因此要实现经济、公平和

环境的持续协调发展，就必须放弃自由贸易政策，由新的贸易保护主义政策取代。

3. 新贸易保护主义的特点

这一时期的贸易保护政策与传统贸易保护政策相比出现了一些新特点，具体表现为：

（1）广泛的保护对象。新贸易保护主义的保护对象一方面是本国正在衰落的垄断产业，如纺织业；另一方面是本国已经高度发达且具有竞争优势的产业，如金融业等。因此保护范围不仅扩大到货物贸易的一切领域，而且扩大到服务、技术、投资、知识产权等领域。

（2）体系化的保护措施。新贸易保护主义将政策手段转向以非关税为主，并使之体系化。主要表现为：一是强化非关税措施的使用。根据 GATT 的统计，20 世纪 90 年代全世界非关税壁垒由 20 世纪 70 年代末的 800 多项增至 8 大类 75 种 3 000 多项。二是通过立法使非关税措施法制化。如美国 1974 年的《贸易改革法》首次确认例外条款，反倾销、反补贴条款的法律地位。三是新贸易保护主义也奖出限进，但重点由限制进口转向鼓励出口，由国内市场的消极防御转向向国外市场的积极进攻，并形成了从出口补贴、出口信贷与国家信贷担保到建立出口加工区等一系列制度。

（3）歧视性的政策取向。随着经济区域化、一体化，新贸易保护主义不再以国家贸易壁垒为基础，而趋向区域性贸易壁垒，即由一国贸易保护演变为区域性贸易保护；在区域内实行自由贸易，而对区域外实行歧视性的保护贸易政策，如欧盟不仅通过关税同盟与共同的农业政策对外筑起贸易壁垒，而且将这种区域保护范围扩大到联系国（如对 46 个发展中国家实行优惠的洛美特惠税协定）；北美自由贸易区的建立也标志着美国由片面的全球自由贸易退缩到强调“互惠”的区域自由贸易的立场上；一些发达国家对一些国家抱有成见，在贸易纠纷的处理中蓄意背离 GATT/WTO 的无歧视原则，实行双重标准。

总的来说，新贸易保护主义以非关税措施为主要手段，借助于国内立法与国际磋商协调，形成了多边贸易体制下政府对贸易活动干预的特有形式。

七、20 世纪 80 年代以后的战略性贸易政策

20 世纪七八十年代，沿着规模经济和不完全竞争的研究路径，布兰德、斯宾塞、赫尔普曼和克鲁格曼等西方经济学家提出了战略性贸易政策，产生了所谓的新贸易理论，为政府干预提供了新的合理性辩护（P. Krugman，1979；K. Lancaster，1980；A. Dixit，1984）。新贸易理论放弃了传统贸易理论中的基本前提假设，转而以规模经济和不完全竞争为前提重新对国际贸易的原因、国际专业化分工的形式、贸易保护政策的效应和最优贸易政策等问题进行探讨。新贸易理论认为，国际贸易产生的原因不仅是劳动生产率、生产技术的差异（李嘉图的比较成本学说）和要素禀赋的差异（赫克歇尔-俄林-萨缪尔森模型），而且还有生产中的规模经济和交换中的政府行为；在不完全竞争和规模经济条件下，市场自由是一种次优状态，政府干预有可能改进市场的运行结果。因此，一国政府可以凭借产业政策、补贴政策、经济外交或保护国内市场等手段，扶持本国战略性工业的成长，增强其世界市场上的竞争能力，从而谋取规模经济之类的额外收益，提高本国的福利水平。

战略性贸易政策理论是指一国政府在不完全竞争和规模经济条件下，可以凭借贸易壁垒来扶持本国战略性工业的成长，增强其竞争能力，从而谋求规模经济之类的额外收益，并借机掠夺他国的市场份额和利润，即贸易干预能够增加国家福利。就其理论体系而言，战略性贸易政策包括两种理论：一是以内部规模经济为基础的“利润转移”理论，也称为狭义战

略性贸易政策理论；二是以外部规模经济为基础的“外部经济”理论，也称为广义战略性贸易政策理论。

1. 战略性贸易政策的种类

（1）战略性出口政策。政府可以通过出口补贴或研发补贴的政策工具达到把外国生产者的垄断利润转移到国内生产者手中，从而增加本国福利的目的。其实质是实现国外厂商垄断利润向国内厂商的转移，其弊端是易引起对方的报复而陷入“囚徒困境”。为避免“囚徒困境”，最优的贸易政策是两国都征收出口税，从而形成一个利润最大化的卡特尔结构。

（2）战略性进口政策。该政策是当外国出口寡头垄断厂商和本国厂商在本国市场竞争的情况下，政府应采用进口关税政策来抽取外国垄断厂商的垄断租金，以提高本国福利。其政策目的是抽取外国厂商利润，令外国垄断厂商利润下降，提高本国福利，限制外国产品进口，实质是“新幼稚产业保护理论”。

（3）进口保护促进出口政策。保罗·克鲁格曼认为，政府通过贸易保护，全部或局部地封闭本国市场，阻止国外产品进入本国市场，可使国外竞争者由于市场份额缩小，边际成本上升，达不到规模经济水平；与此同时，使本国原本处于追随地位的厂商快速扩大市场份额，达到规模经济水平而降低边际成本，从而增强进军国际市场的竞争力，达到“以保护进口市场而扩大出口”的目的。

2. 战略性贸易政策的评价

战略性贸易政策从不完全竞争和规模经济的现实出发，论证了贸易保护的必要性，证明了政府干预的合理性，但是上述关于战略性贸易政策的研究也表明其实施存在以下方面的缺陷：第一，难以确定政策扶植的行业。根据战略性贸易政策，可获得政策扶植的行业必须具备以下条件：至少有一个外国竞争厂商；无政府干预时本国厂商至少与竞争对手势均力敌；产业在生产中体现规模经济特征；生产过程中必须使用稀缺的生产要素；市场进入障碍。因此，从提高国民福利出发，一国政府很难决定应该给哪些行业提供积极而成功的战略性贸易政策。第二，企业自由进入会影响战略性贸易政策的效果，导致其失效。第三，由于资源的有限性，政府对一个行业的扶植必将导致其他行业的发展受阻。第四，战略性贸易政策的成功实施意味着竞争对手的损失，是一种零和博弈；它终究是贸易保护的政策，是以邻为壑，与全球经济一体化相悖。

【案例 5.1】

半导体产业发展与日本战略性贸易政策

半导体产业的国际竞争由来已久，日美自 20 世纪 70 年代中后期就展开了激烈的交锋。在此之前，由于美国在半导体技术、生产规模及产品的市场占有率上拥有绝对的优势，因此美国主张和倡导自由贸易。而日本的半导体产业在发展初期（20 世纪 50 年代），无论规模还是技术都与美国有很大的差距，主要进行半导体电子消费品方面的生产。进入 70 年代后，由于受石油危机的影响，传统制造业受到了极大的冲击，日美都积极地寻找新的经济增长点，于是将目光锁定在附加值更高的技术、知识密集型产业上，尤其是将半导体产业视为关乎国家经济安全与繁荣的重要保证。日美两国政府在 R & D、生产、销售等各个环节对本国半导体产业进行扶持。日本政府的积极干预，使半导体产业由以消费品为主和元件生产技术相对落后的状况转变为一个具有生产最优良的元件、计算机和远程通信产品能力的部门；美国也意识到来自日本的威胁，加大了对半导体产业的扶持，通过战略性贸易政策和公平贸易予以回击。日美两国政府的干预一方面使本国半导体企业获得了巨额垄断利润，另一方面促进了半导体技术的进步，DRAM（动态随机内存芯片）的成败是决定半导体企业能否做大做强的关键，此项技术的升级与创新需要巨额的研发费用和投资成本做支撑，而这是单个厂商无力承担的，因此需要政府的介入。

日本在20世纪70年代之前还是一个半导体进口国，其国内市场被美国控制着，自70年代中期开始，日本对半导体产业实施战略性贸易政策。

1. 有限的市场准入

在20世纪五六十年代，日本半导体的生产集中在消费品和工业领域，无论规模还是技术都落后于美国。为了扭转技术上对美国的依附，日本政府通过高关税、限制性配额、排他性定制程序、“购买日货”等措施限制外国半导体商品向本国市场渗透。有限市场准入战略对日本半导体产业的早期发展起到了重要作用。首先，日本企业可以在受保护的国内市场形成世界规模的生产能力，而外国企业则不能利用技术优势将其转化为长期的市场力量。日本通产省允许国内半导体企业以较高价格在国内出售其产品，在国外市场以较低价格出售。所以说日本半导体产业早期成长的市场空间是由政府创造的。其次，封闭的市场能产生强制性技术转让效应。为了借助于国外技术弥合技术差距，通产省强迫外国潜在进入者把原始技术以诀窍、许可证和专有技术形式卖给日本企业，并要求外国企业向所有要求获得某一技术的日本企业颁发经营许可，以分许可协议方式将先进技术有控制地扩散到整个日本微电子产业。日本政府还对外资的进入采取严格的审批制度，拒绝所有设立外国独资公司和外国厂商拥有多数股权的合资企业的申请。美国的西部电子（Western Electronic）、得州仪器公司进入日本市场的条件是以专利和技术援助的形式，与日本企业组成合资公司。日本政府并不直接对受管理的市场发号施令，而是通过具体办法为工业创造能促进其长远发展和具有国际竞争力的投资及防范风险的条件。通产省为日本半导体企业的有序竞争构建了有序框架，制定激烈的竞争政策来促进企业创新，确保了国内企业不会成为骄傲自满的寻租者。

2. 对半导体产业提供优惠措施

日本政府出台了一系列鼓励性措施和促进性法规，引导资源配置向半导体产业倾斜，如1971年的《特定电子工业及特定机械工业振兴临时措施法》和1978年的《特定机械情报产业振兴临时措施法》。日本政府通过为该产业投资提供税收、信贷方面的优惠，减轻企业的压力。为了说服商业银行向新兴产业贷款，日本发展银行（JDB）通常会与私人银行组成银团辛迪加；JDB为半导体企业提供近于零的低利率贷款，这与同时期4%～5%的美国市场利率相比，具有极大优势。在出口方面，成立了综合商社（General Company）和对外贸易组织（JETRO），负责出口协调、海外市场开发、对外谈判等，其海外分支机构为日本企业提供最新的相关咨询，为半导体出口开拓海外市场。

3. 促进和鼓励R & D合作

迫于美国的压力，日本于1976年开放了国内半导体市场。由于单个厂商无力对抗美国企业，市场开放意味着日本企业将被挤出国内市场。通产省通过资助R & D项目、促进政府与企业的合作、放松反垄断限制、引导国内消费等方式，推动半导体产业形成规模。通产省在1976年组织富士通、日立、三菱、NEC、东芝五大企业，联合日本工业技术研究院、电子综合研究所和计算机综合研究所，共同开展“超大规模集成电路”（VLSI）计划，在内存芯片技术方面进行联合攻关。在1976—1979年的4年时间里，VLSI的经费高达700亿日元，其中政府出资近300亿日元。在合作过程中，各企业协作分工，共担风险，分享利益，合作进行设备和技术上的研发。按照协议，通产省保证NTT等国内主要用户优先购买国产芯片，专利收入要优先偿还政府补贴，但每项专利的长期权利仍归属负责开发的公司。VLSI计划使日本半导体产业实现了跳跃式的进步，使日本多次在DRAM领域超越美国，并在1985年首次超过美国，成为世界头号半导体出口国。

第三节　中国的对外贸易政策及其变革

我国是一个有着悠久历史的国家，在经济和文化方面与世界其他国家有着广泛的交流。但随着国力的衰落，明朝又选择闭关自守的对外贸易政策，中国逐渐孤立于世界之外。鸦片战争打开了我国对外开放的大门，清政府被迫采取门户开放政策，丧失了对外贸易的独立自主地位。直到新中国成立，我国政府才又开始根据自身情况，自主选择贸易政策。新中国的对外贸易发展过程，也是自由贸易政策和保护贸易政策交替进行的过程。随着经济的发展和国际经济环境的不断变化，中国对外贸易政策在不同的经济发展阶段存在不同的特点，理论依据也在不断地更新，具体的贸易措施在不断改进和完善，对外贸易的国别和区域政策开始逐渐得到重视。自新中国成立以来，我国的对外贸易政策大致经历了以下几个阶段。

一、国家统制型的封闭式保护贸易政策（1949—1978年）

从1949年新中国成立到1978年改革开放之前，我国实行对外贸易统治，并采取贸易保护政策，可以说，封闭型经济和统制经济是这一时期保护贸易政策的历史背景。

1949年9月通过的《中国人民政治协商会议共同纲领》规定，中国对外贸易政策是“实行对外贸易的管制，并采用保护贸易政策”，明确指出了我国对外贸易政策的保护倾向。同时，发达资本主义国家对中国的经济封锁和禁运政策，使得自力更生和自给自足成为我国发展经济的指导思想。在社会主义计划经济体制下，政府选择了在资金短缺的经济中优先发展重工业的工业化战略，使对外贸易成为调剂余缺的手段，对外贸易政策的目标就是换取进口必要的机器设备所必需的外汇，基本上忽略了对外贸易的效率原则。

在这个阶段，我国执行的是国家统制型的封闭式保护贸易政策。具体而言，在对外贸易体制上建立了传统的“高度集中、独家经营、政企合一”形式，完全由政府来取代市场进行资源配置；在政府的对外贸易管理手段上，基本以行政计划为主，主要靠计划和数量限制来直接干预进出口，不参与世界性的贸易组织，很少进行双边经济贸易合作（除了早期与苏联、东欧国家之间的经济往来）；同时，对外贸易的目的主要是创汇，为满足必需的进口对外汇的需求，而采取人民币币值高估以及外汇管制的汇率政策（从我国对外贸易的数据来分析，人民币币值高估实际上鼓励了进口，抑制了出口，导致新中国成立后20年中出现进口盈利、出口亏损的局面）。

在对外贸易战略方面，我国此时基本上采取的是“进口替代”战略。在1960年之前选择的进口替代行业基本上是重工业，这与我国当时的工业化战略是相辅相成的，随后才开始有计划地引进部分基础工业。但是，与拉美国家的经历相同，完全的进口替代政策也导致国际收支状况日益恶化，外汇收不抵支；引进的技术和设备消化吸收不良；企业缺乏发展的动力，即使是先进技术设备的引进，一段时间后，又成为落后的技术设备。

在此阶段，政府也采取进出口管制、征收关税、海关监管和商品检验等具体的贸易措施。制定关税政策的目的是“保护国家生产”和增加财政收入，保护国家生产就是用较高的关税税率加大进口商品的成本，保护已有一定基础的手工业和轻工业产品及其他新兴工业产品的正常生产和发展，不致遭受外来商品的竞争。

二、国家统制型的开放式保护贸易政策（1978—1992 年）

1978 年 12 月，党的十一届三中全会明确了对外贸易在我国经济发展中的战略地位和指导思想。由于经济体制从严格的计划经济体制转向商品经济体制，使得我国对外贸易政策开始变化。这一阶段对外贸易政策的主要标志有两个：一是 1982 年 1 月的中共中央书记处会议为对外经济工作确定了理论基础和指导思想；二是 1986 年“七五”计划的公开发布，为对外贸易战略设计了明确的蓝图。此外，我国在 1986 年 7 月正式向关贸总协定（GATT）递交了《中华人民共和国对外贸易制度备忘录》，提请恢复中国在 GATT 的创始缔约国地位。

根据外贸体制改革的力度，可以把这一阶段区分为 1978—1987 年、1988—1992 年两个时期。前一时期是改革初期，对外贸易体制改革主要是下放对外贸易经营权、开始工贸结合的试点、简化对外贸易计划的内容并实行出口承包经营责任制度。后一时期的对外贸易体制改革的重点主要是外汇管制制度的放宽、出口退税政策的实行、进出口协调服务机制的建立、鼓励发展加工贸易。

对外贸易政策着重体现为奖出限入：①采取出口导向战略，鼓励和扶持出口型产业，并进口相应的技术设备，实施物资分配、税收和利率等优惠，组建出口生产体系；实行外汇留成和复汇率制度；限制外资企业商品的内销；开始实行出口退税制度；建立进出口协调服务机制等一系列措施。②实施较严格的传统进口限制措施，通过关税、进口许可证、外汇管制、进口商品分类经营管理、国有贸易等措施实施进口限制。③实行鼓励吸收外国直接投资的政策，鼓励利用两种资源、两个市场，引进先进技术。

比较优势理论逐渐成为我国开展对外贸易的理论基础。我国对外贸易国别结构和进出口的商品结构明显地体现了这一点。我国出口的主要是劳动密集型产品，进口的主要是资本和技术密集型产品。与改革开放前相比，这一阶段的对外贸易政策更注重奖出与限入的结合，实行的是有条件的、动态的贸易保护手段，因此称此阶段的对外贸易政策为国家统制下的开放式保护贸易政策。

三、国家管理下的开放式对外贸易政策（1992—2001 年）

1992 年我国进入社会主义市场经济阶段，对外贸易政策开始进行广泛的改革。在进口限制方面的改革包括：①对关税政策进行调整，1992 年 1 月 1 日采用《国际商品名称和编码协调制度》调整了关税税则，并降低了 225 个税目的进口税率。其后进行了多次关税下调，到 1996 年我国的关税总水平已经下降到 23%。②减少、规范非关税措施，包括进口外汇体制的改革，实行单一的有管理的浮动汇率制度，大量取消配额许可证和进口控制措施，配额的分配也转向公开招标和规范化分配制度。③依据 GATT/WTO 的规则对我国的涉外法律体系进行完善，包括建立大量的技术法规、反倾销条例等。在出口促进方面的改革包括：

①继续执行出口退税政策；②成立中国进出口银行，扶持企业的对外出口；③采取有管理的浮动汇率制度；④成立各类商会和协会，并积极组织和参与国际性贸易博览会和展览会等；⑤大力发展出口援助等。

在这个阶段，我国政府干预对外贸易的目的尽管与改革开放前不同，但是依然受到古典重商主义的影响，奉行“顺差就是成绩，顺差就是目的”的重商主义观念，不遗余力地从事赔本出口创汇。这种观点应该说没有脱离我国传统的“未雨绸缪”“防患于未然”等保守的经济思想。但是，长期的越来越大的贸易顺差虽然给国家带来了某种程度的“放心”，也为国家“创造”了越来越多的贸易摩擦。

四、积极干预的自由贸易政策（2001—2008 年）

2001 年 12 月中国正式成为世界贸易组织成员，为履行入世的承诺，以及适应新的国际经济环境，我国对对外贸易政策进行了大幅度的调整。对外贸易政策目标已经成为：促进对外贸易发展，构造有利于经济均衡发展的产业结构，实现产业的持续升级，推动我国经济在适度内外均衡基础之上高速发展。入世后，我国始终坚持扩大对外开放的方针，严格履行入世的各项承诺，对外贸易政策也从保护向自由贸易转变。

1. 大幅度削减关税

加入世界贸易组织以来，我国逐步调整进出口关税税则，按世贸原则渐次调整最惠国税率、年度暂定税率、协定税率、特惠税率以及税则税目等项目。截至 2010 年，我国所有关税都被约束，且税率处约束水平或接近约束水平，这使关税措施具有高度可预见性。我国的平均关税从 2002 年的 15.3% 下降到 2005 年的 10%，继而降至 2010 年的 9.8%。其中，农产品平均税率由 2002 年的 18.1% 下降到 2005 年的 15.3% 和 2010 年的 15.2%；工业品平均税率由 2002 年的 11.7% 下降到 2005 年的 9.5% 和 2010 年的 8.9%。目前，我国加入 WTO 的降税承诺已全部履行完毕，关税水平不仅在发展中国家中是最低的，还低于欧盟的平均水平，在部分细分行业也低于一些发达国家。

2. 取消了大部分进口配额

自 2002 年 1 月 1 日起，我国取消了粮食、羊毛、棉花、化纤、化肥、部分轮胎等产品的配额许可证管理，改原有的绝对配额为关税配额管理，并承诺了一定的配额年增长率。政府先后公布了《进口配额管理实施细则》《特定产品进口管理细则》《农产品进口关税配额管理办法》和《化肥进口关税配额管理暂行办法》等行政规定，对配额的总量、分配原则和申请程序作了规定。

3. 全面调整了法律制度和政策措施

加入世界贸易组织后，我国修改了相关法律法规和政策措施，主要有以下几方面：

（1）在知识产权保护方面，修改了商标法、专利法、著作权法及其实施细则。新修改的商标法将商标专用权主体扩大到个人，并对商标的颜色和立体标志进行了保护，同时，相应的赔偿措施得到进一步完善。修改后的著作权法对国内国外著作权保护一视同仁，解决了过去保护外国人著作权水平超过保护国内著作权水平的问题；在国家、集体、个人间的利益分配方面逐步向个人倾斜，接近国际保护水平。

（2）在与贸易有关的投资措施方面，修改了有关外商投资的中外合资企业法、中外合作企业法和外资企业法等三部法律及其实施细则，取消了原有的出口实绩要求、外汇平衡要求和当地含量要求等硬性规定。此外，我国还对有关司法审查的规定进行了清理和完善，划定了一些权利的司法救济渠道，最高人民法院在废止了20项有关司法解释的同时，先后制定了新司法解释，对法院审理有关国际贸易行政案件的问题做了明确规定。

五、主动融入的自由贸易政策（2009年至今）

2009年以后，世界经济进入后经济危机时代，西方发达国家纷纷陷入自身发展的困境，中国在此时的持续增长成为全球发展的新的增长极。作为世界第二大经济体、世界最大的贸易国、世界最大的制造业国，自由贸易已经成为我国融入和主导全球分工体系的一个利器，因此，我国更加积极地参与经济全球化，改善和加强同贸易伙伴的关系，反对新的贸易保护主义，推动世界贸易和投资更加自由化，促进多边贸易体系的建立。

自2001年我国倡导成立中国—东盟自贸区至今，我国已经与21个国家或地区建成了12个自贸区；2014年中国与韩国和澳大利亚的自贸区谈判取得了实质性进展，这是我国有史以来谈成的水平最高的自由贸易协定，其中不仅涉及大量的关税减免条款，而且涉及深入的跨边界问题，如知识产权、竞争中立、劳工标准、环境等问题。除此之外，我国还加入了由东盟10国和日本、韩国等6国（10+6）组成的区域全面经济伙伴关系协定（Regional Comprehensive Economic Partnership Agreement，RCEP）。

为了应对跨太平洋伙伴关系协定（the Trans-Pacific Partnership Agreement，TPP），加快对外开放的步伐和程度，我国于2013年9月28日成立了中国（上海）自由贸易试验区，通过扩大开放投资领域、推进贸易发展方式转变、提升贸易便利化程度、深化金融领域的开放创新、改革管理体制等，为中国适应更高水平的国际竞争创造可行的空间。2014年12月，我国政府又批准广东、天津和福建三个地区分别建立自贸区，将“开放倒逼改革”的经验和成果进一步扩展。

本章小结

国际贸易政策的演变是不同国家在不同时期的要求，也是各国生产力水平和其在世界市场地位的反映。国家的存在必然产生对利益的追求和相互之间的矛盾，也就带来了政策的博弈。

自由贸易政策和保护贸易政策各有利弊，二者只能以相互更替的状态出现，谁也不能完全替代谁。从贸易演进的历程来看，国际贸易在自由贸易和保护贸易两种最基本贸易政策的交替演进中不断发展，并呈现出向贸易自由化这一终极目标迈进的趋势。

我国在不同时期要根据具体国情和发展要求选择不同的对外贸易政策，使我国既能尽快融入世界经济体系，又能参与国际竞争，满足经济高速发展的需求。

课堂讨论

1. 一国选择什么样的国际贸易政策是由哪些因素决定的？
2. 超保护贸易政策与传统贸易保护政策有哪些不同？
3. 假如国家不对贸易进行管理，后果会怎样？

复习思考题

一、名词解释

国际贸易政策　自由贸易政策　保护贸易政策　幼稚产业　对外贸易乘数　战略性贸易政策

二、不定项选择题

1. 在资本主义生产方式准备时期，占主导地位的学说是（　）。
   A. 自由贸易理论　B. 保护贸易理论
   C. 重商主义理论　D. 超保护贸易理论
2. 战后积极推行贸易自由化的国家是（　）。
   A. 英国　B. 日本　C. 德国　D. 美国
3. 对外贸易乘数理论属于（　）。
   A. 自由贸易理论　B. 保护贸易理论
   C. 超保护贸易理论　D. 战略贸易理论
4. 贸易保护论的提出者是（　）。
   A. 汉密尔顿　B. 李斯特　C. 凯恩斯　D. 范特
5. 早期的重商主义又称（　）。
   A. 重金主义　B. 贸易差额论
   C. 贸易自由化　D. 贸易自由论
6. 早期重商主义绝对禁止（　）。
   A. 货物外流　B. 资本外流　C. 货币外流　D. 资源外流
7. 李斯特认为对某一幼稚工业的保护时间（　）。
   A. 以20年为最高期限　B. 以30年为最高期限
   C. 以50年为最高期限　D. 无限
8. 下列能起到促进出口作用的措施是（　）。
   A. 出口配额　B. 出口信贷　C. 出口补贴　D. 出口退税
   E. 外汇倾销
9. 关税税率表包括（　）。
   A. 税号　B. 货物分类目录　C. 税额　D. 税率
   E. 税则
10. 一国货币对外贬值可以（　）。
    A. 扩大该国商品出口　B. 扩大该国商品进口
    C. 使该国商品出口减少　D. 使该国商品进口减少
    E. 改善贸易逆差

三、简答题

1. 研究显示，在发达国家中，消费者为每一个被保护的行业付出的代价都不小，为什么政府仍要保护这些行业？

2. 为什么要用限制进口的政策来改善国家收支状况？现实中效果如何？（用图说明）

3. 发达国家常以“保护公平竞争”“保护就业”“保护社会公平”为理由对贸易进行干

预，结合本杰明·富兰克林在1779年的一句名言“从来没有一个国家是被贸易所摧毁的”评析这些贸易政策。

课外实训

试介绍当前我国对外贸易政策。

第六章

关税壁垒

★学习目标

了解关税的含义特点；熟悉并掌握关税的分类；熟悉和掌握关税的经济效应。

重点：理解征收关税带来的影响，把握小国情形下和大国情形下的关税经济效益。

难点：对有效保护率及最优关税的理解。

★引例

洋货为何贵在中国？

有资料显示，中国消费者出国旅游购物，已经成为世界最大的高档品牌消费群体。很多洋品牌在国内也都能买到，消费者为何还要去国外购买呢？

出国买洋货，到底多划算？像某品牌的一款包，在法国的价格折合成人民币大概是23 000元，在中国，它的售价是37 000元；一条项链，在美国不到7 000元人民币就可以买到，但在中国购买，要花10 000多元；还有某款产自新西兰的奶粉，产地售价折合成人民币是154元，但是到了中国，它的价格就变成了395元，贵了一倍还多。洋品牌进口身价倍增。为什么这么贵？难道仅仅是征收关税带来的差异吗？一款知名品牌的围巾在英国的售价折合成人民币不到2 400元，但是在中国却卖到了4 500元。它的关税税率是25%，增值税税率是17%，围巾不征消费税，以这款围巾在英国的零售价，加上关税、增值税后，也只有3 408元。同样的一款围巾，在印度孟买，其售价只有3 700元，而实际上印度一般商品的关税都高达30%～50%。由此看来，关税会造成进口商品的售价上升，但并不是最主要的原因。

（资料来源：http：//news. cntv. cn/2013/02/21/VIDE1361448381244235. shtml）

对进出口商品征收关税，会对各方带来很多影响。本章主要学习关税的含义和分类，分析关税的经济效应。

当今世界，国际贸易中仍然普遍存在着贸易壁垒。贸易壁垒通常包括关税壁垒和非关税壁垒。征收关税是为了保护国人的就业、收入，增强国内产品在国际市场上的竞争力，以及保护国内工业等。关税是贯彻一国贸易政策的基本措施，征收关税会造成国家与各个利益集团经济利益的得失与变化。

第一节　关税壁垒概述

关税（Customs Duties，Tariff）是进出口商品通过一国关境时，由该国政府设置的海关对其所征收的一种税。关境或称关税领域，是海关征收关税的领域，也是海关所管辖并执行海关各项有关法令和规章的区域。在一般情况下，关境和国境是一致的，商品进出一国的关境也就是进出其国境。但是也有两者不一致的情况，例如，有些国家在国境内设有自由贸易区、保税区或出口加工区等，此时关境小于国境，而当几个国家组成关税同盟时，成员国之间互相取消关税，对外实行统一关税时，对成员国而言关境大于国境。

一、关税的特点

关税是国家税收的一种，由海关代表国家，按照国家制定的关税政策和公布实施的税法及进出口税则，对准许进出关境的货物和物品向纳税义务人征收的一种流转税，同其他税收一样，具有强制性、无偿性和预定性。除此之外，关税还有三个主要特点。

1. 关税是一种间接税

关税的纳税人虽然是进出口企业，但是企业可用增加货价的方法，将关税负担转嫁到消费者身上，因此它是一种间接税。

2. 关税有税收主体和客体

关税的税收主体即纳税人是本国进出口商。关税的税收客体即课税对象是进出口的商品。

3. 关税的征收机构是海关

海关是设在关境上的国家行政管理机构，负责贯彻执行本国有关进出口的政策、法令和规章。其主要职能是：征收关税，查禁走私，并对进出口货物实行监管，以及进行海关统计等。

二、关税的种类

（一）按照征收的对象和商品流向分类

1. 进口税

进口税（Import Duties）是指进口国家的海关在外国商品输入本国时，根据海关税则对本国进口商所征收的关税。它有以下几种：

（1）普通进口关税。指对原产于与进口国未订有关税互惠协议的国家或地区的进口货物，按照普通税率征收的关税。普通进口关税税率一般比较高。

（2）优惠进口关税。指对原产于与进口国订有关税互惠协议的国家或地区的进口货物，按照优惠税率征收的关税。优惠进口关税税率一般都比较低。优惠进口关税包括最惠国税、普惠关税和特惠关税。

最惠国税适用于从与进口国订有关税最惠国待遇条款的贸易协定的国家或地区所进口的货物，税率一般比普通税低得多。

普惠关税是发达国家承诺给予发展中国家制成品和半制成品的一种普遍的、非歧视的非互惠的优惠关税。1968 年联合国贸易与发展会议通过了建立普遍优惠制的决议。“普遍”，即所有发达国家对所有发展中国家出口的制成品、半制成品给予普遍的优惠待遇。“非歧视”是指所有发展中国家都不受歧视、无例外地享受普惠制待遇。“非互惠”即普惠制不是对等的关税优惠，而是发达国家单方面给予发展中国家的同等关税优惠。普惠税一般比最惠国税优惠很多。

特惠关税是指对从某个国家或地区进口的全部商品或部分商品，给予特别优惠的低关税减免税待遇；其他国家和地区不享受这种优惠待遇。特惠关税有的是互惠的，有的是非互惠的。如曾经实行过的《洛美协定》，就是由欧共体向参加协定的非洲、加勒比海和太平洋地区的一些国家单方面提供特惠税。

（3）特别关税。指任何国家或地区对其进口的原产于某国的货物征收歧视性关税或者给予歧视性待遇，为了对付别国对该国出口货物的歧视，该国海关可对原产于那些国家或地区的进口货物征收特别关税。特别关税的征收对象、税率和起征、停征时间由该国政府决定，并公布实施。在我国，特别关税手段由国务院税则委员会决定。

（4）进口附加税。指进口国家对商品除征收一般的进口税之外，还根据某种特定的目的再征收的关税。进口附加税是一种限制进口的临时性措施。其主要目的是应对国际收支危机，维持进出口平衡，防止外国商品倾销，对某个国家实行歧视或报复等。进口附加税最常见的有反补贴税、反倾销税和差价税。

①反补贴税。又称抵消税，是针对进口商品在生产加工、买卖、运输及出口过程中，直接或间接地接受过任何奖金或补贴所征收的一种进口附加税，不管给予这种奖金或补贴的是出口国政府，还是垄断组织或同业工会。反补贴税的税额一般是按奖金或补贴数额征收，其目的是提高进口商品的价格，抵消其所享受的补贴金额，削弱其竞争能力，使其不能在进口国的市场上进行低价竞争和倾销。

②反倾销税。指对实行倾销的进口货物所征收的一种临时性进口附加税。倾销是指一国将本国商品以低于正常价格的方法挤入另一国境内，并因此对该国领土内已建立的某种工业造成重大损害或产生重大威胁，或者对该国国内工业的新建造成严重阻碍。正常价格是指相同商品在出口国用于国内消费时在正常情况下的可比价格，如果没有这种国内价格，则是相同商品在正常贸易情况下向第三国出口的最高可比价格，或商品在原产国的生产成本加合理的推销费用和利润。反倾销是指输入国在遭受倾销损害时，为了抵消或防止倾销，可以对倾销的商品征收数量不超过这一商品的倾销差额的反倾销税。倾销差额，是指按照相关规则确定的倾销价格与商品正常价值之间的价格差额。当倾销行为停止时，反倾销税的征收也应停止。

③差价税。又称差额税，指当某种外国进口商品的售价低于国内商品，两者的价格出现差额时，海关在征收正常进口关税之外，又按此差额对进口商品加征的一种进口附加税。其目的是抵消进口商品在价格竞争方面的优势，限制其进口，从而保护国内生产和国内市场。由于差价税是随着国内外价格差额的变动而变动，因此是一种滑动关税。

2. 出口税

出口税（Export Duties）是指出口国的海关对本国输往国外的商品所征收的一种关税。目前大多数国家对大多数商品不征收出口税。以增加财政收入为目的的出口税，其税率一般不高，而以保护本国生产为目的的出口税，通常是对出口的原料征税。

3. 过境税

过境税（Transit Duties）又称通过税，是指一国对通过其关境的外国货物所征收的关税。目前，友好国家之间一般不再征收过境税，世界贸易组织也明文规定成员国之间不应征收过境税。因此，大多数国家仅在外国商品通过其领土时征收少量的准许费、印花费、登记费和统计费等。

（二）按照征税的目的分类

1. 财政关税

财政关税（Revenue Tariff）是指以增加国家财政收入为主要目的而征收的关税。其特点是税率适中，以保证收益的最大化。

2. 保护关税

保护关税（Protective Tariff）是指以保护本国市场为主要目的而征收的关税。其特点是保护程度随税率提高而提高，最终可以达到完全禁止进口的程度，成为禁止性关税。

（三）按照征收标准分类

1. 从量税

从量税（Specific Duties）是以商品的重量、数量、容量、长度和面积等计量单位为标准计征的关税。其中重量是较为普遍采用的计量单位，一些国家采用毛重的计量方法，一些国家采用的是净重的计量方法，或采用“以毛作净”等计量方法。其计算公式是：

税额 = 商品的数量 × 每单位从量税

如我国 2016 海关税则中，税则号列为 0207. 1200 项下的冻的整只鸡，应征税额按其重量征收，每千克 1. 3 元。

2. 从价税

从价税（Ad Valorem Duties）是以商品的价格为标准计征的关税。其税率表现为货物价格的百分率。其计算公式是：

税额 = 商品总值 × 从价税率

如我国 2016 年税则规定，税则号列为 2106. 9040 项下的椰子汁，应征税额为其进口完税价格的 10%。

3. 复合税

复合税（Compound Duties）又称混合税，是对商品同时订立和征收从量税和从价税。复合税可分为两种：一种是以从量税为主，加征从价税；另一种是以从价税为主，加征从量税。如我国 2016 年海关税则中规定，税则号列为 8525. 8013 项下的电视摄像机，应征税额标准是：完税价格不高于 5 000 美元/台，按 35%；完税价格高于 5 000 美元/台，按 3%，加 9 728 元。

4. 选择税

选择税（Alternative Duties）是对一种进口商品同时规定从量税和从价税，征收时由海关选择其中一种作为该商品的应征关税额，一般是选择税额较高的一种。在物价上涨时使用从价税，物价下跌时使用从量税。为了鼓励某种商品的进口，或给某个国家以优惠待遇，也有按税额较低的一种征收关税。

三、海关税则

海关税则（Customs Tariff）又称关税税则，是一国对进出口商品计征关税的规章和对进出口的应税与免税商品加以系统分类的一览表，海关凭以征收关税，是关税政策的具体体现。

海关税则一般包括海关征税规章和关税税率表。

关税税率表主要包括：税则号列（Tariff Item），简称税号；货物分类目录（Description of Goods）；税率（Rate of Duty）。

海关税则按税率和制定者不同可分为两种主要的类型。

（一）按照税率有无区别分类

1. 单式税则

单式税则（Single Tariff）又称一栏税则。这种税则，一个税目只有一种税率，适用于来自任何国家的商品，没有差别待遇。在资本主义自由竞争时期，各国都实行单式税则。到垄断资本主义时期，很多国家为了在关税上实行差别与歧视待遇，或争取关税上的互惠，都改单式税则为复式税则。现在只有少数发展中国家，如委内瑞拉、巴拿马、冈比亚等实行单式税则。

2. 复式税则

复式税则（Complex Tariff）又称多栏税则。这种税则，一个税目有两个或两个以上的税率。对来自不同国家的进口商品适用不同的税率，以实行差别待遇和贸易歧视政策。发达资本主义国家最先采用复式税则，为了反对发达国家的歧视待遇，捍卫本国的民族权益，许多发展中国家也实行复式税则。现在绝大多数国家都采用这种税则。这种税则二栏、三栏、四栏不等。

（二）按照制定者的权限分类

1. 自主税则

自主税则（Autonomous Tariff）又称国定税则，是指一国立法机构根据关税自主原则单独制定而不受对外签订的贸易条约或协定约束的一种税率。

自主税则可分为自主单式税则和自主复式税则。前者为一国对一种商品自主地制定一个税率，这个税率适用于来自任何国家的同一种商品；后者为一国对一种商品自主地制定两个或两个以上的税率，分别适用于来自不同国家的同一种商品。自主复式税则又可分为最高税则和最低税则：前者适用于来自未与该国签订贸易条约或协定的国家的商品；后者适用于来自与该国签订了贸易条约或协定的国家的商品。

2. 协定税则

协定税则（Conventional Tariff）是指一国与其他国家通过贸易与关税谈判，以贸易条约或协定的方式确定的关税率。这种税则是在本国原有的国定税则以外另行规定的一种税率。它是两国通过关税减让谈判的结果，因此要比国定税率低。协定税则不仅适用于该条约或协定的签字国，而且某些协定税率也适用于享有最惠国待遇的国家，对于没有减让关税的商品或不能享受最惠国待遇的国家的商品，仍采用自主税则，这样形成的复式税则叫作自主协定税则或国家协定税则。

第二节　关税对国内生产和消费的影响

一国政府对进出口商品征收关税，会影响到本国的资源配置与效率，而且也会对征税国、贸易伙伴国及世界经济福利产生影响。为了研究征收关税对一国国民福利产生的影响，我们假定世界由两个国家（本国与外国）、每个国家由生产者和消费者组成。本国总福利可以用消费者剩余与生产者剩余之和衡量。下面分别从小国和大国的角度来揭示关税的福利效应。

一、小国关税的福利效应

所谓小国，是指这样的贸易国家，它的进出口规模太小，与买卖该产品的所有其他国家相比显得无足轻重。所以，小国只是国际市场上的价格接受者，它面对的是固定的世界价格P_W，本国对该产品的供求状况不会影响世界价格。

假定我们分析的小国具备小国贸易的假定条件，这个国家在经济开发阶段实行自由贸易，即对某种商品的进口不征收任何关税，现在开始征收关税。假定条件如下：①本国是贸易小国，其征收关税不影响世界价格或贸易条件；②不存在运输成本；③开展国际贸易初期实行自由贸易政策；④从现在开始，本国决定对进口商品征收关税，税额为t。

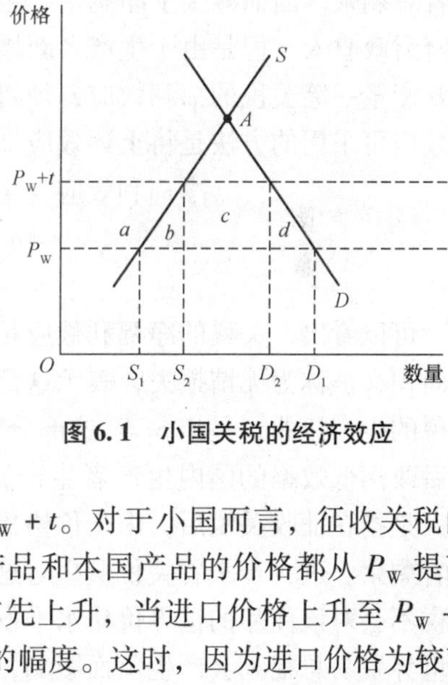

图 6.1　小国关税的经济效应

征收关税对进口国的消费者和生产者所产生的经济效应如图 6.1 所示。

曲线S和D分别是本国的国内供给曲线和需求曲线；P_W是世界价格，也是该国自由贸易下的国内价格；t为单位商品从价税。征收关税后的国内价格为P_W+t。对于小国而言，征收关税的净福利损失为$b+d$。首先，在征收t元关税后，进口产品和本国产品的价格都从P_W提高至P_W+t，这就是价格效应，本国该产品的进口价格首先上升，当进口价格上升至P_W+t时，可以预测国内该产品的替代品价格也会提高到同样的幅度。这时，因为进口价格为较高的P_W+t，本国对该产品的需求量从自由贸易时的D_1减少到D_2。同时，更高的价格会刺激本国厂商增加该产品的产量，供给量从自由贸易时的S_1增加到S_2。下面我们来研究价格上升导致的系列变化是怎样影响消费者剩余、生产者剩余和本国国民福利的。

（一）关税的消费者剩余效应

可以用前面引入的消费者剩余及生产者剩余衡量。如图 6.1 所示，在征收t元关税后，进口产品和本国产品的价格都从P_W提高至P_W+t。在自由贸易条件下，图中消费者剩余是位于需求曲线以下与价格P_W以上之间的面积。由于征收关税，现在消费者支付了更高的价格P_W+t，其剩余变成位于需求曲线下方与价格P_W+t上方之间的面积。关税使得消费者剩余减少了征收关税前后两种价格之差与国内需求曲线 D 左方之间的面积，即图中的 $a+b+c+d$，这部分面积就是关税造成产品价格提高而产生的消费者损失数额。

（二）关税的生产者剩余效应

下面探究关税对生产者剩余产生的影响。在自由贸易条件下，如图 6.1 中，生产者剩余是位于供给曲线上方与价格 P_W+t 下方之间的面积。由于征收关税，现在生产者剩余增加到供给曲线上方与价格水平线之间的面积。因为关税提高了本国该商品的价格，厂商能以更高的价格销售产品，因而增加了其剩余。增加后的生产者剩余可表示为前后两种价格的差额与本国供给曲线左方之间的面积，即图中的 a 部分，这部分面积等于本国厂商因关税造成产品价格提高而获得的收益数额。

（三）关税的政府收入效应

关税是由政府征收的，因此除了对消费者和生产商产生影响外，还影响到政府收入。政府所征得的关税收入等于关税 t 乘以进口数量（D_2-S_2）。在图 6.1 中，政府收入表示为面积 c，所得收入是进口国政府的收益。

（四）关税的福利总效应

从上述分析可以看出，在征收关税带来的系列效应中，消费者是受损者，关税减少了消费者总剩余，因而减少了净剩余。生产者与政府是得利者，关税增加了生产者剩余，增加了政府财政收入。但是由于生产者新增剩余和政府所得剩余，本来就来源于本国的消费者，因此要衡量一笔关税的福利效应，须将生产者剩余、消费者剩余以及政府收入结合起来。净福利效应可采用的方法是将上述效应加在一起计算。小国关税的总效应可计算如下：

$$
\begin{aligned}
\text{净福利效应} &= \text{生产者剩余} - \text{消费者剩余} + \text{政府收入} \\
&= a-(a+b+c+d)+c \\
&= -(b+d)
\end{aligned}
$$

可以看出，关税的净福利效应是负的，即图 6.1 中 $b+d$ 两个小三角形的面积之和。这个面积又被称为无谓损失，表示这部分损失没有被经济中其他方面的收益抵消。其中 b 代表关税的生产扭曲，是指 S_1S_2 这部分数量的商品在征税前由效率高的国外生产者生产，而征税后改由低效率的国内生产者生产，成本增加造成资源低效率配置的损失。d 代表消费扭曲，是指在征收关税后，由于价格提高，无力购买 D_1D_2 这部分数量商品的个人损失掉的消费者剩余。进一步来看关税壁垒对这个小国的贸易伙伴和世界总福利带来的影响：由于小国征税不会对该商品的世界价格水平发生影响，所以对其贸易伙伴的福利也没有产生影响；但对世界贸易总福利会产生负面影响，即会降低世界贸易的总体福利水平，只不过降低的福利全部由征收关税的小国自己负担。

从上面的分析可以看出，关税总是给进口小国带来净损失，因此经济学家们都反对使用关税，对小国而言，最佳贸易政策选择就是实施零关税，即自由贸易是小国最好的贸易政策。

二、大国关税的福利效应

所谓大国，是指这样的贸易国家：其进口或出口某种商品的量如此之大，以至于可以使该商品的世界价格发生变化，即改变贸易条件。

假定本国是个贸易大国，其他假定条件与前面小国一致。当世界价格一定时，本国所面临的外国出口供给曲线就不再是一条水平线，而是一条向上倾斜的出口供给曲线，如图6.2（b）中的X^*。它与本国的进口需求曲线M相交于B^*点，该点就是世界均衡点，其对应的价格为P_W。当本国政府征收t元关税时，供给本国市场的外国生产厂商成本比以前增加了与关税相同的额度t。这导致外国供给曲线按关税额等量上移，如图6.2（b）所示，由X^*移到X^*+t，与本国进口需求曲线相交于C点，确定了消费者支付的本国价格，这个价格包含关税。但另一方面，外国出口商得到的价格是扣除关税后的价格，它正好在C点的正下方比C点低t额度的C^*点。对应C^*点时的外国出口商得到的价格P^*就是新的世界价格。

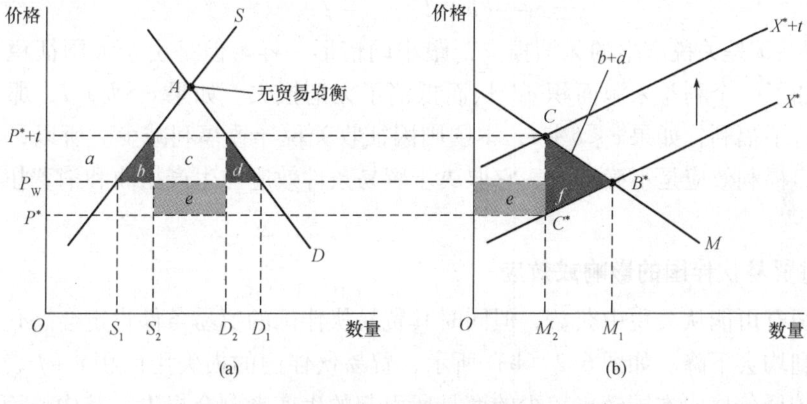

图6.2　大国关税的经济效应

（a）本国市场；（b）世界市场

图6.2（a）中，曲线S、D分别表示国内供给和国内需求，P_W表示征收关税前的世界价格，即自由贸易下的价格。t是对单位商品征收的从价税。征税后的国内价格提高到P_W+t，即征收关税后的世界价格加上关税。图6.2（b）中，外国出口价格降低到P^*。

新的世界价格表明，本国对进口商品所支付的价格P_W+t，提高的幅度比原来的世界价格加上关税税额要低。本国价格提高的幅度小于关税额的原因是外国出口商得到的价格是P^*，与原来的世界价格相比出现了下降。外国出口商将出口价格从P_W降低到P^*，吸收了这部分关税。

我们具体来分析大国征收关税的福利效应。

（一）对本国市场的福利效应

（1）贸易流量效应。进口量减少，由S_1D_1减少到S_2D_2。

（2）生产效应与消费效应。如图6.2（a）所示，本国消费价格从P_W升至P^*+t，使消费者利益严重受损。减少的消费者剩余由上述两种价格的差额与需求曲线D左方之间的面积$a+b+c+d$表示。与此同时，本国厂商面临的价格也从P_W升至P^*+t，从而改善了本国厂商的经营状况。所增加的生产者剩余等于上述两种价格差与供给曲线左方的面积，数额为a。这就是大国征收关税之后引起价格上升，价格上升引起消费者对该产品的需求减少，抑制了国内需求及消费；同时，价格上升引起国内生产增加，对国内供给及生产产生刺激作用。前者称为关税的消费效应，后者称为关税的生产效应。

（3）收入效应。在大国情形下，政府征收关税同样具有财政收入效应。其关税收入等

于关税额 t 乘以最新进口量（$M_2=D_2-S_2$），所以，政府收入为图 6.2（a）中的面积 $c+e$。一般而言，由于征收关税而获得的财政收入效应往往比小国情形要大。

（4）福利效应。由于进口价格上升（从原先的世界价格 P_W 升至 P^*+t），结果本国的贸易条件改善了。贸易条件效应导致本国从关税中获得收益，但生产扭曲和消费扭曲仍会使本国福利减少。将消费者剩余、生产者剩余和政府收入的变化加总，可以得到大国关税的总体福利效应：

$$\begin{aligned}\text{净福利效应} &= \text{生产者剩余} - \text{消费者剩余} + \text{政府收入}\\ &= a-(a+b+c+d)+(c+e)\\ &= e-(b+d)\end{aligned}$$

三角形 $b+d$ 是关税产生的无谓损失，跟小国情形一样。但是由于大国征税导致贸易条件改善，增加了一个利益来源面积 e，从而抵消了无谓损失。如果 $e>b+d$，那么本国因征收关税而改善了福利；如果 $e<b+d$，本国则因征收关税导致福利减少。所以，在大国情形下，关税的净福利效应是不确定的，它取决于贸易条件效应与生产扭曲和消费扭曲两种效应之和的对比。

（二）对贸易伙伴国的影响或效应

虽然本国有可能从关税中获益，但同时其贸易伙伴国的贸易条件肯定会恶化，因而其总福利及净福利均会下降。如图 6.2（b）所示，贸易伙伴国的损失用面积 $e+f$ 表示，其相当于出口国以较低价格向本国销售较少的商品所引起的生产者剩余损失。其中，面积 e 是本国贸易条件改善所得，但它同时就是等额的贸易伙伴国贸易条件恶化所失，因此本国的收益是以外国的损失为代价的。面积 f 是大国关税导致外国产生的额外的无谓损失。所以外国这两个损失之和大于本国获得的收益。

（三）对世界贸易福利的影响

在一个由两国（本国和外国）构成的贸易体系中，本国的进口就是外国的出口，本国贸易条件改善得到的利益来自外国贸易条件恶化产生的损失，因此对于整个世界来说，贸易福利无疑是净损失。将本国福利变化和外国福利变化加在一起，面积 e 被抵消，还余下世界福利净损失（$b+d+f$），即图 6.2（b）中的阴影三角形，这个面积就是世界福利的无谓损失。本国征收关税从外国获得的贸易条件利益不仅牺牲了外国出口商的利益，还增加了世界无谓损失。

第三节　关税壁垒的表现

一、名义保护率

名义保护率（Nominal Rate of Protection），是指一国实行保护使某商品的国内市场价格高于国际市场价格的百分比，用公式表示为：

$$\text{名义保护率}=\frac{\text{国内市价}-\text{进口市价}}{\text{进口市价}}\times 100\%$$

尽管名义保护应包括关税、非关税壁垒、外汇管理、进出口贴补等各种保护措施，但由于一国除关税以外的贸易壁垒难以估算，而关税又是一种传统的主要保护手段，理论分析时，一般只考虑关税的作用。税则中的法定税率（从价税）主要是根据商品的国内外差价与进口价的百分比确定的，因此，名义保护税率实际等于从价税税率，故名义保护税率又称为名义关税。

二、有效保护率与关税升级

有效保护率（Effective Rate of Protection）又称有效关税，是指一国实行保护使本国某产业加工增值部分被提高的百分比。其计算公式为：

$$Te=\frac{V'-V}{V}\times 100\%$$

式中 Te——有效保护率；

V——进口加工增值；

V'——国内加工增值。

将制成品国外价格（无进口关税的价格）P、制成品名义保护率 n、投入品名义保护率 r、投入品在制成品中的比重 v 代入上式，得

$$Te=\frac{[P(1+n)-Pv(1+r)]-(P-Pv)}{P-Pv}\times 100\%$$

推导简化为

$$Te=\frac{n-vr}{1-v}\times 100\%$$

这个税率所反映的是通过征收进口关税，对某一个指定的产业的保护水平，解释了各国关税结构中关税升级的突出特点，即各国进口关税随着商品加工程度的提高而提高，有助于我们准确认识一国的关税保护程度。即当制成品的进口税率等于所用投入品的进口税率时，该产业的有效保护率等于名义保护率。从以上公式可知，当某产业制成品的进口税率高于所用投入品的进口税率时，该产业的有效保护率大于名义保护率。反之，当制成品的进口税率低于所用投入品的进口税率时，有效保护率就会小于名义保护率。另外，从计算公式可见，当投入品的名义关税比制成品的名义关税高出较多时，有效保护率就会出现负数，表示整个关税结构对该产业起到损害作用，即出现负保护现象。为了避免负保护现象，并且尽可能提高有效保护率，目前世界各国普遍采用“升级式”关税结构，即产品的税率随产品的加工程度上升而上升，使得各个产业有效保护率大大高于名义保护率。

关税升级（Tariff Escalation）是设定关税的一种方式，即通常对某一特定产业的进口原材料设置较低的关税，甚至是零税率，而随着加工程度的提高，相应地提高半成品、制成品的关税税率。关税升级能够较为有效地限制附加值较高的半成品和制成品进口，是一种较为常见的贸易壁垒。关税升级在发达国家和发展中国家中都存在。例如，某国为保护国内加工产业或制造业，对适合制造车的钢材适用5%的关税率，而用同种钢材做成的车身零件的税率为15%，成品汽车的税率则达到30%。这种关税升级限制了制成品的出口。又如美国对进口中、低档陶瓷制品征收的关税高，对高档陶瓷制品征收的关税低，给中国陶瓷制品对美国出口造成障碍。此外，美国鞋面用皮面积超过鞋面总面积51%的运动鞋的关税为8%，鞋面用皮面积低于鞋面总面积51%的则为33%。这种不合理的关税结构，使得中国相关产品

在美国市场上处于非常不利的地位。

由于有效保护率比名义关税更真实地反映了一国贸易壁垒对本国工业的实际保护效果，各国从20世纪60年代开始就逐渐用它来指导关税的制定和关税谈判。历史上，在世界贸易组织关税减让的谈判过程中，很多国家利用了关税的这种特点，使它的名义税率下降，但是，其提供的国内产业的有效保护率反而增加了。因此，表面上看该国的名义税率很低，实际上有效保护率可能高，其他国家的产品还是很难进入该国市场。这样就造成了一个表面看似非常开放的市场，实际上却可能是非常封闭的市场。

三、关税高峰

关税高峰（Tariff Peaks）是指一国在总体关税水平较低的情况下少数产品维持的高关税。经过GATT八个回合的谈判，WTO各成员的平均关税水平已大幅下降，但一些成员仍在不少领域维持着关税高峰。例如，某国在乌拉圭回合谈判中同意大幅度削减关税，同时又在几个产业部门，包括食品、纺织品、鞋类、皮革制品、珠宝首饰、人造珠宝、陶瓷、玻璃、卡车和铁路机动车等保留了关税高峰，其中陶瓷的关税为30%，玻璃杯和其他玻璃器皿的关税为33.2%~38%，载重量为5~20吨的货车的关税为20%。又如，日本对一些产品仍保持着较高的关税水平，包括农产品、食糖、巧克力甜点（10%）、奶酪和牛奶制品（22.4%~40%）、甜饼干（18%~20.4%）、果酱（12%~34%）、烟熏马哈鱼（15%）、原材料（氧化铅、熔化的氧化铝、镍），在总体关税水平较低的情况下，上述特定产品的高关税阻碍了其他国家相关产品的正常出口，构成贸易壁垒。

四、关税配额

关税配额（Tariff Quotas）是指对一定数量（配额量）内的进口产品适用较低的税率，对超过该配额量的进口产品则适用较高的税率。实践中，关税配额的管理和发放方式多种多样，如先领、招标、拍卖、行政分配等。配额确定、发放和管理过程中的某些不当做法可能对贸易造成阻碍。在行政分配情况下，壁垒措施可能会出现在以下环节：

（1）配额量的确定。例如，某WTO成员所确定的配额量低于其最近三个代表年份的平均出口量，该配额量构成贸易壁垒。

（2）配额发放和管理。配额发放和管理缺乏透明度或公正性也会形成贸易壁垒。如某国奶制品的关税额管理缺乏透明度，有时甚至将配额发放给不再从事奶制品生意的企业，造成配额放空。

此外，在以拍卖、招标等方式发放关税配额的过程中，人为操纵或其他原因也可能对进口产品构成壁垒。

关税配额的具体内容会在本书后面的章节中详述。

五、从量关税和从价关税

从量关税的特点是手续简便，无须审定货物的规格、品质、价格，便于计算。因单位税额固定，对质量次、价格低的低档商品进口与高档商品征收同样的关税，使低档商品进口不利，因而对其保护作用比较大。国内价格降低时，因税额固定，税负相对增大，不利于进口，保护作用加强。因此，有的国家大量使用从量关税，尤其在食品、饮料和动植物油的进口方面。美国约有33%的税目栏适用从量关税。挪威从量关税占28%。由于发展中国家的出口商品多属较低的档次，相对来说，发展中国家需承担高得多的从量关税税负。

从价关税是各国采用的主要征税方式。其具有以下特点：第一，由于从价关税是按照货物的价值计算的，可以较容易地估算出财政收入。第二，从价关税税额随着商品价格的变动而变动，从价关税对加工程度高的产品或奢侈品的进口构成障碍。例如，从量关税为1升/2美元，对于价值2美元一瓶的廉价酒来说，税率为100%，而对于价值20美元一瓶的高价酒而言，只相当于10%的税率；10%的从价关税对于较廉价的酒的税负为0.2美元，对于较昂贵的酒的税负为2美元。第三，在国际关税减让谈判当中，以从价关税为基础，容易比较各国的关税水平及谈判关税减让。但是，按从价关税征收的关税很大程度上取决于使用何种方法确定应税的完税价格。假如海关确定完税货物价值为1 000美元，那么，按照10%的从价关税就得征收100美元的关税。海关如果确定完税价格为1 200美元，那么，进口商就不得不为同一商品缴纳120美元的进口关税。

第四节　最优关税

无论是大国还是小国，征收关税都会带来生产和消费的扭曲，并带来相应的福利损失。但同时关税也能给一国的特定产业带来利益。一般来说，大国的关税壁垒具有改善本国贸易条件的效应，所以带来的福利较大，但这并不意味着没有福利损失，只是损失的大小与一国的关税结构及水平有关，这就牵涉到一国的最优关税问题。

一、最优关税的含义

一国因贸易条件改善获得的收益减去因贸易量减少遭受的损失得到的净收益达最大时的关税，即进口国福利水平得到最大改善的关税，称为最优关税。以自由贸易为起点，当一国提高其关税时，其福利逐渐增加到最大值（最优关税）；当关税超过最优关税时，其福利又逐渐下降。最终该国将通过禁止性关税回到自给自足的生产点。

二、最优关税的形成

1. 最优关税的确定

在小国情形下，一国对进口商品征收的关税全部由国内的消费者承担，或者说，关税引起的福利损失都要由征税国来承担，因此对小国来说，最优关税是零关税。

在大国情形下，情况会复杂得多。大国征收关税后，关税负担将由国内消费者和外国出口商共同承担，也就是说，大国可以把关税造成的福利损失的一部分转嫁给贸易伙伴，只是双方承担的份额不同，份额的多少往往取决于征税商品的外国供给弹性和本国对该商品的需求弹性。

在零关税与禁止性关税之间寻找一个最佳点，此时，因贸易条件改善而额外获得的收益恰好抵消了因征收关税产生的生产扭曲和消费扭曲所带来的额外损失。

最佳关税的确定可由图6.3说明。图中横坐标表示关税税率，纵坐标表示征收国的福利水平，曲线AB表示关税水平对本国福利的影响。B点为自由贸易，其对应的关税为零，即

OB代表自由贸易状态下的社会福利水平。关税的微小增加会增进本国福利，所以从B点开始，本国的福利曲线是向上倾斜的，但当关税很高时，本国的福利将会降到自由贸易时的福利水平之下。图中的A点就表示贸易禁止性关税，对应于该关税水平，国内经济又回到封闭状态，因此，当关税水平大于或等于A点时，社会福利水平低于自由贸易下的福利水平。在从B点开始直到A点的曲线上，福利从B点开始提升，随后必定有一个最高点，如图中的C点，在这一点上进口国福利之所以最高，是因为贸易条件改善得到的利益与净损失之间的差额达到最大。也可以说，曲线AB在C点的切线斜率为零，在这一点进口国的福利达到最高，对应于这一点的关税税率即为最佳关税。当关税继续提高到超过最优关税水平时，即C点与A点之间，进口国福利会因为关税太高造成的无谓损失大于贸易条件改善带来的利益而下降。

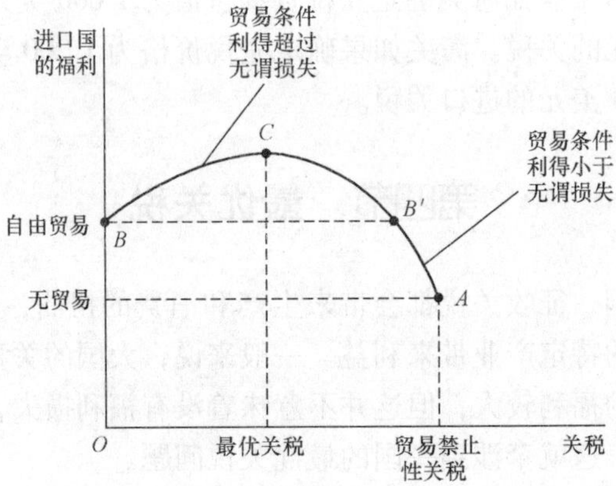

图6.3　最优关税的确定

说明：曲线AB表示不同关税税率水平的净福利效应，进口国福利从B点开始逐步提高，关税税率为C时，关税的福利效应达到最大，C点对应的关税就是最优关税。

2. 最优关税的公式

当一个贸易大国对某进口商品征收关税时，会迫使该商品的外国出口商降低售价，进口国因而获得贸易条件改善的利益。为了使征税国的净收益最大，存在一个最优关税。最优关税公式建立在外国出口供给弹性E_x^*基础之上。外国出口供给曲线弹性是指由出口商品的世界价格变动引起的外国商品出口供给量变动的百分比。如果出口供给线很陡，则出口供给量变动不大，即外国出口供给弹性E_x^*很小。反之，如果出口供给线很平缓，那么出口供给量受世界价格变动的影响就很大，则E_x^*很大。前面提到的进口小国面临的就是一条水平的或完全弹性的外国出口供给曲线，这表明外国出口供给弹性是无限的。

最优关税用外国出口供给弹性表示如下：

$$最优关税=1/E_x^*$$

最优关税取决于外国出口供给弹性的倒数。对于一个进口小国来说，外国出口供给弹性无限大，所以最优关税为零。对小国而言，最好的选择是零关税，或实行自由贸易。而对一个大国来说，外国出口供给弹性不是无限的，就可以用上面的公式计算出最优关税。如果外国出口供给弹性大，最优关税就低；如果外国出口供给弹性小，最优关税就高。

【案例 6.1】

关于跨境电子商务零售进口税收政策的通知

财关税〔2016〕18号

各省、自治区、直辖市、计划单列市财政厅（局）、国家税务局，新疆生产建设兵团财务局，海关总署广东分署、各直属海关：

为营造公平竞争的市场环境，促进跨境电子商务零售进口健康发展，经国务院批准，现将跨境电子商务零售（企业对消费者，即B2C）进口税收政策有关事项通知如下：

一、跨境电子商务零售进口商品按照货物征收关税和进口环节增值税、消费税，购买跨境电子商务零售进口商品的个人作为纳税义务人，实际交易价格（包括货物零售价格、运费和保险费）作为完税价格，电子商务企业、电子商务交易平台企业或物流企业可作为代收代缴义务人。

二、跨境电子商务零售进口税收政策适用于从其他国家或地区进口的、《跨境电子商务零售进口商品清单》范围内的以下商品：

（一）所有通过与海关联网的电子商务交易平台交易，能够实现交易、支付、物流电子信息“三单”比对的跨境电子商务零售进口商品；

（二）未通过与海关联网的电子商务交易平台交易，但快递、邮政企业能够统一提供交易、支付、物流等电子信息，并承诺承担相应法律责任进境的跨境电子商务零售进口商品。

不属于跨境电子商务零售进口的个人物品以及无法提供交易、支付、物流等电子信息的跨境电子商务零售进口商品，按现行规定执行。

三、跨境电子商务零售进口商品的单次交易限值为人民币2 000元，个人年度交易限值为人民币20 000元。在限值以内进口的跨境电子商务零售进口商品，关税税率暂设为0%；进口环节增值税、消费税取消免征税额，暂按法定应纳税额的70%征收。超过单次限值、累加后超过个人年度限值的单次交易，以及完税价格超过2 000元限值的单个不可分割商品，均按照一般贸易方式全额征税。

四、跨境电子商务零售进口商品自海关放行之日起30日内退货的，可申请退税，并相应调整个人年度交易总额。

五、跨境电子商务零售进口商品购买人（订购人）的身份信息应进行认证；未进行认证的，购买人（订购人）身份信息应与付款人一致。

六、《跨境电子商务零售进口商品清单》将由财政部商有关部门另行公布。

七、本通知自2016年4月8日起执行。

特此通知。

财政部海关总署国家税务总局

2016年3月24日

对上述文件解读如下：

从文件的制定目的可知，本文件针对的是跨境电子商务零售进口模式，也就是B2C跨境电商进口，包括：①网购保税（BBC），商品先批量到保税区，有了订单后再从保税区按照1210代码出区；②海外直邮（BC），有了订单后，商品从海外发货到国内消费者。需要注意的是，在业内存在两种海外直邮：一是跨境电商零售进口模式下的海外直邮，需要订单、运单、支付单的三单对碰；二是行邮通道下的海外直邮，正常申报需要提供收货人身份证正反面信息、购物小票、运单。显然，跨境电商零售进口模式下的海外直邮将受到本文件影响，而行邮通道下的海外直邮不受本文件限制。

文件第三部分是最核心的内容，包括限值和税率两块。在限值方面，单次交易限值此前为1 000元（港澳台为800元），现在提升为2 000元；个人年度交易限值此前没有（合理自用即可），现在明确为20 000元。

在税率方面，分为限值内税率和限值外税率。限值内，关税为零，增值税、消费税按照法定纳税额的70%征收；限值外，按照一般贸易方式全额征税。限制内税收额的具体计算如下：

跨境电商零售进口应征关税 = 完税价格 × 关税税率（关税税率为0，因此应征关税为0）

法定计征的消费税 = ［完税价格/（1 − 消费税税率）］ ×消费税税率

法定计征的增值税 = （完税价格 + 正常计征的消费税税额） ×增值税税率

跨境电商零售进口应征消费税 = 法定计征的消费税 ×0.7

跨境电商零售进口应征增值税 = 法定计征的增值税 ×0.7

完税价格 = 单价 + 保险费 + 运费

这次税改对以下跨境电商企业的影响较为严重：①母婴类。此前大部分商品都在免税额内，现在则需缴纳11.9%的税率。②低价彩妆类。此前100元以内的彩妆类目税额为零，现在为47%。③奢侈品类。例如，1万元的机械手表，此前税率为30%，现在只能按照一般贸易征税，税率为65.26%。对于其他一些商品，跨境电商税率则更低，例如，以前洗护类税率为50%（免税额之外），现在为11.9%（限值内）。

本章小结

关税是一国政府针对进出本国关境的商品向进出口商所征收的一种税。它是一国最常用的贸易政策工具。关税可按多种标准分类。

一般情况下，进口关税有利于本国的生产者而不利于本国的消费者。在小国情形下，征收关税会降低征税国的整体福利水平，却不能对贸易伙伴国产生影响。小国的净福利损失也就是世界整体的净福利损失。在大国情形下，征收关税对征税国的净福利效应是不确定的。如果关税引起的贸易条件效应比较显著，则有可能增加本国的福利，反之，则降低本国福利；大国关税会使伙伴国贸易条件恶化，导致其福利损失。所以大国关税会导致世界整体净福利损失。

关税的有效保护率与名义保护率往往不一致。关税的表现形式包括关税升级、关税高峰、从量税、从价税等。

对小国而言，零关税是最优关税；而大国的最优关税所引起的额外损失与额外得益相等时的关税水平即为零关税。

课堂讨论

1. 最优关税对整个世界来说是不是最优方案？

2. 为什么要降低和取消关税？各国能取消关税吗？

复习思考题

一、名词解释

生产效应　消费效应　财政收入效应　福利效应　有效保护率　最优关税　进口关税

二、不定项选择题

1. 进口货物的纳税人包括（　　）。

A. 外贸进出口公司　　B. 经批准经营进出口商品的企业

C. 进口个人邮件的收件人　　D. 入境旅客随身携带物品的持有人

2. 能反映关税对本国同类产品的真正有效保护程度的关税是（　　）。

A. 禁止关税　　B. 名义关税　　C. 有效关税　　D. 过境税

三、判断题

1. 复合关税是指对一种进口货物同时定出从价、从量两种形式，分别计算出税额，以两个税额之和作为该货物应征税额的一种征收关税标准。（　　）

2. 货物是非贸易性商品，物品是贸易性商品。（　　）

3. 按照关税的差别分类，关税可分为歧视关税和从价关税。（　　）

4. 我国对一切出口货物都征出口关税。（　　）

5. 我国在 20 世纪 60 年代初才建立了完全独立自主的保护关税制度。（　　）

四、简答题

1. 关税的种类有哪些？

2. 小国关税对征税国、贸易伙伴国及整个世界福利会产生怎样的影响？

3. 大国关税对征税国、贸易伙伴国及整个世界福利会产生怎样的影响？

4. 什么是关税的有效保护率？它与名义保护率有何联系与区别？

5. 什么是最优关税？最优关税是如何确定的？

五、计算题

设某国对小汽车的关税税率为 180%，其国内一典型的汽车制造商的成本结构和部件关税见表 6.1。

表 6.1　成本结构和部件关税

成本项目	钢板	发动机	轮胎
占汽车价格比重/%	20	30	10
关税税率/%	60	120	30

（1）试计算该国对小汽车行业的有效保护率。

（2）如果钢板、发动机、轮胎的关税分别降为 10%、30%、5%，试计算小汽车的有效保护率。

（3）从上面的计算中，可以推出哪些关于有效保护率的一般结论？

课外实训

组织学生到当地海关实际了解我国海关规则及实施情况。

第七章

非关税壁垒

★学习目标

理解和掌握非关税壁垒概念的内涵、特征及其历史演进过程和发展趋势；了解非关税壁垒的种类和各种壁垒的主要内容，领会非关税壁垒对国际经济与贸易的影响。了解 WTO 禁止一般数量限制原则的主要内容；学会运用本章所学知识分析国际贸易摩擦和贸易争端背后的深层原因；培养和提高解决国际贸易问题的能力。

重点：理解非关税壁垒对国际贸易和对进出口国社会福利水平的影响。

难点：理解非关税壁垒对进出口国、发达国家和发展中国家所产生的长期和短期福利水平影响。

★引例

冻虾仁退货事件

浙江舟山出产的冻虾仁以个大肉鲜闻名海内外，欧洲是其多年来的传统出口目的地市场。然而，有一次，舟山的冻虾仁突然被一些欧洲公司退货，并要求赔偿。其原因在于，欧洲当地检测部门从部分舟山冻虾仁中检测到 0.2 克/10 亿氯霉素。冻虾仁里哪来的氯霉素呢？浙江省有关部门立即着手调查，结果发现，问题出在加工环节上。剥虾仁是手工作业，一些员工在剥虾仁过程中，因为手痒难耐，就用含氯霉素的消毒水止痒，结果将氯霉素带进了冻虾仁中，导致被大量退货。

（资料来源：http：//www. shengyidi. com/news/d-1153092/）

在 WTO 成员的共同努力下，国际贸易中关税壁垒的作用和影响在逐步降低。但是，自愿性出口限制、技术性贸易壁垒以及绿色壁垒等非关税壁垒不断涌现，并成为影响国际自由贸易的主要障碍，也是发达国家限制发展中国家商品出口和保护本国市场与产业的主要政策工具。近几年来，我国出口商品由于质量安全方面的问题在国际市场受挫的事件屡见不鲜。

加快发展绿色产品，确保所有出口商品的质量安全，是突破国外非关税贸易壁垒的关键所在。

第一节　非关税壁垒概述

一、非关税壁垒的内涵

非关税壁垒（Non-tariff Barriers，NTBs），是指除关税以外的一切限制进口的措施。

关税是限制进口的最基本手段，但第二次世界大战以后，尤其是20世纪60年代后期以来，在GATT的推动下，进行了八个回合的多边谈判，关税总水平大幅度下降，关税在限制进口方面的作用越来越弱，这使得发达国家寻求新的贸易保护措施，于是非关税壁垒应运而生，而且种类越来越多。非关税壁垒从20世纪60年代末的850多种，增加到20世纪末的3 000多种，目前，世界各国所使用的非关税壁垒达到5 000多种，并且仍有增加的趋势。

二、非关税壁垒的特征

与关税壁垒相比，非关税壁垒有如下特征。

（一）灵活性和时效性

一般来说，各国关税税率的制定与调整必须经过严格的法律程序。这种法律程序往往繁复缓慢，在需要紧急限制进口时，表现出明显的时滞性。此外，如果是WTO成员，调整进口税率还要受到世界多边贸易体制的约束。而各国在制定和实施非关税措施时，通常采用行政程序而非法律程序。非关税措施不仅出台迅速，程序简单，而且可以随时调整，在限制进口方面显示出更大的灵活性和时效性。

（二）隐蔽性和歧视性

关税税率经法律程序确定后，往往要以法律的形式公之于众，并依法执行。但是，一些非关税壁垒往往不公开，或规定极为烦琐复杂的标准，使出口商难以适应。此外，一些国家经常针对某个国家实施某种非关税措施，结果大大加强了非关税壁垒的差异性和歧视性。

（三）针对性和有效性

关税的实施旨在提高进口商品的国内价格，它对商品进口限制的效果是有限的，如果出口国家采用出口补贴或商品倾销等手段来应对，关税有可能无法达到预期效果。而有些非关税壁垒对进口的限制则是绝对的，如进口许可证、进口配额制等，出口商无论如何都无法绕过这种壁垒，对限制进口非常有效；有些非关税壁垒的实施是进口国专门针对某些商品而设置的，如政府采购政策，对进口限制非常直接有效。

三、非关税壁垒的历史演进及其发展趋势

非关税壁垒最早起源于自由资本主义时期，20世纪30年代的世界性资本主义经济危机推动了非关税壁垒的快速发展。各发达资本主义国家为摆脱危机的困境，在不断提高进口关

税壁垒的同时，纷纷采取各种非关税措施以限制外国商品进口，从而达到保护国内市场和国内产业、提供更多就业机会的目的。20 世纪 60 年代之后，在关贸总协定及其成员的共同努力下，关税总水平大幅下降，对世界贸易的影响也越来越小。20 世纪 70 年代中期的资本主义“滞胀性”经济危机爆发，加剧了资本主义发达经济体之间的贸易战，重商主义思潮再次盛行，并对政府的贸易政策产生了重大影响。贸易大国之间竞相采取非关税措施限制外国商品进口，以抵消因关税下降对本国产业、国内市场和就业机会造成的不利影响。此时，以非关税措施为主要贸易障碍的新贸易保护主义开始抬头。21 世纪初，特别是 2008 年美国次贷危机引发全球性金融危机之后，发达经济体为尽快从危机中脱困，在原有的非关税措施基础上，不断推出新的非关税措施，如知识产权保护措施、国内价值条款、全球价值链、电子商务、劳工、环境、竞争政策、投资标准和规则等。

非关税壁垒已经有上百年的历史，非关税壁垒的种类和名目越来越多，使用范围越来越广，其影响也越来越深远。不过，自 20 世纪 90 年代以来，在 WTO 及其成员的不懈努力下，配额、进口许可证等传统非关税壁垒逐步被取消。然而，取而代之的是新型非关税壁垒不断涌现，并呈现出新的发展趋势，主要表现在以下几方面。

（一）反倾销、反补贴措施日益强化

有学者断言，反倾销措施将成为 21 世纪国际贸易壁垒的主导。据统计，仅 2004 年 1—6 月就新增 101 起反倾销案件，其中，有 30 起是针对中国商品的，比 2003 年同期增加 18 起，说明我们是国际反倾销立案调查的主要对象国。

反补贴是继反倾销之后又一重要的非关税壁垒。例如，2006 年 11 月 21 日美国商务部对原产于中国、韩国和印度尼西亚的涂布纸进行反补贴立案调查，随后，越来越多的国家发起了反补贴调查。

（二）技术性贸易壁垒（TBT）快速发展

由于 WTO 有关技术性贸易壁垒的协议并不否认 TBT 存在的合理性和必要性，允许各国根据自身情况制定与别国不同的技术标准和相应法规。于是发达国家利用这一法律依据制定了各种各样的技术标准、技术法规和质量认证体系。由于这些技术措施是依据发达国家的标准制定的，使得发展中国家往往无法达到这些要求，从而限制了发展中国家的商品出口。

（三）绿色壁垒名目繁多

当前，环境问题已经成为国际社会关注的焦点，国际贸易与环境问题的关系也是国际环保人士讨论的热点，他们认为，国际贸易使环境污染国际化，加剧了全球环境恶化。西方发达国家为保护国内环境制定了各种环境法规和标准，这些法规和标准常常会影响其他国家的商品出口。

（四）灰色区域措施（Gray Area Measures）被频繁使用

原产地规则和政府采购政策等灰色措施游离于 WTO 多边约束机制之外，因而被大多数成员作为贸易保护手段广泛使用。

（五）劳工标准和动物福利措施成为国际贸易新障碍

劳工标准和动物福利措施正成为世界贸易新规则。目前，发达经济体所推行和实施的 SA8000（Social Accountability 8000 International Standard）社会责任标准就是国际劳工标准的具体表现形式之一。这些措施的实施将大大削弱发展中国家劳动密集型产品和原材料的比较优势以及国际竞争力。

第二节　非关税壁垒的类型

非关税壁垒名目繁多、内容复杂，有多种分类方法。联合国贸易与发展组织将非关税壁垒分成三种类型，每种类型分为A、B两组，其中A组为数量限制措施，B组为提高进口商品成本措施，见表7.1。下面重点介绍最常见的几种传统非关税壁垒。

表7.1　非关税壁垒分类

A组	B组
1. 为保护国内生产不受外国竞争而采取的商业性措施	
(1) 进口配额 (2) 许可证 (3)"自动"出口配额 (4) 禁止出口和进口 (5) 国有贸易 (6) 政府采购 (7) 国内混合规定	(8) 最低限价和差价税 (9) 反倾销税和反补贴税 (10) 进口押金制 (11) 对与进口商品相同的国内生产实行优惠 (12) 对与进口商品相同的国内生产实行直接或间接补贴 (13) 歧视性的国内运费 (14) 财政部门对于商品在信贷方面的限制
2. 商业性政策以外的用于限制进口和鼓励出口的措施	
(15) 运输工具的限制 (16) 对于进口商品所占国内市场份额的限制	(17) 包装和标签的规定 (18) 安全、健康和技术标准 (19) 海关检查制度 (20) 海关估价 (21) 独特的海关商品分类
3. 为促进国内替代工业的发展而实行的限制进口措施	
(22) 政府专营某种商品 (23) 政府实行结构性或地区性差别待遇政策	(24) 通过国际收支限制进口

资料来源：根据联合国贸易与发展组织发布的非关税壁垒种类整理而成

一、进口配额

进口配额（Import Quota）又称进口限额，是指一国政府在一定时期（如一年，或半年，或一个季度）内，对某种商品的进口数量或金额加以直接限制。在规定的时限及配额内的货物可以进口，超过配额则不准进口，或者征收较高关税后才能进口。进口配额有绝对配额和关税配额两种方式。

（一）绝对配额

绝对配额（Absolute Quota）是指在一定时期内，对某些商品的进口数量或金额规定一个限额，达到这个限额后便不准进口。这种配额在实施中又分为全球配额和国别配额。

1. 全球配额

全球配额（Global Quota）属于世界范围内的配额，对于来自任何国家的商品一律适用。主管当局通常根据进口商的申请先后或过去某一时期的实际进口额批给一定的额度，直到总配额发放完，超过总配额就不准进口。由于全球配额不限定进口国别，进口商取得配额后可以从任何国家进口。这样，邻近国家因地理位置接近、交通便利、到货迅速而占先机，较远的国家则处于不利地位。因此，在配额的分配和利用上，难以贯彻国别政策，很多国家转而采用国别配额。

2. 国别配额

国别配额（Country Quota）是指政府规定一定时期内的总配额，在总配额内按国别分配给固定的配额。为了区别来自不同国家的商品，进口商在进口商品时必须提交原产地证明书。实行国别配额可以使进口国根据其与有关国家的政治、经济、文化以及地缘关系分配不同的额度。一般来说，国别配额可以分为自主配额和协议配额。

（1）自主配额（Autonomous Quota）又称单方面配额，是由进口国自主地单方面制定在一定时期内从某个国家进口某种商品的配额，而不需要征得出口国的同意。自主配额一般参照某国过去一定时期内的出口实绩，按一定比例确定新的进口数量或金额。由于各国所占比重不同，得到的配额有差异，所以进口国可以利用这种配额贯彻国别政策。但自主配额由进口国自行制定，往往带有不公正性和歧视性，容易引起某些出口国的不满或报复。因此，很多国家采用协议配额，以缓和彼此之间的矛盾。

（2）协议配额（Agreement Quota）又称双边配额，是由进口国和出口国政府或民间团体达成的配额协议，一般需要在进口商或出口商中进行额度分配，如果是双边民间团体达成的，应事先获得政府许可方可执行。协议配额是由双方协商确定的，通常不会引起出口方的不满与报复，并可使出口国对配额的实行有所谅解与配合，比较容易执行。

（二）关税配额

关税配额（Tariff Quota）是指对进口商品的绝对数额不加限制，而对一定时期内规定配额以内的进口商品给予低税、减税或免税待遇，对超过配额的进口商品则征收较高的关税或附加税。

关税配额与绝对配额的区别在于，关税配额在超过配额后仍可进口，但需征收较高的关税；而绝对配额是规定一个最高进口额度，超过后一律不准进口。因此，关税配额是一种把关税和进口配额结合在一起的限制进口措施。关税配额按其征收关税的优惠性质，可以分为优惠性关税配额和非优惠性关税配额。前者是对关税配额内的进口商品给予较大幅度的关税减让，甚至免税，而对超过配额的进口商品按原来的最惠国关税率征收；后者是对关税配额内的进口商品征收原来正常的进口税，对超过配额的进口商品征收较高的附加税或罚款。

二、自愿性出口限制

自愿性出口限制（Voluntary Export Restricts），又称自愿限制出口，是指出口国在进口国的要求和压力下，自己规定在一定时期内（一般为3～5年）某类或某些商品的出口数额。在规定的数额范围内“自愿”控制出口，超过该数额则禁止出口。自愿性出口限制并非出于出口国的真实意愿，事实上，进口国往往以某种商品大量进口使相关工业部门遭到严重损害或造成“市场混乱”为由，要求出口国“自愿”限制出口数量，或者以其他条件为诱饵迫使出口国限制出口数量，否则，就采取报复性的贸易措施。因此，自愿性出口限制带有明显的强制性。自愿性出口限制主要有以下两种形式。

（一）协议性自愿出口限制

协议性自愿出口限制是指进出口双方通过谈判签订“自愿限制协议”（Self-Restriction Agreement）或“有序销售协议”（Orderly Marketing Agreement），规定在一定时期内某些商品的出口配额，出口国应根据此配额实行出口许可证或出口配额签证制（Export Visa），自行限制这些商品的出口，进口国则通过海关进行统计核查。

（二）非协议性自愿出口限制

非协议性自愿出口限制是指出口国面对来自进口国的压力，自行单方面规定出口商品数额以限制商品出口。这种类型的配额有的是由政府有关机构规定并定期公布，出口商向政府有关机构申请配额，领取出口授权书或出口许可证后出口；有的是由出口商或协会自行控制出口。

自愿性出口限制产生于20世纪50年代。由于其可以避开GATT的规则，因而被西方发达国家广泛采用。以1989年为例，当年自愿性出口限制安排多达286种。其中，欧共体（EU）实行自愿性出口限制最多；其次是美国；再次是欧洲自由贸易协定国（EFTA）。自愿性出口限制涉及多种产品，其中纺织品、钢铁和农产品受到的影响最大。

三、进口许可证制

进口许可证制（Import License System）是指进口国规定某些商品的进口必须事先申领进口许可证，否则一律不准进口。它是进口国管理贸易和控制进口的重要手段。对进口许可证可做以下分类：

（一）按进口许可证与配额的关系分类

1. 有定额的进口许可证

进口国预先规定有关商品的进口配额，然后在配额的限度内，根据进口商的申请，对每笔进口货物发给一定数量或金额的进口许可证，配额用完即停止发放。一般来说，进口许可证是由进口国有关当局向提出申请的进口商发放的，但也有将这种权限交给出口国自行分配使用的。

2. 无定额的进口许可证

进口国预先不公布进口配额，只是在个别考虑的基础上发放有关商品的进口许可证。因为是个别考虑，没有公开的标准，发放权完全由进口国主管部门掌握，因此更具有隐蔽性，能够发挥更大的限制进口的作用。

（二）按进口商品的许可程度分类

1. 一般性进口许可证

一般性进口许可证又称公开进口许可证、自主进口许可证。它对进口国别或地区没有限制，凡是列明属于一般性进口许可证的商品，只要填写一般性进口许可证后，即可获准进口。因此，这类商品实际上是“自主进口”的商品，它的目的不在于限制进口，而在于管理进口。

2. 特种进口许可证

属于特种许可证管理的商品进口时，必须向有关当局提出申请，经过逐笔审批后才能进口。这种许可证往往都规定商品的国别或地区。

进口许可证便于进口国控制进口额度，或者进行贸易歧视，因此，在国际贸易中越来越广泛地被用作非关税壁垒。有些国家为了限制进口，故意制定烦琐复杂的申请程序或手续，使进口许可证成为一种拖延或限制进口的措施。

四、外汇管制

外汇管制（Foreign Exchange Control）是指一国政府通过法令对国际结算和外汇买卖实行限制，以平衡国际收支和维持本国货币汇价的一种制度。外汇管理与对外贸易有着密切关系，出口必然要收入外汇，进口必然要支付外汇。因此，如果有目的地对外汇进行管理，就可以直接或间接地限制进出口。实行外汇管制的国家一般规定出口商必须将其出口所得外汇收入按官方汇率（Official Exchange Rate）结售给外汇管理机构，进口商也必须通过外汇管理机构按官方汇率申请购买外汇。这样，政府就可以通过官方汇率、集中外汇收入、控制外汇支出、实行外汇分配等办法来控制进口商品的数量、品种和国别。外汇管制的方式可分为如下几种。

（一）数量性外汇管制

国家外汇管理机构对外汇买卖的数量进行直接限制和分配，主要目的在于集中外汇收入并控制外汇支出。有些国家实行数量性外汇管制时，还规定进口商必须获得进口许可证后才能得到所需的外汇。

（二）成本性外汇管制

国家外汇管理机构对外汇买卖数量实行复汇率制（System of Multiple Exchange Rates），利用外汇买卖成本的差价，间接影响不同商品的进出口。所谓复汇率制是指一国货币对外有两个或两个以上汇率，分别适用于不同的进出口商品，主要是通过汇率的差别达到限制或鼓励某些商品进出口的目的。

（三）混合性外汇管制

同时采用数量性和成本性外汇管制，对外汇实行更为严格的控制。

五、进出口国家垄断

进出口国家垄断（State Monopoly）又称为国营贸易，是指在对外贸易中，某些商品的进出口由国家直接经营或把某些商品的进出口专营权给予某个垄断组织。

国家垄断的进出口商品主要有四大类：第一类是烟酒。政府可以从烟酒的进出口垄断中取得巨大的财政收入。第二类是农产品。农产品的对外垄断销售，一般是发达国家国内农业政策措施的一部分，这在欧美国家尤为突出。第三类是石油。石油关系到一国的经济命脉，因此，主要的石油出口国和进口国都设立国营石油公司，对石油贸易进行垄断经营。第四类是武器。武器不但关系到国家安全，而且关系到世界和平，因此武器贸易多数由国家垄断经营。

六、政府采购政策

政府采购政策（Government Procurement Policy）是指国家制定法令，规定政府机构在采购商品时必须优先购买本国的产品。这种政策实际上是歧视外国产品，起到限制进口的作用。很多国家都有类似的制度，有的国家虽然没有明文规定，但优先采购本国产品已经成了惯例。例如，美国从1933年开始实行《购买美国货法案》，并于1954年和1962年做了两次修改，该法案规定凡是美国联邦政府所要采购的货物，应该是美国制造的或是美国原料制造的。起初，该法案规定，产品制造有50%以上属于国外生产的就称为外国货，后来又进行修改，规定在美国自己生产数量不足或国内价格太高或不买外国货就会伤害美国利益的情况下，才可以购买外国货。优先采购商品的美国产品价格高于国际市场价格6%～12%，而美国国防部和财政部经常采购比外国商品贵50%的美国产品。《购买美国货法案》直到东京回合美国签署了政府采购协议后才废除。

七、国内税

国内税（Internal Taxes）是指一国对在本国境内生产、销售、使用或消费的商品所征收的各种捐税，一些国家往往采用国内课税制度来直接或间接限制进口。通过征收国内税，对国内外商品实行不同的征税方法和税率，增加进口商品的纳税负担，削弱其与国内产品竞争的能力，从而达到限制进口的目的。国内税是一种比关税更加灵活和易于伪装的措施，因为国内税的制定和执行权完全属于一国政府，有时甚至是地方政府的权限，通常不受贸易条约和协定的约束。

八、最低限价和禁止进口

最低限价（Minimum Price）就是一国政府规定某种进口商品的最低价格，如果进口商品低于规定的最低价格，则征收进口附加税或禁止进口。例如，1985年智利对绸坯布进口规定了每千克52美元的最低限价，低于这个价格，将征收进口附加税。采用这种政策，可使一国有效地抵制低价商品的进口或以此削弱进口商品的竞争力，保护本国产业。

禁止进口（Prohibitive Import）是限制进口的一种极端措施。当一国政府认为一般的限价已不足以解决国内市场受冲击的困难时，就会颁布法令，公开禁止某些商品进口。但这种措施很容易引起对方国家的报复，导致贸易战，最终两败俱伤，因此不宜贸然采用。

九、预先存款制

预先存款制（Advanced Deposit）又称进口押金制，是指进口商在进口商品前，必须预先按进口金额的一定比例于规定时间在指定银行无息存入一笔现金的制度。这种制度增加了进口商的资金负担，影响了资金的周转，从而起到限制进口的作用。例如，意大利政府从1974年5月到1975年3月对400多种进口商品实行进口押金制。凡规定中的商品，进口商必须预先向中央银行缴纳相当于进口货款一半的现金，无息冻结半年。据估计，这项措施相当于征收5%的进口附加税。

十、海关估价制

海关估价制（Customs Valuation System）本来是指海关为了征收关税而确定进口商品价格的制度。但在实践中，有些国家根据某些特殊的规定，提高进口商品的海关估价，从而增加进口商品的关税负担，阻碍商品的进口，这就使海关估价成为专断的制度。

专断的海关估价制度的实行以美国最为典型。美国海关长期按照进口商品的国外市场价格（出口国国内销售市场的批发价格）或出口价格（出口国市场供出口的价格）两者之间较高的一种进行征税。对某些与本国商品竞争激烈的进口商品（如煤油产品、胶底鞋类、毛手套等）则按“美国销价制”（American Selling Price System）征收关税，这些商品都是在美国销价很高的商品。采用这种估价制度，人为地提高了进口商品的关税负担。由于受到其他国家的强烈反对，美国于1981年废除了这种估价制度。

为了消除各国海关估价制度的巨大差异，并减少其作为非关税壁垒的消极影响，GATT东京回合谈判达成了《海关估价协议》。1993年年底的乌拉圭回合谈判对海关估价制度进行了修订，并形成了《1994年海关估价守则》，即《WTO海关估价协定》，建立了公平、统一、中性的国际性海关估价制度。《1994年海关估价守则》规定，海关估价的主要依据是“成交价格”。如果不能据此确定海关估价，则由海关当局和进口商进行磋商，取得确定价格的依据。在不能按进口货物的实际价格或类似货物的实际价格为基础时，进口商有权选择以下五种不同次序的估价方法：①进口商品的成交价格，以实际支付和即将支付的价格为基础；②如果不能确定成交价格，则以同时或大约同时向同一进口国输出的相同货物的成交价格作为海关估价；③如果相同商品的交易价格也无法确定，则使用与该货物同时或大约同时向同一进口国输出的类似货物的成交价作为海关估价依据；④扣除价格估价法，它是指以进口货物、相同或类似进口货物的销售价格扣除佣金和利润、一般费用、运输费用和保险费、关税以及再销售而发生的其他费用和开支进行估价；⑤计算价格估价法，即通过计算出口国生产该商品的成本、一般费用和利润以及其他费用和开支来确定进口商品的价格。

【案例7.1】

美国纺织产业支持“购买美国货”法案

在2012年的伦敦奥运会由Ralph Lauren Corp设计的美国奥运代表团制服竟然全部由中国大陆代工制造的风波之后，美国纺织产业致力于支持提升美国本地制造业的立法提案，也许并不令人惊讶。一项新的“*Wear American Act of* 2012”法案拟将现行联邦政府采购成衣产品中51%必须为美国制造之规定，修订为所有美国政府机关采购纺织、纺织组件及成衣产品时，必须100%采购美国制造之商品。提案的美国俄亥俄州参议员Sherrod Brown表示，因为不公平贸易，长久以来使得美国制造业包括纺织与成衣业的工作机会转移至海外。鉴于美国纺织产业聘雇超过50万就业人口，故联邦政府应尽可能采购美国本地生产制造之成衣产品。美国全国纺织团体协进会（NCTO）主席Cass Johnson补充说明，无论是在奥运赛场上还是联邦政府采购案上，对美国公民与世界各地而言，使用“美国制造”的品牌产品应该是代表美国本身的不可或缺的一部分。他还指出，过去3年美国纺织产业已投资超过30亿美元，包括在美国本地建设新厂房，以生产全球最具创新性之纱线与布料，此时提出“*Wear American Act of* 2012”法案正是时机，且美国纺织产业2011年度约出货530亿美元的产品，因而易于供应联邦政府全部纺织品与成衣采购之需求。

新版的“*Wear American Act of* 2012”法案一旦获得通过，将影响全球纺织品贸易，它将对中国纺织品出口产生什么影响值得政府和企业界思考。

（资料来源：http：//www. shengyidi. com/news/d－1153092/）

第三节 新时期的非关税壁垒

在国际贸易快速发展的同时，新贸易保护主义也不断兴起。近年来，国际贸易新型非关税壁垒不断出现，成为影响自由贸易的最主要的障碍，已经引起各国政府、企业界人士以及理论工作者的高度关注。

一、新型非关税壁垒的含义和特点

（一）新型非关税壁垒的含义

国际贸易新型非关税壁垒是指以技术性贸易措施为核心，以保护人类健康和劳动者权利、保护自然环境、减少对动物的危害为由，以保护国内市场和削弱竞争对手的市场竞争力为目的而设置的所有阻碍国际自由贸易的新型非关税措施。新型非关税壁垒与传统非关税壁垒的区别在于，传统贸易壁垒是从商品数量和价格上加以限制，更多地体现在商业利益上，大多采取的是边境措施；而新型非关税壁垒则着眼于商业数量和价格之外的限制，更多地考虑商品对人类健康与安全以及环境的影响，体现的是社会效益，所采取的措施主要是国内政策和法规。

（二）新型非关税壁垒的特点

与关税和传统非关税壁垒相比，国际贸易新型非关税壁垒有以下新特点。

1. 双重性

新型非关税壁垒一方面具有合理性，更注重商品的健康安全质量要求。国际贸易产品本身及其生产加工、配送过程都不以牺牲公民健康安全和破坏环境为代价；另一方面，它又成为贸易保护主义的工具，以保护公民健康安全和环境为名，行贸易保护之实。

2. 复杂性

新型非关税壁垒大多涉及一国国内的技术法规、标准和政策法规，它比关税、许可证和配额等传统贸易壁垒复杂得多，涉及的商品非常广泛，评定程序也更加烦琐，不但增加了国际贸易相关利益方的产品成本，而且增加了交易费用。

3. 稳定性

为了保证新型非关税壁垒的实施，各国都采取了国内立法的方式来加强这些壁垒的合法性，使得这些壁垒具有长期实施的稳定性，可以在较长时期内对进口商品产生阻碍作用。

4. 隐蔽性

各种新型非关税壁垒借环保、健康安全之名，隐蔽于具体的贸易法规、国际公约的执行过程中，成为进口国拒绝外国商品进口的有力手段。

二、新型非关税壁垒的发展趋势

国际贸易新型非关税壁垒的发展趋势表现为以下几个方面：

(1) 种类越来越多，受限的产品越来越广。目前，国外所采用的新型非关税壁垒涉及的面相当广，种类繁多，从人类生产、生活用品到动植物，都在涵盖范围内。

(2) 新型非关税壁垒越来越复杂，越来越苛刻。新型非关税壁垒不仅随着产业结构的变化而变化，而且随着产品技术含量的提高和产业结构的升级，更加难以预测。新型非关税壁垒已开始针对高附加值和高技术产品，并且由单一性转向综合性和复杂性。

(3) 更加注重人类健康与安全以及生态平衡。随着人们生活水平的提高，越来越多的国家更加注重产品本身及其生产加工配送过程对人类健康与安全以及生态环境的影响，也更加重视对动植物的保护，以维护生态平衡。

(4) 影响范围从个别产品转向整个产业甚至所有产品。以往，各种贸易壁垒是针对某个产品或某种产品而制定的。但近年来，各种新型非关税壁垒的出现越来越针对整个行业或产业来实施，受影响的程度更大，面更广。

三、新型非关税壁垒的种类

（一）技术性贸易壁垒

1. 技术性贸易壁垒的形式

技术性贸易壁垒（Technical Barriers to Trade，TBT）是指一国对进口商品所制定的复杂苛刻的技术标准、卫生检疫程序以及商品包装和标签规定等。这些规定往往以维护生产、消费安全和人类及动植物健康、环境保护等理由而制定。这些规定非常复杂，而且经常变化，使外国商品难以适应，从而起到限制进口的作用。常用的技术性贸易壁垒有以下几种形式：

(1) 技术标准。发达国家普遍对制成品的进口规定极为严格、烦琐的技术标准，而且涉及的范围越来越广，进口商品必须符合这些标准才能进口。例如，德国禁止在国内使用车门从前往后开的汽车，而这种汽车恰好是意大利菲亚特500型汽车的式样，这样就有效地阻止了意大利汽车的进口。有些技术标准不仅作为条文限制商品进口，而且在实施过程中还为外国商品的销售设置了重重障碍。例如日本曾经规定，英国输往日本的小汽车运到日本后，必须由日本人进行检验，如不合规定，则由英方的日本雇员进行检修，这样就费时费工，而且日本有关技术标准公布迟缓，使英国汽车输往日本更加困难。

(2) 卫生检疫程序与标准。卫生检疫程序与标准主要适用于农副产品、食品、药品、化妆品等。现在各国要求检疫的商品越来越多，程序越来越烦琐，标准也越来越高。例如，美国规定，进口的食品、饮料、药品及化妆品，必须符合美国《联邦食品、药品及化妆品法》的规定，进口货物通关时，均须经食品药物管理署（FDA）检验，如发现与规定不符，海关将予以扣留，有权进行销毁，或按规定日期装运再出口。

(3) 商品包装和标签规定。很多国家对本国市场销售的商品规定了各种包装和标签条例，内容复杂，手续烦琐，对商品的包装材料、包装方式都有具体的规定。进口商品必须符合这些规定才能进口。许多外国商品为了符合这些规定，不得不重新包装和改换商品标签，因而增加了商品成本，影响了商品的销路。

2. 技术性贸易壁垒产生的原因

技术性贸易壁垒产生的原因有以下几方面：

（1）科技水平的差异导致技术性贸易壁垒的产生。技术密集型产品占世界贸易的比例进一步上升，国际贸易中所涉及的各种技术问题变得更加复杂。发达国家在技术标准、技术水平、认证制度以及检验制度等方面领先于发展中国家。在激烈的国际市场竞争中，发达国家凭借其先进的科技水平，往往成为国际贸易规则的主导者和制定者。由于发展中国家的科技水平远远落后于发达国家，出口商品的技术指标往往难以达到发达国家的要求和标准，因而容易受到发达国家的技术性贸易措施的影响。

（2）关税等传统贸易壁垒的作用逐步降低，技术性贸易措施等新型非关税壁垒取而代之。由于WTO在促进国际贸易发展中的作用不断增强，关税逐步下降，传统非关税壁垒的限制作用也不断弱化，而且容易导致贸易报复，因此，世界各国特别是发达国家不断推出技术性措施来影响进口。

（3）消费观念的转变和健康安全、环保意识的增强，促使技术性贸易措施产生。随着收入和生活水平的提高，消费者的健康安全和环保意识在增强，对生活品质的要求也越来越高，迫使各国政府不断更新和升级各类技术标准、检验程序和法律法规以满足消费者的需要。

（4）WTO中的例外规则为技术性贸易壁垒的设置提供了便利。WTO允许各成员为提高产品质量、保护人类健康与安全、保护动植物生命与安全、保护环境等制定相关的技术性措施，为世界各国特别是发达国家设置严格的技术标准、检验程序以及法规提供了合理的依据。

（二）绿色壁垒

随着世界环境的不断恶化和人们环保意识的增强，越来越多的人认识到环境与人类社会的发展（包括科技的发展和经济的发展）具有密切的关系。经济和社会的发展往往会造成对自然环境的破坏，带来各种污染，致使生态失衡。环境保护本来是以保护自然环境和人类健康为目的的，但贸易保护主义混淆了环境保护与贸易保护的关系，乘机设置绿色贸易壁垒，而且这种贸易壁垒比其他贸易壁垒更加有效和隐蔽，更加“名正言顺”。当前，环境壁垒被滥用的情况越来越严重。

1. 绿色壁垒的兴起

绿色壁垒即环境壁垒，是一种以保护环境、自然资源和人类健康为理由制定的一系列苛刻的环境标准，是一种贸易保护主义新措施。绿色贸易壁垒的产生源于三个方面：

（1）美国麦多斯教授在其1970年出版的《增长的极限》一书中提出：以不可再生自然资源的加速耗竭和污染程度的逐渐加深为代价的经济增长属于指数增长型，不可持久。世界各国尤其是发达国家为保护环境和人类健康不断推出各种环境措施，其中包含不合理的限制进口的措施，成为国际贸易中的新的贸易壁垒——绿色壁垒。

（2）虽然经济全球化浪潮高涨，但是世界各国的发展极不平衡，发达国家与发展中国家的差距不是在缩小而是在进一步扩大。在这种情况下，发达国家利用其经济优势，倡导各种高标准的环境条约，以抢占国际市场，保护其经济竞争的优势。这些高环境标准构成了发达国家对发展中国家的绿色贸易壁垒。

（3）国际化经营趋势逐渐加强，国际分工日趋深化，一国经济发展越来越依靠国际市场。各国为了防范国际市场变动带来的巨大风险，纷纷构筑各种绿色壁垒以保护国内市场和国内产业，以避免外国竞争。

2. 绿色壁垒的特征

（1）歧视性。世界各国尤其是发达国家无视其他国家的贸易利益，以环境保护和公民健康与安全为理由，针对进口商品制定和实施各种不合理的环境标准，以限制商品进口，带有明显的歧视性和不公平性。

（2）隐蔽性。各种绿色壁垒借环保之名，隐蔽于具体的贸易法规、国际公约的执行过程中，成为进口国拒绝外国商品的手段。

（3）广泛性。绿色保护的内容非常广泛，不仅涉及资源环境与人类健康有关的商品生产和销售，而且对那些需要达到一定安全、卫生、防污等标准的解释具有不确定性和可塑性，导致有些标准在具体实施过程中具有随意性和泛滥性。

（4）限制性。绿色贸易壁垒抓住人们关注消费质量、关注生态环境的心理，根据本国市场和消费者的情况制定相关标准和措施，人为设置外国商品的进入障碍，具有阻碍进口的作用。

3. 绿色壁垒的常用形式

（1）环境标志制度。环境标志制度是政府有关部门按照一定的程序给那些不仅在质量上合格，而且有利于人体健康及保护人类生存环境的产品颁发环境标志的一种制度。由于各国环境标志的依据存在差异，有些国家利用它来抵制外国商品，使其成为一种变相的贸易壁垒。

（2）直接限制进口。进口国家以保护环境为名，对一些污染类商品课以进口附加税，有些则限制或禁止其进口，甚至实施贸易制裁。

（3）绿色包装制度。绿色包装制度的本意是要求包装材料节约资源，减少废弃物，用后易于回收再用或自然分解，而且不污染环境。现在它逐渐成为进口国实行贸易保护主义的措施。

（4）生产加工技术标准。生产加工技术标准包括：对外国商品制定针对性的技术标准，禁止进口；对技术标准的制定采取不透明或半透明状态；在检测或验证上设置障碍。

（5）环境成本与绿色补贴制度。近年来，部分国家出于保护环境和资源的目的，将环境和资源费用计在产品成本之内，使环境资源成本内在化。这些国家认为，忽视环境质量或以降低环境标准的方式生产的出口产品，本质上具有不公平的比较优势或环境补贴，从而构成“生态倾销”，形成对高环境标准产品生产企业的不公平竞争。在行动上，这些国家以征收反倾销税或调节税的方式，来平衡国家间的环境政策不同所造成的成本差异，从而形成新的贸易壁垒。还有一些国家通过跨国公司将污染严重的产品转移到其他国家生产，使生产国的产品环境成本提高，以削弱它们在国际市场的竞争力或限制这些产品进入产品生产输出国家。

随着环境问题越来越突出，自由贸易体制将受到环境保护的威胁。这种自由贸易与环境保护的矛盾体现在进口国与出口国之间，尤其是发展中国家与发达国家之间。一些发达国家从保护国内环境出发，对生产方式或产品品质提出较高的环境标准，而发展中国家因自身经济实力和技术水平的限制，难以达到发达国家的环境要求，致使发展中国家对发达国家的出口贸易受到限制。面对这种不利的局面，发展中国家需要争取发达国家给予特殊待遇。但要真正解决问题，发展中国家只能通过不断提高自身的技术水平和环保标准，使出口商品符合发达国家的环保和技术要求。

4. 我国应对绿色壁垒的策略

虽然绿色壁垒与WTO所倡导的自由贸易相冲突，但它对于保护环境、促进可持续发展有着积极的作用，对此我们应该以理性客观的态度来看待这一问题，需要采取科学有效的手段处理国际贸易中的绿色壁垒。

（1）制定严格的环保法律、法规和技术标准。对生产中排放的污染物，要确定严格的排放标准，并形成一些相应的法律、法规，这是减少污染物排放的有效手段。同时，有关环境保护的法律、法规的内容不应只是单纯地防治污染和保护自然环境，而是要扩展到产生污染和浪费资源、能源的生产过程和消费过程，对企业生产全过程进行监督管理，促使企业采用先进技术、先进工艺，积极推行清洁生产，加强环境保护，贯彻执行“污染者支付原则”（Polluter Pays Principle，PPP），谁污染谁治理，使环境成本内在化。从长远来看，这对于控制和减少污染，改善环境质量，实现可持续发展，从本质上增强企业自身的竞争力有重要的作用。同时，我国还要积极参加一些国际环境公约，并严格遵守国际公约，承担公约所要求的保护全球环境的义务和责任。

（2）建立健全环境监管体系。首先，要完善我国的环境标志制度。环境标志已成为21世纪商品出口的“国际通行证”。实践证明，凡是取得环境标志的产品，在国际市场上普遍具有很强的竞争力。例如，青岛海尔冰箱取得的欧洲环境标志，成为进入欧洲市场的绿色通行证，在欧洲市场取得了较好的销售业绩。当前，应该从法律上保证环境标志制度的实施，尽快出台适合我国情况的环境标志制度实施细则和管理条例，以确保所有符合环境标准的产品都得到环境标志认证。同时，对盗用、滥用环境标志的行为要给予坚决的打击，从而确立环境标志的权威性、真实性和可靠性。

其次，要推广实施ISO 14000国际环境标准。ISO 14000国际环境标准是为了保护环境、消除国际贸易中的非关税壁垒、促进社会经济持续发展，针对全球企业制定的环保标准。企业实施ISO 14000国际标准的目的在于建立企业环境行为的有效约束机制，减少企业在生产过程中对环境所造成的污染。因此，我国要加强推广实施ISO 14000认证工作，对积极申请的企业给予相应的政策优惠。同时，要关注外资引进对环境保护所带来的负面影响，坚决限制污染严重的外资企业进入境内。外商投资企业同样要遵守我国环境保护的法律、法规，污染排放要达到国家规定的标准。对于造成环境污染的企业，要采取必要的预防措施和有效的制裁手段，如征收环境税、对污染收费等。

（3）促进环保产业发展。环境保护已成为世界潮流，环境保护产业也必将成为国际市场的主流。绿色产品因其健康性、安全性而备受消费者的青睐，是突破绿色壁垒的坚实基础。环境保护产业具有潜在的动态比较优势，完全有条件成为具有竞争优势的支柱产业。它有较强的外部关联效应，其发展可以带动环境技术、绿色产业、绿色产品等一批相关产业的发展，从而成为新的经济增长点。发达国家的环保产业已具有一定的规模和水平，发展中国家由于经济技术水平的限制，还处于初创阶段，但其前景广阔。发展我国的环保产业已势在必行，对此应采取如下措施：

首先，政府应制定环保产业发展规划，确定环保产业的发展目标和发展重点，培植环保产业的国际竞争力。

其次，政府应制定扶持环保产业发展的倾斜政策，如政府直接投资、信贷优惠、税收优惠、出口退税、加大研究与开发的投入、鼓励环保技术创新等。

再次，政府应充分利用国际金融组织的优惠贷款。世界银行和亚洲开发银行等国际金融组织都把环境保护作为优先援助或贷款的项目，我国应尽可能地争取这类贷款。

最后，政府应培育环保型企业集团。通过政府推进和市场引导促进大型企业集团的形成，同时用公司制改组环保企业，鼓励环保企业以资产为纽带进行跨地区、跨行业和跨所有制的联合和兼并。

（4）积极应对绿色贸易壁垒。面对以绿色壁垒为由侵害我国合法权益的事件，我们要依据 WTO 规则中有关环境保护的国际公约，同进口国进行磋商，甚至向 WTO 或有关国际组织提出抗辩。在磋商和申诉均无效的情况下，可根据 WTO 的有关规定实施贸易报复措施，以维护自身的合法权益。此外，由于污染可能发生在生产过程，也可能发生在消费过程，所以要严禁国外不符合环保标准的产品、废旧物资，特别是洋垃圾流入我国。

（5）企业要积极实施绿色产品战略。加入 WTO 后，为了适应国际潮流，我国企业必须实行绿色战略，开发绿色产品。所谓绿色产品是指从生产到使用乃至回收的整个过程都符合特定的环境保护要求，对生态环境无害或危害极少，以及可回收利用的产品。绿色产品开发是一项系统工程，它和开发其他所有产品一样也有选择目标、研究设计、制造样品、投产和改进等阶段；但无论哪一个阶段，企业都要坚守对人类健康安全无害和对环境影响最小化的底线。具体开发策略如下：

第一，专业化研究。专业化研究是指企业的科技人员为开发绿色新产品而进行的专业化科学研究。要通过专业研究和设计，真正开发出有利于人类生态环境的绿色产品。

第二，进行产品生命周期分析。生命周期分析（Life Cycle Analysis，LCA）是一项非常实用的技术，采用 LCA 方法，对满足消费者需求的绿色产品进行分析评价，可使企业明了产品在整个生命周期中的每个阶段对环境影响的程度，从而采取改进措施，以使产品的整个生命周期都是“绿色”的。在此基础上，企业还要根据产品生命周期中各个阶段顾客的不同要求，不断改进产品，不断加深其“绿度”。

第三，注意资源的节约和产品的标准化、耐久性。绿色产品还必须能减少自然资源的利用，同时使其他资源能最优化利用。比如，新产品虽然没有污染但造成资源浪费，也不是绿色产品。所以在对新产品进行研究设计时，不但要考虑产品的标准化和耐用性，还要考虑产品零部件的回收利用，尽可能不造成资源浪费，使产品更“绿”。

第四，全面考虑新产品的“绿度”。在绿色产品的开发设计中要注意，一种产品在某一方面可能具有突出的环保性，但在另外一些方面可能对环境很不利。比如，由于有些污染是发生在消费过程中，因此不能将生产时没有污染的产品归为绿色产品。不能只注意产品在某一方面的环境效益而忽视其他负面的影响，否则所谓的“绿色产品”会很快失掉“绿色”形象和市场。

第五，做好市场调研，准确选择目标市场。企业要做好绿色产品的市场调研工作，要掌握目前绿色产品市场状态，了解顾客的现实需求和潜在需求，依据企业自身实际情况，选择目标市场。企业研制的产品应适销对路，还要力所能及，达不到设计要求的产品会损害消费者的利益。另外，企业也可以对原有的产品进行改进，去掉不符合环保的部分，加上有利于环保的功能，这样既保住了老顾客，也吸引到新顾客，同时降低了新产品的营销成本，从而有利于新产品的促销。

总之，企业如果要在未来的市场竞争中占有先机，开发绿色产品是必不可少的发展战略。开发绿色产品是可持续发展战略的必然要求。

（三）社会责任体系

社会责任体系是指为保护劳动者的健康安全和生存权利所规定的企业必须承担的各项责任和义务。社会责任体系由各种国际公约的社会条款（包括社会保障、劳动者待遇、劳动权利、劳动技术标准等条款）构成，它与公民权利和政治权利相辅相成。社会责任体系的核心是劳工标准问题，发达国家与发展中国家之间的劳工标准差异构成了国际自由贸易的壁垒。发展中国家在经济发展水平和生活水平方面与发达国家存在巨大差异，尤其是低工资、长工作时间、工作条件恶劣、产业高污染等现象在发展中国家普遍存在。当不同标准的国家之间开展国际贸易时，发达国家的人们会对来自低标准国家的进口商品产生疑虑，担心这些商品生产过程中是否使用了童工，是否破坏了环境等。近年来，美国和其他发达国家越来越关注与人权相关的劳工标准问题，一些人权人士认为，与低标准国家开展国际贸易会导致竞相追逐低标准，使标准不断降低。目前，劳工标准所包含的具体内容还没有统一的界定，但是，国际劳工组织（ILO）和国际经济合作与开展组织（OECD）认为至少应包括五方面的基本权利：①禁止强迫劳动；②劳工结社自由；③组织劳工集体谈判的权利；④禁止使用童工；⑤禁止就业歧视。

此外，ILO 和 OECD 对最低工资保障、每个工作日的最大工作时长以及工作场所的健康与安全保障方面的标准也提出了相关建议。在国际贸易领域，劳工标准通常体现在 SA 8000 社会责任体系标准中。SA 8000 标准于 1997 年 8 月出台。目前全世界有几十个国家的几百家企业组织获得了认证，其中，我国有几十家企业组织获得了认证。

（四）动物福利措施

动物福利是指为使动物能够康乐而采取的一系列行为或措施，给动物提供各种舒适的外部条件。目前，许多发达国家已开始对动物福利进行立法，要求保证动物享有不受饥饿、生活舒适、避免肉体疼痛和精神恐惧以及享有表达天性等方面的自由权利。2003 年 1 月，欧盟理事会明确提出，欧盟成员在进口第三国动物产品之前，应将动物福利作为考虑的一个因素。动物福利措施具有成本低、操作容易的特点，可能成为未来限制农产品贸易，特别是禽畜产品贸易的主要壁垒，如果进口动物不符合这些福利标准，就会被拒绝进口。一个典型的例子是乌克兰向法国出口活猪受阻：几位乌克兰农场主根据合同，向法国出口活猪，经过 60 多个小时的长距离运输后，活猪被法国有关部门拒之门外。原因是乌克兰农场主在长途运输中没有考虑活猪的福利问题，即这批活猪在运输过程中没有按照法国有关法规得到充分休息，违反了动物福利法。

（五）物种壁垒

物种壁垒主要来自 2004 年 4 月日本开始实施的《种苗法修正案》的一些规定。该修正案规定了种苗品种登记制度，即对于培育开发的新品种，在向日本政府农林水产省水产品局种苗课申请登记，经审查确认后，即可获得相当于工业产品专利权的“培育者权利”，并接受政府的保护。《种苗法修正案》实质上是一种主要针对农产品的新型壁垒，即物种壁垒，对农产品贸易将产生很大影响。目前，世界上不少国家效仿日本的做法，以保护知识产权为借口，设置了更加复杂的新型壁垒。

（六）保障措施和特别保障条款

保障措施是指 WTO 成员方在进口量激增并对本国或本地区相关产业造成严重损害或威胁时所采取的进口限制措施。它主要通过增加关税、实施非关税措施或者两者并用来限制进口，以达到本国或本地区产业免受其他成员方产品冲击的目的，是世界贸易组织准许其成员在公平竞争环境下保护国内或地区内相关产业免受伤害的条款。

特别保障条款是 WTO 成员方为了防止我国出口商品在加入 WTO 后以较低关税水平涌入各成员方市场而设定的条款。目前，美国、欧盟、加拿大、印度等国家和地区制定了对我国的保障措施法规。商务部的统计资料显示，至 2008 年年底，国外对我国实施保障措施限制的案件已超过 200 起，案件数量超过全球保障措施案件的三分之一，且呈上升趋势，已有 30 多个国家和地区对我国设限，我国成为保障措施的主要受害国。

（七）知识产权保护措施

知识财产是发明者、艺术家、作家等的创新性或创造性思想（Idea）及其结果。所谓知识产权保护就是指政府通过法律、法规、条例等措施对个人或团体的知识财产加以保护，确保知识产权所有者至少在一定时期内能独自享有控制这些知识财产的权利。专利、版权和商标法等都属于这类保护措施。不同国家在知识产权保护意识和保护力度方面存在很大差异，从而对国际贸易产生巨大影响。知识产权侵权行为不仅会破坏国际贸易中的公平竞争环境，影响进出口贸易，损害知识产权所有者的权益，甚至可能产生贸易摩擦或贸易战。在国际贸易中，除了盗版侵权之外，仿制品的盛行也是一种影响国际贸易的知识产权侵权行为，那些持有合法商标的企业会因为仿制品而失去市场份额。近年来，无论是在国内还是国外，滥用知识产权的问题并不鲜见。2009 年 6 月 15 日，英力士萤石公司等两家原告在美国得克萨斯州南区联邦地区法院，起诉我国中化宁波公司、中化厦门现代环境保护化学公司、中化太仓环境保护化学公司、美国中化公司等侵犯其专利权。中化集团在宁波、厦门、太仓、美国等地区的环保制造企业还曾在 2007 年 10 月 5 日、2008 年 9 月 17 日在美国被控专利侵权等。另一方面，中国企业的知识产权也屡屡被侵犯，每年商标在国外被抢注案件超过 100 起，涉及化妆品、饮料、家电、服装、文化等多个行业。如“海信”在德国被抢注、厦门节能灯商标“东林”在德国被抢注、“康佳”在美国被抢注、“科龙”在新加坡被抢注、河南白酒品牌“杜康”在日本被抢注、云南卷烟品牌“阿诗玛”“红塔山”在菲律宾被抢注、“五粮液”在韩国被抢注。

知识产权侵权行为已越来越引起各国政府和企业界的高度关注，各国纷纷采取各种措施保护知识产权和打击知识产权的侵权行为。其中，有些措施是合法、合理的，也有些措施是借保护之名来限制国际贸易，成为影响正常贸易的壁垒。

（八）反规避措施

规避是指一国商品可能被另一国征收反倾销税时，生产商或出口商通过各种形式、手段来减少或避免被征收反倾销税的方法或行为。反规避措施是指进口国针对出口商的规避反倾销行为而采取的各种法律手段。在美国和欧盟，反规避措施目前已成为继反倾销之后的又一种新的法律保护方式，并在其各自的对外贸易法律体系中占有重要地位。2008 年，欧共体对全球 12 个国家发起反规避调查 28 起，其中针对中国的就有 14 起，由此可以看出，中国是欧共体反规避调查的主要对象。

（九）原产地规则

原产地规则是各国为了确定商品的原产国而采取的各项规定和行政命令。签发出口商品产地证书是各国实行进出口贸易管制和配额的一种手段，也是据此核定减免进口的证件。原产地规则往往会阻碍那些未能满足原产地证书规定的商品出口，成为影响国际贸易的壁垒。比如，日本有关部门宣布，对生产和销售过程中能够进行“身份”管理的进口优良农副产品授予专门的认证标志。如果靠弄虚作假取得证书或不履行义务，将被处以最高1亿日元的罚款。这种农副产品的“身份证”要标明生产者、产地、收获和上市日期，还有使用的农药、化肥名称、数量和时间等。为了满足进口国的原产地规则要求，我国国家质量监督检验检疫总局原产地标记专家审核组为国内许多商品进行了实地考察论证，并办理原产地标记注册审核，确定其知识产权，如云南白药、云南红葡萄酒、通海花生等都经专家组审核通过后获得了国际上通用的原产地标记注册证书。但这还远不能满足日本的“身份证”管理要求，若要符合其规定，则每种商品都要注明准确的产地，生产、采集、制造日期等信息。

（十）国内价值条款

国内价值条款（Domestic Content Requirements，DCR）规定，在一国国内生产或销售的商品必须含有一定量的国内价值，也就是说，必须有国内生产要素参与商品的生产或销售过程并获得相应的报酬，包括支付给国内劳动者的薪酬以及国内原材料、中间产品和零部件等生产要素的价格。该条款会从两方面影响国际贸易，一是会阻碍不符合条件的制成品的进口，二是会限制原材料、中间产品和零部件的进口量。例如，马来西亚和其他一些国家根据汽车所采用的国内价值条款，迫使国内汽车生产企业更多地使用国产零部件（如金属薄板或者座椅材料等）；如果条款要求很高，就可能会迫使国内汽车生产商生产发动机或传输系统这些昂贵的零部件。

还有一类与国内价值条款相似的新型非关税壁垒——混合条款（Mixing Requirement），该条款规定进口商或者进口分销商必须购买一定比例的当地产品。例如，菲律宾政府规定某些零售商店的商品至少要有30%是国产。该条款也已被用作限制外国商品进口的手段，如加拿大对国内电台和电视台实施了“加拿大时间”条款（Canada Time Requirement），规定必须安排一定的时间来播放本国录制的歌曲和节目；与此类似，欧盟也发起了一场持续抵制美国娱乐节目的运动，规定了必须播放本国或本地区制作的节目的最低比例。不管是国内价值条款还是混合条款都在一定程度上阻碍了外国商品的进口，成为影响国际贸易的新型非关税壁垒。

（十一）WTO新增规则

WTO所制定的一些最新标准或规则可能成为影响国际贸易的非关税壁垒。据2015年12月18日的《印度时报》报道，WTO内罗毕会议达成部长宣言，但发达国家和发展中国家在农业议题以及是否继续就多哈议题进行谈判问题上仍难以消除分歧。为确保在所有议题解决之前继续就多哈回合进行谈判，包括印度在内的发展中成员要求内罗毕部长宣言重申多哈发展议程，改善发展中和最不发达成员的贸易前景，消除国际贸易扭曲，以及重申2001年以来部长宣言和决定精神。然而，以美国为首的发达成员希望从多哈框架中解脱出来，并纳入新的议题，为 WTO 和多边体制注入新的动力。新议题包括全球价值链、电子商务、劳工、环境、竞争政策、投资和国有企业等。在所有这些领域，发达成员拥有更高的标准和规则，发展中成员认为这些标准或规则可能变成非关税壁垒，阻碍其出口。

四、应对新型非关税壁垒的措施

在当今和未来的国际贸易中，新型非关税壁垒依然会层出不穷，形式越来越多样，方式越来越隐蔽，影响越来越深远，政府、行业协会和企业界必须引起高度重视，并采取行之有效的措施应对这些壁垒。

（一）政府方面

1. 建立健全预警机制，强化政府服务功能

随着新型非关税壁垒的不断出现，已有的预警系统难以满足国际贸易的现实需要，必须及时更新和补充完善，形成一套完整、有效的事前控制体系，以实现外贸出口监控前置化，能及时、准确地跟踪重点出口市场的情况，保持信息的高度敏感性，以便及时了解和掌握进口国的贸易壁垒动向，及时发布预警信息。同时要强化政府服务职能，为企业提供市场调研、国际认证、出口信息咨询、参展和法律援助等综合性服务，要通过立体和平面媒体打造多维度、全方位、立体式服务体系。

2. 强化企业出口经营秩序

一方面，政府要强化进出口商会的服务协调职能，督促行业协会加强自律，推动企业自我约束机制的建立；另一方面，主管部门、重点省、市、自治区要制定和落实有关行业出口产品的最低限价，并通过公布信息、提供咨询服务来正确引导企业的出口行为，以维护正常的经营和竞争秩序。

3. 进一步健全应诉工作机制

目前，我国已初步形成了商务部、地方各级外经贸主管部门、进出口商会和行业协会等中介组织以及相关企业的“四位一体”的出口反倾销、保障措施、“337”调查应诉工作机制。随着新型非关税壁垒的出现，还要进一步总结经验，不断健全机制，形成多层次、跨部门、跨行业、跨地区的有效互动机制，并实现由事后被动应诉向事先主动预防转变。

4. 实施国际标准战略，完善产品认证制度

与产品相关的各类国际标准是目前国际社会大多数国家和地区所认同的并应共同遵守的规则。事实证明，通过了各项国际标准认证的企业产品在国际贸易中受到新型非关税壁垒影响的可能性大大降低，其国际市场竞争力和跨越壁垒的能力都比较强。政府部门一方面要引导和鼓励企业积极参与国际标准认证；另一方面，还要建立健全产品认证制度，并主动争取参与各项国际认证标准和规则的制定工作，力争成为规则制定者和主导者。

5. 建立贸易壁垒调查机制

出口国政府建立的贸易壁垒调查机制有助于企业积极维护自身利益，对贸易壁垒实施行为也会产生强大的震慑力，在一定程度上遏制了贸易壁垒的产生。

（二）企业方面

1. 增强产品和技术创新能力，不断提高产品质量，主动参与各种国际认证

质量是企业的生命线和核心竞争力，也是突破贸易壁垒的最有力武器。企业要加大产

品研发投入，加快技术创新和产品研发；积极参与各种国际认证，紧密跟踪进口国有关产品质量、环保要求和劳工标准等方面的最新动向，练好内功才是解决贸易壁垒的根本所在。

2. 实施多元化市场战略

日本和欧美各国不仅是我国主要出口目的地市场，也是新型非关税壁垒的主要制定者和实施者。受次贷危机和欧债危机的影响，这些经济体复苏缓慢，进口需求锐减，为保护本国产业和国内就业，这些国家可能对来自发展中国家特别是中国的产品实施贸易限制。为化解出口市场风险，必须实施多元化市场战略，在巩固传统市场的同时，积极开拓非洲、俄罗斯、东欧、东南亚、拉美等新兴市场。

3. 提高技术和检测标准，突破贸易壁垒

新贸易保护主义在发达经济体盛行，技术性壁垒和绿色壁垒等新型非关税贸易壁垒层出不穷。我国目前的技术和检测标准与发达国家还有较大的差距，要突破国外贸易壁垒，需要企业在生产技术水平、产品质量、环境标准、检验检测标准和社会责任标准等方面与国际接轨。

4. 扩大海外直接投资

海外直接投资可以避开进口国贸易壁垒，减少营运成本，准确把握当地消费文化，拓展海外市场，提高产品竞争力，应当鼓励有条件的企业以独资或合资合作方式进行海外直接投资。

5. 外贸出口电商化

电子商务是一种交易便捷、成本低、无时空限制的商务模式，我国企业信息化程度有所提高，利用电子商务拓展海外市场的条件较为成熟，外贸出口电商化有利于规避国外的贸易壁垒。

【案例 7.2】

欧盟 BPR 考验纺织服装鞋类产品出口

自 2013 年 9 月欧盟《生物杀灭剂产品法规》（BPR）取代旧法规（BPD）实施以来，该法规已成为继欧盟 REACH（化学品的注册、评估、授权和限制）法规之后，又一个影响纺织、服装、鞋等数十类产品出口的障碍。所谓 BPR，是指 *Biocidal Products Regulation*，即《生物杀灭剂产品法规》。欧盟从 2012 年年初开始对其市场上的生物杀灭剂产品进行强制统一管理，生物杀灭剂产品只有通过授权后才能使用。2016 年 9 月 1 日法规过渡期结束后，若想出口生物杀灭剂产品到欧盟，则须保证该生物杀灭剂产品所含有的活性物质的进口商或生产商，或该生物杀灭剂产品的进口商，三者中至少有一个已被列入欧盟的许可供应商清单中。2012 年 6 月 27 日欧委会发布政府公报，正式颁布《生物杀灭剂产品法规》（BPR），新法于 7 月 17 日正式生效，并将于 2013 年 9 月 1 日起正式实施，取代 BPD 指令对欧盟市场生物杀灭剂产品及其处理物品进行监管。其监管范围包括杀虫剂、消毒剂、抗菌抑菌产品及防腐剂，涉及产品领域包括个人护理品、饮用水处理、工业领域的抗菌剂以及纺织行业纤维整理剂等。

欧盟《生物杀灭剂产品法规》（BPR）实施之后，意味着发展中国家的纺织、服装、鞋类产品出口到欧盟市场的门槛抬高了。我国是世界纺织、服装和鞋类产品出口大国，该法规的实施对我国相关产业和企业将产生哪些长期和短期影响？政府和企业界又该如何应对？这些问题都值得我们深思。

（资料来源：http：//www. shengyidi. com/news/d-1153092/）

第四节 非关税壁垒对经济发展的影响

20 世纪 70 年代中期以来，非关税壁垒已成为国际贸易中的主要障碍，不仅影响世界贸易的正常秩序，也制约了进出口国社会经济的发展。具体来说，非关税壁垒（NTBs）降低了进口数量，增加了社会成本，加剧了贸易摩擦，提高了进口商品市场价格，减少了进口需求，降低了消费者剩余，破坏了世界贸易正常秩序，给贸易格局带来了新的不确定性，影响了社会福利水平等。由于非关税壁垒种类繁多，无法进行逐个分析，它们所造成的经济影响是系统性的，也无法从各方面展开分析，这里只以技术性贸易壁垒这一主要非关税壁垒为例，从技术性贸易壁垒对国际贸易和社会福利的影响展开分析。

一、技术性贸易壁垒对国际贸易的影响

（一）对国际贸易发展的影响

在非关税壁垒中，技术性贸易壁垒最普遍，严重影响世界自由贸易往来，对国际贸易发展起到很大的阻碍作用。根据联合国贸发会议 2015 年《贸易政策重要数据及趋势》报告，2014 年，技术性贸易壁垒影响到 70% 的世界贸易。一般来说，技术性贸易壁垒设置和实施的强度与国际贸易增长的速度呈反比关系。

（二）对国际贸易商品结构和贸易流向的影响

技术性贸易壁垒改变了国际贸易商品结构和贸易流向，总的趋势是：初级产品、农副产品和原材料产品所受影响超过工业制成品；劳动密集型产品受影响的程度超过技术密集型产品。从受影响的国别来看，发展中国家所受影响的程度要比发达国家严重。这些现象都会使国际贸易商品结构和贸易格局发生变化。

（三）对进出口数量和价格产生影响

进口国实施的技术贸易壁垒会使本国进口商品数量减少，从而使出口国的出口数量下降。从商品价格方面看，技术性贸易壁垒会使进口商品价格上升。因此，总的来说，技术性贸易壁垒使贸易数量与价格呈反方向变动关系，即会引起进出口数量下降、商品价格上升。

（四）对进出口国相关产业的影响

一国实施的技术性贸易壁垒很大程度上会对本国相关产业和市场起到直接或间接的保护作用；相反，会给出口国特别是发展中国家的相关产业在短期内带来负面影响。但是，从长期看，技术性贸易壁垒会迫使发展中国家的出口行业不断提升生产技术水平和产品质量，优化产品结构和资源配置，从而有利于提高国际竞争力。

二、技术性贸易壁垒对社会福利的影响

（一）短期社会福利影响

1. 进口国模型

技术壁垒的短期社会福利效应模型分大国和小国两种情形。在小国模型中，其基本假设条件包括：①进口国的技术壁垒是无歧视的；②不存在贸易转移；③进口商品与本国商品具有同质性和完全可替代性，市场是完全竞争的；④不存在负外部性；⑤供给曲线和需求曲线不发生位移。

模型以消费者剩余和生产者剩余的变化量来衡量技术壁垒的社会福利效应。如图 7.1 所示，X 代表进口商品，S_X 代表该商品的国内供给曲线，D_X 为国内需求曲线，P_W 为自由贸易时商品 X 的世界市场价格，T 代表符合成本（出口国为达到进口国的技术标准而额外增加的成本）。在进口国（小国），技术壁垒会使进口商品价格由 P_W 上升至 P_W+T，需求量从自由贸易时的 S_1D_1 下降到 S_2D_2，生产者剩余由 CHO 变为 AFO，增加了 $AFHC$，消费者剩余由 CDJ 变为 ABJ，减少了 $ABDC$，社会净福利损失量为 $FBDH$，表明小国设置技术壁垒会遭受净社会福利损失。

在大国模型中，基本假设条件与小国模型相同，但大国进口量的减少会引起进口商品的世界市场价格下降，有利于改善本国的贸易条件。如图 7.1 所示，在进口国，技术壁垒使进口商品价格由 P_W 上涨至 P_W^0+T，但低于小国情况的 P_W+T，价格上涨引起国内需求量下降，短期内，世界市场供过于求，价格随之下降，由 P_W 降到 P_{W1}，出口国分担了部分成本。相较于自由贸易，净福利损失为 $F^1B^1D^1H^1$，小于小国的福利损失 $FBDH$。

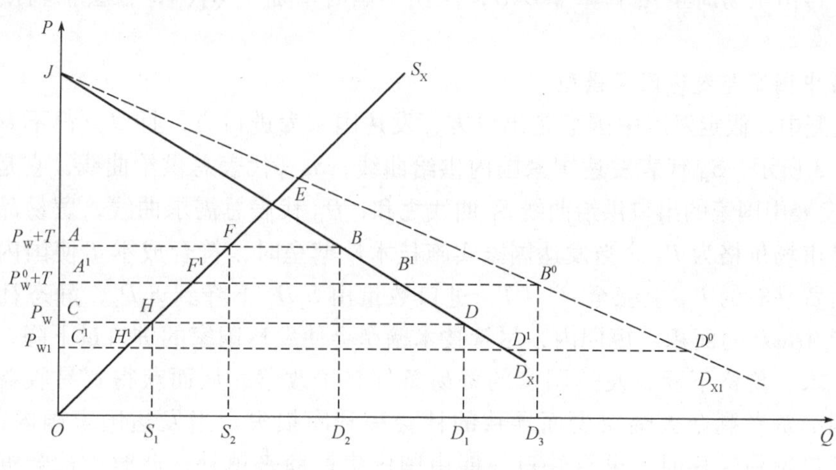

图 7.1 进口国短期福利影响模型

2. 出口国模型

在出口国模型中，用出口贸易量、出口成本、贸易条件的变化来衡量出口国的社会福利变化。基本假设条件包括：①不发生出口贸易转移；②出口商品具有完全可替代性；③目标市场是完全竞争的；④消费者对本国产品没有特殊偏好；⑤出口商品不存在负外部性。

(1) 小国模型。如图 7.2 所示，S_F 为出口国 X 商品的出口供给曲线，D_F 为进口国 X 商品的进口需求曲线，P_W 为世界市场价格。在自由贸易时，出口供给等于进口需求，曲线 S_F 与 D_F 相交于均衡点 E，均衡贸易量为 OQ，均衡价格为 P_W。当进口国实施技术壁垒后，符合成本 T 使出口国的出口成本上升，进口国的进口商品价格由 P_W 上升至 P_W+T，贸易量由 OQ 降到 OQ_1，此时，世界市场价格仍为 P_W，出口量却下降了 Q_1Q。在小国情况下，出口量下降不会引起世界市场价格上涨，出口国的贸易条件无法改善，反而因短期供给弹性小使贸易条件趋于恶化，社会福利受损。

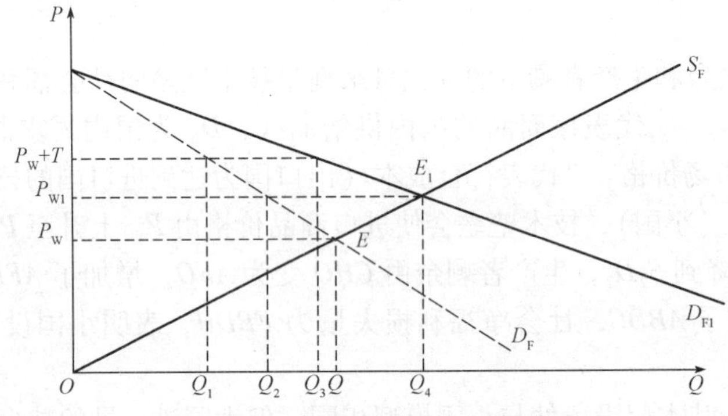

图 7.2　出口国短期福利影响模型

(2) 大国模型。技术性壁垒所导致的出口量下降会在短期内引起出口商品的世界价格上涨，由 P_W 上升至 P_{W1}，出口国贸易条件得到改善，进口国分担了部分符合成本，出口量相较于自由贸易时虽然下降了 Q_2Q，但比小国时增加了 Q_1Q_2，社会福利损失小于小国情形。

3. *发展中国家与发达国家模型*

在该模型中，假定发展中国家是出口方，发达国家为进口方，且双方都不发生贸易转移。如图 7.3 所示，S_H 代表发达国家国内供给曲线，S_{H+F} 代表总供给曲线，它是国内供给曲线 S_H 和发展中国家的出口供给曲线 S_F 曲线之和，D_H 代表总需求曲线，贸易品在自由贸易时的世界市场价格为 P_W。当发达国家实施技术性壁垒时，符合成本 T 使国内进口商品价格由自由贸易时的 P_W 上涨至 P_W+T，进口数量由 S_1D_1 下降到 S_2D_2，静态社会福利净损失为梯形 $ABCD$ 的面积。短期内，尽管技术壁垒会使发达国家的进口量下降，世界市场出现供过于求，价格下降，发达国家的贸易条件趋于改善，从而获得贸易收益，但仍然难以弥补因消费者剩余大幅减少而导致的社会福利净损失。当发达国家国内需求不变，且不发生进口贸易转移时，供给缺口只能由国内生产商来填补，此时，社会资源配置背离了比较优势原则。对发展中国家而言，技术壁垒导致出口数量下降，短期内由于供给弹性小，世界市场供过于求，出口商品价格下降，由自由贸易时的 P_W 降到 P_{W1}，发展中国家分担了部分成本，贸易条件趋于恶化，静态贸易损失为 $GHIJ+AHS_1S_2+IBD_1D_2$ 的面积总和。很明显，发展中国家因技术壁垒而遭受的福利损失是巨大的。如果再考虑对上、下游产业所产生的负效应，贸易“逆乘数效应”对经济增长和就业水平的负面影响，以及比较优势扭曲所形成的福利损失等动态效应，技术性壁垒给发展中国家造成的净福利损失相当大。

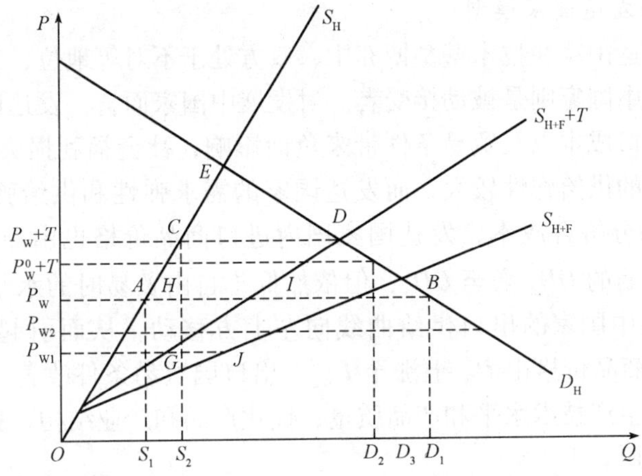

图 7.3　发展中国家与发达国家短期福利影响模型

（二）长期社会福利影响

1. 进口国模型

分析技术壁垒的长期社会福利效应时，除了短期福利效应分析假设条件中的第四、第五项之外，其他假设条件仍然成立。从长期看，技术壁垒能在一定程度上降低或消除进口商品的负外部性，增强消费者的消费信心和偏好，使进口国国内需求曲线向右上方移动，大国和小国情况都如此。如图 7.1 所示，技术性壁垒一方面会使国内进口商品的世界价格由 P_W 上升至 P_W+T，另一方面也使消费者对进口商品的信息掌握得更加充分和完整。在比较优势基础上，进口数量会增加，需求曲线由 D 右移至 D_1，进口量由 S_2D_2 增加至 S_2D_3。进口商品价格上涨虽然减少了消费者剩余，但生产者剩余的增加以及消费者从更多高品质消费品中获得的收益能抵消部分消费者剩余损失，从而使长期的社会福利损失小于短期，这是小国情况。

对大国而言，技术壁垒不但能改善本国贸易条件，而且使出口国分担了部分符合成本，进口商品价格由 P_W+T 降为 P_W^0+T，世界市场价格由 P_W 降为 P_{W1}，进口量由 S_2D_2 增加至 S_2D_3，社会福利净损失由短期时的 $F^1B^1H^1D^1$ 变为 $F^1B^0H^1D^0$，两者的大小比较取决于供给弹性和需求弹性的大小以及符合成本的分担比例，但进口量的增加以及贸易条件的改善会在一定程度上提高大国的福利水平，从而使大国的长期福利损失小于小国。

2. 出口国模型

从长期看，技术壁垒对出口国会产生以下几方面的影响：第一，有利于提高出口商品的竞争力和市场力。第二，使出口数量增加。如图 7.2 所示，在实施技术壁垒之前，贸易品的世界价格为 P_W，E 为贸易均衡点，在该点的贸易量为 Q。技术壁垒实施后，进口需求增加，需求曲线 D_F 向右上方移至 D_{F1}，与出口供给曲线 S_F 相交于新的均衡点 E_1，贸易量由短期的 OQ_1 增加到 OQ_3，增加量为 Q_1Q_3，这是小国情况。对大国来说，除了出口量由短期的 OQ_2 增至 OQ_4 之外，技术壁垒会使世界市场出现供不应求，出口商品价格随之上升，出口国贸易条件得到改善，社会福利损失要小于小国。第三，有助于建立标准互认制度。长期的技术壁垒会招致出口国的贸易报复，从而迫使进口国建立双方标准互认制度或降低技术壁垒门槛。

3. 发展中国家与发达国家模型

发展中国家和发达国家在技术壁垒博弈中，双方处于不对等地位，发达国家往往是游戏规则的制定者，发展中国家则是被动接受者。对发展中国家而言，发达国家的技术壁垒短期内会给出口数量、出口成本以及贸易条件带来负面影响，社会福利损失较大。但从长期看，发展中国家出口产品的供给弹性较大，而发达国家的需求弹性和供给弹性都很小，技术壁垒使发达国家分担部分符合成本，发达国家国内进口商品价格也由短期的 P_W+T 下降到 P_W^0+T，贸易量由短期的 OD_2 增至 OD_3，但依然低于自由贸易时的水平 OD_1。如图 7.3 所示，技术壁垒使发展中国家的出口供给曲线向左上方移动，从而引起总供给曲线 S_{H+F} 左移至 $S_{H+F}+T$，出口商品价格由 P_W 上涨至 P_{W2}，出口国贸易条件改善。此外，技术壁垒具有提高发展中国家的生产技术水平和产品质量，优化产品和产业结构，提升产品竞争力，增进动态福利效应的作用。

对发达国家而言，长期实施技术壁垒，会给本国带来更大的社会福利损失。首先，技术壁垒使进口商品的国内价格居高不下，在 P_W^0+T 价格上高位运行，消费者剩余减少，社会福利损失长期存在；其次，技术壁垒使资源配置背离比较优势原则，导致社会资源浪费和福利损失；再次，技术壁垒增添了设置成本；最后，技术壁垒容易导致贸易报复。

以上分析表明，不管从长期还是从短期看，在不存在进口负外部性的情况下，自由贸易依然是“双赢”的最优贸易政策选择，技术壁垒会给包括进口国、出口国、发展中国家和发达国家在内的所有贸易参与国造成社会福利损失，不过，损失程度各不相同。短期内，进口大国的福利损失要小于小国，出口大国的福利损失要大于小国，出口国的损失要大于进口国，发展中国家的损失要大于发达国家。从长期看，不管是进口国还是出口国，大国的福利损失都要小于小国；出口国与进口国福利损失的大小比较存在不确定性，取决于供给弹性和需求弹性的大小以及符合成本的分担比例；发展中国家与发达国家福利损失的大小也难以比较，但对发展中国家而言，长期的福利损失要小于短期的；发达国家则相反，短期的福利损失要小于长期的。当存在进口负外部性时，适度且合理的技术壁垒能抑制负外部性的传播，改善贸易双方的福利水平。

【案例 7.3】

欧盟颁布“禁氟令”

欧盟于 2014 年年初正式通过《含氟温室气体法规》，拟大幅缩减电器含氟温室气体排放量，包括停售已预先注入含氟温室气体的空调和冷藏设备，逐步禁用全球暖化潜能值高的氢氟碳化物等，“禁氟令”再度成为焦点。2014 年 5 月 20 日，欧盟委员会发布关于温室氟化气体（F－GAS）条例（REGULATION）（EU）NO. 517/2014，新条例于 2015 年 1 月 1 日正式实施，旨在 2030 年前将欧盟境内含氟温室气体的排放量减少至现今水平的三分之一。为达成此目标，其中氢氟化碳（FHCS）的供应量在 2030 年前减少至 2015 年的三分之一。涉及温室氟化气体的欧盟境内的生产商、进口商，都将受到此条例的影响。

欧盟此次颁布和实施的“禁氟令”，将给世界电器生产行业和企业带来一场新变革和重新“洗牌”的机会。我国是电器生产和出口大国，如何抢抓这一历史机遇，如何在重新“洗牌”中获得一席之地，值得我们深思。

（资料来源：http：//www. shengyidi. com/news/d-1153092/）

第五节　WTO 禁止一般数量限制原则

一、WTO 禁止一般数量限制的概述

数量限制是通过影响进出口的数量、来源与去向来管制进出口贸易的一种行政方法，是国际贸易中一种十分迅速、有效的限制进出口的非关税壁垒。例如，本章第二节所述的进口配额制、自愿出口限制、进口许可证制，都是一般数量限制的典型手段。WTO 成员方做出关税减让的承诺后，若再实施数量进口限制，就会在消除高关税的贸易壁垒后形成非关税壁垒，成员方之间的关税减让就失去意义。此外，数量限制强制性地抑制国内市场正常需求，导致国内市场价格与国际市场价格脱节。因此，WTO 基本上否定成员方使用数量限制的办法管理本国的进出口贸易。《GATT 1994》第 11 条第 1 款规定，任何成员方除征收税捐或其他费用外，不得设立或维持配额、进出口许可证或其他措施以限制或禁止其他成员方领土的产品的流入，也不得限制向其他成员方领土输出或销售出口产品，即 WTO 禁止以配额、进出口许可证或其他数量限制措施来限制进出口贸易。

另外，WTO 成员方出于保护本国某些产业或幼稚产业的需要，可以实施一定的数量限制，但是，成员方实施数量限制时应遵循非歧视的最惠国待遇原则。《GATT 1994》第 13 条第 1 款规定：除非对所有第三国的相同产品的输入或对相同产品向第三国的输出同样予以禁止或限制以外，任何成员方不得限制或禁止另一成员方领土的产品输入，也不得禁止或限制产品向另一成员方领土输出。即成员方实施数量限制不应只针对某一特定的成员方，而应对所有的成员方。《GATT 1994》第 13 条第 2 款还规定：①应尽可能地避免专门对某一成员方或公司分配特定的数量；②在可能的情况下，应避免使用许可证；③如果许可证确实有必要，则不得规定只对某一特定成员方的产品或与某一成员方来源有关的产品；④若配额在各供应方之间进行分配，则应达成配额分配协议，或根据前一代表时期供应产品的成员方在受限制产品进口总量或总值中所占的比例进行分配。应适当考虑到可能影响或正在影响该产品贸易的特殊因素，如果成员方确有必要实施数量限制，需及时向 WTO 申请将采取的措施，说明理由，并与其他成员方进行磋商。若成员方全体认为所采取的措施与 WTO 的规定不符，则有权建议该成员方撤销或修改所采取的措施。

WTO 要求禁止一般数量限制，但由于各成员方之间有复杂的贸易关系以及各成员方经济发展水平不同，因此要绝对禁止使用数量限制是不现实的。所以 WTO 也对取消一般数量限制例外做了规定：①为保护粮食、农渔产品市场而实施的限制。例如，为防止或缓和因出口而导致的粮食或其他必需品的严重缺乏所实施的禁止出口或限制出口；为贯彻某些政府措施而有必要对任何形式的农渔产品实施进口限制。②为保护本国国际收支平衡而实施的限制。《GATT 1994》第 12 条规定，任何成员方为了保障其对外金融地位和国际收支平衡，可以限制商品进口的数量或价值。但实施进口数量限制，不得超过为了预防货币储备严重下降的迫切威胁或制止货币储备严重下降所必需的程度。在实施数量限制前，首先应由货币基金组织对该成员方的外汇储备水平及其外汇的合理性做出判断。如该成员方的国际收支状况确实恶化，可临时实施数量限制。③为促进不发达国家经济发展而实施的限制。

《GATT 1994》第 18 条第 3 款规定，发展中成员为保护国内市场，以加速某些特定工业的建立，允许实施作为促进其经济发展的一种政府援助形式的数量限制。但要实施该规定时，成员方需通知 WTO，说明实现经济发展目标而面临的特殊困难以及准备采取影响进口的措施，并得到 WTO 的允许。

二、一般数量限制原则适用范围的拓展

世界贸易组织建立以后，禁止一般数量限制原则的适用范围得到了拓展，在投资、服务贸易等领域也得到遵循。

在投资领域方面，《与贸易有关的投资措施协议》（以下简称《TRIMs 协议》）第 2 条第 1 款规定，在不损害《GATT 1994》项下其他权利和义务的情况下，各成员不得实施任何与《GATT 1994》第 3 条或第 11 条规定不一致的《TRIMs 协议》。即《TRIMs 协议》不得违反普遍取消数量限制原则的义务，并且在该协定的附件中专门列举了与《GATT 1994》第 11 条第 1 款规定不相符的《TRIMs 协议》。

在服务贸易领域方面，《服务贸易总协定》第 16 条第 2 款规定，在做出市场准入承诺的部门，除非在其减让表中另有列明，否则一成员不得在其某一地区或在其全部领土内维持或采取以下措施：无论以数量配额、垄断、专营服务提供者的形式，还是以经济需求要求的形式，限制服务提供者的数量；以数量配额或经济需求测试要求的形式，限制服务交易或资产总值；以配额或经济需求测试要求的形式，限制服务业务总数或以指定数量单位表示的服务产出总量；以数量配额或经济需求测试要求的形式，限制特定服务部门或服务提供者可雇用的、提供具体服务所必需且直接有关的自然人总数；限制或要求服务提供者通过特定类型法律实体或合营企业提供服务；以限制外国股权最高百分比或限制单个或总体外国投资总额的方式限制外国资本的参与。同时，在《农产品协议》《纺织品与服装协议》《进口许可证程序协议》等相关协议中，也要求逐步取消数量限制，最终实现贸易自由。例如，《农产品协议》第 4 条第 2 款规定，各成员不得维持、采取或重新使用已被要求转换为普通关税的任何措施，除非第 5 条和附件 5 中另有规定。其中“任何措施”包括进口数量限制、酌情发放进口许可证等措施。《纺织品与服装协议》规定，逐步取消纺织品和服装贸易中的数量限制，最终实现纺织品和服装贸易的自由化。《进口许可证程序协议》第 1 条第 2 款规定，各成员应保证用以实施进口许可制度的行政程序符合本协定解释的《GATT 1994》的有关规定，防止因实施这些程序不适当而产生的贸易扭曲。

三、应对与策略：与 WTO 原则的一致性及适用的灵活性

（一）与 WTO 原则的一致性

在《中国加入世界贸易组织议定书》（以下简称《入世议定书》）和《中国加入世界贸易组织工作组报告》（以下简称《工作组报告》）两个重要文件里，中国对数量限制措施作了相关承诺，以确保与 WTO 原则一致。

《入世议定书》里对非关税措施规定，中国要严格按照规定的时间表，取消非关税措施，同时在实施《GATT 1994》第 3 条、第 11 条和《农业协定》的规定时，中国应取消且不得采取、重新采取或实施不能根据《WTO 协定》的规定证明为合理的非关税措施。对进出口许可程序《入世议定书》与《工作组报告》进行了详细规定，要求中国取消、不引入、

不重新引入和不使用非关税措施。同时，我国承诺，只有中央政府才能颁布有关非关税措施的规定，这些措施只能由中央政府或在中央政府授权下由地方政府执行或实施，地方政府无权制定非关税措施。关于进口许可，我国在《工作组报告》中承诺，入世后将会使其自动许可证制符合世贸组织《进口许可程序协定》第2条的规定。与此同时，我国也积极修订相关法律，保证国内相关法律与WTO原则的一致性。在我国，数量限制方面的法律法规主要涉及进出口货物管理、进出口许可证管理以及进出口商品的配额管理等方面。这些方面主要由《中华人民共和国对外贸易法》等法律予以规范。修订的《中华人民共和国对外贸易法》第三章第十四条直接宣示了基本政策规定，即国家准许货物与技术的自由进出口。这条宣誓性条款声明我国实施自由的进出口制度，是WTO贸易自由化原则在我国国内法的具体体现。但是这种自由并不是完全绝对的自由，法律、行政法规另有规定的除外，即法律、行政法规可以依法做出例外规定。

（二）适用的灵活性

修订后的《中华人民共和国对外贸易法》及其相关法律法规，具体实践并体现数量限制的原则与例外，将原则性与灵活性统一起来。在自动许可方面，《中华人民共和国对外贸易法》规定，国家可基于监测进出口情况的需要，对部分自由进出口的货物实行进出口自动许可并公布其目录。进口属于自动进口许可管理的货物，均应当给予许可，且自动许可不得对货物贸易构成限制。

在适用的灵活性方面，《中华人民共和国对外贸易法》相关条款也有充分的体现。例如，在限制或禁止进出口方面，该法列举了11项例外，这些例外符合《关税与贸易总协定》对数量限制的例外规定，包括《关税与贸易总协定》第20条的一般例外、国际收支例外、特定产业建立的例外，与《关税与贸易总协定》关于数量限制的规则是一致的。在关于特殊货物，包括与裂变、聚变物质或者衍生此类物质的有关的货物及与武器、弹药或者其他军用物资有关的进出口的国家安全货物，也做出了例外规定，同样符合《关税与贸易总协定》第21条的安全例外规定。在限制或者禁止进出口的货物、技术目录等方面的管理，则体现了透明度的要求。整体而言，从《中华人民共和国对外贸易法》及相关规定可以看出，数量限制措施仍将在一定时期内存在，仍会是我国将来一段时间管理对外贸易的重要手段。

【案例7.4】

美国食糖进口配额

美国食糖问题的起因与欧洲农业问题有些相似，美国政府保护的国内价格高于世界市场的价格水平。但与欧盟不同的是，美国国内的供给没有超出国内需求。因此美国政府可以运用配额制度使其国内食糖价格一直保持在目标水平。

美国食糖进口配额的一个特别之处在于，在美国销售食糖的权利被分配给了外国政府，然后由外国政府将这种权利分配给各自的厂商。因此食糖进口配额形成的“租”由外国人获得。配额将美国食糖进口量限制在大约213万吨，因而美国市场的食糖价格比国际市场高出40%。作为一个比较极端的例子，食糖进口配额说明了保护的倾向：给一小部分生产者提供保护，使每个生产者获取很大的利益；由广大消费者来支付这些代价，但每个消费者只负担很少一部分。

但是从食糖生产者的角度而言，进口配额可是生死攸关的大事。美国的食糖工业只雇用大约12 000人，食糖生产者从进口配额中的所得，表现为一种隐含的约每人9万美元的生产补贴。也就难怪美国的食糖生产者会极力维护进口配额。反对实施进口配额保护的人经常试图从进口限制“保留”的每个工作机会所产生的消费者成本，而不是从生产者剩余和消费者剩余的角度来提出批评意见。研究过美日食糖行业的经济学家们都相信，即使实行自由贸易，大部分的美国食糖生产者仍将生存下来，只有2 000～3 000人可能失业。因此，被“保留”的每一个工作机会的消费者成本超过50万美元。

WTO禁止以配额措施来限制进出口贸易，美国食糖进口配额是否违反了WTO一般数量限制原则规定？美国食糖进口配额对美国制糖企业、消费者以及国外食糖出口企业会产生什么影响？这些问题值得我们进一步思考。

（资料来源：http：//www.doc88.com/p_ 845510373390.html）

本章小结

20世纪70年代以来，随着新贸易保护主义抬头，非关税壁垒逐渐取代关税成为影响国际贸易的主要障碍。非关税壁垒是指除关税之外一切限制进口的措施，与关税相比非关税壁垒具有灵活性、隐蔽性、歧视性的特点，而且种类繁多。非关税壁垒分为传统非关税壁垒和新型非关税壁垒两类。

传统非关税壁垒主要有进口配额、自愿性出口限制、进口许可证制度、外汇管制、政府采购政策、最低限价和禁止进口、国内税、进口押金制度、海关估价制度等。进口国实施的这些传统非关税贸易壁垒都能在一定程度上起到保护本国相关产业避免国外竞争者威胁或伤害的作用，但同时也对国际自由贸易产生了负面影响，阻碍了世界贸易的发展。

新型非关税壁垒包括技术性贸易壁垒、绿色壁垒、社会责任体系、动物福利措施、物种壁垒、保障措施和特别保障条款、知识产权保护措施、反规避措施、原产地规则、国内价值条款以及发达国家所提出的WTO的新增规则等。

技术性贸易壁垒是目前最具代表性，也是最常用的新型非关税壁垒，该壁垒的设置和实施不仅会减少世界贸易数量，尤其会使发展中国家的出口数量下降，也会使进口商品价格上升。

技术性贸易壁垒还会影响进出口国的福利水平。不管从长期还是短期看，在不存在进口负外部性的情况下，会给包括进口国、出口国、发展中国家和发达国家在内的所有贸易参与国造成社会福利损失，不过，损失程度各不相同。短期内，进口大国的福利损失要小于小国，出口大国的福利损失要大于小国，出口国的损失要大于进口国，发展中国家的损失要大于发达国家。从长期看，不管是进口国还是出口国，大国的福利损失都要小于小国；出口国与进口国福利损失的大小比较存在不确定性，取决于供给弹性和需求弹性的大小以及符合成本的分担比例；发展中国家与发达国家福利损失的大小也难以比较，但对发展中国家而言，长期的福利损失要小于短期的，发达国家则相反，短期的福利损失要小于长期的。非关税壁垒所导致的社会福利损失主要产生于生产过程中背离了比较优势和社会资源配置最优化原则。

WTO致力于消除国际贸易中的非关税壁垒，对国际贸易中的数量限制做了明确的规定，这些规定在适用范围上由货物向投资与服务领域进行了拓展，具有广泛的影响力。在禁止一般数量限制方面，我国严格履行加入 WTO 时的承诺，体现了与 WTO 原则的一致性；同时，在适用的灵活性方面，也充分运用了 WTO 的例外规则。

课堂讨论

1. 知识产权保护措施是如何影响国际贸易的？
2. 为什么说新型非关税壁垒已经成为发达国家所采取的最主要的贸易措施？
3. 你认为发展中国家该如何应对发达国家的新型非关税壁垒？

复习思考题

一、名词解释

非关税壁垒　技术性贸易壁垒　绿色壁垒　知识产权保护措施　政府采购政策　进口配额　自愿性出口限制　进口许可证　一般数量限制

二、选择题

1. WTO 禁止一般数量限制主要指（　　）。

A. 进口配额　　B. 自动出口配额
C. 许可证制　　D. 外汇管制

2. 一国限制进口会使该国国民利益（　　）。

A. 增加　　B. 减少　　C. 不变　　D. 不确定

3. 下列非关税壁垒中哪些属于传统非关税壁垒？（　　）

A. 政策采购政策研究　　B. 进口配额
C. 国内税　　D. 外汇管制

4. 下列非关税壁垒中属于新型非关税壁垒的是（　　）。

A. 技术性贸易壁垒　　B. 绿色壁垒
C. 原产地规则　　D. 物种壁垒

5. 下列哪些属于 WTO 禁止的一般数量限制范畴？（　　）

A. 进口配额制　　B. 自愿出口限制
C. 进口许可证制　　D. 关税

三、简答题

1. 我国对有些进口商品实行严格的控制，有些不但要领取进口许可证，还要事先申请进口配额。这些措施对限制进口有什么作用？
2. 为什么我国大部分进口商原来需要申领进口许可证，现在改为进口登记手续？
3. 我国逐步取消一般进口数量限制会不会造成国际收支严重失衡？
4. 实行进口配额与征收关税对限制进口有哪些不同？
5. 技术壁垒如何起到限制进口的作用？

课外实训

1. 你是如何看待目前国际贸易中存在的各种非关税壁垒现象的？谈谈你的看法。

2. 你认为发展中国家是否存在非关税壁垒？假如有，你又持何态度？

3. 如果你是发达国家的政府要员或者企业高管，你会如何对待发展中国家的外贸出口问题？

4. 假如你是发展中国家的政府要员或者企业高管，面对发达国家的非关税壁垒，你会持什么态度？你认为应该怎么做？

5. 组织学生到某一外贸企业了解如何办理进口许可证申领手续或进口登记手续。

第八章

出口促进政策

★学习目标

了解出口促进政策对进出口商的作用及经济特区和自由贸易区的相关问题；熟悉并掌握出口信贷的主要融资形式及其业务流程与信贷条件；掌握出口补贴、出口退税、倾销的相关知识。

重点：出口信贷的主要融资形式及业务流程。

难点：在实践中如何运用各种促进措施。

★引例

利用出口信贷解决企业资金问题

××机车制造厂生产火车机车、客货车车厢等产品，并且具有上述产品的外贸经营权。

2012年上半年，伊朗德黑兰铁路运输公司欲从该厂订购一批机车、客货车车厢，总价约为3 000万美元。该厂通过精细核算，认为换汇成本不高，预期利润率可达14%，是一笔有利可图的生意。但是，伊方由于外汇资金短缺，无力即期付款，要求以延期付款方式对货款进行支付，即在机车及车厢分批运抵德黑兰后，每半年付款一次，付款期长达7年。这就给××机车制造厂出了一道难题：如果制造这批产品，获得预期利润，必须垫付2亿多元的人民币资金。从什么渠道、什么机构能够筹集到这笔资金，成为××机车制造厂必须解决的问题。该厂计财部部长了解到，他们出口的这批产品不是一般消费品，也不是一般原材料，属于资本货物，所需资金可以向中国进出口银行申请出口卖方信贷来加以解决。同时，计财部部长还了解到，卖方信贷不是全额信贷，即制造该批出口产品所需资金不能全部由中国进出口银行提供。按照国际惯例，经营出口信贷的银行只提供设备价款85%的资金融通。因此，作为出口商的××机车制造厂必须要求进口商在贸易合同签订时支付设备价款15%的定金，并且要求进口商的有关银行对其向出口商延期付款的履约义务进行担保。于是，××机车制造厂又与德黑兰铁路运输公司进一步交涉洽谈，最后德黑兰铁路运输公司同意在贸易合同签订时支付15%的定金，并由当地一流银行对其延期付款义务进行担保。

之后，××机车制造厂按中国进出口银行发放出口卖方信贷的要求，备齐了有关文件，递交了可行性研究报告，将延期付款的收汇权益抵押给中国进出口银行，办理了出口信贷保险手续。最后，该厂同中国进出口银行签订了出口卖方信贷协议，解决了这批机车出口所需的资金，使这笔利润可观的出口业务得以实现。

在一国的贸易政策中，出口政策比进口政策处于更加重要的位置。鼓励出口的措施是指出口国家的政府通过经济、行政和组织等方面的措施，促进本国商品出口，开拓和扩大国外市场。不但以世界市场为背景的发达国家十分重视通过各种出口政策来刺激出口的扩大，而且奉行外向发展战略的新兴工业化国家和地区以及其他发展中国家，也高度重视出口政策的运用和调节，以促进工业化和经济增长。本章将对主要的出口鼓励政策措施进行分析。

第一节　出口信贷

在国际贸易中，出口信贷是垄断资本争夺市场、扩大出口的一种手段。第二次世界大战后，出口信贷发展迅速。20世纪70年代初，主要资本主义国家提供的出口信贷约为110亿美元，到70年代末已增至320亿美元以上。其产品的国际贸易额增长也最为迅速。例如，1955—1971年国际贸易总额约增长2倍，而机器设备的贸易则增长了34倍以上。生产和贸易的迅速增长，要求资金融通规模也相应扩大，而市场问题的尖锐化更促使主要资本主义国家加紧利用出口信贷来提高自己的竞争能力。机器设备的国际贸易，除了在发达资本主义国家之间有了很大增长外，发展中国家也是机器设备的大买主，它们也都有增加利用出口信贷的需要。因此出口信贷在战后国际贸易中的作用大为提高。

一、出口信贷的定义及特点

（一）出口信贷的定义

出口信贷是一种国际信贷方式，是国家为支持和扩大本国大型设备的出口，加强国际竞争能力，以对本国的出口给予利息补贴并提供信贷担保的方法，鼓励本国的银行对本国出口商或外国进口商（或其银行）提供利率较低的贷款，以解决本国出口商资金周转的困难，或满足国外进口商支付货款需要的一种融资方式。

（二）出口信贷的特点

（1）指定贷款用途，即通过出口信贷所得资金只能用于购买贷款国出口的资本货物和技术以及有关劳务等。

（2）利率低，出口信贷的利率低于国际金融市场上的贷款利率。

（3）出口信贷的发放与信贷保险相结合。由于中长期对外贸易信贷偿还期限长、金额大，发放贷款的银行存在较大的风险，为了减少出口国家银行的后顾之忧，保证其贷款资金的安全发放，国家一般设有信贷保险机构，对银行发放的中长期贷款给予担保。

（4）贷款期限是中长期的，一般为1～5年，也有的长达10年，通常每半年还本付息一次。

（5）贷款金额起点比较高，我国规定为5万美元，德国为100万德国马克，意大利为300万美元。

二、出口信贷的主要融资形式

第二次世界大战前支持出口的信贷形式有四种：①直接向进口商或进口商的政府部门发放贷款，指定贷款应购买发放贷款的国家或企业的商品；②外贸银行或商业银行对出口商提供长期贷款，以支持出口商开拓与争夺销售市场；③在资本相对过剩的国家发行进口公司的股票和债券，或发行政府债券，以所得的资金办理进口；④商业银行或对外贸易银行对中长期票据进行贴现放款，定期（如半年）清偿一次。这些出口信贷形式在第二次世界大战后仍沿袭采用。但对银行来说，在进出口商间更普遍推行的出口信贷融资形式有卖方信贷、买方信贷、福费廷、信用安排限额、混合信用贷款、签订存款协议向对方银行存款等。

（一）卖方信贷

1. 卖方信贷的概念

出口卖方信贷是出口方银行向本国出口商提供的商业贷款。出口商（卖方）以此贷款为垫付资金，允许进口商（买方）赊购自己的产品和设备。出口商（卖方）一般将利息等资金成本费用计入出口货价中，将贷款成本转移给进口商（买方）。

2. 卖方信贷的特点和优势

（1）相对于打包放款、出口押汇、票据贴现等贸易融资方式，出口卖方信贷主要用于解决本国出口商延期付款销售大型设备或承包国外工程项目所面临的资金周转困难，是一种中长期贷款，通常贷款金额大，贷款期限长。如中国进出口银行发放的出口卖方信贷，根据项目不同，贷款期限可长达10年。

（2）出口卖方信贷的利率一般比较优惠。一国利用政府资金进行利息补贴，可以改善本国出口信贷条件，扩大本国产品的出口，增强本国出口商的国际市场竞争力，进而带动本国经济增长。所以，出口信贷的利率水平一般低于相同条件下资金贷放的市场利率，利差由出口国政府补贴。

（3）出口卖方信贷的发放与出口信贷保险相结合。由于出口信贷贷款期限长、金额大，发放银行面临着较大的风险，所以一国政府为了鼓励本国银行或其他金融机构发放出口信贷贷款，一般都设有国家信贷保险机构，对银行发放的出口信贷给予担保，或对出口商履行合同所面临的商业风险和国家风险予以承保。在我国，主要由中国出口信用保险公司承保此类风险。

3. 卖方信贷的方式

由出口商向国外进口商提供的一种延期付款的信贷方式。一般做法是在签订出口合同后，进口方支付5%～10%的定金，在分批交货、验收和保证期满时再分期付给10%～15%的货款，其余75%～85%的货款，则由出口商在设备制造或交货期间向出口方银行取得中、长期贷款，以便周转。在进口商按合同规定的延期付款时间付讫余款和利息时，出口商再向出口方银行偿还所借款项和应付的利息。所以，卖方信贷实际上是出口商从出口方银行取得中、长期贷款后，再向进口方提供的一种商业信用。

4. 卖方信贷的程序

（1）出口商（卖方）以延期付款的方式与进口商（买方）签订贸易合同，出口大型机械设备。

（2）出口商（卖方）向所在地的银行借款，签订贷款，以融通资金。

（3）进口商随同利息分期偿还出口商的货款后，出口商再偿还银行贷款。

5. 卖方信贷与延期付款的区别

（1）当事人不同，卖方信贷下是银行与工商企业的关系，延期付款下是工商企业之间的关系。

（2）标的物不同，卖方信贷下是货币资本，延期付款下是商品资本。

（3）信用性质不同，卖方信贷下是银行信用，延期付款下是商业信用。

（二）买方信贷

1. 买方信贷的概念

出口买方信贷是出口国政府支持出口方银行直接向进口商或进口商银行提供信贷支持，以供进口商购买技术和设备，并支付有关费用。出口买方信贷一般由出口国出口信用保险机构提供出口买方信贷保险。出口买方信贷主要有两种形式：一是出口商银行将贷款发放给进口商银行，再由进口商银行转贷给进口商；二是由出口商银行直接贷款给进口商，由进口商银行出具担保。贷款币种为美元或经银行同意的其他货币。贷款金额不超过贸易合同金额的80% ~85%。贷款期限根据实际情况而定，一般不超过10年。贷款利率参照经济合作与发展组织（OECD）确定的利率水平而定。

2. 买方信贷的方式

买方信贷是出口方银行直接向进口商提供的贷款，而出口商与进口商所签订的成交合同中则规定为即期付款方式。出口方银行根据合同规定，凭出口商提供的交货单据，将货款付给出口商。同时记入进口商偿款账户内，然后由进口方按照与银行订立的交款时间，陆续将所借款项偿还出口方银行，并付给利息。所以，买方信贷实际上是一种银行信用。

3. 买方信贷的程序与做法

（1）进口商（买方）与出口商（卖方）签订贸易合同后，进口商（买方）先交相当于货价15%的现汇定金。现汇定金在贸易合同生效日支付，也可在合同签订后的60天或90天内支付。

（2）在贸易合同签订后，至预付定金前，进口商（买方）再与出口商（卖方）所在地的银行签订贷款协议，这个协议是以上述贸易合同作为基础的，若进口商不购买出口国设备，则进口商不能从出口商所在地银行取得此项贷款。

（3）进口商（买方）用其借到的款项，以现汇付款形式向出口商（卖方）支付货款。

（4）进口商（买方）对出口商（卖方）所在地银行的欠款，按贷款协议的条件分期偿付。

4. 直接贷给进口商（买方）银行

其做法与程序如下：

（1）进口商（买方）与出口商（卖方）洽谈贸易，签订贸易合同后，买方先交15%的现汇定金。

（2）签订合同至预付定金前，买方银行与卖方所在地银行签订贷款协议，该协议虽以前述贸易合同为基础，但在法律上具有相对独立性。

（3）买方银行以其借得的款项转贷给买方，使买方以现汇向卖方支付货款。

（4）买方银行根据贷款协议分期向卖方所在地银行偿还贷款。

（5）买方与卖方银行间的债务按双方商定的办法在国内清偿结算。

5. 买方信贷的贷款原则

（1）接受买方信贷的进口商所得贷款仅限于向提供买方信贷国家的出口商或在该国注册的外国出口公司进行支付，不得用于第三国。

（2）进口商利用买方信贷，仅限于进口资本货物，一般不能以贷款进口原料和消费品。

（3）提供买方信贷国家出口的资本货物限于该国制造，若该项货物系由多国部件组装，该国部件应占50%以上。

（4）贷款只提供贸易合同金额的85%，船舶为80%，其余部分需支付现汇，贸易合同签订后，买方可先付5%的定金，一般需付足15%或20%的现汇后才能使用买方信贷。

（5）贷款均为分期偿还，一般规定半年还本付息一次。还款期限根据贷款协议的具体规定执行。

（6）还款的期限，富国为5年，中等发达国家为8.5年，相对贫穷的国家为10年。

6. 买方信贷利率和利息计算方法

买方信贷一般低于市场利率，但各国不同，大致可分为以下几种类型：

（1）经济合作与发展组织（OECD）国家的利率类型。OECD国家的出口信贷利率为商业参考利率（Commercial Interest Reference Rate，CIRR），它是由单一货币利率，以OECD各成员的政府5年期以上债券利率为基础，每月15日调整一次而形成的。经济合作与发展组织现有34个成员国，包括主要发达国家，没有参加该组织的国家也参照执行出口信贷的《君子协定》，所以CIRR是最主要的出口信贷利率。

（2）伦敦银行同业拆放利率（LIBOR）类型。买方信贷利率按LIBOR收取，此利率高于OECD利率类型。日本用这种利率发放买方信贷，因日本政府对利差不予补贴。

（3）加拿大类型。由加拿大政府自定，一般高于CIRR利率类型，低于LIBOR利率类型。

（4）美国类型。美国发放的买方信贷资金一部分由进出口银行提供，一部分由商业银行提供，前者收取的利率较低，后者按美国市场利率收取，进出口银行与商业银行提供资金的比例不定期地进行调整。目前，前者提供的比例为42.5%，后者为57.5%。由于美国市场利率较高，故其平均利率水平也高，竞争性较差。

知识链接

《关于官方支持出口信贷指导原则的安排》（又称《君子协定》）自制定以来曾多次被修改，2005年最新修订版的《君子协定》完善了“偿还期限”“最低利率”“最低保险费用”等方面的规定。《君子协定》已成为出口信贷业务的国际惯例，是规范官方出口信贷的重要国际规则。我国已经加入WTO，所以我们必须按照国际惯例参与国际经济活动，开拓国际市场。由于出口信贷对一国的出口增长以及国际竞争力的增强具有十分重要的现实意义，因此建立一套行之有效的出口信贷体系并对之进行完善对一国尤为重要。

与利率相关的利息计算方法各国也不一样。如借取美元1年按360天计算，借取德国马克、法国法郎、日本日元1年按365天计算。按360天计算与按365天计算相比，借入者多付年利率为1.389‰的利息。1年按365天计，年利率为10%。如果按360天计，实际年利率则为10.138 9%。国际通用的计息时间为“算头不算尾”，即当天借款当天计息，还款当天不计息。

（三）福费廷

1. 福费廷的概念

福费廷（Forfaiting）是指在延期付款的大型设备贸易中，出口商把经进口商承兑的、期限在半年以上到5~6年的远期汇票，无追索权地售与出口商所在地银行，提前取得现款的一种资金融通形式，它是出口信贷的一种类型。

2. 福费廷业务的主要内容

（1）出口商与进口商在洽谈设备、资本货物的贸易时，若要使用福费廷，应该先行与其所在地银行约定。

（2）进出口商签订贸易合同言明使用福费廷，进口商提供担保。

（3）进出口商签订合同。

（4）出口商发运货物后，将全套货运单据通过银行的正常途径寄给进口商以换取进口商银行承兑的附有银行担保的汇票。

（5）进口商将经承兑的汇票寄交出口商。

（6）出口商取得经进口商银行的附有银行担保的汇票后，按照事先的约定，出售给出口地银行，办理贴现手续。

3. 福费廷业务与一般贴现业务的区别

贴现是指远期汇票承兑后，尚未到期，由银行或贴现公司从票面金额中扣减一定贴现率计算的贴现息后，将余款付给持票人的行为。

（1）贴现业务中的票据有追索权，而福费廷业务中贴现的票据无追索权。

（2）贴现业务中的票据一般为国内贸易和国际贸易往来中的票据，而福费廷票据则多是与出口大型设备相联系的有关票据，可包括数张等值的汇票（或期票），每张票据的间隔时间一般为6个月。

（3）有的国家规定贴现业务中的票据要具备三个人的背书，但一般不需银行担保，而办理福费廷业务的票据，必须有一流的银行担保。

（4）贴现业务的手续比较简单，而福费廷业务的手续则比较复杂。贴现的费用负担一般仅按当时市场利率收取贴现息，而办理福费廷业务的费用负担则较高，除按市场利率收取利息外，一般还要收取管理费、承担费、罚款等费用。

4. 福费廷业务与保付代理业务的区别

（1）福费廷用于大型成套设备交易，金额大，付款期限长，多在较大的企业间进行；保付代理用于一般商品的进出口贸易，金额不大，付款期在1年以下，通常在中小企业间进行。

（2）福费廷的票据要求进口商所在地的银行担保，而保付代理业务中的票据不要求担保。

(3) 福费廷业务是经进出口双方协商确定的，而保付代理业务可由进口商或出口商单边决定。

(4) 福费廷业务内容单一，主要用于大型成套设备的出口和结算，而保付代理业务内容比较综合，它包括多种金融服务项目。

5. 福费廷业务对进出口商的作用

(1) 对出口商的作用。

①能提前融通资金，改善资产负债表，有利于其证券的发行和上市。

②可以加速资金周转。

③不受汇率变化与债务人情况变化的影响。

④减少信贷管理和票据托收费用，风险都转嫁给银行。

(2) 对进口商的作用。对进口商来说，办理福费廷业务手续比较简单，但也有不利之处：

①福费廷业务的利息和所发生的费用要计算在货价之中，因此，货价比较高。

②要有一流银行的担保，保费高。

(四) 信用安排限额

1. 信用安排限额的概念及特点

信用安排限额（Credit Line Agreement）是出口商所在国银行给予进口商所在国银行以中期融资的便利，以利于本国一般消费品或基础工程的出口。它往往没有明确的进口商和出口商。

信用安排限额的主要特点是出口商所在地银行为了扩大本国一般消费品或基础工程的出口，给予进口商所在地银行以中期融资的便利，并与进口商所在地银行配合，组织较小金额业务的成交。

2. 信用安排限额的形式

(1) 一般用途信用限额（General Purpose Lines of Credits）。出口方银行向进口方银行提供一定的贷款限额，签订一份总信贷协议，协议内的资金用于许多彼此无直接关系的进口商购买该出口国的消费品。这些消费品是由众多彼此无直接关系的出口商提供的。各笔较小金额贸易所使用的信贷，期限为2~5年。

(2) 项目信用限额（Project of Lines of Credit）。出口方银行向进口方银行提供一定限额的贷款，作为多个进口商向多个出口商购买基础设备或进行基础工程建设所需的资金。项目信用限额的条件和程序与一般用途信用限额相似，只是贸易商品为工程设备。

(五) 混合信贷

1. 混合信贷的定义

混合信贷（Mixed Credits）是出口国银行在发放卖方信贷或买方信贷的同时，从政府预算中提出一定比例的资金，作为政府贷款或给予部分赠款，连同卖方信贷或买方信贷一并发放。由于政府贷款收取的利率比一般出口信贷要低，更有利于出口国设备的出口。卖方信贷或买方信贷与政府信贷或赠款混合贷放的方式，构成了混合信贷。

混合信贷是卖方信贷、买方信贷和政府贷款相结合而形成的贷放方式，目的也是扩大本国产品的出口。混合信贷通过运用政府贷款来降低传统银行贷款的利率，延长还款期限，进而达到促进贷款国资本货物的出口以及提高其出口资本货物在国际市场上的竞争能力的目的。

20 世纪 70 年代西方 24 国组成的经济合作与开发组织的《君子协定》生效后，成员国相互之间仍明争暗斗，矛盾重重。1982 年以后，《君子协定》利率几经提高，接近甚至有时超出市场利率，直接影响西方各国的出口融资和出口商品竞争能力。而《君子协定》只适用于官方支持的商业出口信贷，对政府提供的低息信贷和外援不作明确规定，并且允许结合出口信贷给予部分政策援助、赠予。西方各国为了避开《君子协定》的约束，开始采用政府贷款和出口信贷按一定比例混合使用的手段来降低原来出口信贷的利率，延长贷款的使用和偿还期限，从而实现支持本国商品出口的目的。

西方发达国家提供的混合信贷的形式大致有两种：一种是对一个项目的融资，同时提供一定比例的政府贷款（或赠款）和一定比例的买方信贷（或卖方信贷）；另一种是对一个项目的融资，将一定比例的政府信贷（或赠款）和一定比例的买方信贷（或卖方信贷）混合在一起，然后根据赠予成分的比例计算出一个混合利率，如英国的 ATP 方式。

2. 混合信贷的提供方式

（1）无政府间贷款协议方式。出口方政府利用两国银行已签订的买方信贷协议及贷款额度参与贷款，使借款国在利率和期限等方面获得优惠。具体优惠办法由两国政府银行议定。此种方式利用了原有的买方信贷协议，两国政府无须再洽谈贷款协议及手续问题，具有省时省力的优点。

（2）贷款总协议或专项贷款协议方式。出口方政府授权本国银行与进口方政府授权的该国银行签订混合贷款的总协议或专项协议，以混合利率提供贷款，利差由政府从其预算中拨款补贴。其特点是两国银行之间需为特定的项目签订专门的混合贷款协议。信贷资金来源和用款形式与买方信贷相同，手续仍较简便，利率则比一般贷款低。

（3）政府贷款协议与银行贷款协议并存方式。出口方政府和银行分别按一定比例向进口方提供政府贷款和商业贷款，并分别签订各自的贷款协议。在这种方式下，项目的信贷资金来源不同，贷款的申请渠道不同，批准程序也不同，因此手续较为复杂。

（六）签订存款协议

签订存款协议（Deposit Facility Agreement）是进出口商所在地银行在进出口商银行开立账户，在一定期限之内存放一定余额的款项，并在期满之前保持不低于约定的最低额度，以供进口商在出口国购买设备之用，这也是提供出口信贷的一种形式。中国银行与英国曾在 1978 年签订过这样的协议，供我国进口机构用该项存款在英国购买设备，一般适用于中小型项目。

三、如何使用好买方信贷

中国银行、中国进出口银行与其他有关银行，均与外国银行签有买方信贷总协议，国内有关机构欲从国外引进设备可通过上述银行与国外签订的总协议，申请使用买方信贷，以解决进口设备的资金需要。在掌握好买方信贷的使用原则与贷款条件后，要想用好买方信贷，必须注意以下几个问题。

（一）利用买方信贷进口设备的前提

1. 人民币配套资金要落实

各地情况不同，上海每进口 1 美元的设备，要有 5 元人民币的配套资金。有了配套资金，才能建造厂房和置备必需的国内配件，进口的机器设备才能形成生产力。如果配套资金未落实，机器进口后装配不起来，设备闲置，将造成极大的浪费。

2. 要落实偿还买方信贷的外汇来源

使用买方信贷，应按贷款协议的规定时间进行偿还。因此，使用买方信贷的单位一定要有偿还贷款的外汇来源，这一点在申请使用买方信贷时就要落实。只有具备这种条件，才能申请使用买方信贷。

3. 必须对使用买方信贷所进口的机器设备进行周密的可行性研究

设备生产的产品应是国内急需的，或需要进口的，或能出口创汇的；进口设备一定要具备较高的经济效益。

只有具备上述这三个前提，才能向有关银行与有关部门申请使用买方信贷。

（二）在商务洽谈中注意与买卖双方的银行取得联系

使用买方信贷，牵涉到进口商与出口商两方面的有关银行，具体到我国牵涉到国内有关银行与设备出口商所在国的有关银行，这个银行要与我国有关银行签有买方信贷协议，所以在设备贸易洽谈过程中，一方面要谈好使用买方信贷的商务条件，同时要加强与双方银行的联系，要具体注意以下几个环节：

（1）明确向设备出口商提出使用买方信贷，以便其向当局申请。

（2）设备出口商应按现汇报价，防止其一方面使用买方信贷，一方面又按延期付款的条件对我方报价。

（3）贸易合同中要明确规定货价的 85% 由买方信贷提供，一方面，进口商向国内有关银行与有关方面进行联系；另一方面，说明我们是利用对方贷款来购买设备，而不是用现汇。

（4）对出口商银行的确定，要与国内有关银行联系。主要看国内有关银行与该出口商银行是否签有买方信贷协议，否则，要改换签有信贷协议的银行。

（三）签好贸易合同中的支付条款

与一般贸易合同中的支付条款相比，在使用买方信贷下的支付条款中要特别明确四个问题：

（1）使用国内有关银行与出口商所在地的哪一家银行所签协议的买方信贷来支付货款。

（2）货款金额怎样支付，多少用现汇，多少用买方信贷。我国有关银行与外国银行签订的买方信贷总协议的一般惯例是贸易合同生效后 × × 天内付 5% 现汇定金，随同每次发运的设备货款再付 10% 现汇，设备货款的 85% 由对方银行提供买方信贷。

上述支付办法符合一般国际惯例，只不过我们把现汇支付的次数加以分解并予以推迟，最后货款的 15% 由我国进口公司支付现汇，货款的 85% 由对方提供买方信贷。例如，进口设备 100 万美元，先交 5% 的现汇定金，随同每次发运设备的货款再付 10% 的现汇，85% 的货款由对方银行提供，见表 8.1。

表 8.1 利用贷款和交付现汇 万美元

交货额	利用贷款/85%	交付现汇/10%
第一次 30	25.5	3
第二次 30	25.5	3
第三次 40	34	4
原交定金	—	5
100	85	15

(3) 支付现汇定金的时间。确定现汇定金的支付时间有三种做法，进口公司可根据谈判情况予以确定：①贸易合同签字后××天付；②合同生效后××天付；③贸易合同生效后××天内审单无误后付。

(4) 支付现汇定金所凭的单据。为了防止现汇定金付出后对方不履行贸易合同，必须等对方寄来一定的凭证或有关单据，我方再支付现汇，以保证其履行合同。支付定金时，我方应索要的单据有：对方的出口许可证副本或证明；出口方银行的保函；形式发票（Formal Invoice），作为我方在外汇指定银行购汇的依据；汇票（其金额为支付定金的数额）。

（四）签好贸易合同的生效条款

买方信贷下贸易合同的履行有赖于出口商有关银行提供买方信贷，如对方不能按期提供买方信贷，贸易合同就不能履行，所以贸易合同内应有合同生效从属于买方信贷协议生效的条款，有的还附加政府批准生效的条款。在贸易合同中列明“上述政府批准手续和买方信贷协议必须在××天内完成，否则，合同无效”。

（五）注意减少承担费与使用装运前信贷

签订一项大型成套设备贸易合同和买方信贷协议，如不立即全部提用贷款，则要支付承担费。如何减少承担费的支付，减轻设备进口的成本？在同一设备项目不同组成部分交货期相距甚远时，应按不同交货期，分签贸易合同，分签具体的买方信贷协议，这样可以减少承担费的计收。

此外，有些国家提供的买方信贷也可用于出口商在设备装运以前所需要的周转资金，如果进口商提出，出口商所在地银行也可考虑提供。如果使用这部分资金，我国进口单位与外国出口商在谈判初期就要商定，以便适当压低设备价格，防止出口商利用这一部分低利贷款，但又不降低设备价款。

四、出口信贷的作用

出口信贷对世界经济贸易发展起到一定的推动作用，具体体现在以下几个方面。

（一）出口信贷促进了资本货物的国际贸易发展

出口信贷为资本货物的制造商和出口商提供了出口收汇的安全保障，解决了资金周转的困难，从而鼓励和刺激了资本货物的生产和出口。通过向购买机器设备的进口商提供出口信贷，增强了进口商的购买能力，增加了进口国的有效需求，有效地保持了资本货物的国际贸易的增长势头。

（二）出口信贷促进了项目的开发和建设

大型工程项目的开发周期长，耗费大，需要期限长、成本低的融资，出口信贷正符合这一要求。向工程设备的进口商和一些大型工程的承包商提供补贴性的出口信贷，能使相当数量的投资项目开工运转，而这些项目如果按商业条件取得融资，则可能拖延工期或被迫下马。

（三）出口信贷促进了设备提供国的经济发展

出口信贷对扩大出口能起到积极作用，而增加出口可以增加国民生产总值，提高就业水平，改善国际收支状况。例如，美国的出口信贷机构——美国进出口银行，在其近60年的历史中，支持了2 600多亿美元的美国资本货物出口，为美国出口导向型生产行业提供了上百万个就业机会，提高了美国资本货物在国际市场上的竞争力。发达国家政府从自身利益出发，往往热衷于提供出口信贷，尤其是在国内经济衰退，设备利用率下降，失业严重的情况下，更是如此。例如，在20世纪70年代，西方国家出现了经济滞胀，迫切希望通过扩大出口来摆脱困难，于是银行大规模提供出口信贷，而且条件优惠。

（四）出口信贷在一定程度上促进了发展中国家的经济发展

发展中国家需要引进技术设备以提高国内生产水平，而且发展中国家国内往往有许多具备潜在开发价值的项目，但因为缺乏足够的资金或没有足够的优惠资金来引进和开发，阻碍和延误了经济的发展。而出口信贷能弥补这方面的不足，从这方面讲，出口信贷对接受国的经济发展起到很大的推动作用。例如，亚洲几个新兴工业化国家和地区的崛起显然得益于出口信贷资金，它们在经济起飞后，也仿效发达国家建立起自己的出口信贷机构，成为出口信贷的提供者。

五、我国的出口信贷制度

目前，所有的发达国家和一些发展中国家均给予国外进口商以优惠的出口信贷用于进口本国的设备，并对出口信贷给予国家担保，出口信贷的利差与出口信贷的风险完全由国家负担，以利于本国商品出口，增强海外竞争能力。为了改善我国的出口商品结构，扩大机电仪器产品的出口，在国家有关政策的指导下，中国银行于1980年开办了出口卖方信贷业务，对我国机电产品的出口单位发放政策性低利贷款。1983年曾试办过出口买方信贷，对购买我国机电产品的国外进口商发放贷款。1994年，我国成立了归口办理出口信贷业务的政策性银行——中国进出口银行。它除办理出口卖方信贷、出口买方信贷和出口福费廷业务外，还办理保险担保、我国政府对外优惠贷款、进口买方信贷、转贷外国政府贷款和项目评估审查业务等。2001年12月由财政拨款的中国出口信用保险公司正式营业，中国进出口银行的保险业务由该公司经营。中国进出口银行与中国出口信用保险公司的建立与业务的开展，标志着我国初步形成了一个出口信贷体制。下面主要介绍中国进出口银行经营的出口卖方信贷、出口买方信贷和出口福费廷业务。

（一）出口卖方信贷

中国进出口银行开展的出口卖方信贷业务具体包括设备出口卖方信贷、高新技术产品出口卖方信贷、一般机电产品出口卖方信贷、对外承包工程贷款等。下面以设备出口卖方信贷为例，介绍中国进出口银行出口卖方信贷的具体规定。设备出口卖方信贷是中国进出口银行对我国企业出口设备（含附件）、大型单机及对外提供设备相关技术服务项目所需资金提供的本、外币贷款。利用世界银行和亚洲开发银行等国际金融组织贷款、外国政府贷款的国内项目进行国际招标，由我国企业中标提供设备的，属于设备出口卖方信贷支持范围。

1. 贷款对象

凡在我国工商行政管理部门登记注册、具有独立法人资格的企业，均可向中国进出口银行申请设备出口卖方信贷。

2. 贷款申请条件

（1）设备生产和代理出口企业具备相应的生产能力和出口合同的履约能力，借款人的经营管理、财务和资信状况良好，具备偿还贷款本息的能力。

（2）除对外提供相关技术服务项目外，单笔出口合同金额不低于100万美元或借款人上一年度累计设备出口额不低于500万美元。

（3）企业承揽设备出口项目，应符合《大型单机和成套设备出口项目协调管理办法》（2001年外经贸部33号部令）的有关规定。

（4）延期付款的项目，延期支付部分应提供中国进出口银行认可的支付保证。

（5）进口商具备相应实力，资信状况良好。

（6）对收汇风险较大的项目，必要时应按中国进出口银行的要求投保相应的出口信用险。

（7）提供中国进出口银行认可的还款担保。

（8）中国进出口银行认为必要的其他条件。

（二）出口买方信贷

1. 使用买方信贷的有关规定

出口买方信贷主要用于支持中国产品、技术和服务的出口以及能带动中国设备、施工机具、材料、工程施工、技术、管理出口和劳务输出的对外工程承包项目。

（1）贷款对象。出口买方信贷的借款人为中国进出口银行认可的进口商（业主）、金融机构、进口国财政部或进口国政府授权的机构。

（2）贷款申请条件。出口商（承包商）为独立的企业法人，具有中国政府授权机构认可的实施出口项目的资格，并具备履行商务合同的能力。

申请买方信贷应具备以下条件：

①借款人所在国经济、政治状况相对稳定。

②借款人资信状况良好，具备偿还贷款本息的能力。

③商务合同金额在200万美元以上，出口项目符合出口买方信贷的支持范围。

④出口产品的中国成分一般不低于合同金额的50%，对外工程承包项目带动中国设备、施工机具、材料、工程施工、技术、管理出口和劳务输出一般不低于合同金额的15%。

⑤借款人提供中国进出口银行认可的还款担保。

⑥必要时投保出口信用险。

⑦中国进出口银行认为必要的其他条件。

（3）信贷条件。贷款的货币一般为美元或中国进出口银行认可的其他外币，同时中国进出口银行也可按照有关规定提供人民币出口买方信贷。

贷款金额的规定是：对出口船舶提供的贷款一般不超过合同金额的 80%，对其他出口项目和工程承包项目提供的贷款一般不超过合同金额的 85%。

贷款期限根据项目现金流核定，从首次提款之日起至贷款协议规定的最后还款日止，原则上不超过 15 年。还款期内借款人原则上每半年等额还款一次，特殊情况下也可采取非等额还款方式。

外币贷款利率按照中国进出口银行有关规定执行，可采取浮动利率或固定利率，人民币贷款利率按有关规定执行。

中国进出口银行有权收取与贷款相关的管理费、承担费和其他费用。对于未投保或未足额投保出口信用险的项目，中国进出口银行有权就未覆盖部分收取风险费。

2. 申请使用出口买方信贷的步骤

由于银行发放出口信贷涉及面广，牵涉的关系人多，中国进出口银行虽将贷款最终直接贷放给国外的进口商或进口商的银行，但不能离开国内设备出口商的积极主动工作。为方便国外进口商或其他银行使用好我国的出口买方信贷，以促进我国出口单位的机械设备出口，有必要掌握向中国进出口银行申请出口买方信贷的步骤和应交送的材料和报表。

申请买方信贷提交的材料主要有：借款申请书；商务合同草本、意向书或招投标文件；项目可行性分析报告；借款人、保证人等的资信材料及有关证明文件，借款人、保证人的财务报表等。中国进出口银行按规定程序审查借款申请材料，议定信贷条件，完成贷款审批程序。

贷款批准后，中国进出口银行与借款人签订贷款协议等法律文件，落实担保措施，办理有关担保和权益转让手续。贷款协议生效且规定的提款条件满足后，中国进出口银行按照贷款协议规定的放款程序发放贷款。借款人根据贷款协议的规定按时支付有关费用、偿还贷款本金和利息。

（三）出口福费廷业务

如上所述，我国进出口银行还办理出口福费廷业务。我国机械设备出口商通过中国进出口银行办理福费廷业务的程序与步骤如下：

（1）在机械设备贸易中，如欲采用福费廷形式，国内设备出口单位应事先同中国进出口银行取得联系，将交易的有关情况，如进口商名称、进口商所属国别、合同金额、延付期限、开证行、承兑行或担保行、预计签订合同时间、预计交货时间等，书面提交给中国进出口银行。

（2）中国进出口银行在审查上述资料及情况后，如认为可行，则提交给设备出口商一个参考的折现率报价，以便出口商测算出口合同的设备报价。

（3）设备出口商向中国进出口银行提交正式委托书，委托出售福费廷交易中进口商开出并加担保的本票（或出口单位开出，经进口商承兑并加担保的汇票）。

（4）中国进出口银行向设备出口商提交购买票据的正式报价。

（5）设备出口商如同意中国进出口银行的报价，应给予正式书面答复，并提交有关合同副本、信用证副本、提单副本以及汇票或本票。

（6）中国进出口银行将买断票据款划拨到设备出口商账户。

（四）三种出口信贷形式的比较

出口卖方信贷、出口买方信贷和出口福费廷都是促进我国机电仪器出口的信贷方式，对我国设备出口单位来讲，究竟选择哪种方式更为有利，这就需要分析各种方式本身的特点及利弊。

1. 出口卖方信贷的特点及利弊

出口卖方信贷的贷款条件与做法对出口商的有利方面是：①贷款利率固定，对出口商来讲无利率波动风险；②贷款利率受有关部门补贴，低于市场利率；③由于出口单位与本国发放信贷银行办理手续，情况易于掌握，手续相对简便。

对出口单位的不利方面是：①贷款条件比较严格；②由于以延期付款方式出卖设备，故存在汇率波动风险；③由于存在较大金额的应收未收账款，恶化了资产负债表的状况，不利于出口单位的有价证券上市；④贸易合同的设备货价与筹资成本混在一起，不利于贸易合同的商务谈判。

2. 出口买方信贷的特点及利弊

出口买方信贷的贷款条件对出口商的有利方面是：①设备贸易合同的付款条件为即期付款，有利于出口单位资产负债表状况的改善，有利于出口单位汇率波动风险的减缓；②贷款合同与贸易合同分别签订，有利于出口单位核算设备货价成本，集中精力执行商务合同；③贷款利率一般按商业参考利率加 100 BP 计收，有利于核算借款成本。

对出口单位的不利方面是：①发放贷款的起点较高，不利于我国工艺技术水平较低的中小设备项目的出口；②出口单位要投保出口信用险，保险费费率根据进口商（或银行）所在国家不同，费率高低也不同，从而增加了出口单位的成本开支；③贷款手续烦琐，牵涉的当事人多，国际资金融通的法律问题也较复杂；④贸易合同能否顺利签订与执行对贷款合同的签订与执行的依赖程度较大。

3. 出口福费廷的特点及利弊

出口福费廷的贷款条件对出口单位的有利方面是：①票据及时卖断有利于出口单位免除信贷风险与外汇风险；②有利于出口单位资产负债表状况的改善，以及有价证券上市；③融资银行买断票据的起点和出口单位出口的商品无严格明确的规定，使出口单位有较大的灵活性，有利于出口市场的开拓。

对出口单位的不利方面是：①费用较高；②交货时间与贸易合同签订时间相距较长，融资银行难以报出折现率，出口单位难以进行准确的对外报价；③融资银行一般不愿接受 5 年以上远期票据的买断。

第二节　出口补贴

各国在制定和实施贸易政策时，除了利用关税和非关税壁垒限制进口以外，还采取各种鼓励出口的措施扩大商品出口。为了扩大出口，世界各国纷纷对出口实行补贴。国际贸易中的补贴与反补贴措施影响了国际贸易的健康发展，扭曲或损害了贸易各国的利益。

一、补贴的性质

所谓补贴，是指政府为了促进某些产业的发展，对这些产业的生产及产品进行财政补贴和实行优惠待遇，以提高本国出口产品在国际市场上的竞争力和限制外国产品的进入。

一般认为，政府实施补贴是不公平的竞争。由于政府的补贴，使得本来不具有比较优势的一些产品，人为地降低成本，成为具有比较优势的产品，而使得那些真正具有比较优势的产品处于极为不利的地位。

政府的补贴是一种贸易保护主义的措施。由于政府的补贴和优惠，导致本国没有比较优势的产品大量出口，伤害进口国具有比较优势的同类产品。目前世界上不只是发展中国家对本国的生产和出口进行补贴，发达国家对农产品和一些工业产品也实行大量的补贴。

二、补贴的形式

一般来说，补贴有三种主要形式：生产补贴、出口补贴、出口信贷。

（一）生产补贴

生产补贴（Production Subsidies）是政府为了促进某一产品的发展，给予生产企业的津贴。生产补贴可以使生产企业在产品价格低于生产成本时，仍能因有补贴而获得利润，有利于扩大该产品的生产规模或者使生产企业降低相当于所获得的补贴部分的生产成本，从而降低产品价格，提高产品在国际市场上的竞争力。生产补贴的主要形式有以下三种。

1. 财政拨款

在国家选定的予以支持的产业或产品的生产过程中，国家拨出部分财政资金归生产企业无偿使用，以财政资金为企业的生产创造条件或以财政资金来弥补企业的生产亏损。

2. 优惠贷款

银行对予以支持的生产企业提供低利率贷款，增加信用放贷规模，延长贷款期限等。这些措施可以减少生产企业的利息负担，降低费用，从而提高企业的生产效率，扩大生产规模。

3. 税收减免

国家对所支持的企业免收各种税、减少税收种类，或者提高企业各项税收的起征点等。其最终目的都是向予以支持的生产企业减让一部分税收收入。

生产补贴可以使获得补贴的企业降低生产成本，提高其在国际市场的竞争力，增加出口。

（二）出口补贴

出口补贴（Export Subsidies）又称出口津贴，是一国政府为了降低出口商品的价格、增强其在国际市场的竞争力，在出口某商品时给予出口商的现金补贴或财政上的优惠待遇。

1. 出口补贴的形式

（1）直接补贴（Direct Subsidies）。指政府在商品出口时，利用财政拨款直接付给出口商的现金补贴。直接补贴的目的在于弥补出口商品国内价格高于国际市场价格所带来的亏损，或者补偿出口商所获利润低于国内利润所造成的损失。

（2）间接补贴（Indirect Subsidies）。指政府对某些商品的出口予以财政上的优惠，如退还或减免出口商缴纳的税，对进口原料或半成品加工再出口给予免征或退还已交的进口税等。其目的仍然是降低商品价格，增强国际竞争力。

2. 出口补贴效果

在图 8.1 中，D 和 S 表示某小国 H 对商品 X 的需求和供给曲线。在自由贸易条件下，X 的国际市场价格为 P_0，H 国生产为 OQ_2、消费为 OQ_1、出口为 Q_1Q_2。

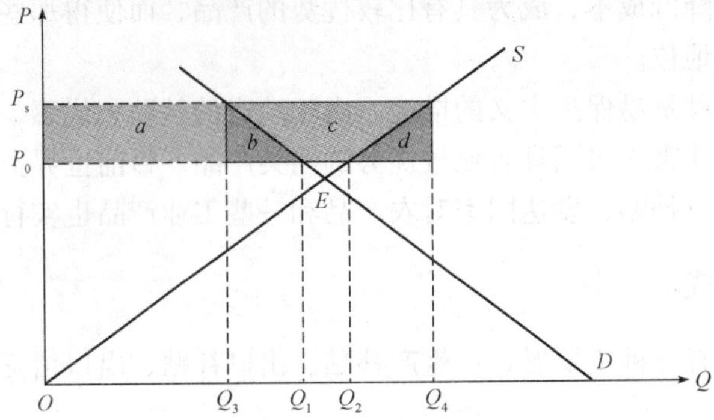

图 8.1　出口补贴的效果

现在假设 H 国政府给予每单位出口商品一定数量的补贴，对国内生产者和消费者来说，价格上升到 P_s，H 国生产为 OQ_4、消费为 OQ_3、出口为 Q_3Q_4。出口补贴的福利效应如下：国内消费者损失了相当于 $a+b$ 的消费者剩余，政府补贴支出相当于 $b+c+d$，国内厂商增加了相当于 $a+b+c$ 的生产者剩余。结果，补贴造成了相当于 $b+d$ 的净损失。既然如此，H 国为什么还要对本国 X 产品的出口进行补贴呢？因为：其一，X 产业可能是外部经济效益明显，H 国迫切需要发展的高科技产业；其二，其他国家对该产品进行补贴，本国被迫做出反应。

知识链接

世界贸易组织“乌拉圭回合”达成的《补贴与反补贴措施协议》把名目繁多的出口补贴分为禁止性补贴、可申诉补贴和不可申诉补贴三种。

(1) 被禁止使用的补贴措施。对进口替代品或出口品在生产、销售环节，直接、间接提供的补贴。它直接扭曲进出口贸易，或严重损害别国经济利益。

(2) 允许使用但可提出反对申诉的补贴措施。它可在一定范围内实施，但在实施中对其他缔约国贸易利益造成严重损害，或产生严重歧视性影响时，受损的缔约方可以向实施补贴的缔约方提出反对，或提起申诉。

(3) 不可申诉的补贴措施。一般具有普遍适应性和发展经济的必要性，不会受到其他缔约方的反对或引起反措施。

禁止性补贴是不允许成员政府实施的补贴，如果实施，有关利益方可以采取反补贴措施；可申诉补贴是指一成员所使用的各种补贴如果对其他成员国内或地区内的工业造成损害，或者使其他成员利益受损时，该补贴行为可被诉诸争端解决；不可申诉补贴即对国际贸易影响不大的，不可被诉诸争端解决的补贴，但需要及时通知其他成员。实施不可申诉补贴的主要目的是对某些地区的发展给予支持，或对研究与开发、环境保护及就业调整提供援助等。

补贴在很大程度上可以被用作实行贸易保护主义的工具，成为国际贸易中的非关税壁垒。在国内行政法律制度上，授予利益的行政行为不会构成违法受到追究，但在国际贸易中对国内相关人的利益行为可能构成对其他成员方贸易商的不利，补贴可以影响国际市场的货物流向，补贴经常被作为刺激出口或限制进口的一种手段。

需要指出的是，出口补贴是世界贸易组织所反对的，乌拉圭回合的《补贴与反补贴措施协议》对其作了严格的规定。一国出于国内经济发展的需要实施出口补贴，必须符合世界贸易组织的有关规则，更多地采用产业政策、地区政策，尽量避免在进出口环节实施。

（三）出口信贷

出口信贷（Export Credit）是指一个国家为了鼓励商品出口、增强商品的竞争能力，通过银行对本国出口厂商或国外进口商提供的贷款。出口商可利用本国银行的贷款扩大商品出口，特别是金额较大、期限较长的商品的出口，如成套设备。

三、反补贴

政府的出口补贴扭曲了世界市场的商品价格，直接受损害的是相同商品的其他出口国和补贴商品进口国的生产者。因此，政府的出口补贴被认为是一种不正当的贸易政策。

如果进口国对受到出口国补贴的进口商品征收反补贴税以抵消出口国的补贴影响，其结果如同出口国政府开出一张现金支票，把本国纳税人的钱无偿地支付给进口国政府。征收反补贴税效应如图 8.2 所示。

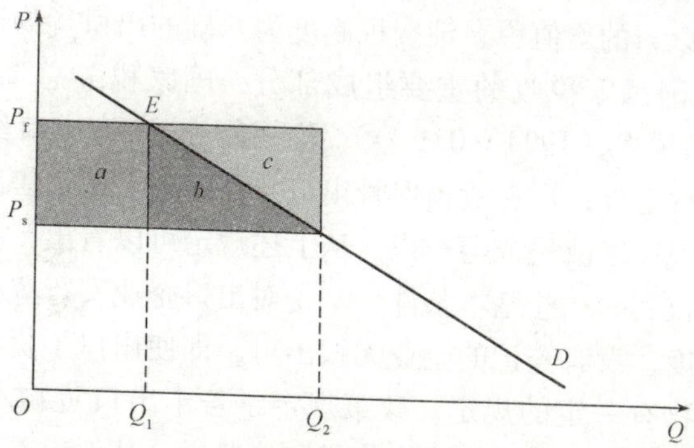

图 8.2　进口国征收反补贴税的效应

在自由贸易情况下，进口国的平衡点为 E，当世界市场价格为 P_f 时，进口 Q_1 数量的商品。出口国的政府补贴使出口商品的价格下降为 P_s，在两个国家的模型中，出口商品的数量等于进口商品的数量 Q_2。出口国的补贴额为 $a+b+c$，进口国消费者因此增加的消费者剩余为 $a+b$，c 为世界净损失。

如果进口国对进口商品征收相当于出口补贴的反补贴税 P_fP_s，进口商品的数量从 Q_2 减到 Q_1。反补贴税的税额为 a，同出口国政府按出口商品数量 Q_1 给予的补贴额相同。对进口国来说，征收反补贴税，使国内消费者损失了消费者剩余 $a+b$ 和补贴相抵，净损失为 b。对世界贸易来说，征收反补贴税，使出口补贴造成的世界性净损失 c 消失。因此，在出口国补贴的同时，进口国征收反补贴税仅仅发生了出口国利益向进口国转移，没有净损失。

出口国政府的出口补贴，使世界产生净损失，进口国征收反补贴税，使出口国的利益向进口国转移。虽然这样，世界上还没有哪个国家愿意单方面减少出口补贴。正因如此，随着世界各国间的贸易额不断增加，世界上绝大多数进行国际贸易的国家或地区都通过 WTO 签订多边减少出口补贴的协议。如果协议有约束力，则各成员方都可以从中获得利益。

第三节 出口退税

一、出口退税的含义及特点

（一）出口退税的含义

出口货物退（免）税，简称出口退税，其基本含义是指对出口货物退还其在国内生产和流通环节实际缴纳的增值税、消费税。出口货物退税制度，是一个国家税收制度的重要组成部分。出口退税主要是通过退还出口货物的国内已纳税款来平衡国内产品的税收负担，使本国产品以不含税成本进入国际市场，与国外产品在同等条件下进行竞争，从而增强竞争能力，扩大出口的创汇。

1985 年 3 月，国务院正式颁发了《关于批转财政部〈关于对进出口产品征、退产品税或增值税的规定〉的通知》，规定从 1985 年 4 月 1 日起实行对出口产品退税政策。随着国家税制的改革，从 1994 年 1 月 1 日起，我国实行了新的退还产品税、增值税、消费税的出口退税管理办法，建立了以新的增值税、消费税制度为基础的出口货物退（免）税制度。

出口退税制度是一国国家税收的重要组成部分，国家税务总局颁布的《出口货物退（免）税管理办法》（国税发〔1994〕031 号）第一款规定，有出口经营权的企业出口和代理出口的货物，除另有规定外，可在货物保管出口并在财务上做销售后，凭有关凭证按月报送税务机关批准退还或免征增值税或消费税。从上述规定可以看出，我国的出口退税政策规定了企业享有出口退税权利的一些基本条件：一是对出口企业实行登记制度，对企业的出口退税权实行审批登记制度，没有登记的企业无权出口，即使出口了货物也不能享有出口退税的权利；二是对出口货物有一定的规定，政策规定了若干出口货物不能享受出口退税的权利；三是对出口退税的税种有规定，仅为增值税和消费税，其他税不退。

（二）出口退税的特点

我国的出口货物退（免）税制度是参考国际上的通行做法，在多年实践基础上形成的、自成体系的专项税收制度。这项新的税收制度与其他税收制度比较，有以下几个主要特点。

1. 它是一种收入退付行为

税收是国家为满足社会公共需要，按照法律规定，参与国民收入中剩余产品分配的一种形式。出口货物退（免）税作为一项具体的税收制度，其目的与其他税收制度不同。它是在货物出口后，国家将出口货物已在国内征收的流转税退还给企业的一种收入退付或减免税收的行为，这与其他税收制度筹集财政资金的目的显然不同。

2. 它具有调节职能的单一性

我国对出口货物实行退（免）税，意在使企业的出口货物以不含税的价格参与国际市场竞争。这是提高企业产品竞争力的一项政策性措施。与其他税收制度鼓励与限制并存、收入与减免并存的双向调节职能比较，出口货物退（免）税具有调节职能单一性的特点。

3. 它属于间接税范畴的一种国际惯例

世界上有很多国家实行间接税制度，虽然其具体的间接税政策各不相同，但就间接税制度中对出口货物实行“零税率”而言，各国都是一致的。为奉行出口货物间接税的“零税率”原则，有的国家实行免税制度，有的国家实行退税制度，有的国家则退、免税制度同时并行，其目的都是对出口货物退还或免征间接税，以使企业的出口产品能以不含间接税的价格参与国际市场的竞争。出口货物退（免）税政策与各国的征税制度密切相关，脱离了征税制度，出口货物退（免）税便将失去具体的依据。

二、出口退税的构成要素

出口货物退（免）税构成要素，主要包括出口货物退（免）税的企业范围、货物范围、税种、退税率、计税依据、期限和地点、退（免）税预算级次和违章处理等八项内容，其中，企业范围、货物范围、退税率、计税依据是构成出口退（免）税的基本要素。

（一）出口货物退（免）税的企业范围

出口货物退（免）税的企业主要指按国家政策规定可以享受出口退（免）税政策的企业，它是出口退（免）税的主体，也是出口退（免）税的享受人，它与税法中规定的纳税人既有联系又有区别，凡是出口退（免）税的享受人都是纳税人，享受人只是纳税人的一种负概念。享受人必须按规定履行出口货物退（免）税的所有事项，否则应由该行为的当事人承担相应的责任。

（二）出口货物退（免）税的货物范围

退（免）税对象是指对什么货物退税，即出口退（免）税的客体，它是确定退（免）税类型的主要条件，也是退（免）税的基本依据。而货物范围，是确定退（免）税对象的具体界限。纳入退（免）税范围的退（免）税对象，由于退（免）税前的征税规定不同、退（免）税率不同和出口方式不同等，必须把出口货物的退（免）税对象在具体范围上予以明确。

（三）出口货物退（免）税的税种

我国出口货物退（免）税仅限于间接税中的增值税和消费税。

（四）出口货物退（免）税的税率

退（免）税率是出口货物的实际退税额与计税依据之间的比例。它是出口退（免）税的中心环节，体现国家在一定时期的经济政策，反映出口货物实际征税水平，退（免）税率是根据出口货物的实际整体税负确定的，同时也是零税率原则和宏观调控原则相结合的产物。

（五）出口货物退（免）税的计税依据

退（免）税的计税依据是具体计算应退（免）税款的依据和标准。具体包括出口离岸价、货物购进金额、组成计税价、数量等。正确地确定计税依据，既关系到征退税关联问题，又关系到国家财政收支平衡。

（六）出口货物退（免）税的期限和地点

退（免）税期限是指货物出口的行为发生后，申报办理出口退税的时间要求。它包括多长时间办理一次退（免）税，以及在什么时间段内申报退（免）税。退（免）税地点是企业按规定申报退（免）税的所在地。

（七）出口货物退（免）税的预算级次

以1993年年底各地实际退税为基数，中央财政负担80%，地方财政负担20%，对于超基数部分的出口退增值税和消费税全部由中央财政负担，即预算级次为中央级。

（八）出口货物退（免）税的违章处理

出口货物退（免）税的违章处理指出口企业或当事人在办理出口货物退（免）税过程中，违反国家法律、法规、规章，相关的国家行政机关和司法部门依法给予处罚。

三、出口退税的税种及税率

（一）出口退税的税种

根据现行税制的规定，我国出口货物退税的税种是流转税（又称间接税）范围内的增值税、消费税。

1. 增值税

增值税是对销售货物或者提供加工、修理修配劳务以及进口货物的单位和个人就其实现的增值额征收的一个税种。中国自1979年开始试行增值税，现行的增值税制度是以1993年12月13日国务院颁布的国务院令第134号《中华人民共和国增值税暂行条例》为基础制定的。增值税已经成为我国最主要的税种之一，增值税的收入占我国全部税收的60%以上，是最大的税种。增值税由国家税务局负责征收，税收收入中75%为中央财政收入，25%为地方收入。进口环节的增值税由海关负责征收，税收收入全部为中央财政收入。

2. 消费税

消费税是以消费品（消费行为）的流转额作为课税对象的各种税收的统称。消费税是在对货物普遍征收增值税的基础上，选择少数消费品再征收的一个税种，消费税主要是为了调节产品结构，引导消费方向，保证国家财政收入。现行消费税的征收范围主要包括烟、酒及酒精、鞭炮、焰火、化妆品、成品油、贵重首饰及珠宝玉石、高尔夫球及球具、高档手表、游艇、木制一次性筷子、实木地板、汽车轮胎、摩托车、小汽车等。有的税目还进一步划分若干子目。消费税实行价内税，只在应税消费品的生产、委托加工和进口环节缴纳，在以后的批发、零售等环节，因为价款中已包含消费税，因此不用再缴纳消费税，税款最终由消费者承担。在消费税于1994年1月1日正式开征后，有人认为消费税是额外增加的商品税负，会引起物价上涨，其实这是一种误解。根据税制设计，征收消费税的产品原来是征收产品税或增值税的，现改为征收消费税后，这些产品的原税负有较大幅度的下降，为了不因税负下降造成财政收入减少，需要将税负下降的部分通过再征一道消费税予以弥补。因此，开征消费税属于新老税制收入的转换，征收消费税的消费品虽然还征收增值税，但基本上维持了改革前的税负水平。对少数消费品征收消费税不构成物价上涨的因素。

（二）出口退税的税率

出口退税率是出口货物的实际退税额与计税依据之间的比例。它是出口退税的中心环节，体现国家在一定时期的经济政策，反映出口货物实际征税水平。退税率是根据出口货物的实际整体税负确定的，同时也是零税率原则和宏观调控原则相结合的产物。从2004年1月1日起，我国对不同出口货物主要有17%、13%、11%、8%、5%等五档退税率。出口企业以小规模纳税人购进货物出口准予退税的，规定出口退税率为5%的货物，按5%的退税率执行，规定出口退税率高于5%的货物一律按6%的退税率执行。

2008年以来，受国际市场需求下降的影响，中国出口企业利润大幅减少，特别是一些劳动密集型的中小型企业，经营面临较大压力。因此，有必要调整财政政策，提高劳动密集型产品的出口退税率，这有助于提高企业出口竞争力，促进中国经济转型升级。

四、逐步取消出口退税政策势在必行

出口退税政策的目的是鼓励出口，增加外汇，吸引外资，促进就业。自1985年出口退税政策实施以来，我国已于2009年超过德国，成为世界第一大出口国。外汇储备也在2006年2月底超过日本，位居世界第一。

然而，一项政策就像是一个药方，开始用时药效显著，长期吃下去的话，副作用就会显现。我国用出口退税这个药方20多年了，副作用有些骇人。

第一，我国经济的对外依存度已超过60%，国外经济波动对国内经济发展和就业影响很大，易使得我国企业陷入被动局面。

第二，很多出口企业的主要利润来自出口退税，这表明这些企业的竞争力不足。没有生存压力，就没有动力去提高企业自身赢利能力以及产品竞争力。财政补贴影响了价格信号，让具有落后产能的企业在市场上生存，从而导致资源配置不合理。

有些企业会钻政策空子来获取不当之利。以一个电子企业为例，电子元件出口可以享受13%～17%不等的出口退税，等于价格成本降低了13%～17%。而下游企业用更低的价格进口时，只要持有加工贸易手册，就不用另外缴纳进口关税和环节税，这其实影响了价格信号的资源配置功能。

第三，经济增长严重依赖外需，使得国内市场的潜力没有被正视。最近几年，经济学家一直在呼吁扩大内需，官方也逐渐认识到扩大内需的必要性，但雷声大、雨点小，还是习惯性地沿用先前的药方，当危机出现时，只是加大剂量而已，并没有做出实质性的改变来引导内需，减少对外部的依赖。

第四，我国外汇占款的货币发行模式结合出口退税导致了通胀问题。出口退税鼓励出口，出口越多，外汇越多，外汇占款所增发的国内基础货币也就越多，再经由信贷系统的乘数效应，就会导致日益严重的通货膨胀问题。鼓励出口和抑制通胀，在外汇占款的影响下，形成了一对悖论政策。由此导致的通胀问题是不能用简单的调整准备金率来得到彻底解决的。

第五，我国与其他国家的贸易摩擦越来越多，这很大程度上归于我国巨大的贸易顺差，这也或多或少导致了世界经济的失衡。经济失衡正如一个人内分泌紊乱或者发高烧，看起来代谢很旺盛，但那是不健康和不可持续的。国家在贸易顺差方面也做了很多努力，但我们不能只看表面的数字，还要看数字的背后，也就是进口和出口的产品结构。出口的是低端产品，进口的是高科技产品，利润额高低立现。

逐步取消出口退税政策，有利于抑制低端产品出口，加快淘汰落后产能，加快产业结构调整，推进节能减排。并且将节约下来的税款用到国内物流渠道的基础建设上，将外需引导转变为内需，有利于调整结构。

第四节 倾销

一、倾销的定义及分类

（一）倾销的定义

倾销（Dumping）是一种价格歧视，是指一国的生产商或出口商以低于其国内市场价格或低于成本价格将其商品抛售到另一国市场的行为。

倾销的目的在于击败竞争对手、夺取市场，因此给进口国相同或类似产品的生产者带来损害。倾销是一种不正当的贸易行为，与反倾销相对。反倾销的调查由商务负责。

（二）倾销的分类

1. 按倾销目的与倾销持续时间不同分类

（1）持续性倾销（Persistent Dumping）。也称国际价格歧视，是指一国垄断者为了提高其总利润，通过在国内市场（该市场被运输成本以及贸易壁垒所隔绝）以高于国际市场（在该市场将遭遇外国生产者的竞争）的价格销售产品。

（2）偶发性倾销（Sporadic Dumping）。指为了摆脱非预见和暂时的剩余产品负担，以低于成本或低于国内销售价格偶然地销售产品，而并未降低国内价格。

（3）掠夺性倾销（Predatory Dumping）。指为了将外国生产者赶出本国商界，以低于成本或低价格临时销售产品，然后凭借其在国外获得的垄断优势提高该商品价格。

2. 按倾销产品来源地不同分类

（1）国内倾销。指为倾销地国民的倾销商为了取得本国的市场份额，而采取的低于其他同类产品价格或低于产品成本的价格在其本国市场上销售产品的行为。

（2）外国倾销。指为倾销地以外的其他国家国民的倾销商，为了获取进口国的市场份额而以低于别国市场的价格销售、出口其产品的行为。

3. 按倾销客观表现不同分类

（1）外汇倾销。也称兑换倾销，是指出口国货币贬值使该国出口产品以进口国货币计价售价降低。

（2）运费倾销。指一国以低于正常运输成本价格为出口产品提供运输。

（3）社会倾销。指出口商利用降低劳动力成本的方式，在进口国低价销售产品的行为。

（4）价格倾销。指差价销售，即在进口国市场以低于出口国市场价格销售产品的行为。

4. 按倾销商品表现形式不同分类

（1）产品倾销。指在货物贸易下一国货物以低于其正常价值的价格在进口国市场销售的行为。

（2）服务倾销。指在服务贸易下服务提供者在服务地国提供的服务的价格低于该服务的正常价格。

5. 按倾销归属范畴不同分类

（1）经济学倾销。泛指一切在进口国发生的低价销售行为。

（2）法学倾销。指对进口国国内产业造成损害的、能够适用反倾销法予以制裁的低价销售行为。

尽管对倾销行为有不同的分类方法，但是反倾销法并非针对上述所有的倾销行为，而是仅限于外国产品的价格倾销。在起草《国际贸易组织宪章》和《GATT 1947》过程中，美国根据其国内法为反倾销条款提出草案建议，其他国家围绕这一草案展开讨论。讨论涉及四种形式的倾销，即价格倾销、服务倾销、兑换倾销和社会倾销。起草者同意只将价格倾销作为总协定第6条的反倾销税对象。而掠夺性倾销、偶发性倾销、持续性倾销的损害结果和倾销主观意图确定不同，美国1921年以前的反倾销法专门制裁掠夺性倾销，但此后的反倾销国内立法和国际立法已经不再将倾销的“掠夺性”主观动机作为反倾销法适用的条件。

二、倾销的构成要素及特征

（一）倾销的构成要素

一国的产品以低于正常价值的价格进入另一国市场，而使得另一国国内有竞争能力的产业受到损害的行为即为倾销。其构成要素为：

（1）产品以低于正常价值或公平价值的价格销售。

（2）低价销售的行为给进口国产业造成损害，包括实质性损害、实质性威胁和实质性阻碍。

（3）损害是由低价销售造成的，二者之间存在因果关系。

（二）倾销的特征

（1）倾销是一种人为的低价销售措施。它是由出口商根据不同的市场，以低于有关商品在出口国的市场价格对同一商品进行差价销售。

（2）倾销的动机和目的是多种多样的，有的是销售过剩产品，有的是争夺国外市场、扩大出口，但只要对进口国某一工业的建立和发展造成实质性损害、实质性威胁或实质性阻碍，就会招致反倾销措施的惩罚。

（3）倾销是一种不公平竞争行为。在政府奖励出口的政策下，生产者为获得政府出口补贴，往往以低廉价格销售产品；同时，生产者将产品以倾销的价格在国外市场销售，从而获得在另一国市场的竞争优势，进而消灭竞争对手，然后再提高价格，以获取垄断高额利润。

（4）倾销的结果往往给进口方的经济或生产者的利益造成损害，特别是掠夺性倾销扰乱了进口方的市场经济秩序，给进口方经济带来毁灭性打击。

三、倾销的经济效应

一般来说，生产厂商能够实施倾销，必须具备三个条件：第一，必须是不完全竞争的行业，具有垄断力量的厂商是市场价格的制定者而非市场价格的接受者；第二，本国和外国必须被很好地分隔，使国内居民不能轻易回购出口产品；第三，出口厂商在国内面临的需求弹性较国外的小。只有具备了这些条件，垄断厂商会发现实施倾销有利可图。

由于倾销实施低价策略，虽然可以扩大出口，但是存在利润下降和亏损风险。因此，倾销必须有政府强有力的支持，例如，出口国政府高筑关税和非关税壁垒控制外国商品进入以维持国内垄断高价、弥补出口损失，防止出口商品倒流。出口国政府负担出口亏损，对内高价收购、对外低价倾销。出口商在挤垮竞争对手、垄断国外市场后，抬高价格以弥补倾销阶段的损失。

四、反倾销调查程序

如果一国遭受来自他国商品的倾销，一般都会对倾销商品征收反倾销税。但在征收反倾销税之前，必须对倾销行为进行调查。作为 WTO 一揽子文件之一的《关于执行 1994 年关贸总协定第六条的协议》对反倾销调查程序做出了详细的规定。根据 WTO 的有关原则，凡成员方制定反倾销法律或者采取反倾销调查行动，都必须与该文件保持一致。

反倾销调查程序包括申诉、立案、调查、裁决、复审等阶段。

1. 申诉

反倾销调查的启动一般应由进口方受到损害的行业或其代表向有关当局提交书面申请，这是反倾销调查的必要条件。一般情况下，进口方当局不会主动发起反倾销调查。进口方受到损害的行业或其代表向有关当局提交的申诉书应包括以下内容：申请人的身份、产品产量与价值、被指控产品所属国家及相关企业名称、被指控方产品在其国内的价格等。

2. 立案

进口方当局在确认申诉材料真实可靠决定立案后，就要通知其产品遭到调查的成员方和调查当局所知道的有利害关系的各方，并予以公告。向被调查方发出的通知应当列明应诉材料的送达地点及时限等。

3. 调查

当局在一定的期限内，对被告方的产品倾销幅度、对国内行业的损害以及两者之间的因果关系进行调查核实。一般情况下，反倾销调查应在 1 年内结束，无论何种情况都不得超过从调查开始之后的 18 个月。在调查中，当事各方必须以书面形式提供证据，即使是听证会的口头辩论，事后也必须提交书面材料。给被诉方发出的调查表，要至少给予 30 天的期限回答问题（以发出之日起的 7 天为送达）。在调查期间，各利害关系方有权举行听证会为其利益辩护。为证实所提供信息的准确性，进口方当局可以在其他成员方境内进行现场调查。如果有关利害方不提供资料或者阻碍调查的进行，进口方当局可依据提起反倾销调查申诉的一方提供的资料做出裁决。调查当局有义务听取被诉倾销商品的用户及消费者发表评论。

4. 初裁与终裁

初裁是指在完全结束调查之前，调查当局如果初步肯定或否定有关倾销或损害的事实，可以对相关产品采取临时措施（临时措施只能在反倾销调查开始之日起 60 天后采取，实施期限一般不超过 4 个月，最长不超过 9 个月）。终裁是指调查当局最终确认进口商品倾销并造成损害，从而对其征收反倾销税。如果征收反倾销税，数额不得超过倾销幅度，可以征收反倾销税直至抵消倾销损害，但最长不超过 5 年。反倾销税一般不能追诉征收。但是，为了防止出口方在调查期间抢在进口方采取措施前大量出口倾销产品，《反倾销守则》也规定了在确实发生上述情况时，进口方当局可以对那些临时措施生效前 90 天内进入消费领域的产品追诉征收最终反倾销税。

5. 行政复审

反倾销税实行一段合理时间后，对于是否继续征税，进口方当局可以主动或应当事人的要求进行行政复审，以确定是否继续征收反倾销税。在进口方当局初步确认存在倾销、损害及其因果关系后，如果出口商主动承诺提高有关商品的出口价格或者停止以倾销价格出口，并且得到进口方当局的同意，那么反倾销调查程序可以中止或终止。

我国于2001年12月1日开始实施《出口产品反倾销应诉规定》，当时的对外贸易经济合作部委托各进出口商会和外商投资企业协会具体负责企业反倾销应诉的组织协调工作，明确了“谁应诉，谁受益”的原则。

除了上述四种主要的鼓励出口措施以外，还有许多其他措施。比如通过资本输出带动本国商品输出；采用外汇分成方式，即政府允许出口商从其所得的外汇收入中提取一定百分比自由支配，鼓励出口商的出口积极性；采取进出口连锁制，将进口与出口挂钩，以出带进或以进带出，达到扩大出口的目的。

第五节　经济特区与自由贸易区

一、经济特区的概念

经济特区是一个国家或地区在其关境以外所划出的一定的特殊经济区域。在这个区域内，通过实行更加灵活开放的政策和措施，用降低地价、减免关税、放宽海关管制和外汇管制、提供各种服务等优惠办法吸引外国货物，发展转口贸易，或鼓励和吸引外资，引进先进技术，发展加工制造业，以达到开拓出口贸易、增加外汇收入、促进本国或本地区经济发展的目的。

可见，设置经济特区的主要目的在于扩大出口，是一国或地区为开拓国际市场而采取的重要的对外贸易政策。

二、经济特区的发展历程

意大利于1547年在里窝那港创设免税自由港，之后，有许多国家纷纷仿效，但自由港与当代经济特区还不完全相同。第一次世界大战后，各种类型的经济特区在中南美、非洲、中东、南亚等地纷纷成立，到第二次世界大战爆发前，世界上已有26个国家设立了75个以自由贸易为主的经济特区。第二次世界大战结束后，新独立国家相继成立，它们也纷纷建立起以利用外资发展加工出口为主的经济特区。20世纪70年代以来，第三世界国家中有40多个国家建立了经济特区80多个。南斯拉夫、罗马尼亚也有类似设置。最著名的是爱尔兰香农出口加工区、巴拿马科隆自由贸易区、墨西哥边境自由贸易区等。在1980年，世界上各种特区已发展到350多个，分布在75个国家，其类型日益增多，业务范围日益扩大，而且第一代出口加工区已开始从劳动密集型工业转向资本和技术密集型工业。

“经济特区”是中国特有的称谓，是经济性特区的一类，是在改革开放后为了集中和有效地利用外国资金及技术到本国进行生产、发展贸易、繁荣经济而设置的交通条件比较优越的特别地区，在这个地区推行对外开放政策和优惠制度，是吸收外国投资、实现国际经济合作的一种方式。1979年4月30日，邓小平提出创办经济特区。1980年3月24日，中共中央命名为“经济特区”。1980年8月26日，我国正式设立经济特区，第五届全国人大常委会第15次会议决定，批准国务院提出的决定在广东省的深圳、珠海、汕头和福建省厦门建立经济特区。1988 年建立海南经济特区、2010 年建立喀什经济特区。后来又新增了重庆的两江新区、舟山新区和上海的浦东新区等，其实质都是经济特区。

三、经济特区的主要模式

经济特区作为实行特殊开放经济政策的区域，由于设置的目的、规模、组织形态和功能等不同，存在不同的类型，名称繁多。据统计，有自由港、自由贸易区、对外贸易区、保税区、出口加工区、投资促进区、经济技术开发区、过境区等四十余种。但从总体上，可以大致归纳为自由港、自由贸易区、出口加工区和综合性经济特区四种主导模式。

（一）自由港

自由港（Free Port）又称自由口岸，是指全部或绝大多数外国商品可以豁免关税自由进出口的港口。这种港口划在一国关境以外，外国商品除进港时免缴关税外，还可以在港内自由改装、储存、展览、加工、销售等。外国商品只有在进入所在国海关管辖区时才纳税。但外国船舶进出自由港时仍须遵守主权国家的有关卫生、移民、治安等方面的政策法规。

最完整形态的自由港是自由港市，它包括港口及其所在的城市地区。自由港市把港口的全部地区都划为非关税区，外商可以自由居留和从事有关业务，所有居民和游客均享受关税优惠，如新加坡和中国香港。但也有一些自由港仅包括港口或其所在城市的一部分，而且不像自由港市那样允许外商自由居留，有人称其为“自由港区”，如汉堡、哥本哈根自由港等。

自由港的主要特点是：它必须是港口或港口的一部分，其开发目标和营运功能与港口本身的集散作用密切结合。

（二）自由贸易区

自由贸易区（Free Trade Zone）指划在关境以外，准许外国商品豁免关税自由进出口的地区，一般设在一个港口的港区或邻近港口的地区。它实际上是采取自由港政策的关税隔离区。

关于自由贸易区，后面将具体介绍。

（三）出口加工区

出口加工区（Export Processing Zone）又称加工出口区，是专门为生产出口产品而开辟的加工制造区域，生产的产品全部出口或大部分供出口。出口加工区一般设置在一个国家的港口或港口附近的地方。在那里划出一定的范围，新建或扩建码头、车站、道路、仓库和厂房等基本设施，以及提供免税等优惠待遇，鼓励外国企业在区内投资设厂。

出口加工区产生于20 世纪50 年代，其雏形是 1959 年爱尔兰香农机场附近出现的以出口加工为主的自由贸易区，60 年代后期在亚洲的一些发展中国家获得巨大发展。其目的在于吸引国外投资，引进先进技术与设备，促进本地区的生产技术和经济的发展，发展加工工业和扩大加工出口，增加外汇收入。

出口加工区一般有两种类型：一种是综合性出口加工区，即在区内可以经营多种出口加工工业，如菲律宾的巴丹出口加工区所经营的项目，包括服装、鞋类、电子或电器产品、食品生产、光学仪器和塑料产品等；另一种是专业性出口加工区，即在区内只准经营某种特定的出口加工产品。目前世界各地的出口加工区大部分是综合性出口加工区。

出口加工区采用了自由港和自由贸易区的一些做法，但它又与自由贸易区有所不同。一般来说，自由港或自由贸易区是以发展转口贸易、取得商业方面的利益为主；而出口加工区是以发展出口加工工业、取得工业方面的利益为主，是面向工业的。

为了鼓励国外企业在出口加工区投资设厂，许多国家对外国企业在区内投资设厂有一系列优惠的规定。例如，对在区内投资设厂企业所需的生产设备、原料、零件、原件及半制成品一律免征进口税，生产的产品出口时一律免征出口税。不少出口加工区还对国外投资的企业提供减免所得税、营业税等优惠待遇。有的出口加工区允许在区内的外资拥有100%的投资比率，所得利润可以自由汇出国外，另外对报关手续、外商出入境手续也给予方便等。

（四）综合性经济特区

综合性经济特区是在前面几种形式的基础上发展起来的，兼有两种职能，既提供了自由贸易区的某些优惠待遇，又提供了发展工业生产所必需的基础设施，是三者的结合体。在这种特区中，还可以发展商业、金融、旅游等各种事业。如新加坡的裕廊工业区，既是一个工业区，区内有工厂企业900多家，占全国工厂总数的30%；又是一处重要的转口贸易港，港口有大型泊位10个。另外，它还是一个旅游区，拥有著名的观光景点。

（五）其他常见经济特区

除以上四种“主导类”特区外，常见的经济特区还有以下三种。

1. 保税区

保税区（Bonded Area）又称保税仓库区，是海关设置的或经海关批准注册的特定地区和仓库。外国商品存入保税区内，可以暂时不缴纳进口税，如再出口不缴纳出口税。运入区内的商品可进行存储、改装、分类、混合、展览、加工和制造等。因此，它起到类似自由港或自由贸易区的作用，主要是为了发展转口贸易，增加各种费用收入，并给予贸易商经营上的便利。保税区的仓库有的是公营的，有的是私营的；有的货物储存期限为1个月到半年，有的期限可达3年；有的允许进行加工和制造，有的不允许加工和制造。日本的经济特区主要是保税仓库。

2. 自由边境区

自由边境区（Free Perimeter）过去也称为自由贸易区，它一般设在本国的一个省或几个省的边境地区。对于在区内使用的生产设备、原材料和消费品可以免税或减税进口。如从区内转运到本国其他地区出售，则须照章纳税。外国货物可在区内进行储存、展览、混合、包装、加工和制造等业务活动，其目的在于利用外国投资开发边境区的经济。

3. 过境区

过境区（Transit Zone）是指沿海国家为了便利邻国的进出口货运，开辟某些海港、河港或国境城市作为货物过境区。过境区对过境货物简化海关手续，免征关税或只征小额的过境费用。过境货物一般可在过境区作短期储存、重新包装，但不得加工。

四、自由贸易区

（一）自由贸易区的产生及发展

自由贸易区从自由港发展而来，通常设在港口的港区或邻近港口地区，尤以经济发达国家居多，如美国有92个对外贸易区。

13 世纪，法国开辟马赛港为自由贸易区。1547 年，意大利正式将热那亚湾的里窝那港定为世界上第一个自由港。其后，为了扩大对外贸易，一些欧洲国家陆续在一些港口城市开辟自由港。20 世纪 50 年代初，美国提出：可在自由贸易区发展以出口加工为主要目标的制造业。20 世纪 60 年代后期，一些发展中国家也利用这一形式，并将它建成特殊的工业区，逐步发展成为出口加工区。20 世纪 80 年代以来，许多国家的自由贸易区向高技术、知识和资本密集型发展，形成"科技型自由贸易区"。自由贸易区在全球范围内已经达到数十个，遍及各大洲，是区域经济一体化的主要形式之一。其中，北美自由贸易区是世界上最大的自由贸易区。其他还有中欧自由贸易区、欧盟—拉美自由贸易区等。

2007 年 12 月，中国天津东疆保税港区一期封关后，天津就将自由贸易港区作为自己未来的发展方向，并提上议事日程。2008 年 3 月国务院批复的《天津滨海新区综合配套改革试验总体方案》明确表示，东疆保税港区在"进行建立自由贸易港区的改革探索"。2011 年批复的《天津北方国际航运中心核心功能区建设方案》，又再次重申在天津东疆进行自由贸易区改革探索的目标。2012 年年底，天津市委十届二次会议和 2013 年年初发布的天津市推进滨海新区新一轮开发开放十大任务，均将建设自由贸易区作为天津市 2013 年的重点工作。

党的十七大报告把自由贸易区建设上升为国家战略，党的十八大提出要加快实施自由贸易区战略。党的十八届三中全会提出，要以周边为基础加快实施自由贸易区战略，形成面向全球的高标准自由贸易区网络，加快实施自由贸易区战略，探讨中国加快实施这个战略的思路，准确把握经济全球化新趋势和中国对外开放新要求。截至 2013 年 6 月 19 日，全球已有 1 200 多个自由贸易区，其中 15 个发达国家设立了 425 个，占 35.4%；67 个发展中国家共设立 775 个，占 64.6%。2013 年 5 月下旬，李克强总理在访问瑞士期间，与瑞士签订了两国自由贸易初步协议。2013 年上半年，商务部、上海市人民政府会同国务院有关部门拟定《中国（上海）自由贸易试验区总体方案》（草案），上报国务院审批。2013 年 7 月 3 日，国务院常务会议讨论并原则通过该方案草案。

截至 2014 年 1 月 22 日，中国 12 个地方自贸区获得国务院批复，进入多部委联合调研阶段。2014 年 12 月，国务院决定设立中国（广东）自由贸易试验区，广东自贸区涵盖三个片区：广州南沙新区片区、深圳前海蛇口片区、珠海横琴新片区，总面积 116.2 平方千米。2014 年 12 月 28 日，全国人民代表大会常务委员会授权国务院在中国（广东）自由贸易试验区、中国（天津）自由贸易试验区、中国（福建）自由贸易试验区以及中国（上海）自由贸易试验区扩展区域暂时调整有关法律规定。

（二）自由贸易区的特点

随着时间的推移，自由贸易区发展逐渐呈现出以下特点。

1. 数量不断增加

最典型的是美国对外贸易区的迅速增长。20 世纪 60 年代末、70 年代初，美国在全球经济中的地位开始下降，与此同时，美元贬值，失业人数增加。在此情况下，为了刺激对外贸易发展，美国各州纷纷设立对外贸易区。到 1980 年，全美的自由贸易区增加到 77 个；到 1994 年年底，自由贸易区已达 199 个，贸易分区达 285 个，总数为 484 个。

2. 功能趋向综合

随着自由贸易区数量的持续增长，自由贸易区的功能也在不断扩展。从 20 世纪 70 年代，以转口和进出口贸易为主的自由贸易区和以出口加工为主的自由贸易区就已经开始相互融合，自由贸易区的功能趋向综合化。原料、零部件、半成品和成品都可在区内自由进出，在区内可以进行进出口贸易、转口贸易、保税仓储、商品展销、制造、拆装、改装、加标签、分类、与其他货物混合加工等商业活动。因此，世界上多数自由贸易区通常都具有进出口贸易、转口贸易、仓储、加工、商品展示、金融等多种功能，这些功能综合起来就会大大提高自由贸易区的运行效率和抗风险能力。

3. 管理不断加强

各国的自由贸易区在初创时由于条件不同，功能各异，管理水平也相差较大，但是经过几十年的竞争发展，各国自由贸易区的管理已逐渐趋向规范化。而且随着科学技术的进步，自由贸易区的基础设施和管理手段也大大改善，形成了各自颇具特色的管理体制。世界上四个主要的自由贸易区（阿联酋迪拜港自由港区、德国汉堡港自由港区、美国纽约港自由贸易区、荷兰阿姆斯特丹港自由贸易区）的管理机构权威性非常强。四国在对自由贸易区管理机构授权上大体相近，都是港区合一，成立经联邦政府授权的专门机构，负责管理和协调自由贸易区的整体事务，投资建设必要的基础设施，有权审批项目立项。特别是着眼于自由贸易区与城市功能的相互促进，超前进行整体规划和建设，极富特色和成效，带动了周边城市经济发展，尤其是在金融、保险、商贸、中介等第三产业发展上成效显著。

（三）自由贸易区的分类

1. 按性质分类

自由贸易区按性质可以分为商业自由区和工业自由区，前者不允许货物的拆包零售和加工制造；后者允许免税进口原料、元件和辅料，并指定加工作业区加工制造。

2. 按功能设定分类

（1）转口集散型。这一类自由贸易区利用优越的自然地理环境从事货物转口及分拨、货物储存、商业性加工等。最突出的是巴拿马的科隆自由贸易区。

（2）贸工结合、以贸为主型。这类自由贸易区以从事进出口贸易为主，还从事一些简单的加工和装配制造，在发展中国家最为普遍，如阿联酋迪拜港自由港区。

（3）出口加工型。这类自由贸易区主要以从事加工为主，以转口贸易、国际贸易、仓储运输服务为辅。如尼日利亚自由贸易区。

（4）保税仓储型。这类自由贸易区主要以保税为主，免除外国货物进出口手续，较长时间处于保税状态，如荷兰阿姆斯特丹港自由贸易区。

设立经济特区是世界上不同发展水平的国家发展经济贸易的重要手段。虽然经济全球化和贸易自由化使国际贸易壁垒逐渐降低，但由于自由贸易港区、出口加工区之类的经济特区在吸引外资、扩大对外贸易、引进国外先进技术、吸纳劳动力就业等方面的重要作用，经济特区无论在发达国家还是发展中国家都方兴未艾。经济特区对经济发展水平不同的国家经济贸易的发展皆具有不可替代的作用。在经济特区内，发达国家先进的技术、资本和服务可以与发展中国家的劳动力、土地及优惠政策相结合，充分发挥双方的比较优势。经济特区具有诸多外溢效应。随着特区的发展，不仅其资本、技术会向周边地区乃至全国扩散，而且其政策、体制等也会对外产生示范效应，从而带动国内经济贸易的发展。经济特区的建立还可以加深不同国家之间的了解与合作，为世界自由贸易的发展减少体制上的障碍。这方面的典型是中国和新加坡政府合作设立的中国苏州工业园区。苏州工业园区的建立和发展不仅促进了当地经济贸易的发展，而且加强了中、新两国政府间的交流，促进了中、新两国经济、贸易与投资的发展。

当代经济特区在不断发展的同时，也表现出一些新的趋势。这突出表现在以转口贸易为主的自由贸易港区和以加工制造为主的出口加工区的功能日益融合，经济特区的功能日益趋于综合化。目前，世界上大多数经济特区都同时具有转口贸易、仓储、加工制造、商品展示、国际会议、金融服务等功能。功能的完善有助于提高经济特区运营的效率，降低特区发展的风险，保持其可持续发展的能力。

【案例 8.1】

欧盟对中国彩电的反倾销调查的纠纷

中国彩电对欧盟出口始于20世纪80年代末，当时主要是小尺寸彩电。面对中国彩电的进入，欧盟彩电企业反应十分敏感，几乎在中国彩电进入欧盟市场不久，当地彩电业就提出了反倾销起诉。欧盟委员会最终裁定中国彩电倾销成立，对来自中国大陆的彩电征收反倾销税，把中国彩电赶出了欧盟市场。

分析：1988 年，欧盟在当地彩电生产企业的要求下，开始对来自中国的42 厘米以下彩电进行反倾销立案调查。1991 年 1 月月初，对 5 家应诉的中国企业给予分别裁决。但是 1991 年 7 月欧盟做出终裁，决定对中国国有企业统一征收税率为 15.3% 的反倾销税，为期 5 年，其中对福日公司和华强三洋公司两家合资企业进行分别裁决，税率分别为 13.1% 和 7.5%。1992 年 11 月，欧盟又对来自中国、韩国、马来西亚、泰国和新加坡的彩电立案反倾销调查，由于中国的 42 厘米以下彩电已经被征收反倾销税，所以该案只涉及中国的大彩电（42 厘米以上）。1994 年 10 月，欧盟对中国所有出口企业统一裁决，进口反倾销税率为 28.8%。1995 年 4 月，该案最终裁决，对所有的中国企业征收 25.6% 的反倾销税。出于阻止中国彩电进入欧盟市场的考虑，欧盟委员会 1996 年主动发起对彩电案的复审。这个复审案一再拖延，延续时间长达 40 个月，大大超过了欧盟规定的在 12 个月内结案的期限。最终，1998 年 12 月，欧盟决定对所有来自中国的彩电征收 44.5% 的反倾销税。截至 2006 年年底，这一反倾销税还没有取消，导致中国彩电很难再次进入欧盟市场。

本章小结

各国在制定和实施贸易政策时，采取各种鼓励出口的措施来扩大本国商品的出口，如买方信贷、卖方信贷、福费廷、补贴和反补贴、倾销与反倾销等，以达到鼓励出口，占领国际市场的目的。同时，许多国家还滥用反补贴和反倾销的措施，以排挤他国产品进入本国市场。中国自 1996 年至 2003 年已连续 7 年成为国外反补贴、反倾销的头号目标国，遭受反倾销和反补贴调查的案例累计已超过 600 例，涉及产品 4 000 多种。我国作为 WTO 的成员，一方面要遵循 WTO 有关的规则，认真履行成员应履行的义务；另一方面要充分利用 WTO 的规则来保护自己的利益，积极主动应对外国对我国的各种不合理的反倾销调查。

课堂讨论

为什么出口补贴促使世界净损失，但是世界上没有哪个国家愿意单方面减少补贴？

复习思考题

一、名词解释

出口补贴　倾销　商品倾销　卖方信贷　买方信贷　自由贸易区　保税区　出口加工区　经济特区

二、选择题（1～6题为单选题，7～19题为多选题）

1. 卖方信贷实质是（　　）。
   A. 出口银行向本国出口厂商提供延期付款的一种形式
   B. 出口厂商向外国进口厂商提供延期付款的一种形式
   C. 进口厂商向外国出口厂商提供银行贷款的一种形式
   D. 出口厂商向外国进口厂商提供银行贷款的一种形式
2. 卖方信贷的贷款协议是由（　　）。
   A. 出口厂商与进口国银行签订　　B. 进口厂商与本国银行签订
   C. 出口厂商与本国银行签订　　D. 进口厂商与出口国银行签订
3. 买方信贷的贷款协议由（　　）。
   A. 出口方银行向外国进口商提供的贷款　　B. 进口方银行向外国出口商提供的贷款
   C. 出口方银行向本国出口商提供的贷款　　D. 进口方银行向本国进口商提供的贷款
4. 我国目前最开放、规定最优惠的保税区是（　　）。
   A. 上海外高桥　　B. 大连　　C. 青岛　　D. 海南省洋浦
5. 关于掠夺性倾销，下列说法中正确的是（　　）。
   A. 以倾销方式在国外时常抛售“剩余货物”
   B. 长期以低于国内市场的价格在国外市场出售商品
   C. 通过倾销排挤竞争者后再提高价格
   D. 对进口国损害相对较少
6. 出口信贷国家担保制为政治风险提供担保的金额一般为合同金额的（　　）。
   A. 80%～95%　　B. 70%～85%　　C. 75%～90%　　D. 80%～90%
7. 进口国家除对所有商品征收进口附加税外，还对个别国家或商品征收的进口附加税主要有（　　）。
   A. 反补贴税　　B. 滑动关税　　C. 反倾销税　　D. 特别关税
   E. 差价税
8. 征收反补贴税的重要条件是（　　）。
   A. 外国进口商品接受了直接的补贴　　B. 外国进口商品接受了间接的补贴
   C. 外国进口商品接受了直接的奖金　　D. 外国进口商品接受了间接的奖金
   E. 进口国生产的同类商品遭受重大损害
9. 出口信贷按借贷关系分为（　　）。
   A. 买方信贷　　B. 卖方信贷　　C. 中期信贷　　D. 短期信贷
   E. 长期信贷
10. 买方信贷协议的贷款协议是由（　　）。
    A. 进口国银行与出口国银行签订　　B. 出口厂商与进口国银行签订

C. 进口厂商与本国银行签订　　D. 出口厂商与本国银行签订

E. 进口厂商与出口国银行签订

11. 根据不同类别国家和信贷期限的长短不同，出口信贷的最低利率有所不同，(　　)。

A. 期限越短，利率越高

B. 期限越长，利率越高

C. 期限越短，利率越低

D. 接受出口信贷的国家人均国民生产总值越高，利率越高

E. 接受出口信贷的国家人均国民生产总值越低，利率越高

12. 按照倾销的具体目的和时间的不同，商品倾销可分为 (　　)。

A. 偶然性倾销　　B. 间歇性倾销

C. 掠夺性倾销　　D. 长期性倾销

E. 周期性倾销

13. 掠夺性倾销、间歇性倾销的目的是 (　　)。

A. 打垮竞争对手，扩大和垄断其产品的销路

B. 阻碍当地同类产品或类似产品的生产与发展

C. 在国外生产和垄断新产品

D. 垄断销售市场

E. 攫取垄断高额利润

14. 大企业倾销可能会使利润暂时减少，甚至亏本，采取的补偿措施主要有 (　　)。

A. 在贸易壁垒的情况下，维护国内市场的垄断高价

B. 压低工人工资

C. 国家提供出口补贴

D. 占领市场后再抬高价格

E. 进行技术开发

15. 外汇倾销能够扩大出口的条件是 (　　)。

A. 货币贬值的程度大于国内物价上涨的程度

B. 货币贬值的程度小于国内物价上涨的程度

C. 其他国家不同量实施同等程度的货币贬值

D. 其他国家同量实施同等程度的货币贬值

E. 其他国家采取更强烈的报复措施

16. 促进出口的行政措施主要有 (　　)。

A. 设立专门组织　　B. 建立商业情报网

C. 组织贸易中心和贸易展览会　　D. 组织贸易代表团出访或来访

E. 组织出口商的评奖活动

17. 按照保税区职能的不同，日本保税区可分为 (　　)。

A. 指定保税区　　B. 保税货棚　　C. 保税仓库　　D. 保税工厂

E. 保税陈列厂

18. 出口加工区的类型有（　　）。

A. 综合性出口加工区　　B. 专业性出口加工区

C. 原材料加工区　　D. 高科技加工区

E. 制成品加工区

19. 出口加工区的主要规定包括（　　）。

A. 对外国企业在区内投资设厂的优惠规定

B. 对外国企业在区内投资设厂的限制规定

C. 对外国企业在区内投资设厂的外汇管制规定

D. 对出口加工区的领导和管理办法的规定

E. 对产品销售市场的规定

三、简答题

1. 出口补贴有哪几种？
2. 简述卖方信贷的操作程序。
3. 产品的倾销是如何确定的？
4. 论述我国应对反倾销的对策。
5. 在出口信贷中，买方信贷比卖方信贷更流行吗？
6. 如何使用好买方信贷？
7. 简述中国式经济特区的主要模式。

四、分析题

东北某省农垦集团发展公司欲从意大利菲亚特公司引进一套全自动的喷灌收割农机设备。该农垦集团发展公司打算采取延期付款方式购买该项设备，设备价款800万美元。经谈判双方确定，自设备的验收保证期满后的半年开始付款，每半年付款一次，付款期限为6年，由菲亚特公司向意大利出口信贷机构SACE申请卖方信贷。在双方贸易合同洽谈的过程中，菲亚特公司欲增资重组，并筹划发行新股上市，不愿以延期收款的方式出售该设备，但又不愿丧失这次出口设备的机会。经菲亚特公司的努力，SACE同意向该农垦集团发展公司提供买方信贷，由中国银行哈尔滨分行对按期还款提供担保。当采用买方信贷后，菲亚特公司出口设备的价格降至740万美元。根据上述案例，请回答下列问题：

1. 如果采用卖方信贷：

（1）其受信人是（　　）。

A. 出口商　　B. 进口商　　C. 出口商银行　　D. 进口商银行

（2）其授信人是（　　）。

A. 出口商所在地银行　　B. 进口商所在地银行

C. 进口商　　D. 出口商

（3）贸易合同的（　　）。

A. 设备价款较高　　B. 设备价款较低

C. 支付条件为延期付款　　D. 支付条件为即期付款

（4）对出口商的作用是（　　）。

A. 有利于其有价证券上市　　B. 不利于其有价证券上市

C. 有利于其资金周转加速　　D. 不利于其资金周转加速

2. 菲亚特公司最初考虑接受某省农垦集团发展公司延期付款进口设备的条件：

（1）卖方信贷的申请人是（　　）。

A. 某省农垦集团公司　　B. 菲亚特公司

C. 中国银行哈尔滨分行　　D. SACE

（2）贸易合同设备价款 800 万美元，其中（　　）。

A. 包括利息因素　　B. 不包括利息因素

C. 包括管理费、承担费和信贷保险费　　D. 不包括管理费和信贷保险费

（3）对菲亚特公司的作用是（　　）。

A. 有利于其增资重组　　B. 不利于其增资重组

C. 改善其资产负债表状况　　D. 不利于其资产负债表状况的改善

3. 某省农垦集团发展公司最后利用买方信贷进口菲亚特设备的情况下：

（1）买方信贷的申请人是（　　）。

A. 某省农垦集团发展公司　　B. 菲亚特公司

C. 中国银行哈尔滨分行　　D. SACE

（2）买方信贷的发放人是（　　）。

A. 某省农垦集团发展公司　　B. 菲亚特公司

C. 中国银行意大利分行　　D. SACE

（3）买方信贷一般按（　　）计收。

A. LIBOR　　B. 优惠利率　　C. CIRR　　D. 贴现率

（4）除利息外，借款人尚须向贷款行支付（　　）。

A. 管理费　　B. 代理费　　C. 杂费　　D. 承诺费

（5）贸易合同设备价款 740 万美元，（　　）。

A. 包括利息　　B. 不包括利息

C. 包括融资的从属费用　　D. 不包括融资的从属费用

（6）贸易合同的支付条件为（　　）。

A. 即期付款　　B. 延期付款　　C. D/P　　D. D/A

（7）某省农垦集团发展公司可得到的贷款金额为（　　）。

A. 740 万美元　　B. 740 万美元 + 管理费

C. 595 万美元　　D. 629 万美元

课外实训

组织学生到本地外贸主管部门了解当地出口产品在国外遭受反倾销调查的情况，了解企业如何应对反倾销调查。

第九章

战略性贸易政策

★学习目标

了解战略性贸易政策的产生背景、内涵、性质、实施条件和手段；理解“利润转移”理论和“外部经济”理论两种不同的战略性贸易政策理论类型；了解战略性贸易政策在我国的适用性和我国的战略性贸易政策选择。

重点：理解战略性贸易政策的内涵，以及不同类型的具体理论内容。

难点：对不同战略性贸易政策类型的区分和战略性贸易政策理论在我国的可行性分析和具体应用。

★引例

战略性贸易政策

罗伯特·劳伦斯（R. Lawrence）曾说，“美国的贸易政策似乎承载了太多的问题”。那么，作为世界经济第一大国的美国其贸易政策的本质是什么？产生于美国的战略性贸易政策理论又该如何理解？

第二次世界大战后至20世纪80年代，美国先后实行了“自由贸易政策”、具有“新保护主义”之称的“过渡贸易政策”和保护国内竞争优势部门的“公平贸易政策”。

20世纪80年代，战略性贸易政策理论在美国逐渐形成，克林顿在1993年执政后，采纳战略性贸易政策观点，极力推行所谓的“克林顿主义”，其核心思想是通过“以内促外、以外助内”，实现内外的协调发展以及有效互动，比之前的“公平贸易政策”更具进攻性和主动性。其提倡政府应积极介入贸易管理，以出口作为解决经济衰退问题的途径，以国家战略调控和灵活有效的产业政策服务对外贸易，即“出口能动主义”。其战略性贸易政策主要包括“国家出口战略”与“公平贸易政策”这两方面内容。

1. 国家出口战略

1993年9月，克林顿政府出台了美国历史上第一部系统的贸易法案——《国家出口战略》(*National Export Strategy*),这也是“出口能动主义”的核心体现。其核心内容,一是减少对出口的管制;二是完善政府协助企业出口的机制;三是实现产业政策与贸易政策的融合;四是大力开发新兴市场;五是拓展对外贸易空间,积极推动双边、区域、多边贸易协定。

2. 公平贸易政策

克林顿政府的贸易政策延续了“对等”“公平”的原则。美国的贸易政策特别强调规范化、法律化,贸易政策的行动和具体措施必须能够找到法律依据。克林顿政府将《1988 年综合贸易法》以及“301 条款”作为其行动的法律依据,迫使外国竞争者做出“开放其国内市场”的妥协。

21 世纪,小布什上台后,在“公平贸易”框架下提出了“竞争性自由化”战略,小布什政府继承了战略性贸易政策的精髓,将半导体、计算机、通信、环境保护、高科技服务确定为具有战略意义的部门,通过对这些产业的扶持和保护,以高技术产品的出口扩张来拉动美国经济的增长,改造国内传统产业的技术,并解决国内就业问题。2009 年奥巴马就任总统。国内外严峻的政治经济形势,使一种模棱两可的、极不稳定的贸易政策出现。一方面,在与欧盟的贸易中积极推行自由贸易政策;另一方面,在与新兴经济体的贸易中却实行战略性保护贸易政策,以求在自由贸易和保护贸易之间寻求平衡,可以说是一种“隐性的贸易保护主义”。

从上述资料可以看出,美国贸易政策的本质是实现美国国内外经济利益和政治利益的工具或手段。那么在国家利益和国内利益集团的驱动下,实施的战略性贸易政策是美国政府发挥其积极作用的现实反映。战略性贸易政策既是一项贸易保护政策,又是重振美国经济的产业政策。

20 世纪 80 年代以来,国际贸易呈现出一种竞争与垄断并存、自由与保护互长的发展态势。激烈的国际竞争使各国企业和政府力图利用国家的力量,打造具有国际竞争力的垄断企业,促使贸易保护主义势力增强。这一现象赢得了国际贸易理论界的广泛关注,战略性贸易政策理论应运而生。该理论打破了古典自由贸易理论的完全竞争假设,提出了不完全竞争和规模收益递增的假设,给国际贸易领域的研究注入了新的思想。

第一节 战略性贸易政策概述

战略性贸易政策(Strategic Trade Policy)是由布兰德(J. A. Brander)、斯潘塞(B. J. Spencer)、克鲁格曼(P. R. Krugman)等人发展起来的一种新的贸易理论,从产生开始,一直受到广泛的关注和争论。要想全面地掌握战略性贸易政策理论的核心内容,首先就要对战略性贸易政策有一个概括性的了解。本节从理论内涵、性质、实施条件、手段和措施等方面出发,对战略性贸易政策理论体系进行概述。

一、战略性贸易政策的提出背景

战略性贸易政策产生于特定的历史条件背景下。国际贸易理论体系中,很长一段时期是自由贸易理论占主导地位。然而第二次世界大战后,尤其是 20 世纪 70 年代以来,世界贸易政策的环境出现了变化。

（1）国际贸易对于各国的重要性越来越强，以美国、欧共体和日本为代表的国际贸易竞争，尤其是高增长、高科技的工业产品行业贸易竞争日趋激烈。市场控制力、超额回报率、创新和技术变革等成为各国经济发展的重要关注点，这也使得贸易政策的复杂性和重要性逐渐上升。

（2）在贸易特征上，国际贸易的运行方式以及一国对外贸易政策制定的基本条件发生了根本性变化。技术变革对国际分工的影响稳步上升，大量无潜在比较优势的产品双向贸易成为常态，产业内贸易、公司内贸易兴起并逐渐成为主流贸易模式，要素的跨国流动（特别是FDI成为经常现象）促进了各国间经济的相互渗透与依存。此时，贸易更多地表现出源于规模经济或在激烈的技术竞争中暂时处于领先地位而形成的无规律性或暂时的优势。

（3）理论上，传统的理想化模型已不能很好地解释客观现实，因此新的分析工具应运而生。20世纪70年代，以赫尔普曼（Elhanan Helpman）、克鲁格曼（Paul R. Krugman）为代表的经济学家，创立了“新贸易理论”。其借助于产业组织理论，将不完全竞争、规模收益递增、技术溢出、干中学引入国际贸易的分析框架中，指出一国的比较优势不再是静态的，竞争优势成为国际分工新的基础。

二、战略性贸易政策的内涵

战略性贸易政策，是指能够影响或改变厂商间战略关系的贸易政策。具体可定义为：在规模经济、不完全竞争条件下，一国运用国家主权对贸易活动进行干预，以出口补贴、关税和配额、R & D补贴等措施对本国战略产业进行扶持，提升本国产品的国际市场份额和竞争力，从而获得更多的超额垄断利润，并最终提高国民福利。即在不完全竞争环境下，实施这一贸易政策的国家不但无损于其经济福利，反而有可能提高自身的福利水平。

战略性贸易政策理论认为在不完全竞争和规模收益递增的条件下，自由贸易未必是最优的，适度的政府干预是必要的，能够加速构建本国的竞争优势。战略性贸易政策主张扶持具有较强规模经济效应或外部经济效应的产业，弥补市场失灵的缺陷，增强这些产业的国际竞争力，进而提高一国的整体竞争力，以保证在国际市场上获得更多利益。

战略性贸易政策的基本观点是：第一，如果一国政府能保证本国公司而不是外国公司获得先发优势，它对本国企业的扶植就可能提高本国的收入，因此，政府应采取补贴的方法对具有发展前途的战略行业或者新兴行业给予支持；第二，如果政府对本国某一行业的干预能够帮助国内企业克服已获得先发优势的外国公司设置的市场进入障碍，政府应进行干预。

三、战略性贸易政策理论的性质

1. 它是一种保护贸易政策理论

战略性贸易政策理论是一种主张积极主动的保护性对外贸易理论。其思想主要源于重商主义和保护幼稚产业论，与重商主义和保护幼稚产业论一样，战略性贸易政策是在贸易困境背景下提出来的，且在目标产业选择上考虑规模经济效应和外部经济效应。然而，战略性贸易政策理论在发展古典保护贸易理论的同时也吸取了古典自由贸易理论的精华。因此战略性贸易政策理论要求在保护本国潜力企业、产业以求获得超额利润的同时，还要主动出击，利用已有优势，创造新的竞争优势，从而能够在自由竞争中进一步争夺世界市场份额。

在自由贸易思想日益占据世界贸易体系主流地位的今天，战略性贸易政策手段与保护幼稚产业政策相比更具有隐蔽性。同时，与保护幼稚产业政策单纯的防御性相比，战略性贸易政策手段也具有明显的进攻性与掠夺性。

2. 它是一种国际垄断资本主义理论

20 世纪 80 年代中后期，资本主义过渡到国际垄断资本主义，国家垄断资本为了获得超额垄断利润，将国家权力的触角延伸到国际市场，以跨国公司为载体，大规模进行海外扩张。一国范围内的生产资料私人占有制与社会化大生产间的矛盾升级为全球性矛盾。

国际垄断资本主义的主要表现形式为世界市场逐渐演变为跨国公司间的寡头竞争。跨国公司是战略性贸易政策的基本分析单位，一国拥有越多具有竞争优势的跨国公司，就越能在国际分工中获取更多的利益。跨国公司通过资源整合和企业并购获得协同效应，通过规模生产获得规模经济效益，通过联合 R & D 活动保持技术上的领先。

为了促进国家垄断资本的国际化扩张，政府通过各种干预措施帮助本国企业，将超额垄断利润转移到本国，确保本国大垄断资本在全球竞争中的地位。

3. 它是一种全球性竞争政策理论

战略性贸易政策理论的实质是扶持本国具有国际竞争力的产业，将其推向国际市场，这一理论在性质上也是一种全球化战略。随着经济区域化、全球化和一体化进程加快，国内市场已经远远不能满足企业发展的空间，发达资本主义国家开始了一种打破国外民族国家疆界、在全球范围内进行资本积累和剩余价值积累的全球化发展战略。国家通过贸易政策和产业政策，促使企业或产业在全球配置资源，其市场定位从一开始面对的就是全球市场，以实现利润的最大化和成本的最小化。

4. 它是一项供给政策

战略性贸易政策的目标是规模经济效应或外部经济效应显著的产业，溢出效应往往会造成社会收益与私人收益间的缺口，从而不能弥补全部的 R & D 成本，因此不能对私人厂商产生足够的进入激励，造成了资源配置的内部不经济。只有通过政府干预，才能解决这种市场失灵。战略性贸易政策作为纠正规模经济所导致的市场机制失衡的一种风险分散机制，通过补偿私人企业的研发成本，使市场失灵得以纠正，规模经济得以实现，资源配置得以改善，企业的 R & D 积极性得以调动，进而带动了经济发展，加速了经济结构的调整。所以，战略性贸易政策的本质是一项供给政策。

一国产业竞争力的高低主要由两方面因素决定：商品的价格竞争能力和商品的非价格竞争能力，即供给能力。当一国的产品竞争力下降或出现贸易逆差时，要实施有区别的应对措施：对商品价格竞争能力的调节属于需求政策，包括汇率政策、关税政策等；对商品供给竞争力的调节属于供给政策，包括税收政策、科技政策等。对需求的调节只能算作一般意义的贸易政策，仅仅是进出口层面的权益性调节，不能从根本上起到引导企业行为的作用；对产业供给方面的调节才是战略性贸易政策的真谛。

四、战略性贸易政策的实施条件、手段和措施

1. 实施条件

战略性贸易政策尽管为政府在不完全竞争条件下进行贸易干预提供了依据，但其有效实施必须遵循严格的条件。战略性贸易政策有效实施的条件分为三类，即前提条件、约

束条件和隐含条件，见表9.1。前提条件是必要条件，而约束条件和隐含条件属于充分条件。这些条件一旦出现偏差，就将削弱或完全抵消战略性贸易政策的积极效应，甚至造成消极的影响。

表9.1 战略性贸易政策的实施条件

前提条件	约束条件	隐含条件
①不完全竞争 ②规模收益递增 ③较大的外部效应	①较高的产业集中度 ②较高的进入壁垒 ③较大的国内市场规模 ④精明高效的政府 ⑤企业相对的垄断地位 ⑥国际规则认可	成熟的市场经济体制： ①适应市场经济的、理性的企业与政府 ②统一、有序的国内市场 ③全面的、高效的价格机制和宏观调控机制

2. 实施手段与措施

战略性贸易政策尽管在概念、内涵和基本观点上与一般贸易政策不同，但二者在实际运用中的载体大多是一样的，其基本政策工具包括进口关税/配额、出口补贴等传统贸易保护工具，还包括新型贸易壁垒、反倾销/反补贴调查、特保条款等贸易救济措施。这些基本措施的主旨在于“限入奖出”，但这仅仅是进出口层面上的调节，只能产生短期的保护效应，一国对外贸易的长远发展最终还是要落实到竞争优势上来。在贸易保护期间，一国产业必须做出实质性调整，否则保护将变得毫无意义。因此，仅实施基本措施不足以引导竞争优势形成，只有配合产业政策、科技政策等辅助措施，才能达到预期效果。与传统贸易保护政策不同，战略性贸易政策实施过程中借助了大量的产业政策、补偿与收入分配政策、政府采购、经济外交等辅助性措施。

【案例9.1】

全球贸易保护花样翻新，战略性新兴产业成被保护主体

美国次贷危机引发的全球性金融危机，给世界经济带来了沉重打击。为尽快走出危机，各国在扩大出口、增加就业的同时，不断出台各种贸易保护措施。据统计，从2012年6月至2013年5月，全球共实施了904项贸易措施，其中对他国具有危害性的贸易保护措施431项。特别是在2012年第四季度和2013年第一季度，全球采取的贸易保护措施分别为127项和125项，是2012年第二季度（26项）的5倍左右。

1. 新手段——国家援助和政府采购措施取代传统关税和非关税壁垒

为尽快摆脱金融危机的影响，发达国家普遍实施了“再工业化”政策，以解决国内实体经济空洞化、出口减少、就业不足等问题。各国政府鼓励本国企业将工厂搬回国内，避免在海外投资，投资保护主义风险随之增加。同时，在战略性贸易理论指导下，很多国家实行了“产业政策”，包括进口替代政策，要求外资进行技术转移，以及对特定行业进行金融支持等。如法国将电动汽车可享受的环保奖金最高额由5 000欧元提高至7 000欧元，政府承诺在大型城市设立电动汽车充电柱，混合动力汽车和电动汽车还被纳入政府采购计划。整个欧盟地区也有意采取类似措施，目的是争夺电动汽车的全球市场。

如图9.1所示，自2008年11月至今，国家援助措施和政府采购已经占全部贸易保护措施的26%，成为最重要的保护手段之一。而以往贸易保护措施中最常使用的手段是关税和非关税措施，目前所占的比重已经不足1/5。

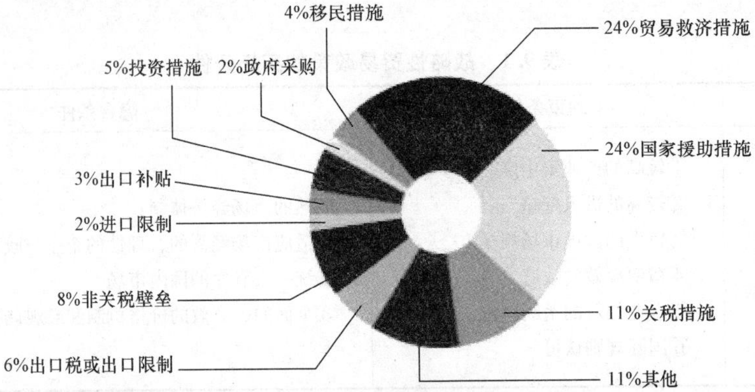

图9.1　金融危机后十大贸易和保护措施占比情况

2. 新目标——信息、生物等战略性新兴产业和稀缺资源成为被保护主体

信息技术、生物技术、节能环保、新能源等新兴产业被视为带动世界经济走出低迷的重要引擎，各主要经济体都将新兴产业作为新的经济增长点，企图依靠资金和技术优势，占领未来产业发展制高点。因此，保护主义开始向新兴产业蔓延。

2011 年11 月，美国正式对进口的中国太阳能电池发起“双反”调查，紧接着，又对原产于中国的晶体硅光伏电池和应用级风电塔等中国清洁能源产品发起“双反”调查。2012 年法国成立11 个委员会对国内的航空航天、可再生能源等一些核心产业进行监督，以在“必要”时干预国外企业的并购。贸易保护正在向战略性新兴产业扩展。

由于稀缺资源被广泛运用于高新技术产业和战略性新兴产业，发达国家格外重视控制这一战略性资源。而发展中国家在经济发展初期，由于技术水平较低，大量出口资源型产品，长期粗放式经营和大量出口，导致许多丰裕型资源变得极为紧缺，有些甚至需要进口才能满足国内需求。于是，发展中国家开始通过出口限制等贸易保护手段来保护本国资源，稀缺资源领域的贸易摩擦逐渐显现。

（资料来源：《人民日报》，2013 年8 月23 日）

第二节　战略性贸易政策的类型

战略性贸易政策理论可分为利润转移理论和外部经济理论两个分支。

利润转移（Profit Shifting）理论，即狭义的战略性贸易政策理论，是发达国家战略性贸易政策理论的核心内容，指的是在不完全竞争的国际市场中，由于超额垄断利润的存在，一国通过一系列措施来加强本国企业的竞争优势和战略地位，将超额利润更多地转至国内企业和政府手中。

外部经济（External Economies）理论，指的是通过对某些能够产生较强“外部经济”

效应的产业进行扶持和保护，可以使本国其他产业和企业最大限度地获得技术上的免费收益。它与“利润转移”理论共同构成广义的战略性贸易政策理论内容。

一、利润转移理论

（一）战略性出口政策

战略性出口政策的核心理论为“以补贴促进出口”模型，即在不完全竞争的市场结构下，一国政府总有对国内“优选”产业使用研究开发（R&D）补贴或出口补贴进行干预，从而帮助本国厂商在“第三国市场”上竞争、获取更多“租”[①] 的动机。模型假定国内国外双头垄断厂商以产量为战略变量，在第三国市场上采取古诺（Cournot）方式竞争，在政府不干预的情况下，厂商间会达成古诺—纳什均衡。如果一国政府很清楚产业的状况，在厂商做出产量决策前宣布给予本国厂商一定的出口补贴，则会使本国厂商生产或出口比古诺均衡时更大的产量。因此，对本国厂商的适当补贴可以提高本国厂商在共同出口市场上的份额和利润，而使国外厂商的份额和利润减少，从而使本国的国民福利提高。尽管补贴国的贸易条件有可能恶化，但由于市场的不完全竞争使出口价格超过了边际成本，出口市场存在超额的垄断租金，此外，补贴对技术方面的重要回报或对经济的其他部门产生正的外部性，因此总体福利仍有可能增加，上述思想被称为战略性出口政策。

图9.2显示了双寡头市场结构下出口补贴和进口关税的经济效果。图中横、纵坐标分别表示B国和A国厂商在世界上的销售量。BB'和AA'的交点E为古诺均衡点；如果此时A国对本国企业实行出口补贴，则AA'线向右移动，新的均衡点为E'，A国厂商销售量增加，利润增加，B国则相反。A国的利润增加是以B国厂商利润的损失为代价的，这是一种“利润转移”。出口补贴对A国的福利影响有两方面：一是增加本国厂商的利润：二是增加政府支出。由于不考虑国内市场，出口补贴对国内消费者福利没有直接的影响，如果本国厂商利润增加超出政府补贴，那么本国福利将会改善。在这种情况下，本国实行贸易保护要优于自由贸易。

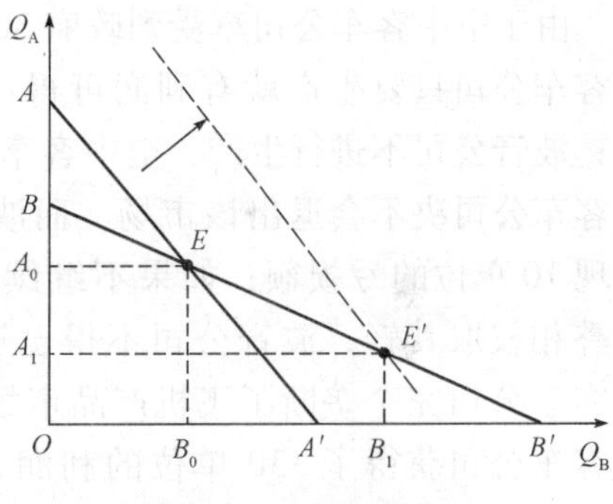

图9.2　双寡头市场结构下出口补贴经济效果

为了更清晰地了解这一理论，接下来我们运用克鲁格曼的博弈论模型，以美国波音公司（Boeing）和欧盟空中客车公司（Airbus）在民用航空业上的经典竞争性博弈为例，对战略性出口政策进行理论研究和政策分析。

在大型中程客机的国际市场上，波音和空中客车公司的竞争呈双寡头态势，假设这两家公司实力相当，且都需作出是否制造一种新飞机的决策。由于飞机制造存在极大的规模效益，因此市场仅能容纳一家公司，谁率先进入并制造新飞机，谁就能独占垄断利润300单位；如果两家公司同时进入进行生产的话，则不但不能赢利，反而两败俱伤，各亏损10单位，见表9.2。因此，两公司的战略选择只能是：生产或不生产。

---

① “租”在经济学中是指“某种要素所得到的高于该要素用于其他用途所获得的收益”。

表 9.2 无政府补贴时的利润矩阵

		空中客车公司	
		生产	不生产
波音公司	生产	(-10, -10)	(300, 0)
	不生产	(0, 300)	(0, 0)

在飞机制造方面，以波音公司为首的美国公司一直占主导地位，具有传统的竞争优势，因此其率先生产并获得300单位垄断利润，此时欧洲有关国家政府力挽狂澜，实施战略性贸易政策，给空中客车公司以出口补贴，竞争双方的博弈条件和博弈结果都会因此发生大的变化。假如补贴额为30单位，则会发生表9.3中的情况。

表 9.3 空中客车公司享受政府补贴30单位后的利润矩阵

		空中客车公司	
		生产	不生产
波音公司	生产	(-10, 20)	(300, 0)
	不生产	(0, 330)	(0, 0)

由于空中客车公司享受到政府30单位的出口补贴，无论波音公司是否进行生产，空中客车公司只要生产就有利润可得：波音公司进行生产，空中客车公司可获利润20单位；波音公司不进行生产，空中客车公司可获垄断利润加政府补贴共330单位。所以，空中客车公司决不会退出该市场。而波音公司面临着两难选择：如果继续进行生产，就会出现10单位的亏损额；如果不继续生产，就要把已有的市场份额拱手让给竞争对手。两弊相权取其轻，波音公司不得已退出该产品市场。此时，享受政府补贴的结果是空中客车公司完全垄断了飞机产品市场。欧洲有关国家政府虽然补贴了30单位，却使空中客车公司获得了330单位的利润，再考虑到工人就业的增加，本国国民的福利水平会有明显的净增加。

以上分析是建立在波音公司与空中客车公司的竞争实力相近，且生产成本也相似的条件下。如果两家公司的实力有差距，比如波音公司凭借自己管理水平与技术水平的改进取得了明显的成本优势，在两家公司都不享受政府补贴的条件下，即使两家公司同时生产，波音公司仍可获得20单位的利润。双方的利润矩阵见表9.4。

表 9.4 波音公司生产成本较低时的利润矩阵

		空中客车公司	
		生产	不生产
波音公司	生产	(20, -10)	(330, 0)
	不生产	(0, 300)	(0, 0)

此时，飞机产品市场将被波音公司独家垄断，并获利润330单位。

如若欧洲有关国家政府继续进行出口补贴，则如表9.5所示。

表 9.5　欧洲政府补贴后的利润矩阵

波音公司		空中客车公司	
		生产	不生产
	生产	（20，20）	（330，0）
	不生产	（0，330）	（0，0）

这时，博弈的结果是两家公司都选择了留在竞争市场上。这种结果对消费者是个福音，将有更多型号的、物美价廉的飞机产品可供选择。但这种结果给提供补贴的政府带来损失，政府补贴了 30 单位，本国公司却只获得 20 单位利润，国家的纯收益出现了净减少。因此，该种补贴应否实施成为一个有争议的问题。

但是，我们必须看到另外的正面效应，即产业的升级、市场的占领，特别是工人就业的增加，全社会福利水平的提高要远远大于国家纯收益的净减少。

（二）战略性进口政策

战略性进口政策也被称为“战略性关税政策”，基本思路是：在一个可以相互倾销的市场上，假设现仅有一个国外厂商供应产品，但存在潜在的国内厂商进入，国外厂商将价格定在阻止本国厂商进入的水平。此时，该国征收关税可以从国外厂商那里抽取垄断租金，只要关税不超过诱使本国厂商进入的水平，本国的该产品价格就不会上升，利润从外国厂商转移到本国财政收入上；如果本国该产品价格上升，本国厂商利用相当低的成本进入，利润会从外国厂商转移到新进入的本国厂商。

在许多情况下，国际市场上的某种商品是由少数寡头厂商控制的，战略性关税政策为进口国政府通过征收关税分析外国寡头垄断厂商垄断利润提供了理论支持，然而在实际应用中，这一理论需要满足以下限制条件：

（1）本国市场与外国市场是分割的，即垄断企业分别就本国与外国市场进行生产决策，这意味着本国与外国市场上的价格像是价格歧视的情况，为独立的变量。

（2）不完全竞争的市场结构，是指既不是完全竞争，也不是垄断的市场结构。这种市场结构大约可分为两类，即垄断竞争和寡头竞争。外国出口商必须是垄断或寡头垄断厂商。它们对进口国拥有卖方垄断力量，可以按照自己的边际成本和边际收益来决定和调整产量，可以按照进口国对其产品的需求来决定和调整出口价格。

（3）进口国国内存在潜在进入。潜在进入的存在对外国垄断厂商在征税后维持原定价格构成压力，为防止高价招致新厂商加入，外国垄断厂商往往会适当降低售价而消化部分关税造成的涨价因素。如果没有潜在进入的威胁，外国垄断厂商降价的压力要小得多，仅仅关注销售量的增减，所以仍然会维持原价格。

（4）进口国对外国垄断厂商商品的需求曲线比边际收益曲线更平坦，在这种条件下，价格上升的幅度会小于关税的幅度，进口国净福利增加。在这些条件满足的情况下，进口国才能通过关税来分享外国垄断企业的垄断利润。

可以说，旨在改善贸易条件的战略性进口政策，其实与传统的最优关税理论的政策主张如出一辙。两者的区别在于，战略性关税政策并不苛求征收关税的国家必须是经济学意义上的大国（即世界市场上的价格制定者）。只要外国垄断厂商索要的价格高于其边际成本，同时能够在国内市场和其他市场间采取歧视性价格并杜绝套购现象，那么通过制定适当的关税政策就有可能降低价格，这种运用压价战略抽取垄断租金的低度关税可望被外国企业完全吸收掉。

（三）进口保护促进出口的政策

进口保护促进出口的政策以克鲁格曼提出的基于“干中学”效应（Learning-by-doing）的新幼稚产业模型为代表。该模型证明，在国内市场存被扭曲的情况下，政府的干预行动可以使幼稚产业获得“学习效应”以及规模经济效应，降低成本曲线，使本国生产可能性曲线向外扩展，增加本国产业的竞争力，提高国际市场份额，进而提高本国的整体福利水平。同时，这一理论认为进口保护的最主要手段是关税及配额，是对传统保护幼稚产业论进行新的扩展。

补充知识

“干中学”效应，是指在生产和物质资本积累过程中引起的劳动生产率提高和技术外溢。1962 年，阿罗（Arrow）在著名的《干中学的经济含义》中提出了“干中学”效应(即学习效应)，来说明动态规模经济的存在和发生过程，技术的动态变迁在国际分工中的作用由于导致“干中学”效应而更加受到关注。

进口保护促进出口政策理论的假定条件：

第一，市场寡头垄断并可分割。具体地说，假定一个寡占行业存在国内国外两个厂商，它们生产相似的替代品，每个厂商都在包括两个生产国在内的多个市场上销售，而这些市场是相互分割的。

第二，存在某种规模经济。关于这一假设，主要有三种不同的形式：

（1）静态规模经济。

（2）学习曲线形式的动态规模经济。

（3）研究开发带动态规模经济。

在上述假定下，作为国内被保护企业将获得许多优势：

首先，国内受保护企业能够实行国际价格歧视，在不同的市场上索要不同的价格，它们通过相互倾销向对方市场渗透，并在第三国市场上展开竞争。在国内市场索取较高的价格来支持其在国外市场的低价倾销，使自己较低价格的产品潮水般涌向国外市场。这些优势能够使寡头厂商增加在国内市场和没有保护的国外市场的份额，从而将利润从外国厂商那里向本国厂商转移，增加本国福利。

其次，由于规模经济的存在，在静态的情况下，受保护的国内市场中的寡头厂商能够借助于有保障的国内市场来扩大生产，降低边际生产成本，使得边际成本曲线向下倾斜。

最后，如若存在动态规模经济，则企业能够通过大量生产和销售积累经验，使产品成本沿着学习曲线不断下降，使利润足以覆盖和补偿 R & D 成本。同时，生产的边际成本也会随着研究开发支持的增加而趋于下降。

这里，进口保护不仅发挥着进口替代的作用，而且发挥着出口促进的战略性作用，“进口保护促进出口”的论据是有意义的。相反，在完全竞争和规模经济不变的假设条件下，传统的国际贸易理论认为这个论据是不可理解的，因为此时保护一种产品永远也不能使它出口。

补充知识

国内市场扭曲，是指市场由于外部经济、工资差额、生产要素的非移动性等因素的存在，使价格机制未能充分发挥作用，资源无法达到最佳利用的状态。一般在“扭曲”存在的状况下，根据“次佳原理”（Second Best Theory），应采取保护措施。换言之，当“扭曲”已经存在，而又不能避免时，以人为的“扭曲”抵消原来“扭曲”产生的不良影响，提高经济福利。故在国内市场存在“扭曲”时，采取关税等保护贸易措施，比实行自由贸易更为合适。

二、外部经济理论

（一）外部经济理论的产生与发展

外部经济理论属于广义的战略性贸易政策理论，认为某些经济部门在整个经济中的重要性要超过其他经济部门，能够产生有益于国家的正外溢效应，因此，对这些产业进行扶持，从而提高国际竞争优势，对一国贸易发展是具有战略性意义的。

外部经济，是指经济活动可能产生外部效应或外在性（Externalities）。当某种经济活动使其他厂商或经济主体蒙受损失而不能得到补偿时，即产生外部不经济（也称负外部效应）；当某种经济活动使其他厂商或经济主体获得好处而不需付费时，即产生外部经济（也称正外部效应）。厂商希望从其他厂商的活动中获得更多的外部效应，政府则鼓励产生外部经济和限制产生外部不经济的活动。

外部经济现象作为一种市场失灵的表现，在国际贸易领域很早就在保护幼稚产业论中被作为现实贸易偏离自由贸易的依据，但是传统的完全竞争贸易理论不能很好地解释外部经济的原因和由此产生的报酬递增问题，加之外部经济本身的抽象性，有关外部经济的论点因得不到很好的解释而被忽视。

当新贸易理论将不完全竞争和报酬递增引入贸易模型以后，外部经济才开始受到广泛关注。而今，由于国际贸易的存在，整个世界都会通过各种途径利用企业、产业内或产业间的外部经济，促进本国厂商提高生产率和降低成本。在其他条件相同的情况下，行业规模较大的国家将比行业规模较小的国家在该行业中更有效率，也就是说，外部经济可以促进厂商和产业在地理上集中，提高生产效率和降低生产成本，并促进国际专业化分工的形成。外部经济理论实行的产业对象与约束条件比较宽泛，政府通过政策扶持少数具有显著外部经济并能为社会创造高额回报的产业，这些产业主要锁定在高新技术产业，对这些产业的扶持是具有战略意义的。

（二）外部经济理论的主要类型和内容

一般来讲，国际贸易领域的外部经济属于一种经济外溢效应，主要有三种类型：

（1）企业间的经济外溢效应。指企业的技术创新知识，在缺乏有效知识产权保护的情况下，随产品出口流向国外企业。本国企业会因技术外溢损失一定报酬，因此需要政府利用政策进行调节，对本国高新技术企业和从事 R & D 的企业进行补贴。

（2）产业内的经济外溢效应。指在产业内部，由于上游垄断竞争部门的中间产品出口，而引起其经济技术知识外溢到国外下游产业部门的一种外部经济现象。

(3) 产业间的经济外溢效应。主要指战略性产业对其他产业形成的支撑性的外部经济现象。例如，半导体产业可以引起计算机、飞机等产业的更高的生产力，那么政府就应该对能够产生外部经济效应的半导体产业给予支持。

从来源上，外部经济理论可分为两类：

一是技术外部经济（Technological External Economies），即厂商通过同一产业或相关产业中其他厂商的技术外溢（Spillovers）和从“干中学”获得技术和知识，从而带来生产率的提高和成本的下降。厂商获得这种技术外部经济的途径，主要有直接的技术信息传播、技术工人的流动、模仿和“反向设计”（即将别人的产品拆开来看它是如何设计和制造的）。

二是货币外部经济（Pecuniary External Economies），即厂商从同一产业或相关产业厂商的聚集中获得的市场规模效应，包括从这些产业的集中和扩展中便捷、廉价、可靠地获得原材料、中间产品、技术工人和专门化的服务，从而获得生产率的提高和成本降低。

狭义的外部经济仅指技术外部经济，广义的外部经济既包括技术外部经济，又包括货币外部经济，新国际贸易理论的重要贡献之一是将广义的外部经济引入国际贸易的分析中。

（三）外部经济的重要性

1. 促进厂商和产业在地理上集中

在产业发展过程中，外部经济最值得关注的作用在于其能够引起产业集群效应，即特定的产业或产业集团由于历史或偶然因素都具有在地理上（特定区域、城市和国家）集中的强烈趋势，一旦这个产业或产业集团在某个地方率先建立起来后，能够促成与该产业相关的要素和劳动力市场供应的共享、产品市场、配套服务等的发展，这也会为新厂商和其他地方的老厂商加入和集中到这里提供便利。

补充知识

外部经济与世界产业集群

当今社会，人们对产业集群有了越来越多的认识，而引起产业集群的原因也逐渐多样化，在众多原因中，外部经济逐渐成为重中之重。

在区域集群方面，以美国为例，东北部的传统制造业带是人口集中的地方，也是全美大部分制造业集中的地方。由于东北部制造业带的自然资源（如农业、采矿、林业和渔业）的优势日益减少，农业和采矿业已经转移到西部，制造业留在那里的原因不再是资源优势，而是外部经济的作用，由于接近其他制造商这一利益，使每个制造商都留在了制造业带内，一旦制造业带建立，它就不会因为个别厂商的利益而转移出这一地带。

在产业城市集群方面，英国尽管人口流动性很大，城市还是变得越来越大；在日本，尽管东京不是最适合居住的地方，人们仍然涌向东京，为什么？一旦某一产业在某一城市建立，技术和货币外部经济的作用将吸引更多的厂商进入这一城市，使产业持续发展。于是，我们可以看到IT业、电子信息制造业集中在加州“硅谷”；金融、传媒、酒店等发达的服务业集中在纽约；底特律被称为“汽车城”；波音公司总部坐落在西雅图；洛杉矶的“好莱坞”成为全球娱乐业的中心。

再到国际化分工，即产业的国家集群上，由于历史偶然因素以及政府的英明决策，当某国取得在特定领域的领先优势，并且在“干中学”的自我强化和反馈机制下巩固发展起来，从而在国际分工中取得竞争优势。如美国的信息产业、德国的汽车工业、瑞士的钟表和金融业、芬兰的通信制造业等。

2. 促进厂商提高生产效率和降低成本

外部经济可以促进厂商降低成本、提高生产率和竞争力，主要表现在三个方面：首先，新加入的厂商可以通过技术外溢效应和“干中学”效应获得免费的技术和管理成果，节约了 R & D 投入和时间成本，使自己在一个高起点快速成长；其次，同一产业内各个厂商由于地理上的集群效应，生产要素快速流动，信息、技术和人员的流动迅速，使各个厂商在技术、产品和市场等方面互相竞争，竞争的加剧会促使厂商加快技术和产品创新，提高这一地区产业的共同发展；最后，促使相关产业共同提高，某一主导产业的发展，必然会促使相关产业的发展，反过来，相关产业的发展也会给特定产业提供良好的供应和市场。

3. 促进国际专业化分工的形成

特定产业在某一国家建立后，通过外部经济和厂商在地理上聚集的相互促进，可以提高该国这一产业的国际竞争力，强化该产业在国际专业化分工中的长期出口地位。

外部经济的这些重要性给战略性贸易政策理论偏离自由贸易提供了最好的依据。与传统贸易理论相比，外部经济理论的引入给新贸易理论注入了新的思想，使人们从仅仅关注各国生产技术和要素禀赋的差异这类技术外部经济，到进一步确认了厂商不能完全专有其知识投资收益的外溢效应。由于外部经济的这些重要性，也确定了它在国际贸易理论和贸易政策中的特殊地位。

（四）外部经济理论引导的贸易政策和产业政策

1. 外部性理论引导的战略性目标产业确定

外部经济理论与利润转移理论不同，实行的产业对象与约束条件比较宽泛，因此所选择的战略性目标产业一般有以下几个特征：

（1）R & D 成本占产品总成本的比重大。

（2）产品的需求收入弹性较大。

（3）与其他产业的关联性强。

（4）会产生明显的外溢效应。

（5）容易形成自然垄断。

（6）具有高生产率、高附加值。

补充知识

学者眼中的战略性贸易产业

克鲁格曼认为：“如果某产业的成功具有很大的社会意义，并且仅靠单个厂商的努力不能维持或取胜，但它又依赖各个厂商获得成功的相互强化效应，那么，这一产业就可能是需要引起（政府）特别重视的‘战略性’产业。”他认为半导体、软件、微型计算机、科学仪器产业都符合这一战略性产业的定义，金融服务等也比较接近这一定义。同时他还认为，为使选择标准更为有用，必须排除某些产业，如汽车产业、服装和纺织业，其生产正在日益分散，因此似乎是没有很多外部经济的产业。

莱斯特·瑟罗也认为，政府在推行国家战略时，应将目标集中于那些需求收入弹性大、劳动生产率增长速度快、每个雇员增值大的产业。他认为，在20世纪90年代，有7种产业达到这些标准，它们是微电子、新材料、生物技术、电信、民用飞机制造、机器人和机床、计算机和软件。

此外，乔治·洛奇（George C. Lodge）也认为，到2000年以后，政府产业重点应是那些高附加值、高利润、高收入的产业，如电子、电信、生物工程、先进仪器设备等，它们是青年的希望所在，也是国家经济实力的源泉。

尽管这些学者所列举的具体产业有所差别，但是他们都将目标集中到高新技术产业。这些产业具有显著的外部经济效应，事关一个国家在未来国际竞争中的战略利益，也成为现实中各国制定贸易政策所被选的目标。

2. 外部性理论引导的主要政策手段

一国往往通过限制进口、促进出口、贷款担保、培训计划或对 R & D 活动的补贴等政策手段扶持具有显著外部经济的产业发展，以提高国民收入。从应用领域上主要分为两类。

（1）产业政策方面。

①针对具有潜在优势的战略性目标产业，应超前列入国家发展计划，鼓励新产业发展，加大 R & D 投入和产业援助与扶持。

②对于已建立的优势产业，政策手段则侧重加速产业规模的形成，以获得规模经济效益。手段上，一方面，对该产业的进入设置必要的壁垒（如许可制度、最低投资规模限制等）；另一方面，还可放松对这些产业的反托拉斯限制，允许厂商的联合和兼并，营造适当的垄断竞争产业结构。

（2）贸易政策。

①促进出口政策。对于根据外部性理论选择的目标产业，在促进出口方面，主要是要充分利用产业的规模经济效应，例如，利用产业集群效应，设立特色产业园区、出口加工贸易区并给予这些园区自由贸易区和保税区的功能，为出口提供便利；允许具有规模效应的目标产业产品和服务适当低价外销，这一手段实施过程中往往需要注意避免引起国外对手的报复；引导本国厂商积极扩大对外投资，间接扩展市场规模；积极利用国家力量开拓新国际市场。

②引导进口政策。战略性目标产业，尤其是高新技术产业的进口政策，既要起到对本国产业给予适度保护的作用，同时又能够引进先进技术，促进本国产业发展。在具体操作上，主要是适当利用战略性进口政策和进口保护促进出口政策，对本国产业予以保护，同时积极引进国外先进技术以及关键技术，实行国内产业蛙跳式发展。

（五）外部经济理论的积极意义

1. 更强调动态规模效应

利润转移理论中所提及的规模经济基本上均为静态，贸易政策的主旨是争取更大的市场占有率。相比较而言，外部经济理论则认为规模经济外在于企业，“干中学”的自我强化和反馈机制使生产成本加速下降。企业只有通过持续的学习和创新才能获得这种外部规模经济，而这必须有政府政策给予支持。

2. 为政府干预提供了更充分的依据

两大理论阐述政府干预合理性的视角是不同的，相比较而言，外部经济理论在实际中的可操作性更高。利润转移政策的可操作性较低，其着眼点往往在于捕捉短期利益，且其有效性是建立在很严格的假设条件基础之上的。而外部经济理论为政府干预提供了更充分的依据，对特定产业（尤其是 R & D 费用占总成本比重高的产业）进行扶持不仅使其得到快速的发展，更能拉动相关产业的技术进步，从而使一国获得长期的战略利益。

3. 阐述了不同的贸易干预思想

利润转移理论中所反映出的政府干预思想具有“以邻为壑”性质，而外部经济理论所支持的贸易干预思想，在一些情况下会实现互惠共赢，这取决于两个因素：第一，两国产业是否是相同的、互相竞争的；第二，若溢出效应扩散到了国外，则别国也可以从本国的干预中受益。

第三节　我国战略性贸易政策

【案例 9.2】

战略性贸易政策在发展中国家的适用性
——以印度软件业为例

第二次世界大战后，随着世界经济环境的变化，越来越多的国家在国际贸易实践中实施战略性贸易政策，比如，日本和美国都在不同时期实施了战略性贸易政策，从第二次世界大战后到 20 世纪 70 年代，日本政府实施的战略性贸易政策的重点是钢铁、汽车、造船等资本密集、技术含量高的重、化工产业；20 世纪 70—90 年代，美国将政策重点放在半导体、信息、通信、生物、医学等高新科技产业上。值得一提的是，印度在软件业实施了战略性贸易政策并取得成功，更是开创了发展中国家使用该种政策的先例。

20 世纪 80 年代前期，印度国内信息技术市场规模小，信息技术基础设施建设落后，投资环境不利于引进外资，印度信息技术软件产业的起点是非常低的。1984 年，印度国大党及时抓住机遇和优势，大力发展高科技尤其是计算机产业，采取了包括自由化、明显的税收激励和关税特许措施，促进软件的出口。1986 年，政府出台计算机软件出口、软件开发和培训政策，成为印度发展软件业出口的转折点。

1992 年，印度信息产业部发起了软件技术园区计划。中央政府为每个园区投资 5 000 万卢比，主要用于中央计算机系统、卫星高速数据通信等信息基础设施建设。同时，政府还制定了诸如企业经营前 8 年可免缴 5 年所得税、允许资本货物转口、从国内采购资本货物时可免除货物税、取消进口许可证制度、允许园区内建立外国独资软件企业等一系列优惠政策；并通过简化各种审批手续，提高出口业务处理效率，为软件产业的发展提供了良好的政策软环境。

1998 年，印度通过了“信息技术超级大国”的政策纲要，涉及国家技术政策、信息技术标准、基础设施建设、税收政策、公司法、人力资源开发、信息技术普及以及信息的监管等许多方面。伴随该计划的实施，印度软件业进入了一个新的发展时期。

正是得益于政府在软件产业实施的战略性贸易政策，10 多年来印度的软件业才有了飞速的发展，这是战略性贸易政策在发展中国家成功应用的一个典型案例。

对处于不同发展程度的国家和位于不同发展阶段的产业而言，由于面临不同的约束条件和发展目标，其战略性贸易政策的实施目的和手段必然各异。1978 年以前，我国实行的是国家管制的封闭型保护贸易政策，随着改革开放和经济发展，我国逐渐深入世界贸易舞台，贸易政策也逐渐转变为国家管制的开放型贸易政策，我国贸易政策体系逐渐与世界接轨。加入 WTO 后，我国的政策也转变为有管理的自由化贸易，这时兼顾“自由化”与合理保护的战略性贸易政策理论不可避免地被提上了政策议程。中国作为一个发展中国家（LDCs）与发达国家关于战略性贸易政策有相同之处，也存在不同的研究内容，为了有效利用这一战略性理论，在了解理论内容的同时还必须结合本国国情，充分发挥战略性贸易政策在我国的适用性。

一、战略性贸易政策在中国的适用性

经济全球化时代的竞争在很大程度上已不是单纯的企业与企业之间的竞争，而是国家与国家之间的竞争。加入 WTO 后，中国已经逐渐融入世界经济体系之中，这必然要求我国在参与国际贸易的过程中，遵从 WTO 规范，发挥主观能动性，在国际市场上取得应有的利益。而战略性贸易政策为政府发挥能动性，采取适当的贸易干预提供了合理的依据。那么，战略性贸易政策在我国是否适用？我国是否具备了战略性贸易政策实施所需的条件？

（1）我国是一个经济高速增长的发展中大国，国内市场容量巨大。这保证了企业生产更容易获得规模效应。另外，改革开放以来，技术外溢、后发优势等因素使国内企业产生了显著的学习效应。1980—2010 年，我国的制造业生产及出口保持了持续快速的增长态势，年均增长率高达 16.92%，2011 年后增速有所放缓但仍保持在 10% 左右。我国现阶段大致处于工业化中期向成熟阶段过渡时期，霍夫曼指出，这一阶段的产业演进将是资本密集型产品逐步取代劳动密集型产品。日本和韩国都是在这一经济发展阶段成功地实施了战略性贸易政策。根据国际经验判断，战略性贸易政策符合我国经济发展的要求。

（2）国内部分产业已经具备一定的市场集中度。虽然与美国等发达国家比较，我国产业市场集中度要低很多，且寡占行业市场集中度也不是很高，但随着社会主义市场经济体制的不断完善，不少企业通过自身发展、利用优惠政策和有利的外部条件在行业内已经进入了不完全竞争市场阶段。《中国工业经济统计年鉴》的数据显示，我国的化学纤维制造业、大型运输设备制造业等行业的市场集中度 CR_{10} 都已超过 50%。以我国轿车工业为例，2005 年的 CR_{10} 为 72.57%，2006 年 CR_{10} 为 73.41%，根据 J. S. Bain 的市场结构分类方法，轿车制造行业已经属于高程度的不完全竞争市场结构。现在，越来越多的外国垄断厂商进入中国国内市场。因此，市场也要求我们实施战略性贸易政策来扶持这些行业内的中国企业，以提高它们的竞争优势。

（3）WTO 相关规定一定程度上赋予了我国有利的外部条件。WTO 在维护和追求贸易自由化的前提下，考虑到国家或地区间经济发展水平的巨大差异，允许实施某些贸易保护政策，特别是给予发展中国家许多优惠特殊政策。我国是世界上人口最多的一个发展中国家，在参与国际贸易时有一些特殊的需要，在加入 WTO 的谈判中也得到了各国广泛的认同。这是我们实施战略性贸易政策的有利外部条件。

（4）市场经济机制建立、政府职能转变和国有企业改革基本完成。随着改革开放的不断深入，我国社会主义市场经济体制基本确立并在不断地完善，市场化程度已经达到较为理想的水平。与此同时，服务型政府角色定位日趋强化，宏观层面上的经济调控能力和效率得到极大的提高。在微观层面上，由计划经济转型而来的国有大中型企业自生能力得到很大提升，诸如中国铝业、中钢集团等国有特大型企业已经具备了较强的国际市场竞争力，理应对其进行战略性贸易政策支持，达到占领世界市场、做大做强国有经济的目的。

总之，无论是从国际经验及当前国际市场情况看，还是从国内宏观、微观层面上看，我国都有实施战略性贸易政策的需要，而且已经基本具备实施战略性贸易政策的必要条件。

二、中国的政策选择

2014 年，我国对外进出口总额达到 264 241.77 亿元人民币，约占 2014 年国内生产总值的 41.55%。面对中国的崛起，西方不少国家和地区采取了形式多样的战略性贸易保护政策来限制中国商品和服务对其自身产业的冲击。我国作为一个崛起中的发展中大国，并没有拘泥于传统的贸易理论，而是在对外经济贸易工作中结合以战略性贸易政策理论为代表的新的国际贸易理论视角进行应对。

在运用过程中，战略性贸易政策的实施局限性（可能会引致贸易冲突），要求中国的政策制定者审时度势，寻找政策的平衡点，适度保护促进出口，而不是进行消极的、全盘的贸易保护。结合中国国情和当前国际市场环境，战略性贸易政策在中国的应用应当注意以下几点。

1. 正确处理应用战略性贸易政策和贸易自由化与遵守 WTO 规则的关系

在 WTO 框架下，应灵活运用战略性贸易政策，避免“囚徒困境”的出现。不恰当地盲目滥用战略性贸易政策势必导致中国对外贸易环境恶化，因此，在实际应用战略性贸易政策时要注意政策工具的多样化，政府要谨慎运用配额、补贴、关税等贸易保护的政策手段，灵活运用进口监管、竞争政策、环境标准、产业标准、政府采购和技术壁垒等隐蔽性较强的手段对国内产业进行适度的保护。再者，可以利用 WTO 对发展中国家的优惠政策和一些规则盲区拓展战略性贸易政策的应用范围，如 WTO 协议中保护幼稚产业原则、国际收支平衡原则，以及对发展中国家在出口补贴、技术壁垒等方面的有利规定。

2. 产业政策与战略性贸易政策要结合运用

国内、国际经济在不断向前发展，对战略性贸易政策的制定和实施应该用发展的眼光和从动态的角度加以理解和应用。改革开放以来，中国经济一直保持了较高的增长速度，产业结构也在不断变迁升级，我们要根据当前产业状况并结合对未来产业的战略性预期制定和实施优势产业的扶持政策和战略性贸易政策，做到贸易政策和产业政策的相互协调，使之产生合力，服务中国经济长远发展的大局。一直以来，我国战略性贸易政策扶持的目标产业主要集中于资本密集目标型和知识密集型两类，例如传统的集成电路、半导体、飞机、汽车、电信行业。

2009 年，进入后金融危机时代，我国更是提出了适合我国当前国情的以扶持和发展节能环保产业、新一代信息技术、生物产业、高端装备制造业、新能源产业、新材料产业、新能源汽车这七大产业为代表的战略性新兴产业计划。这些行业符合中国产业结构升级、经济增长方式转变的要求，因此，应该将这些行业确立为中国未来重点发展的支柱产业群，应用战略性贸易政策结合产业政策对这些行业进行适度的保护和支持。

3. 运用战略性贸易政策培育具有国际竞争优势的跨国公司

世界市场结构愈发演变为一种典型的不完全竞争格局，跨国公司成为国际贸易的主要载体，甚至是主宰。培育一批在国际市场具有较强竞争力、市场占有率较高的跨国公司是中国的当务之急。与发达国家相比，中国大部分行业的市场集中度偏低，规模经济效应有进一步开发的空间，中国政府应该在规模经济显著的行业内，以行业龙头企业为核心加快资源的整合，同时运用战略性贸易政策扶持这些优质大集团、大企业走出去，培育具有国际竞争优势的跨国公司。

当前，国内诸如宝钢集团、华为公司、中兴通信这样的优质企业已经具备了一定的国际竞争力。特别是华为公司已经在通信领域占有了较大的国际市场份额，与美国思科（Cisco）等公司基本形成寡头竞争格局，中国政府应该运用战略性贸易政策，通过 R & D 补贴、出口退税等措施进一步培育其技术优势和成本优势，以期达到中国高新技术产业全球战略性扩张的目的。

4. 加强政府在国际贸易中的谈判能力

在经济全球化时代，政府在对外经贸领域的谈判能力显得越来越重要。一国政府在贸易争端中的成功斡旋可以为本国争得更大的对外贸易空间和利益。特别是在战略性贸易政策的应用过程中，中国作为发展中国家不可避免地会触及西方发达国家在目前国际贸易格局和全球产业链中的既得利益。这就迫切需要中国政府加强在国际贸易中的谈判能力，遵循国际规范，利用 WTO 对发展中国家的诸多例外条款，尽量化解危机和平息贸易争端，为中国企业创造一个尽可能和谐的国际贸易环境。

本章小结

战略性贸易政策理论主张在规模经济、不完全竞争条件下，一国运用国家主权对贸易活动进行干预，以出口补贴、关税和配额、R & D 补贴等措施，对本国战略产业进行扶持，提升本国产品的国际市场份额和竞争力，从而获得更多的超额垄断利润，并最终提高国民福利。战略性贸易政策理论认为，在全球化日趋明显的当代，适当的政府干预比自由贸易更适合经济现状。因此，在性质上战略性贸易政策是一种保护贸易政策理论，是一种国际垄断资本主义理论，是一种全球性竞争政策理论，也是一项供给政策。

在政策实施方面，战略性贸易政策的有效实施需要极为严格的条件保证，尤其是以利润转移理论为代表的传统狭义战略性贸易政策，其实施需要的约束更强，因此多用于经济发展比较完善的发达资本主义国家。而“外部经济”理论则强调适当运用传统战略性贸易政策，其约束性没有那么严格。在实施手段上，战略性贸易政策的政策措施与一般贸易政策的具体措施载体基本一致，但是由于外部理论影响和强调生产领域的调整，因此在实施过程中还借助了大量的产业政策、补偿与收入分配政策、政府采购、经济外交等辅助性措施。

利润转移理论，即狭义的战略性贸易政策，主要包括战略性出口政策、战略性进口政策和进口保护促进出口政策。此外，广义的战略性贸易政策还包括外部经济理论，这一理论的发展，使得战略性贸易政策的适用性更加广泛，从而越来越多地被广大发展中国家重视和利用。

当代国际贸易发展呈现出一些新特色，中国在国际贸易中的地位越来越重要，对于战略性贸易政策理论这一产生于发达国家的贸易理论，我国充分认识到其指导现实的重要性和局限性，结合中国的特点，正有选择、有侧重地实行适合我国经济和贸易发展的战略性贸易政策。

课堂讨论

1. 有学者表示：战略性贸易政策本质上是一项供给政策、一种产业政策，与一般贸易政策相比具有优势性。你是否同意这一观点？

2. 试分析外部经济理论和利润转移理论有哪些不同。

3. 有人说，“战略性贸易政策理论，是一种资本主义的掠夺性的隐蔽的贸易保护措施，旨在维护资本主义国家的垄断地位，并不适合发展中国家”，根据本章所学知识，就这一问题谈谈你的看法。

复习思考题

一、名词解释

战略性贸易政策　战略性出口政策　战略性进口政策　干中学效应　进口保护促进出口　外部经济　技术外部经济　货币外部经济

二、简答题

1. 战略性贸易政策的背景是什么？
2. 战略性贸易政策的性质是什么？
3. 如何认识战略性贸易政策的实施条件？其具体实施手段与一般贸易政策有何异同？
4. 简述战略性贸易政策的类型和主要内容。
5. 简述战略性进口政策的实施条件。
6. 简述外部经济理论的重要性。
7. 举例说明在外部经济理论引导下国家的主要政策手段。

三、分析题

飞机产品是典型的国际市场垄断竞争性产品，其产业的关联度高，不仅在于其本身创造利润，而且它还是一种直接影响通信设备、半导体、电子元件、计算机、数据处理设备等产业的重要产业。为了争夺飞机产品的国际市场份额，各国往往对本国飞机制造业施行出口补贴、R & D 补贴等政府补贴。

（1）试用战略性贸易政策理论来说明政府补贴的重要性。

（2）发展中国家在政府补贴方面应采取怎样的策略？

课外实训

1. 搜集各国应用战略性贸易理论的资料，分析战略性贸易理论的主要实施条件和手段。

2. 调查当地战略性目标行业，搜集相关信息，试分析外部经济理论在现实生活中的具体表现。

第十章

跨国公司与国际贸易

★学习目标

了解跨国公司的基本内涵；熟悉跨国公司的基本特征以及跨国公司的形成和发展过程；掌握跨国公司对国际贸易的主要影响以及跨国公司理论。

重点：理解掌握跨国公司对国际贸易的正负两个方面的影响。

难点：垄断优势理论、内部化理论、国际生产折中理论三个跨国公司理论。

★引例

雀巢——最国际化的跨国集团

1867 年，雀巢公司创始人，一位居住在瑞士的化学家亨利·内斯特尔（Henri Nestle），用他研制的一种将牛奶与麦粉科学地混制而成的婴儿奶麦粉，成功地挽救了一位因母乳不足而营养不良的婴儿的生命，从此开创了雀巢公司的百年历程。“Nestle”的意思是“小小鸟巢”，这个温馨的鸟巢作为雀巢公司的标志，深受消费者熟悉和喜爱，它代表着雀巢公司的理念：关爱、安全、自然、营养。作为全球最大的食品公司，雀巢秉承一贯的理念和原则，以人为本，以质量为重，为世界各国的消费者提供优质食品，带来美好生活。

雀巢公司 2015 年销售额达到 4 845 亿元人民币，其中大约 95% 来自食品销售，因此雀巢可谓世界上最大的食品制造商，也是最大的跨国公司之一。公司以生产巧克力棒和速溶咖啡闻名遐迩，拥有适合当地市场与文化的丰富的系列产品。雀巢在五大洲的 60 多个国家中共建有 400 多家工厂，所有产品的生产和销售由总部领导下的 200 多个部门完成。雀巢销售额的 98% 来自国外，因而被称为“最国际化的跨国集团”。

150 年来，瑞士雀巢公司稳步发展，实力不断增强，成为世界最大的食品公司之一。

跨国公司是当代经济国际化的主要承担者和体现者。跨国公司的活动涉及世界经济和生产的所有领域，推动各国经济要素的移动，从而把经济各个领域的国际化提高到前所未有的新水平。长期以来，经济学家只从国家层次上研究国际贸易，对于跨国公司的研究经常是在市场学和管理学的层次上进行的。但是，当今时代的很多企业经常跨国境经营，在世界范围内经营和发展，不仅所有的国际直接投资是以跨国公司为载体进行的，而且跨国公司的贸易量也在国际贸易中占据很大份额。如果不充分考虑跨国公司在全球范围内的生产、投资和创新活动，便无法解释当今的国际贸易，也无法理解当今的世界经济。完整的国际贸易理论研究必须包括对跨国公司问题的分析，因此国际贸易研究及国际贸易政策的制定必须考虑跨国公司问题。

第一节　跨国公司概述

一、跨国公司的基本内涵和基本特征

（一）跨国公司的基本内涵

跨国公司（Transnational Corporation）也叫多国公司（Multinational Corporation），主要是指资本输出国企业通过对外直接投资，在东道国设立从事国际化的生产经营活动的分支机构或子公司。根据 1986 年联合国《跨国公司行为守则草案》的规定，跨国公司应具备以下三个要素：

（1）跨国公司必须是在两个或两个以上的国家内从事生产经营活动的经营实体，母公司通过持股或其他方式拥有对这些经营实体的实际控制权。

（2）跨国公司必须拥有一个共同的中央决策体系，以保证所有经营实体的生产经营活动都围绕共同的战略目标进行。

（3）跨国公司的各个经营实体必须实现资源共享、信息共享、权利共享、责任共担。

跨国公司由母公司与其在国外的分支机构一起构成。跨国公司的来源国被称为母国，分支机构所在国被称为东道国。母公司所作决策的内容包括建立各分支机构，分支机构的分布、规模、产品结构，各分支机构之间资源的转移方向、配置及市场分工等。母公司的决策决定了资源和产品在其整个生产和销售体系各部门间的流动模式。大部分分支机构同时具备生产功能和销售功能，有的分支机构具备单个功能。分支机构服从母公司的全球战略，资源所有权由母公司控制，高级管理人员由母公司任命，分支机构要定期向母公司报告其经营管理状况。

（二）跨国公司的基本特征

1. 推行全球化战略

全球化战略是跨国公司最为突出的特征。跨国公司通过对外直接投资，将其产品的研究与开发、产品的生产与加工以及产品的营销活动等各个环节分布于世界各地，企图通过全球范围内的资源整合与调配实现整体利益的最大化。因此，跨国公司分布于世界各地的分支机构和子公司都应服从总公司的统一决策，为了整体利益的实现，甚至可能“丢车保帅”，牺牲局部利益。

2. 大量从事内部贸易

跨国公司的内部贸易是指跨国公司的母公司与子公司之间，子公司与子公司之间设备、

技术、原材料以及零配件等的交易活动。从事内部贸易可以大大减少由于外部市场的不完全性所带来的经营风险，降低经营成本，提高运作效率。通过转移价格的运用，还可以增强子公司在东道国的竞争力和减轻公司总的纳税负担。因此，跨国公司在其经营活动中大量进行内部贸易。

3. 实施综合的贸易方式

跨国经营活动主要通过直接投资、技术转让以及商品贸易等形式的有机结合来实现。由于实施跨国经营的目的是谋求实现全球范围内的整体利益最大化，因此客观上要求综合考虑各个子公司所在东道国的区位优势，将直接投资，技术转让，设备、成品和零配件的输出与输入有机结合起来，最大限度地减少纳税负担。

4. 通常具有行业内的技术创新和技术领先优势

据统计，世界80%的新技术和新工艺的专利权为跨国公司所拥有。在美国，跨国公司占比最大的行业也是研发要素最为密集的行业。由于拥有技术创新和技术领先优势，跨国公司的子公司在与东道国同类企业的竞争中，往往处于优越的竞争地位。

5. 谋取超额利润

跨国公司往往凭借其强大的经济实力和在技术上的领先地位操纵价格，谋取高额利润。据联合国的统计资料显示，在菲律宾从事成品药销售的跨国公司，其经营利润高达1 000%。世界香蕉生产和销售的70%则为三家跨国公司所操纵，其利润额约占世界香蕉业总利润额的90%。

6. 能得到规模经济效益

由于跨国公司的经营环节遍布全球，因此其企业规模和架构通常也非常庞大，能获得规模经济效益。

二、跨国公司的形成与发展

（一）跨国公司的起源（16世纪末、17世纪初）

跨国公司形成和企业跨国经营的萌芽最早可以追溯到16世纪末、17世纪初英国的特权贸易公司，或称特许公司（Chartered Company）。当时最有影响的特权贸易公司是英国东印度公司（British East India Company）。英国东印度公司是一个股份公司，1600年12月31日，英王伊丽莎白一世授予该公司王家特许状，给予它在印度贸易的特权。随着时间的变迁，东印度公司从一个商业贸易企业变成印度的实际主宰者。到1858年被解除行政权力为止，它还获得了助理政府和军事的作用。这些特权贸易公司从事掠夺性经营，不利于各国民族经济的发展，故遭到各国强烈的反对。随着英国近代资本主义的发展，东印度公司等特权贸易公司相继于19世纪下半叶被撤销。

（二）跨国公司的形成初期（19世纪60年代中期）

现代意义上的跨国公司起源于19世纪60年代，这些跨国公司的形成与这些国家在19世纪以前的海外殖民扩张、资本和商品输出有着直接的关系。当时具有代表性的三家制造业企业是德国的弗里德里克·拜耳化学公司（Bayer）、瑞典的阿佛列·诺贝尔公司（Nobel）以及美国胜家缝纫机公司（Singer）。上述三家公司在海外设立生产性分支机构，从事跨国经营活动，已初具跨国公司的雏形，因此它们通常被看作早期跨国公司的代表。后来，欧美不少大企业通过对外直接投资，在海外设厂从事跨国经营，如美国的国际收割机公司、国际收银机公司、西方联合电机公司，以及英国的尤尼来弗公司和瑞士的雀巢公司等都先后到海外投资设厂，它们成为现代意义的跨国公司的先驱。据统计，第一次世界大战前，美国在海外拥有的制造业子公司已达122家，欧洲大陆国家有167家，英国有60家。

（三）两次世界大战期间跨国公司的发展

两次世界大战期间，跨国公司的发展是比较缓慢的。1914年爆发了第一次世界大战，欧洲有1 000多万人丧生。战争造成的损失和战后重建巨额费用使欧洲大陆由债权国变为债务国，难以筹措资金进行对外直接投资。1920年资本主义市场出现短暂经济危机，为了保护国内市场，各国开征新关税，实施进口配额的贸易政策。1921年，美国开始实行《紧急关税法》，提高农产品的税率，1922年对幼稚工业进行保护。此时英国国力逐渐衰退，全球贸易环境越来越恶化。1932年除小麦、肉类和英国不能生产的短缺原材料外，所有的进口商品都要征收进口关税，持续了近百年的自由贸易在英国正式宣告结束。此外，世界性经济危机后，国际货币秩序混乱，资本主义各国从自身利益出发，纷纷组成货币集团，实行外汇管制，限制国际资金自由流通，直接影响了对外直接投资。但在此期间，仍有一些大公司进行海外直接投资。尤其是美国的海外直接投资地位在上升，跨国公司的发展比较迅速。1913年，美国187家制造业大公司在海外的分支机构有116家，1919年增加至180家，1929年为467家，1939年超过700家。

（四）第二次世界大战后跨国公司的迅速发展

第二次世界大战以后，对外直接投资的迅速发展直接促进了跨国公司的迅速发展。跨国公司的对外直接投资占主要发达国家对外直接投资的70%以上。1968年主要发达市场经济国家拥有的跨国公司母公司超过7 200家，其分、子公司在27 300家以上。1978年分、子公司为82 266家，1980年分、子公司为98 000家。到20世纪80年代末母公司超过2万家，其分、子公司有10万家以上。而20世纪90年代初母公司超过37 000家，分、子公司更是超过210 000家，其中有约90%的母公司以发达国家为基地。

（五）第二次世界大战后跨国公司迅速发展的原因

1. 过剩资本的集中与迅速增加奠定了跨国公司向外扩张的物质基础

资本的本性就是“逐利”。19世纪末、20世纪初在一些主要的资本主义国家，由于其生产能力迅速提升和垄断程度不断加剧，出现了大量的过剩资本。而由于国内市场相对狭小和国内资源相对匮乏，国内投资的边际收益率日趋降低。在此情形下，大量的过剩资本跨出国界，寻求更为有利的投资场所，直接导致了以跨国公司为载体的对外直接投资的迅速增加。

2. 第三次科技革命加速了跨国公司向外扩张的步伐

第二次世界大战后，以原子能、电子计算机、高分子、航天航空以及光纤通信等技术为标志的第三次科技革命带动了一批新兴产业部门的出现，而这些新兴产业的发展又大多需要仰仗巨额的研发投入、大量的科技人才、广阔的产品销售市场。所有这些因素促使了世界上不同国家和地区之间的企业联合与兼并，以谋求在全球范围内的资源优化配置，实现更高的企业利润。

3. 对外投资建厂可以绕过商品贸易壁垒

尽管经济全球化作为当今世界经济发展的总趋势，大大促进了世界上不同国家和地区之间的经济融合，使各国的对外贸易依存度不断提高，但出于国家利益的考虑，大多数国家在努力扩大出口的同时，设置了种种的关税和非关税壁垒来限制进口，使商品的跨国流动受到阻碍。为了绕过东道国的贸易壁垒，顺利实现商品销售，直接在东道国本土投资建厂、开展相关的生产营销活动就成为一种现实的选择。

4. 区域经济一体化组织的不断发展刺激了跨国公司的相互扩张

区域经济一体化组织有不同的层次和组织形式，其中一个显著特点就是“内外有别”，也就是在尽可能地争取实现区域组织成员国之间商品和生产要素自由流动的同时，对区域组织之外的国家依然保持贸易壁垒。这就迫使区域外的跨国公司不得不通过对外直接投资、在东道国直接设厂生产的方式来取代传统的商品出口。

5. 发达国家政府对本国跨国公司对外扩张的扶持与鼓励

第二次世界大战后，发达国家政府为了扶持本国企业的对外扩张，出台了种种优惠政策（特别是信贷和税收方面的优惠政策）来支持本国跨国公司的发展。为了改善跨国公司的国际投资环境以及投资的安全与利益，一些发达国家还积极参与制定国与国之间的贸易条约与协定，以保证跨国公司在东道国能充分享受国民待遇和拥有更有利的竞争环境。有些发达国家政府甚至不惜动用政府本身的影响和力量为本国跨国公司的发展创造条件。

6. 发展中国家政府对跨国公司资本和技术输入的鼓励与支持

发展中国家在实现工业化的进程中，普遍存在资金和技术的匮乏问题，而发达国家资本和技术的输出恰恰迎合了发展中国家对资本和技术的需求。发展中国家的政府为吸引发达国家的资金和技术而出台的优惠政策对跨国公司的发展也起到推动作用。

7. 跨国银行的发展为跨国公司的发展提供了金融保障

第二次世界大战后，跨国银行发展迅速，其遍布世界的金融网络为跨国公司的资金信贷、资金结算以及资金运作提供了极大的便利。

8. 交通运输的快速发展为跨国公司的发展提供了方便

现代交通运输网络和交通运输设施的日臻完善，通信技术的飞速发展，特别是因特网在全球的普及，使跨国公司在世界范围内的生产组织与协调成为可能。

第二节　跨国公司经营策略及特征

一、跨国公司的经营策略

为了实现全球化经营战略目标，赢得全球市场竞争的胜利，跨国公司往往采取以下具体的经营策略。

（一）人力资源策略

当代竞争首先是人才竞争，跨国公司非常清楚这一点，因此网罗各地优秀人才成为跨国公司极为重视的策略。跨国公司通过高薪直接聘用各国的高学历人才、在高科技人员密集区建立研究所、邀请高级科研人员来公司交流经验等方式来争夺优秀人才，以使公司立于不败之地。

（二）融资策略

强大的资金实力是跨国公司推行全球化经营战略的坚强后盾。跨国公司在全球金融市场上，通过选择不同的融资形式、融资币种、融资地点、融资结构的组合，努力降低融资成本和风险，建立最佳的财务结构，保证公司始终具备足够的融资能力，以实现全球经营目标。

（三）投资策略

就投资方式而言，投资策略有新建和购并两种方式。两种方式各有优缺点，一般来说，新建周期长、见效慢，购并周期短、收效快，因此，在近 10 年的跨国公司投资方式中，购并比新建更多地为跨国公司所采用，尤其在最近几年中出现了全球性的企业购并浪潮。就投资项目而言，跨国公司往往从全局性和长期性利益出发，不拘泥于一时一地的利益得失，而注重争夺具有长期高额垄断利润的项目和行业。

（四）营销策略

跨国公司的营销策略体现在：①实行品牌战、广告战，挤压其他国家和公司的产品品牌，力图垄断市场，获取高额利润；②通过“转移价格”谋取高额利润。“转移价格”是跨国公司内部进行的交换价格，是根据跨国公司全球战略利益的需要人为制定的。通过转移价格，跨国公司可以避开东道国的价格管制，回避较重的税负和外汇管制，增强子公司的竞争力，并可利用汇率变动谋取投机利润。

（五）组织结构变化

新世纪跨国公司组织结构也出现了新的变化，以层级结构为中心的组织结构逐步让位于内部多层次网络组织结构。这种组织结构是跨国公司依靠现代信息技术实施管理，减少企业经营的不确定性和风险，实行全球化经营战略的一种组织创新，具体表现为地区型、产品型、职能型等各种类型总部的建立和管理体制由单纯的本国中心向本国中心、多元中心和全球中心并存的格局发展的组织架构。组织结构的扁平化，使过去的多层次结构简化成管理层和执行层两个层次，大大提高了跨国公司的运作效率和竞争力。

（六）技术开发策略

跨国公司的技术开发是轻基础研究、重应用开发，研究资金的绝大部分用到应用开发上，基础研究则相对较少，受到其盈利要求的制约。

（七）战略联盟

战略联盟是近 10 年来被跨国公司广泛采用的一种合作竞争新型模式。战略联盟的参与者相互取长补短，通过关键技术、核心能力等方面的协作，使优势内部化，减少成本和风险，产生了大量的协作溢出效应，形成了国际化、全球化的经营、研发和信息网，业务范围遍及世界各地，寻找、实现和分享一切对参与者有利的市场机会。

二、跨国公司的经营特征

（一）跨国公司实行全球战略目标和高度集中统一的经营管理

跨国公司通过对外直接投资，在世界范围内进行生产、配置，并把研究与发展、采掘、提炼、加工、装配、销售以及服务等生产过程和流通过程延伸到世界各地，而把最高决策权保留在跨国公司总公司，总公司对整个公司的投资计划、生产安排、价格体系、市场安排、利润分配、研究方向以及其他重大决策分担责任。

在第一次世界大战前，跨国公司发展缓慢，其经济实力十分有限，对国民经济乃至世界经济的影响微不足道。第二次世界大战后，随着经济生活国际化的发展，在国家垄断资本主义促进下，跨国公司迅速发展。近年来，WTO 的成立更加带动了跨国公司的发展。跨国公司在国际生产、国际贸易和国际资本流动等方面的影响日益增大，其拥有独特的组织形式和经营方式，实行高度集中统一的管理，子公司根据母公司的全球战略制订各自的经营计划及措施。

（二）跨国公司向综合型多种经营发展

虽然在 19 世纪末期，很多跨国公司就营业额来说已经具有当今世界公司的雏形，但真正实行综合型多种经营的跨国公司，从 20 世纪 70 年代以后才得以迅猛发展，其业务经营的范围形象地说，就是“从方便面到导弹”，几乎无所不包。例如，美国的杜邦公司和联合化学公司、德国的巴登苯胺苏打公司和赫希斯染料公司、英国的柯尔兹化学公司、日本朝日化学公司和住友化学公司等，除了经营化学工业产品以外，还兼营制药、食品、化妆品、首饰工艺品、纺织、冶金、电子、化肥、农药、运输和旅馆业等各种行业。

多种经营给跨国公司营销带来极大的好处，主要包括以下几方面：

（1）增强垄断企业总的经济潜力，防止资本形式“过剩”，确保跨国公司安全发展，有利于全球战略目标的实现。企业的经营目的在于获取利润，而利润率的高低取决于企业如何筹划和组织生产、销售与分配这三道前后相衔接的运动环节，多种经营可以使跨国公司加强生产环节，进行低价值的投入和高价值的产出，从而降低生产成本，提高劳动生产率，达到利润最大化。

（2）有利于资金合理流动与分配，提高各种生产要素和副产品的利润率。资金的投入必须带来良好的投资效益，这是投资的必然性选择，生产要素组合得合理、经济与否直接决定着企业成本与劳动生产率的高低，国际的生产要素组合也要优于一国自身。跨国公司就是将国际性生产要素优化组合的一种灵活而又高效的载体。

（3）便于分散风险，稳定企业的经济效益。当今世界经济发展迅速，行业、种类日趋繁多，受各种因素的影响，各行业在一个年度之内的状况波动很大，占据多个行业的跨国公司的经营，就不会因一项经营的波动而影响整个公司的收益。

（4）可以充分利用生产余力延长产品生命周期，增加利润。

（5）能节省共同费用，增强企业机动性。

（三）以开发高新技术推动跨国公司的发展

高新技术是“未来世界经济的引擎”，因此，跨国公司之间在这一方面展开了一场较大的角逐，更尖锐地表现在生物工程、新材料、新能源等领域贸易的摩擦上。

（1）跨国公司在高新技术革命中，始终保持领先地位。在新的国际分工中，跨国公司若要保持优势，或从一种优势延伸至另一种优势，就必须在研究与开发新技术、新工艺、新产品上始终保持领先地位，跨国公司始终在高新技术部门占领先地位，战后迅速发展起来的新兴工业，如汽车、石化、制药和电子工业等，几乎全部为跨国公司所控制。跨国公司注重生产工艺的研究，每一个跨国公司都设有专门的研究机构，并得到政府大量的财政资助，如 20 世纪 70 年代美国联邦政府用预算拨款资助了 1/4 以上的民用科研项目。

（2）跨国公司奉行特有的技术战略。跨国公司技术转移战略为：从全球范围比较生产成本，选择最佳生产基地，以确保高额利润。首先，把研制的专利技术应用于母国的国内生产，垄断国内市场，并通过产品出口满足国外市场的需要；其次，经过若干年后，再将高新技术转让给设在其他发达国家的子公司，取得当地市场的技术优势；再次，若干年后，再向发展中国家的子公司转让技术。跨国公司转让技术要考虑生产能力（或运用生产技术的能力）、投资能力（或扩大生产以便利用扩大了的国内市场或出口市场的能力）和革新能力（使研制新产品和提供新服务成为可能）。

（四）跨国公司从利用价格竞争手段转向非价格竞争手段争夺世界市场

传统的价格竞争是指企业通过降低生产成本，以低于国际市场或其他企业同类商品的价格，在国外市场上打击和排挤竞争对手，扩大商品销路。非价格竞争是指通过提高产品质量和性能，增加品种，改进商品包装及装潢、规格，改善售前售后服务，提供优惠的支付条件，或更新商标牌号，加强广告宣传和保证及时交货等手段，来提高产品的素质、信誉和知名度，以增强商品的竞争能力，扩大商品的销路。

第三节　跨国公司内部贸易

跨国公司内部贸易是指一家跨国公司内部的产品、原材料、技术与服务在国际流动，主要表现为跨国公司的母公司与国外子公司之间以及国外子公司之间在产品、技术、服务方面的交易活动。据统计，目前世界贸易总量的近80%为跨国公司内部贸易。

一、跨国公司内部贸易形成原因

跨国公司内部贸易在交易方式和交易动机上与正常的国际贸易交换大相径庭。公司内部交易的利益原则，即获利动机并不一定是以一次性交易为基础，而往往以综合交易为基础。交易价格不是由国际市场供需关系决定的，而是由公司内部自定。从这个意义上讲，跨国公司内部交易是公司内部经营管理的一种形式，是把世界市场通过企业跨国化的组织机构内部化，可以说，公司内部市场是一种理想的真正的国际一体化市场。

（一）内部贸易是跨国公司对外直接投资的必然结果

跨国公司是19世纪六七十年代产生的一种以全球市场为经营目标的企业形态，近几十年来跨国经营活动在数量和规模上取得了前所未有的飞速发展，它们在国际贸易中的作用也在日益加强。统计数字表明，1971年用于贸易并在生产国以外消耗的石油的国际贸易有90%的份额是由约15家大跨国公司控制，1986年日本来自亚洲的进口物品有75%左右由日本海外公司提供，1988年美国进口货物的53%是通过其跨国公司的附属公司进行的。进入20世纪90年代，跨国经营企业在世界贸易中所占的份额已经超过70%。第二次世界大战后，跨国公司的兴起从根本上说是出于经济利益的考虑，即为了追求高额利润。

（二）内部贸易是技术进步和国际分工进一步发展的结果

技术进步和国际分工的发展，使很大一部分传统的公司间分工转化为公司内部分工，在公司的内部分工中，传统的水平分工也逐步让位于垂直分工，其结果必然使公司内部的贸易量大大增长。在跨国经营企业的国际生产过程中，通过前向一体化的分支企业的生产或通过水平一体化的分支企业的调剂，企业跨国经营的稳定性有了可靠的内部保障。贸易内部化可以防止技术优势的扩散，有助于公司提高其在国际市场上的垄断地位和竞争能力，实现全球利益的最大化。

对技术的垄断是跨国公司的特有优势，也是其存在和发展的关键，如果说公司的技术产品在公司外部交易中有可能被竞争对手模仿而蒙受损失，那么内部贸易就可避免此类事情的发生。制造简单的产品只需简单的技术和知识，且易于袭用仿制；制造复杂的产品需要复杂的技术和知识，且难于模仿与复制。跨国公司的优势在于始终把握新知识，并在其公司内部转让，以确保跨国经营的优势。

（三）内部贸易是跨国公司追求利润最大化的结果

公司内部贸易可以大幅度减少通过外部市场交易所需支出的费用，节约交易成本，增加利润。使用外部市场是必须付出成本代价的，构成外部市场交易成本的重要内容之一就是买卖双方为寻求和达成有利的价格所花费的时间和费用，其次还包括由国际政治风险、经济风险以及交易行为本身的履约风险所构成的风险成本。

在内部贸易过程中，由于交易双方同为一个统一经济利益主体，即跨国经营企业整体中的一个内部成员，因而外部市场交易所特有的成本支出得到避免，而成本的节省便是实现经济利益最大化的重要方面。内部贸易还可以降低外部市场造成的经营不确定风险。由于完全受市场自发力量的支配，企业经营活动面临诸多风险，如投入供应数量不确定，投入供应质量不确定，投入供应价格不确定，不同生产工序和零部件分别由独立企业承担，这在协调上又有可能产生问题，公司内部贸易可以大大降低上述各种经营的不确定性，实行合理计划，科学地安排经营活动。此外，内部贸易可以充分利用转移定价攫取高额利润。

（四）内部贸易是解决跨国公司内部各利益中心之间矛盾的产物

跨国公司母公司与子公司之间的关系一般由股权份额决定：①完全控股的关系；②大份额控股的关系；③小份额控股的关系。由于母公司对子公司控股程度有所不同，它们的经济利益统一程度往往不一致。因此，在跨国公司的内部交换过程中，不能以利益的完全一致性为基础进行无偿调拨，而必须采取贸易的形式，通过内部市场机制满足各方的经济利益，以解决内部经济利益的矛盾。

二、跨国公司内部贸易的运作

跨国公司内部贸易是一种特殊形式的国际贸易，其核心特点有两个。

（一）实行计划性管理

公司内部贸易的计划性主要是指内部贸易的商品数量、商品结构以及地理流向等要受公司长远发展战略计划、生产投资计划、市场营销计划和利润分配计划的控制和调节。跨国公司实施内部贸易计划管理的目的是调节公司内部的资源配置，使之不断适应公司发展战略和外部环境变化的要求，在激烈竞争环境中立于不败之地。

（二）实行转移价格

实行转移价格有助于克服公司内部分工的统一性与各部门利益不一致的矛盾。海外子公司采取的是多样化股权形式，使母公司与各子公司之间形成多样化、多层次的经济关系。这种经济利益的差异性必然导致跨国公司的总体利益与各子公司的局部利益之间的矛盾和冲突。跨国公司实行转移价格是克服这一矛盾的有效方法。转移价格使整个公司的经营活动在全球战略目标指导下实现内部交换，并在协调的基础上使各自的利益得到满足。以上两个特点决定了跨国公司内部贸易运作的核心是投资决策和转移价格的制定。

三、内部贸易在跨国公司的作用

（一）在结构调整方面，内部贸易促进了国际分工和技术进步

跨国公司内部贸易的发展加快了全球范围内一体化生产的进程，促进和健全了公司内部网络的形成，即把生产加工的不同阶段分设在不同国家，或者由各子公司专门生产整个生产线的某种特定部件，提高了公司的生产效率，并获得规模经济效益。同时，内部技术贸易还促进了跨国公司根据不同东道国在人才、科技实力以及科研基础设施上的比较优势，在全球范围内有组织地安排科研机构，推动技术创新，保持跨国公司的竞争力。据估计，目前跨国公司垄断了世界上 70% 的技术转让和 80% 的新技术工艺。

（二）在要素配制方面，内部贸易可以充分利用转移定价攫取高额利润和规避风险

内部贸易的产品和服务的定价，根据跨国公司的全球战略目标由公司上层人士制定，通过转移高价和转移低价使整个公司的经营活动在全球战略目标指导下实现内部交换，在协调的基础上使各自的利益得到满足，并可减轻税负，实现内部资金配置，避开东道国的价格控制，避免外汇汇率风险和东道国的外汇管制。

（三）在无形资本运作方面，内部贸易可保持公司的技术优势

对技术的垄断是跨国公司的特有优势，也是其存在和发展的关键。如果公司的技术产品在公司外部交易，有可能被竞争对手模仿而蒙受损失。内部贸易则可避免此类损失的发生，有助于公司增强在国际市场上的垄断地位和竞争能力，实现全球利益的最大化。

（四）在人力资本管理方面，内部贸易可解决跨国公司内部相对利益中心之间交换的矛盾，有利于公司高层人才的稳定

跨国公司的各个子公司虽然隶属于同一母公司，但各子公司又是独立的利益主体，即使是从母公司的全球战略的大局出发，也应考虑各个主体的利益要求，以保证工作人员的稳定，维持整个公司的凝聚力。因此，在跨国公司的内部交换过程中就不能以利益的完全一致性为基础进行无偿调拨，而必须采取贸易形式，通过内部市场机制满足各方的经济利益，以解决内部经济利益的矛盾。

（五）在追求风险最小化方面，内部贸易降低了外部市场造成的经营不确定风险，有利于跨国公司实行计划管理

完全受市场自发力量支配的企业经营活动面临诸多风险，如投入供应数量、质量、价格等不确定，以及不同生产工序和零部件由独立企业承担带来的协调问题等。公司内部贸易可以大大降低上述的各种经营不确定性，使公司的商品数量、商品结构以及地理流向都服从公司长远发展战略计划、生产投资计划、市场营销计划和利润分配计划，优化公司内部的资源配置，使之不断适应公司发展战略的外部环境的要求。

四、跨国公司内部贸易的负面效应

内部贸易在跨国公司资本运营中的作用功不可没，但也带来了一些负面影响。

第一，转移价格的定价机制改变了价格作为市场信号的贸易秩序。在母公司与子公司之间转移产品、服务、资金时，人为地调高或调低价格与收费，在一定程度上削弱了市场自由竞争赖以存在的以供求调节价格的价格机制，破坏了国际市场价格与供求关系之间的联系。因此，内部贸易减弱了价格作为市场信号的作用，在一定程度上扰乱了原本以市场价格为基础的贸易秩序。

第二，转移价格往往损害东道国的利益。内部贸易往往采用转移价格手段达到跨国公司的特定目标，如将资金调出东道国、规避东道国的税收、绕过东道国的关税壁垒等。据有关部门的统计表明，中国境内的外资企业亏损高达40%以上，有些地区甚至达到75%，因此许多合资、合作企业的中方无利可分，甚至连年亏损。令人深思的是这些企业的外方却不断增资，合理的解释只可能是这些企业的外方通过“高进低出”的转移价格侵吞了中方的收益，实现了“虚亏实盈”“中亏外盈”。可见，跨国公司通过转移价格侵吞了东道国合资方的利润，减少了东道国的税收收入。

第三，内部贸易降低了东道国引进外资的关联效应。很多东道国特别是发展中国家，大力引进外资的目的之一就是希望通过跨国公司的投资带动上游产业或下游产业的发展。然而跨国公司从全球战略出发，有时宁可高价进口国外关联公司的原材料、半成品，以降低跨国公司在东道国直接投资的关联效应。例如，某合资企业生产用的主要原材料阿苯达唑，国内许多厂家均能生产，而且产品质量很好，但该企业的合资外方却拒绝使用质高价廉的国产原料，而高价从其他国家的子公司进口。

第四，跨国公司的内部贸易使国际关系复杂化。一方面，跨国公司通过内部贸易侵占了东道国的利益，破坏了东道国的投资声誉，而且使东道国在制定外经贸政策时左右为难；另一方面，内部贸易中的返销假活动使进出口国地位改变，改变了双方的贸易差额，不利于东道国的国际收支改善。这些矛盾显然会造成国际经贸关系复杂化，例如，美国以巨额贸易逆差为由向其贸易伙伴施加压力，如要求日本开放市场、汇率升值；要求中国开放市场等。

第四节　跨国公司对于国际贸易的主要影响

跨国公司对于国际贸易的主要影响可以从正负两个方面来分析。

一、跨国公司对国际贸易的正面影响

（一）促进了国际贸易的增长

跨国公司通过对外直接投资，将其产品的研究与开发、产品的生产与加工以及产品的营销与售后服务等经营活动的各个环节分布于世界各地，必然带动设备、技术、原材料、零部件以及产成品等在世界范围内的大量输出与输入，促进了国际贸易的飞速增长。

（二）促进了世界范围内的生产分工和协作

跨国公司遍布全球的生产环节打破了各国原先自成体系而又相对封闭的生产分工和协作，逐步形成了以跨国公司的内部分工格局为导向的国际分工格局。例如美国著名的奥迪斯电梯公司业务覆盖世界上200多个国家和地区，其总机系统在美国本土生产，平滑机在日本

生产，电子设备在德国生产，电梯门在法国生产，辅助工程设备在西班牙生产，最后由美国总部组装后销往世界各地。美国波音公司生产波音747型客机所需的450多万个零部件，也是由包括美国在内的26个国家和地区的约25 000家企业协作生产出来的。

（三）加速了资本的国际流动

跨国公司多拥有巨额的流动资金。以1971年为例，当年，掌控于跨国公司手中的流动资金相当于同年发达国家对外直接投资总额的一倍，是同年发达国家中央银行所持有的外汇储备的两倍。如此巨额的流动资金频繁地在母公司及其子公司之间调拨，无疑极大地加速了资本在国际的流动速度。此外，与跨国公司相伴相随的跨国银行的发展，也对资本的国际流动起到推动作用。

（四）加快了全球技术创新和技术转移的进程

跨国公司通常是行业内的技术创新和技术领先者，为了强化这种技术上的优势，维持在行业中的垄断地位，跨国公司通常不惜重金加大对科研的投入，并因此掌握了世界上80%的新技术和新工艺的专利权。领先的技术优势也为跨国公司向分布于世界各地的子公司转移先进技术奠定了雄厚的基础。据有关专家预测，在未来的几十年中，技术贸易的年均增长率将远远高于世界经济的年均增长率和世界商品贸易的年均增长率。

二、跨国公司对国际贸易的负面影响

（一）跨国公司与跨国银行频繁的资金调拨直接导致了国际金融市场的不稳定

为数众多的跨国公司手中掌控了相当庞大的资金，当它们为了自身的利益在全球范围内频繁调拨时，由于其资金数额极其庞大，再加上调拨手法极其隐蔽，往往使得各国政府防不胜防，饱受金融市场动荡之苦，有时甚至遭受金融和债务危机。

（二）引起东道国国际收支失衡

跨国公司在对东道国进行直接投资时，往往是从母公司输出大量的设备、零部件和先进技术，而生产成品又大多倾向于在东道国就地销售，这样容易造成东道国长期的贸易逆差，引发母国与东道国之间的贸易战，在一定程度上影响了国际贸易的正常运行。

（三）跨国公司对外直接投资的增加必然导致在母国投资的减少

跨国公司追求的是资本利润率的最大化，只要对外投资的利润率高于在本国的投资利润率，跨国公司就会不断地向投资利润率较高的东道国进行投资，在投资总量一定的情况下，自然导致在母国投资的减少。

（四）加剧了垄断和国际贸易利益分配中的两极分化

绝大多数跨国公司都是在取得国内的垄断地位后才开始向外扩张的，国内垄断利润的获得，使这些跨国公司在对外扩张时具有很强的竞争能力，容易凭借其本身所具有的雄厚的资金和技术实力，再度取得在东道国市场上的垄断地位。同时，跨国公司为了谋求整体利益的最大化，往往会利用转移价格将其在东道国所获得的利润转移出去，人为降低了东道国的应得利益，从而加剧了国际贸易利益分配中的两极分化，甚至造成一些发展中国家的“贫困化增长”。

第五节　跨国公司理论

一、垄断优势理论

垄断优势理论也称“特定优势理论”，是由美国经济学家海默首先提出的。他认为对外直接投资的产生是以市场的不完全竞争为前提的，正是由于不完全竞争市场的客观存在，才使对外直接投资者可以利用企业的特定优势对其海外业务进行控制，并凭建立在东道国市场上的竞争优势获取丰厚的利润回报。由此推断，对外直接投资的两个基本条件为：一是企业必须具有某种特定的竞争优势，并可借此建立跨国公司在东道国市场上的竞争优势；二是不完全竞争市场的存在使这种竞争优势能够维系。

垄断优势理论的主要观点包括以下几种。

（一）应从不完全竞争的角度去分析对外直接投资

在传统的国际投资理论中，一般将市场的完全竞争作为假设前提。在此前提下，众多的生产企业生产同一类产品，但都无力左右或控制市场，只能被动地接受由市场供需关系所形成的价格。而在不完全竞争的市场结构中，尽管众多的生产企业生产和销售同一类产品，然而由于产品异质性的存在，如产品在质量、性能、品牌、外观等方面的差异，产品在不完全竞争市场中面临激烈的价格和非价格竞争。跨国公司由于拥有在产品生产技术、营销管理模式以及商标、品牌上的竞争优势，在与东道国同类企业的竞争中占据优势地位。

（二）跨国公司垄断优势的主要来源

1. 源于技术上的垄断优势

技术上的垄断优势主要包括专利、商标、专有技术、品牌以及卓越的营销管理模式等。拥有这种技术优势的跨国公司通常会选择对外直接投资的方式，也就是在东道国生产和营销与母公司同类的产品，而且这种产品大多具有技术密集的特征。

2. 源于规模经济的优势

传统的规模经济理论只强调由于生产规模的扩大而导致的成本递减和收益递增，而垄断优势论所指的规模经济则蕴含更为宽泛的内容，并且更侧重强调非生产性的规模经济性，如由研发的集中开发管理、大规模的市场采购与市场销售以及资金的统一调度等带来的规模经济性。

垄断优势理论是最早解释对外直接投资的理论，它说明了垄断优势对跨国经营的重要作用，解释了哪些企业、哪些行业最有可能实施跨国经营，但并没有说明企业因拥有垄断优势而实施跨国经营的必然性。

二、内部化理论

内部化理论是在剖析跨国公司内部贸易的基础上提出的解释对外直接投资动因的理论。其主要观点包括以下几种。

（一）企业外部市场的失效是企业建立内部市场的主要动因

内部化理论认为，市场分为内部市场和外部市场两大类。外部市场存在于企业的外部，受市场供需关系及价值规律的影响，企业只能被动地接受市场中的供需关系和供需价格。内部市场是存在于企业内部的市场，不受供求关系的影响，其交易价格的确定完全依赖企业决策层通盘考虑之后的最终决策。当企业不能通过外部市场有效地调节自身的各项经营活动时，便会转而利用内部市场来实现。

（二）知识产品在外部市场交易中遇到的困难和风险也促使企业转而利用内部市场

知识产品主要包括知识、信息、专有技术、专利技术、商标、品牌及营销管理模式等，是企业竞争优势的重要源泉。但知识产品在外部市场交易中往往存在诸多困难和风险。由于知识产品的研发过程往往历时较长，耗资巨大，因此一旦研发成功，所有者就会期望通过垄断高价尽早收回投资和获取超额利润。但对于外部市场的购买者而言，由于缺乏对这些知识产品价值的充分认知，往往并不愿意支付高价，必然产生交易中的定价困难。此外，知识产品在外部市场进行交易很容易因泄密而扩散，使知识所有者丧失垄断优势。而利用内部市场进行交易则可以有效维护知识产品的独有性和垄断性，防止技术的泄密和扩散，使知识所有者得以继续保持在相关领域的独有竞争优势。

（三）内部化市场的独有效应

内部化市场除了可以克服外部市场不完全的缺陷、提高知识产品交易的效率和利益外，还可以有效地降低经营成本，并通过转移价格的运用，最大限度地减轻企业的总体纳税负担，规避由于汇率波动所带来的风险，帮助子公司控制东道国市场，获取垄断利益。

（四）内部化市场的特有成本

尽管内部化市场交易可以消除外部市场交易中的一些特有成本，如谈判与签约的成本、知识产品许可和转让的成本、应付政府干预的成本等，从而提高交易效率，但构建和使用内部市场也同样会形成一些使用外部市场所没有的特有成本，如相关机构的设置以及随之产生的管理协调费用等。只有当使用外部市场所需要的成本大于使用内部市场所需要的成本时，企业才会以内部市场替代外部市场。

内部化市场理论和垄断优势理论一样，是建立在不完全市场的假设前提之上的。但与海默的垄断优势理论相比，内部化理论更侧重研究分布在世界不同国家和地区企业之间的生产分工、产品交换以及资金调拨等。经营管理活动在外部市场和内部市场中的不同效应，对于解释对外直接投资的动因具有较为普遍的意义。

三、国际生产折中理论

国际生产折中理论是由英国里丁大学教授邓宁提出的，他研究和综合了各种国际直接投资理论，提出了一个更具适用性和更有普遍意义的国际生产折中理论，较好地解释了出口贸易、国际技术转让和国际直接投资三种主要的跨国经营形式。在邓宁的国际生产折中理论中有三个核心的概念，即“所有权特定优势”“内部化优势”和“区位特定优势”。其中，“所有权特定优势”的概念源于垄断优势理论，“内部化优势”的概念源于内部化理论，“区位特定优势”则是由邓宁首先提出的。

（一）所有权特定优势

所有权特定优势又称为“垄断优势”或“竞争优势”，是指企业所拥有的优于东道国企业的无形资产优势、经营管理优势和规模经济优势等。其中，无形资产优势主要包括产品开发和创新优势、商标和品牌优势以及在产品生产上所具有的专利技术和专有技术优势等。经营管理优势主要包括良好的资源获取和利用能力、融资能力、信息获取和利用能力以及风险化解能力等。规模经济优势则主要体现为由强大的企业规模所带来的研发能力优势、市场扩张优势、销售网络优势、生产转型优势、融资渠道优势以及对抗贸易壁垒的优势等。

（二）内部化优势

国际生产折中理论认为，企业所拥有的所有权特定优势只有通过企业的内部化使用才可能得到充分的发挥，实现最佳的效益。具体体现为：可以避免交易谈判的成本，避免或利用政府在配额、关税及价格等方面的干预，保证中间产品的质量与供应，利用转移价格实现资金的调拨和减轻税负，避免技术的泄密与扩散等。

（三）区位特定优势

区位特定优势是指东道国所特有的、企业只能利用而无法支配的优势，主要包括东道国的劳动力、土地和自然资源等要素禀赋优势，政策法规优势，良好的地理位置和基础设施优势，巨大的市场规模和市场潜力，以及较为宽松的外汇管制和金融制度等。

邓宁认为，只有当上述三种优势同时并存时，企业才会选择对外直接投资；如果仅仅具备所有权特定优势，而无内部化优势和区位特定优势，则企业只宜选择国际技术转让的跨国经营方式；如果既具备所有权特定优势，又具备内部化优势，但不存在区位特定优势时，说明对外直接投资的目标国不具备接纳投资的条件，这时企业既可选择产品出口，也可选择国际技术转让的跨国经营方式。

【案例 10.1】

阿迪达斯看好中国，计划在中国新开 3 000 家门店

阿迪达斯中国区主管高嘉礼（Colin Currie）在新闻发布会上称，到 2020 年阿迪达斯计划在中国新开 3 000 家门店，把中国门店数量由目前的 9 000 家增至 12 000 家，并且将销售跑步装备和网球鞋的门店分布城市增加一倍多，至 2 200 个以上。高嘉礼说，阿迪达斯迎合了中国经济中的有利因素，如发展足球事业和人口增长的新政策，阿迪达斯将瞄准中国最小的城市，该公司预计这些地方的城镇化进程将持续。高嘉礼说，他们持谨慎和乐观立场，但更多的是乐观。目前中国是该公司增长最快的全球市场，在百胜餐饮集团和巧克力生产商好时食品（Hershey Co.，HSY）等国外餐饮公司销售额下降之际，部分公司的中国业务持续增长，阿迪达斯就是其中之一。阿迪达斯公布，剔除汇兑因素，2015 年在大中华区（包括香港和台湾）的销售额增加 18%，该公司增长主要得益于在中国的大举扩张。

（资料来源：商务部网站）

【案例 10.2】

宝马在华启动实施第三轮本土化战略

来自沈阳市政府的最新数据显示，宝马在华汽车产量增长保持稳定态势，2015 年汽车产量超过 28.7 万辆，依托两大整车工厂，已在当地形成一个年产值超 1 000 亿元的产业集群，探索走出中德先进制造对接合作共享的产业升级之路。

推进整车产能扩建、新发动机工厂开业、新产品 BMW2 系运动旅行车一季度上市……2016 年以来的一连串动作表明，宝马继续看好中国市场，增资信心不减。

据了解，宝马将切实贯彻“在中国，为中国”理念，从整车生产、发动机制造和产品研发等方面入手，全面实施第三轮本土化战略。

12 年前，宝马迈出本土化第一步，合资企业华晨宝马在沈阳建设大东工厂，国产宝马开始上市；5 年前，增资建设铁西工厂，迈出本土化第二步；2 年前建设新发动机工厂，并于 2016 年 1 月开业，同时研发中心、整车产能扩建也在推进，显示新一轮本土化推进速度加快。

华晨宝马汽车有限公司总裁兼首席执行官海森博士表示，宝马将积极参与“中国制造2025”战略，把更多核心技术引入中国，发动机核心部件也将国产化，包括气缸盖和曲轴。在宝马等龙头企业带动下，沈阳市已形成大东和铁西两大汽车产业聚集区，近 3 年来新增汽车零部件企业 107 家，总数达到 251 家。

（信息来源：新华社网站）

本章小结

跨国公司也叫多国公司，主要是指资本输出国企业通过对外直接投资，在东道国设立从事国际化的生产经营活动的分支机构或子公司。

跨国公司推行全球化战略，大量从事内部贸易，实施综合的贸易方式且通常具有行业内的技术创新和技术领先优势。

跨国公司一方面促进了国际贸易的增长，推动了世界范围内的生产分工和协作，加速了国际资本流动；另一方面，跨国公司与跨国银行交织进行的资金调拨直接导致了国际金融市场的不稳定，在一定程度上也会引起东道国国际收支失衡，跨国公司对外直接投资的增加必然导致母国投资的减少。

解释跨国公司的理论很多，影响较大的有垄断优势理论、内部化理论以及国际生产折中理论。

课堂讨论

1. 企业为什么要到国外进行直接独立投资？

2. 为什么说通过对外直接投资可以获得独特的经济效益，发挥国际贸易难以发挥的作用？这对中国企业有何启示？

复习思考题

一、名词解释

国际直接投资　跨国公司　内部贸易　所有权特定优势　内部化优势　区位特定优势

二、选择题

1. 国际经济贸易业务主要包括（　　）等。

A. 商品贸易　　B. 知识产权转移　　C. 资本投资　　D. 技术合作

2. 跨国公司的法律形式可分为（ ）。

A. 海外分公司　B. 母公司　C. 子公司　D. 避税地公司

3. 从投资动机来看，国外直接投资的形式主要有（ ）。

A. 自然资源导向型投资　B. 市场导向型投资

C. 劳动力导向型投资　D. 战略导向型投资

4. 国外直接投资往往面临（ ）两大风险。

A. 竞争风险　B. 法律风险　C. 汇率变动风险　D. 环境风险

三、简答题

1. 你认为跨国公司在中国市场上投资的主要原因有哪些?
2. 跨国公司来华投资将对中国产生哪些方面的影响?
3. 面对跨国公司的涌入，中国企业应该如何应对?
4. 你认为所有的企业都必须成为国际型的企业吗?

课外实训

安排学生参观本地的外商投资企业，了解这些企业到中国投资的动因。

第十一章

区域经济一体化与国际贸易

★学习目标

了解区域经济一体化的发展历程及对世界经济贸易的影响；理解区域经济一体化的内涵及主要形式；掌握关税同盟理论的主要内容。

重点：掌握区域经济一体化的概念和主要形式。

难点：掌握区域经济一体化理论，尤其是关税同盟理论。

★引例

区域全面经济伙伴关系

我国“十三五”规划提出：“加快实施自由贸易区战略，推进区域全面经济伙伴关系协定谈判，推进亚太自由贸易区建设，致力于形成面向全球的高标准自由贸易区网络。”

区域全面经济伙伴关系（Regional Comprehensive Economic Partnership，RCEP）是东盟国家首次提出，并以东盟为主导的区域经济一体化合作，是成员国间相互开放市场、实施区域经济一体化的组织形式。RCEP 的成员国包括与东盟已经签署自由贸易协定的国家，即中国、日本、韩国、澳大利亚、新西兰、印度。

2012 年 11 月 20 日，在柬埔寨举行的第七届东亚国家领导人峰会上，中、印、东盟等 16 国宣布启动“区域全面经济伙伴关系协定（RCEP）”谈判，并提出了时间表：2013 年开始谈判，2015 年年底完成谈判并进入实施阶段。RCEP 的目标是消除内部贸易壁垒、创造和完善自由的投资环境、扩大服务贸易，还将涉及知识产权保护、竞争政策等多个领域，自由化程度将高于东盟与这 6 个国家已经达成的自贸协议。

目前，RCEP 已举行了 10 轮谈判和 4 次经贸部长会议，在货物贸易、服务贸易、投资、经济技术合作、知识产权、竞争政策、法律与机制 7 个领域都取得了很大的进展。RCEP 拥有占世界总人口约一半的人口，生产总值占全球年生产总值的三分之一，是当前亚洲地区规模最大的自由贸易协定谈判，也是我国参与成员最多、规模最大、影响最广的自贸区谈判。

RCEP谈成后，将成为世界上涵盖人口最多、成员构成最多元、经济发展水平差异最大、发展最具活力的自贸区。各国领导人承诺，将在现有经济联系的基础上，通过《区域全面经济伙伴关系协定》谈判，达成一个全面、高质量、互惠的区域自贸协定，从而加强相互间经济合作，拓宽和深化经济一体化，推动区域经济增长和平等发展。

中国正积极推进区域经济一体化，那么，什么是区域经济一体化？区域经济一体化对世界贸易有何影响？世界上有哪些区域经济一体化组织？

第一节 区域经济一体化概述

区域经济一体化是国际经济领域一种比较突出的现象，产生于20世纪50年代。目前，区域经济一体化不仅是各国发展对外经济、提高国际政治地位的重要手段，而且对世界贸易也产生了深远的影响。

一、区域经济一体化的内涵

经济一体化的概念最早是由荷兰经济学家丁伯根在1954年提出的，并给出了定义：经济一体化就是将有关阻碍经济最有效运行的人为因素加以消除，通过相互协调和统一，创造最适宜的国际经济结构。关于区域经济一体化的内涵，目前学术界并没有形成统一的认识。不同的学者对于经济一体化内涵的界定都有自己的关注点。其中，最具有代表性的定义是美国经济学家巴拉萨在1961年提出的，他认为经济一体化既是一个过程，又是一种状态。就过程而言，包括消除各国经济单位之间差别待遇的种种举措；就状态而言，是指各种差别待遇的消失。根据巴拉萨的定义，经济一体化有两个重要的特征：经济一体化的最终目标是在成员方之间建立单一的经济空间，实现经济的完全联合；经济一体化要通过一定的方式，有步骤、分阶段地实现其最终目标，是一个不断发展的过程。

虽然关于区域经济一体化概念的理解存在一定的差异，但其实质内容都是一致的，即区域经济一体化被认为是两个或两个以上的国家或地区通过签订条约或协议，相互取消阻碍贸易发展、经济融合的障碍，进行程度不同的政策和制度合作，以促进彼此间经济与贸易的发展。

二、区域经济一体化的主要形式

（一）按区域经济一体化的发展程度划分

1. 优惠贸易安排

优惠贸易安排是指成员之间通过协定或其他形式，对成员间全部商品或部分商品互相提供特别的关税优惠，有时这种优惠也可能是单边的。

优惠贸易安排是区域经济一体化的初级形式，也是区域经济一体化最低级、最松散的组织形式，典型的例子是《亚太贸易协定》，英国与加拿大、澳大利亚等国在1932年建立的英联邦特惠制，以及印尼、马来西亚、菲律宾、新加坡和泰国等东南亚国家联盟。

知识链接

亚太贸易协定

《亚太贸易协定》属于优惠贸易安排，只涉及部分产品一定幅度的降税。

《亚太贸易协定》（*First Agreement on Trade Negotiations among Developing Member Countries of the Economic and Social Commission for Asia and the Pacific*）的前身为《曼谷协定》。《曼谷协定》是亚太区域中唯一由发展中国家组成的关税互惠组织，其宗旨是通过该协定成员国对进口商品相互给予关税和非关税优惠，不断扩大成员国之间的经济贸易合作并共同发展。

2001 年 5 月 23 日，中国正式成为《曼谷协定》成员，作为中国参加的第一个区域性多边贸易组织，《曼谷协定》在中国关税史上具有重要地位。2005 年 11 月，《曼谷协定》第一次部长级理事会在北京举行，《曼谷协定》正式更名为《亚太贸易协定》，现有成员国为中国、孟加拉、印度、老挝、韩国、斯里兰卡和蒙古。

（资料来源：中国自贸区服务网，http：//fta. mofcom. gov. cn/）

2. 自由贸易区

自由贸易区指成员通过缔结条约，消除关税壁垒和数量限制，在区内实现自由贸易，但对非成员没有统一的贸易政策，各国仍然独立地实行对非成员的关税和其他贸易限制。自由贸易区的典型案例就是北美自由贸易区（NAFTA）。

3. 关税同盟

关税同盟是指成员在完全取消区内关税和数量限制等贸易壁垒的基础上，对非成员贸易设定统一的对外关税，对外实行共同的贸易政策。

关税同盟实现了成员在贸易政策上的统一，开始具有超国家性质，是实现全面经济一体化的基础。欧洲经济共同体就是关税同盟的典型案例。

4. 共同市场

共同市场是指成员之间通过达成某种协议，相互取消关税和与关税具有同等效力的其他措施，建立共同对外关税，在成员之间实行商品自由流动的基础上，取消劳务、资本和人员自由流动限制的经济一体化组织。

在共同市场中，成员之间不仅要求商品和服务的自由流动，而且要求生产要素，即资本和劳动的自由流动。

5. 经济同盟

经济同盟是成员之间通过达成某种协议，不仅要实现共同市场的目标，还要在共同市场的基础上，通过调整各自的经济政策，谋求协调一致的财政、货币、产业、区域发展等政策。

经济同盟在成员之间实现市场一体化的基础上，进一步实现为保证市场一体化顺利运行的政策方面的协调。

6. 完全经济一体化

完全经济一体化是指成员之间通过达成某种协议，在经济联盟的基础上实行完全统一的经济政策和社会政策，并建立共同体一级的中央机构和执行机构，以便对所有事务进行控制，使各成员在经济上形成单一的经济实体。完全经济一体化是经济一体化的最高级组织形式，目前世界上尚无此类经济一体化组织，但欧盟正在为实现这一目标而努力。

上述区域经济一体化的六种形式是由低级到高级排列的，上一级形式的一体化组织包含下一级形式组织的特点，但是区域一体化组织形式的排列并不意味着一个一体化组织必须由低级到高级逐步发展，区域一体化组织在发展中可以是一种形式，也可以是几种形式。

区域经济一体化不同形式间的比较见表 11.1。

表 11.1　区域经济一体化不同形式间的比较

特征 类型	成员间的优惠关税	成员间自由贸易	共同对外关税	生产要素自由流动	经济政策的协调	完全一体化政策
优惠贸易安排	√					
自由贸易区	√	√				
关税同盟	√	√	√			
共同市场	√	√	√	√		
经济同盟	√	√	√	√	√	
完全经济一体化	√	√	√	√	√	√

注：√表示区域经济一体化组织具备该特征。

（二）按区域经济一体化成员的经济发展水平划分

1. 水平经济一体化

水平经济一体化又称横向经济一体化，是指由经济发展水平大致相同或相近的国家（地区）所组成的经济一体化组织，即成员都是发达国家（地区）或者发展中国家（地区）的一体化组织，如欧盟、东盟。

2. 垂直经济一体化

垂直经济一体化（Vertical Economic Integration）又称纵向经济一体化，是指由经济发展水平差距较大的国家（地区）所组成的区域经济一体化组织，即发达国家（地区）与发展中国家（地区）之间结成的一体化组织，如北美自由贸易区、亚太经合组织。

（三）按区域经济一体化的范围划分

1. 部门经济一体化

部门经济一体化是指区域内各成员的一个或几个部门（或商品、产业）达成共同的经济联合协定而产生的区域经济一体化组织，如欧洲煤钢共同体。

2. 全盘经济一体化

全盘经济一体化是指区域内各成员的所有经济部门加以一体化的形态，如欧盟。

三、区域经济一体化与国际贸易

区域经济一体化的产生与发展，对国际贸易产生了重大影响，主要表现在积极影响和消极影响两个方面。

（一）区域经济一体化的积极影响

区域经济一体化的成员由于取消了内部关税和非关税壁垒，因此其积极影响主要体现在对内部成员的贸易影响方面。

1. 促进了成员之间贸易的自由化及贸易额增长

区域经济一体化组织成立后，由于消除了关税和非关税壁垒，内部形成了统一的市场，实现了区域内商品、服务、资本、劳动的自由流动，从而推动了成员贸易的增长。

2. 促进了成员内部分工的深化

区域经济一体化组织的建立，有助于加强成员之间在生产、科技和其他诸多领域的广泛合作，一些重大的科研项目，例如原子能利用、航空航天技术、大型电子计算机等高精尖技术，在一体化组织内部的推动下得以实施和完成。所以，区域经济一体化能够促进社会生产力的发展和成员内部分工的深化。

3. 加强了成员内部市场的融合

区域经济一体化组织的建立，使成员内部的市场进一步统一和开放，有利于降低成员之间的交易成本，扩大成员企业的生产规模，加强了成员内部市场的融合。

4. 提高了成员的国际地位

区域经济一体化组织的建立，增强了各成员的经济实力。由于各成员联合起来，以集团的形式出现，提高了其在国际贸易谈判中的地位，有利于维护组织和成员的贸易利益。

（二）区域经济一体化的消极影响

区域经济一体化由于对外实行保护贸易政策，因此，区域经济一体化组织给外部非成员方带来的大多是不利影响。

1. 恶化了非成员方的国际贸易环境

区域经济一体化组织对内取消关税、对外实行统一的贸易政策，会牺牲组织外国家（地区）的贸易利益，随着一体化的扩大和发展，区域内贸易的内向性加强，统一的技术、环境标准对来自区外的商品形成了无形的贸易壁垒，对区外商品的需求相对减弱。

2. 改变了国际直接投资的流向

由于区域经济一体化组织对外实行歧视性的贸易政策，使跨国公司改变了其投资方向。跨国公司为了绕开进口国的关税和非关税壁垒，不再向进口国出口产品，而是到进口国投资建厂，进行国际直接投资。这样，原本流入区域经济一体化外部的直接投资流入成员方，改变了国际直接投资的方向。

第二节　区域经济一体化的发展

一、区域经济一体化的发展历程

1. 区域经济一体化萌芽与初创时期

第二次世界大战后到20世纪60年代初期是区域经济一体化的萌芽时期。第二次世界大战后，世界经济政治领域发生了一系列重大变化，发展中国家取得独立，社会主义国家崛起，世界各国出于政治和经济的考虑，采取各种措施保护国内的经济与贸易，区域经济一体化组织应运而生。1949年1月苏联成立了经济互助委员会；1951年4月欧洲煤钢共同体成立；1958年1月欧洲经济共同体、欧洲原子能共同体成立；1960年5月欧洲自由贸易联盟正式成立；1961年美洲成立了拉丁美洲自由贸易联盟与中美洲共同市场。

2. 区域经济一体化迅速发展时期

20 世纪 60 年代中期至 70 年代中期是区域经济一体化迅速发展的时期。经历了第二次世界大战后的经济恢复，各国的经济普遍得到快速的发展，一批新兴的工业化国家相继出现，发展中国家采取各种手段加快国内经济的发展。世界经济和贸易的发展，促进了区域经济一体化的大发展，如：1967 年成立东南亚国家联盟；1969 年组建安第斯条约组织；1973 年英国与丹麦加入欧共体，增强了欧共体的实力；1975 年西非共同体的建立等。

3. 区域经济一体化停滞时期

20 世纪 70 年代中期至 80 年代，由于资本主义世界的危机，西方国家经济发展衰退，处于滞胀状态，区域经济一体化发展缓慢，进入低潮时期。在这一时期，欧洲经济共同体原定的一体化进程并没有完全实现，发展中国家的经济一体化也大多遭受挫折，一些一体化组织名存实亡，甚至解体。

4. 区域经济一体化加速发展时期

20 世纪 80 年代中期以来，区域经济一体化进入高涨时期。区域经济一体化在世界范围内不断扩大。欧共体等一些组织不断吸收更多的成员国，一体化的范围更加广阔，程度不断加深。1989 年成立美加自由贸易区，1989 年成立亚太经合组织，1994 年成立北美自由贸易区，发达国家（地区）与发展中国家（地区）区域一体化实现。

二、区域经济一体化迅速发展的原因

1. 维护民族经济利益、政治利益，加快经济发展

维护民族经济利益、政治利益，加快经济发展，是区域经济一体化的内在动因。第二次世界大战以后，世界政治经济呈现出多元化特征。发达国家要维持或谋求其在世界经济和政治舞台上的主导地位，而发展中国家在经济发展中面临重重困难，要谋求经济上的发展和政治上的独立。但是任何国家仅靠自身的力量是无法实现其战略目标的，于是，为了共同的经济和政治利益，一些地理位置相近的国家就会结成一体化组织，来维护它们的经济及政治利益。

2. 科学技术的进步，社会生产力的发展

科学技术的进步以及社会生产力的发展是区域经济一体化的客观基础。第二次世界大战以后，以原子能、电子计算机和空间技术的发展和应用为标志的第三次产业革命的出现，极大促进了社会生产力的发展。在战后新技术条件下，各国之间的分工和依赖日益加深，生产社会化、国际化程度不断提高；同时，在贸易和金融领域的相互渗透、相互依存，经济生活日益国际化，这就必然要求消除阻碍经济国际化发展的市场和体制的障碍。因此，社会生产力的发展不仅为发达国家，也为发展中国家的经济一体化奠定了客观的物质基础。

3. 解决国际收支的困难

第二次世界大战后，美国确立了霸主地位，欧洲许多国家出现了美元荒和国际收支赤字问题。为此经济学家提出建立关税同盟，以共同的关税对付美国，进而解决各国国际收支逆差的问题，这是欧洲共同体成立的原因之一。发展中国家面对发达国家工业品的强大的竞争力和初级产品出口困难等问题，也经常陷入国际收支逆差，这也迫使发展中国家通过一体化来解决这些问题。

4. 世贸组织多边贸易体制的局限性

世贸组织多边贸易体制的局限性以及近年来多边贸易谈判所遭遇的挫折和困难，刺激了区域经济一体化的发展。虽然世贸组织是推动贸易自由化和经济全球化的主要力量，但由于自身庞大，运作程序复杂，根据世贸组织“一揽子接受”方式，其成员对各项议题的谈判只有在一致同意的基础上才能进行，从而注定了短时间内所有成员达成共识和消除矛盾并非易事。比如，2001 年 11 月在多哈发起的首轮多边谈判一直举步维艰。多边贸易谈判前景的不可预测性，为双边和区域性贸易协议提供了发展空间与机遇，也为成员参与全球竞争增加了一种选择。而且，区域经济一体化组织因其成员大多地理位置相邻、社会政治制度相似、生产力发展水平相近、有类似的文化历史背景，具有开展经济合作的诸多优势。

第三节　主要的区域经济一体化组织

一、发达国家之间组成的经济一体化组织——欧洲联盟

（一）欧盟的基本概述

欧洲联盟是当今世界经济一体化程度最高的区域政治、经济集团组织。其前身是欧洲共同体，即欧洲经济共同体、煤钢共同体和原子能共同体的统称。1993 年 11 月，《欧洲联盟条约》（又称《马斯特里赫特条约》）生效，欧共体演化为欧洲联盟。

（二）欧盟的发展历程

1. 欧洲经济共同体的建立

1951 年 4 月，法国、联邦德国、意大利、荷兰、比利时和卢森堡 6 国在巴黎签署了关于建立欧洲煤钢共同体条约（又称《巴黎条约》），1952 年 7 月，欧洲煤钢共同体正式成立。1957 年 3 月，上述 6 国又在罗马签署了旨在建立欧洲经济共同体和欧洲原子能共同体的条约（又称《罗马条约》）。1958 年 1 月，欧洲经济共同体和欧洲原子能共同体正式组建。1965 年 4 月，上述 6 国在布鲁塞尔又签署了《布鲁塞尔条约》，决定将欧洲煤钢共同体、欧洲经济共同体和欧洲原子能共同体合并，统称“欧洲共同体”。1967 年 7 月 1 日，《布鲁塞尔条约》生效，欧共体正式成立。

2. 欧洲经济共同体的扩大和欧洲联盟的建立

欧洲经济共同体最初只有 6 个成员，1973 年 1 月 1 日，英国、丹麦和爱尔兰经过长时间的谈判后正式加入欧共体。1981 年 1 月 1 日，希腊加入欧共体，成为欧共体第 10 个成员国。1986 年 1 月 1 日葡萄牙和西班牙加入欧共体，使欧共体成员国增至 12 个。

1991 年 12 月 11 日，在荷兰马斯特里赫特举行的欧共体首脑会议通过了以建立欧洲经济货币联盟和欧洲政治联盟为目标的《欧洲联盟条约》（通称《马斯特里赫特条约》，简称“马约”）。1992 年 2 月 7 日，各国外长正式签署“马约”。经欧共体各成员国批准，“马约”于 1993 年 11 月 1 日正式生效，欧洲联盟成立，简称欧盟。1995 年奥地利、瑞典和芬兰加入欧盟。2004 年 5 月 1 日，马耳他、塞浦路斯、波兰、匈牙利、捷克、斯洛伐克、斯洛文尼亚、爱沙尼亚、拉脱维亚、立陶宛等 10 个国家正式加入欧盟。到目前为止，欧盟共有 28 个成员国。

3. 欧元的诞生

1999年1月1日欧元启动。首批欧元国为德国、法国、意大利、西班牙等12国。2002年1月1日，欧元现钞开始流通。

（三）欧盟一体化的成果

1. 建立关税同盟

1958年欧洲经济共同体和欧洲原子能共同体正式建立，其一体化政策包括取消内部工业品和农产品的关税，统一对外关税率，对主要农产品征收差价税，实施差价税等。关税同盟的建立，使欧盟的对外贸易出口额迅速增长并超过美国，成员国对内贸易迅速发展。

2. 实行共同农业政策

欧盟农业政策的内容包括：制定了统一的农产品价格管理体制；对农产品实行“奖出限入”政策。通过共同的农业政策，欧共体实现了农业的现代化，农业生产大幅度增长，农业人口的收入有了显著的提高。

3. 创建欧洲货币体系

欧洲货币体系的内容包括：统一的货币欧元，联系汇率制度，创建欧洲货币基金。欧洲货币体系的建立，使欧盟成员在国际金融市场动荡不定、各国货币汇率波动的情况下，始终保持币值的稳定。

4. 建立共同的决策和执行机构，实行共同的外交和安全政策

欧盟在建立之初，就达成了在经济一体化达到一定阶段时，开始规划政治一体化，建立“欧洲政治联盟”。欧盟拥有许多共同的决策机构和执行机构，主要有理事会、欧盟委员会、欧洲议会、欧洲法院和欧洲中央银行。2004年10月，欧盟25国首脑在罗马签署了《欧盟宪法条约》。这是欧盟的首部宪法条约，旨在保证欧盟的有效运作以及欧洲一体化进程的顺利发展。2007年12月欧盟，27个成员国的首脑在里斯本签订《里斯本条约》，2009年该条约正式生效，标志着欧盟在推进政治一体化方面又迈出了重要一步。

知识链接

《里斯本条约》

《里斯本条约》是在原《欧盟宪法条约》的基础上修改而成，被视为简版的《欧盟宪法条约》。原《欧盟宪法条约》因遭到法国和荷兰全民公决否决而陷入僵局。为解决欧盟制宪危机，欧盟领导人于2007年12月在葡萄牙首都里斯本正式签署《里斯本条约》，取代已经失败的《欧盟宪法条约》。该条约于2009年12月生效。

《里斯本条约》涉及国家主权的内容，因此其制定标志着欧盟向政治一体化阶段的迈进。

（1）设立常任欧盟理事会主席职位，取消目前每半年轮换一次的欧盟主席国轮替机制。主席任期两年半，可以连任。

（2）将目前的欧盟负责外交和安全政策的高级代表和欧盟委员会负责外交的委员这两个职权交叉的职务合并，设立欧盟外交和安全政策高级代表一职，全面负责欧盟对外政策。

（3）从2014年起，欧盟委员会的委员数将从27名减至18名，委员会主席的作用将

加强。

(4) 欧洲议会的权力将增强。此外，议会的议席数将从目前的785席减至750席，一些国家所占议席数将根据其人口数量做出调整。

(5) 将更多政策领域划归到以"有效多数表决制"决策的范围，以简化决策过程。司法、内政等敏感领域的一些政策也将以"有效多数制"表决，成员国不再能"一票否决"。但在税收、社会保障、外交和防务等事关成员国主权的领域，仍采取一致通过原则。

(6) 从2014年开始，以"双重多数表决制"取代目前的"有效多数表决制"，即有关决议必须至少获得55%的成员国和65%的欧盟人口的赞同，才算通过。"双重多数表决制"实施后的3年为过渡期。

(7) 成员国议会将在欧盟决策过程中发挥更大作用。例如，如果一项欧盟立法草案遭到三分之一成员国议会的反对，将返回欧盟委员会重新考虑。

(8) 欧洲法院将被赋予更大权力，可以就各国司法和内政相关的法律是否与欧盟法律相冲突进行裁决。

(资料来源：《里斯本条约》及批准进程，新华网，www. xinhuanet. com)

二、发达国家与发展中国家之间组成的经济一体化组织——北美自由贸易区

(一) 北美自由贸易区概况

北美自由贸易区由美、加、墨三国组成，在1994年1月建立。北美自由贸易区的建立，使人口达到3.62亿，是世界上最大的自由贸易区。北美自由贸易区是世界上第一个由最富裕的发达国家和发展中国家联合组成的贸易集团，成员方在经济上有着较大的互补性和依存性。北美自由贸易区的建立，打破了传统的一体化模式，开创了发达国家与发展中国家共处同一经济贸易集团的先例。

(二) 北美自由贸易区发展历程

1. 美国与加拿大自由贸易的发展

1985年3月，加拿大总理马尔罗尼在与美国总统里根会晤时，首次正式提出美、加两国加强经济合作、实行自由贸易的主张。自1986年5月开始，经过一年多的协商与谈判，两国于1987年10月达成了协议，翌年1月2日，双方正式签署了《美加自由贸易协定》。经美国国会和加拿大联邦议会批准，该协定于1989年1月生效。《美加自由贸易协定》的内容不仅涉及关税减让问题，也对非关税壁垒的撤出、服务贸易自由化、投资、能源、知识产权和争端解决机制等做了规定。

2. 北美自由贸易区的建立

由于区域经济一体化的蓬勃发展和《美加自由贸易协定》的签署，墨西哥开始把与美国开展自由贸易的问题提上议事日程，于1990年正式开始就签订自由贸易协议与美进行接触。同年9月，加拿大宣布将参与谈判，三国于1991年6月在多伦多举行首轮谈判，经过14个月的磋商，终于于1992年8月达成《北美自由贸易协定》。该协定于1994年1月1日正式生效，北美自由贸易区宣告成立。

(三) 北美自由贸易协定的主要内容

北美自由贸易协定的宗旨是取消贸易壁垒，创造公平竞争的条件，增加投资机会，保护

知识产权，建立执行协定和解决争端的有效机制，促进三边合作。其具体规定有以下几方面。

1. 降低与取消关税

北美自由贸易区计划在15年的时间内，分三个阶段逐步取消三国间的关税，实现商品和服务的自由流通。在三国9 000多种商品中，约50%商品的关税立即取消，15%将在5年内取消，其余大部分在10年内取消，少数商品在15年内取消。

2. 开放金融市场

墨西哥取消对美国、加拿大银行及保险公司的限制，在10年内取消对证券公司的限制。成员方还一致同意给予所有的北美金融公司以国民待遇。

3. 放宽对外资的限制

墨西哥改变其对国外投资的许可限制，在大多数领域平等对待美国、加拿大的公司，从1996年起允许外国设立独资企业，拥有100%的所有权；同时，美国和加拿大也将放宽对墨西哥资本的限制，允许其在大多数领域进行投资，并给予适当的优惠待遇。

三、发展中国家组成的经济一体化组织——中国—东盟自由贸易区

（一）中国—东盟自由贸易区概况

中国—东盟自由贸易区是中国与东盟10国组建的自由贸易区。2010年1月1日贸易区正式全面启动。自贸区建成后，东盟和中国的贸易占世界贸易的13%，成为一个涵盖11个国家、19亿人口、GDP达6万亿美元的巨大经济体，是目前世界人口最多的自贸区，也是发展中国家间最大的自贸区。

（二）中国—东盟自由贸易区的发展历程

1. 东南亚国家联盟

东南亚国家联盟的前身是由马来西亚、菲律宾和泰国于1961年7月31日在曼谷成立的东南亚联盟。1967年8月7—8日，印度尼西亚、新加坡、泰国、菲律宾四国外长和马来西亚副总理在泰国首都曼谷举行会议，发表了《东南亚国家联盟成立宣言》，即《曼谷宣言》，正式宣告东南亚国家联盟（Association of Southeast Asian Nations，简称东盟）的成立。东盟最初是政治性区域组织，但随着国际形势的变化，逐步转为以政治、经济合作为主的区域集团。现在有10个成员，包括印度尼西亚、新加坡、泰国、菲律宾、马来西亚、文莱、缅甸、越南、老挝和柬埔寨。

2. 东盟自由贸易区

在1992年1月于新加坡举行的由印度尼西亚、马来西亚、菲律宾、新加坡、泰国、文莱6国参加的东盟贸易部长会议上，决定从1993年起，逐步削减关税，在15年内，即2008年前建立东盟自由贸易区（Asean Free Trade Area，AFTA）。自由贸易区的目标是促进东盟成为一个具有竞争力的基地，以吸引外资；消除成员之间关税与非关税障碍，促进本地区贸易自由化；扩大成员之间互惠贸易的范围，促进区域内贸易；建立内部市场。经过近10年的努力，东盟自由贸易区于2002年1月1日正式启动。自由贸易区的目标是实现区域内贸易的零关税。文莱、印度尼西亚、马来西亚、菲律宾、新加坡和泰国6国已于2002年将绝大多数产品的关税降至0~5%。越南、老挝、缅甸和柬埔寨4国也于2015年实现了这一

目标。

3. 中国—东盟自由贸易区

2009 年 8 月 15 日，中国和东盟签署了中国—东盟自由贸易区投资协议，这标志着中国—东盟自贸区的主要谈判已经完成，2010 年 1 月 1 日，中国—东盟自贸区正式建立。中国—东盟自贸区是中国对外商谈的第一个自贸区，也是东盟作为整体对外商谈的第一个自由贸易区，是世界上人口最多的全球第三大自由贸易区，也是由发展中国家组成的最大自由贸易区。

中国—东盟自贸区建设分为以下三个阶段：

第一阶段：2002—2010 年，启动并大幅下调关税阶段。

自 2002 年 11 月双方签署以中国—东盟自贸区为主要内容的《中国—东盟全面经济合作框架协议》起，至 2010 年 1 月 1 日中国对东盟 93% 产品的贸易关税降为零。

第二阶段：2011—2015 年，全面建成自贸区阶段。

东盟越、老、柬、缅 4 国与中国贸易的绝大多数产品亦实现零关税，与此同时，双方实现更广泛深入地开放服务贸易市场和投资市场。

第三阶段：2016 年之后，自贸区巩固完善阶段。

（三）中国—东盟自由贸易区各方具体开放承诺

1. 早期收获计划

“早期收获计划”是中国—东盟自由贸易区建设的组成部分，是为了尽快使区域内消费者享受到自贸区带来的好处。根据双方确定的“早期收获计划”，从 2004 年 1 月 1 日起对 500 多种产品实行降税，2006 年，这部分产品的关税降为零。这部分产品主要是《海关税则》第一章至第八章的农产品，还包括少量其他章节的产品，主要是活动物、肉及食用杂碎、鱼、乳品、其他动物产品、活树、食用蔬菜、食用水果及坚果，部分国家椰子油、棕榈油、植物油等也列入“早期收获计划”中。

2. 贸易开放时间表

2005 年 7 月，中国—东盟自贸区降税进程全面启动，这标志着《货物贸易协议》正式进入实施阶段，也标志着中国—东盟自由贸易区的建设全面拉开帷幕。《货物贸易协议》规定，除早期收获产品（主要是农产品）外，其余产品分为正常产品和敏感产品两类。

3. 服务贸易开放时间

2007 年 1 月，中国与东盟签署了自贸区《服务贸易协议》，并于 2007 年 7 月实施。各国以减让表的形式列出各自在服务部门的具体开放承诺。具体承诺是各国在其各自 WTO《服务贸易总协定》承诺基础上，做出的更高水平的开放承诺。中国的承诺主要涵盖建筑、环保、运输、体育和商务服务（包括计算机、管理咨询、市场调研等）5 个服务部门的 26 个分部门，具体包括进一步开放部分服务领域、允许设立独资企业、放宽设立公司的股比限制及允许享受国民待遇等。

4. 投资协议

2009 年 8 月，中国与东盟签署了中国—东盟自贸区《投资协议》。该协议包括 27 项条款。该协议通过双方相互给予投资者国民待遇、最惠国待遇和投资公平公正待遇，提高投资相关法律法规的透明度，为双方投资者创造一个自由、便利、透明及公平的投资环境，并为双方的投资者提供充分的法律保护，从而进一步促进双方投资便利化和逐步自由化。

四、新型的区域经济一体化组织——亚太经济合作组织

（一）亚太经济合作组织概况

1989 年 1 月，澳大利亚总理霍克访问韩国时提出“汉城倡议”，建议召开亚太国家部长级会议，讨论加强经济合作问题。经与有关国家磋商，1989 年 11 月，澳、美、日、韩、新西兰、加拿大及东盟 6 国在澳大利亚首都堪培拉举行亚太经济合作组织（APEC）首届部长级会议，亚太经济合作组织成立。

亚太经济合作组织总人口达26 亿，约占世界人口的40%；国内生产总值之和超过 19 万亿美元，约占世界总量的56%；贸易额约占世界总量的 48%。亚太经济合作组织是亚太地区最具影响力的经济合作官方论坛，也是亚太地区最高级别的政府间经济合作机制。

（二）亚太经济合作组织的运行方式

1. 贸易投资

贸易投资自由化和便利化是 APEC 的长远目标。由于 APEC 成员经济发展水平存在巨大差异，在实现自由化目标的具体步骤上，APEC 采取了区别对待的方式，制定了两个时间表，即 1994 年在印尼通过的《茂物宣言》中所确定的，亚太经合组织发达成员和发展中成员分别于 2010 年和 2020 年实现投资自由化。此后亚太经合组织先后于 1995 年和 1996 年通过了实施《茂物宣言》的《大阪行动议程》和《马尼拉行动计划》，开始通过单边行动计划和集体行动计划两种途径，落实各成员对贸易投资自由化的承诺。

2. 经济合作

经济技术合作也是亚太经济合作组织的合作目标之一。1995 年的大阪会议将贸易投资自由化和经济技术合作并列为 APEC 的两个车轮，确立了经济技术合作的三个基本要素，即政策共识、共同活动和政策对话，制定了 APEC 经济技术合作的行动议程，确定了合作的目的、合作方式及 13 个合作领域。1994 年成立了产业科技工作组。1995 年召开了科技部长会议，明确了 APEC 开展技术合作的四个重点主题：科技信息交流、促进研究人员的交往及人力资源开发、增进政策透明度、开展合作研究项目。1996 年的苏比克会议是经济技术合作的一个里程碑，通过了第一个专门为经济技术合作制订的文件——《APEC 加强经济合作与发展框架宣言》，即《马尼拉框架》。该文件为经济技术合作规定了目标和原则，并确定了人力资源开发、基础设施、资本市场、科学技术、环保和中小企业 6 个优先合作领域。《马尼拉框架》的制定标志着 APEC 经济技术合作进入了新的阶段。

亚太经合组织的运行模式不同于其他区域经济一体化组织，在很多方面有其独特之处，如开放性、灵活性、多层次性和渐进性等。其中，单边行动计划在其实现贸易投资自由化和便利化过程中起着核心作用。

（三）亚太经济合作组织的特点

从地区经济一体化的基本特征来说，亚太经合组织并不是一个标准的或规范的地区经济一体化组织。亚太经合组织与其他区域经济一体化组织相比较，具有以下特点。

1. 成员的庞杂性

亚太经合组织有 21 个成员，就地理位置而言，遍及北美、南美、东亚和大洋洲；就经济发展水平而言，既有发达的工业国家，又有发展中国家；就社会政治制度而言，既有资本

主义国家，又有社会主义国家；就宗教信仰而言，既有基督教国家，又有佛教国家；就文化而言，既有西方文化，又有东方文化。成员的复杂多样性是亚太经合组织存在的基础，也是制定一切纲领优先考虑的前提。

2. 官方经济性质

亚太经合组织是一个区域性的官方经济论坛，在这种模式下，不存在超越成员体主权的组织机构，成员体自然也无须向有关机构进行主权让渡。所以，这种合作模式很容易把成员体之间的共同点汇聚在一起，并抛开分歧和矛盾，来培养和创造相互信任，缓解或消除紧张关系，从而通过平等互利的经济合作，共同发展，共同繁荣，共同推动世界经济增长，实现以发展促和平的愿望。

3. 单边自主行动

亚太经合组织成员的广泛性和庞杂性，使该组织在推动区域经济一体化和投资贸易自由化方面要想取得“协商一致”非常困难。所以，亚太经合组织成立之初就决定了其决策程序的软约束力是一种非制度化的安排，不具有硬性条件，只能在自愿经济合作的前提下，以公开对话为基础。各成员根据各自经济发展水平、市场开放程度与承受能力对具体产业及部门的贸易和投资自由化进程自行做出灵活、有序的安排，并在符合其国内法规的前提下予以实施，这就是所谓的“单边自主行动（IAPs）”计划。

第四节 区域经济一体化理论

第二次世界大战以后，区域经济一体化组织迅速发展，对国际贸易和世界经济产生了深远的影响，许多经济学家从不同的角度对经济一体化现象进行了深入的分析和研究，提出了很多学说和理论，其中最具代表性的理论有关税同盟理论、大市场理论和协议性国际分工理论。

一、关税同盟理论

关税同盟是美国经济学家维纳（J. Viner）在其1950年出版的《关税同盟问题》一书中提出的。按照维纳的观点，完全形态的关税同盟应该具备三个条件：第一，完全取消各成员方之间的关税；第二，对来自非成员方的产品设置统一的进口关税；第三，通过协商方式在各成员方之间分配关税收入。关税同盟理论主要研究关税同盟建立后，关税体制变化后对国际贸易的静态效应和动态效应。

知识链接

雅各布·维纳

雅各布·维纳（1892—1970）出生于加拿大蒙特利尔，1914年从麦吉尔大学获得学士学位，之后移居美国。他的博士学位在哈佛大学获得。维纳是当时著名经济理论和国际经济学权威陶西格（Frank W. Taussig）的学生与朋友。1925—1946年担任芝加哥大学教授，1946年赴普林斯顿大学任教。维纳是芝加哥自由主义学派的代表人物，是凯恩斯主义的反对者，被罗宾斯誉为“他所处时代最杰出的教授”。

维纳对成本曲线、垄断竞争和寡头市场上拗折的需求曲线的研究都是开创性的，在经济思想史的研究中也造诣颇深。影响最大的是他关于成本理论的研究和成本曲线的图形表述。这些仍然是今天微观经济学中成本理论的重要内容。

1950 年，维纳在其代表著作《关税同盟理论》中系统地阐述了关税同盟理论。传统理论认为，关税同盟一定可以增加成员国的福利。但维纳指出这并不总是正确的，他将定量分析用于对关税同盟的经济效应研究，提出了贸易创造和贸易转移或贸易转向概念，奠定了关税同盟理论的坚实基础。之后，很多经济学家对关税同盟理论进行补充完善，使之成为一种较为成熟的经济理论。

（资料来源：MBA 智库百科，http：//wiki. mbalib. com）

（一）关税同盟的静态效应

关税同盟的静态效应主要是指贸易创造效应、贸易转移效应和贸易扩大效应。

1. *贸易创造效应*

贸易创造效应是指关税同盟内部取消关税，实行自由贸易后，关税同盟内某成员国国内成本高的产品被同盟内其他成员国成本低的产品替代，从成员国进口产品，即原先不必进口的商品被进口商品取代，贸易量得以增加。下面我们通过一个例子加以说明。

假定有三个国家 A、B、C，三个国家都生产钢材产品，价格分别是 A 国 35 美元、B 国 25 美元、C 国 20 美元。在成立关税同盟之前，A 国对钢材采取保护贸易政策，从国外进口钢材，征收 100% 的关税，所以，A 国市场上本国所生产的钢材价格最低，具有竞争优势，这样 A 国的消费者只会购买本国的产品，而不会从国外购买，如表 11.2 所示。A、B 结成关税同盟以后，两国之间是自由贸易，取消了相应的关税和非关税壁垒，B 国出口到 A 国的所有商品都是免税的，而由于 C 国不是关税同盟的成员国，C 国出口到 A 国的商品仍然要征收 100% 的关税。在 A 国市场上，A、B、C 三国商品价格见表 11.2，从 B 国进口的商品具有价格优势，所以 A 国的消费者会购买 B 国的商品。这样，在成立关税同盟之后，创造出了 B 国向 A 国出口的贸易，即贸易的创造效应。

表 11.2　贸易创造效应

建立关税同盟前，钢材在 A 国的价格	建立关税同盟后，钢材在 A 国的价格
A：35	A：35
B：25 ×（1 + 100%）= 50	B：25
C：20 ×（1 + 100%）= 40	C：20 ×（1 + 100%）= 40

2. *贸易转移效应*

贸易转移效应是指缔结关税同盟之前，某个国家不生产某种商品而从世界上生产效率最高、成本最低的国家进口商品；建立关税同盟后，如果世界上生产效率最高的国家被排斥在关税同盟之外，则关税同盟内部的自由贸易和共同的对外关税会使该商品在同盟成员国国内的税后价格高于同盟成员国相同商品在关税同盟内的免税价格，这样，同盟成员国原来从非成员国进口的成本较低的商品转为从关税同盟内部生产效率最高、生产成本最低的国家进口。

仍然使用上面的例子。假定在建立关税同盟之前，A 从国外进口钢材要征收 50% 的关税，所以，A 国市场上 C 国所生产的钢材价格最低，具有竞争优势，这样 A 国的消费者就会从 C 国进口钢材，见表 11.3；A、B 结成关税同盟以后，两国之间是自由贸易，取消了相应的关税和非关税壁垒，B 国出口到 A 国的所有商品都是免税的，而由于 C 国不是关税同盟的成员国，C 国出口到 A 国的商品仍然要征收 50% 的关税。在 A 国市场上，A、B、C 三国商品价格见表 11.3，从 B 国进口的商品具有价格优势，所以 A 国的消费者会购买 B 国的商品。这样，在成立关税同盟之后，原本 A 国从 C 国进口商品，而转为从 B 国进口商品，贸易发生了转移。

表 11.3　贸易转移效应

建立关税同盟前，钢材在 A 国的价格	建立关税同盟后，钢材在 A 国的价格
A：35	A：35
B：25 ×（1 +50%） =37.5	B：25
C：20 ×（1 +50%） =30	C：20 ×（1 +50%） =30

3. *贸易扩大效应*

贸易扩大是指关税同盟成立以后，成员国间的贸易格局由于关税的取消，而带来成员国之间的贸易规模扩大。

贸易创造效应和贸易转移效应是从生产方面考察关税同盟对贸易的影响，而贸易扩大效应则是从需求方面分析的。关税同盟无论是在贸易创造还是在贸易转移的情况下，都会导致贸易量的增加。因此，从这个意义上说，关税同盟可以促进贸易的扩大。

（二）关税同盟的动态效应

关税同盟的动态效应是指关税同盟对成员方经济结构带来的影响和对其经济发展的间接推动作用。关税同盟不仅会给参加国带来静态影响，还会给它们带来动态影响。有时，这种动态效应比静态效应更为重要，对成员国的经济增长有重要的影响。

1. *规模经济效应*

关税同盟的建立，为成员国之间产品的相互出口创造了良好的条件。所有成员国的市场组成一个统一的区域性市场，这种市场范围的扩大促进了企业生产的发展，使生产者可以不断扩大生产规模、降低成本，享受规模经济的利益，并且可进一步增强对非成员国同类企业的竞争能力。因此，关税同盟所创造的大市场效应引发了企业规模经济的实现。

2. *促进竞争效应*

关税同盟的建立促进了成员国之间企业的竞争。关税同盟成立以后，由于各国市场的相互开放，各国企业面临着来自其他成员国同类企业的竞争。结果各企业为在竞争中取得有利地位，必然会纷纷改善生产经营效率，增加研究与开发投入，增强采用新技术的意识，不断降低生产成本，从而在同盟内营造一种激烈的竞争气氛，以提高经济效益，促进技术进步。

3. *刺激投资效应*

关税同盟区内，随着市场规模的扩大，风险与不确定性降低，会吸引成员国厂商增加新的投资。关税同盟的建立意味着对来自非成员国产品的排斥，同盟外的国家为了抵消这种不利影响，可能会将生产点转移到关税同盟内的一些国家，在当地直接生产并销售，以便绕过统一的关税和非关税壁垒。这样客观上便产生了一种伴随生产转移而生的资本流入，吸引了大量的外国直接投资。

4. 资源配置效应

关税同盟建立后，市场区域统一，资本、劳动力、技术等生产要素可以在同盟国间自由流动，提高了要素的流动性。资源的优化配置还能促使企业家精神在同盟国之间传播和发扬，实现管理创新和制度创新。这些都将使生产要素配置更加合理，提高要素利用率，降低要素闲置的可能性，从而实现同盟内高效率的资源配置效应。

二、大市场理论

大市场理论是从动态角度来分析区域经济一体化所取得的经济效应，是针对共同市场提出的，其代表人物为西托夫斯基和德纽。

当经济一体化演进到共同市场之后，区内不仅实现了贸易自由化，其要素可以在区内自由流动，从而形成一种超越国界的大市场。一方面使生产在共同市场的范围内沿着生产可能线重新组合，提高了资源的配置效应；另一方面，区内生产量和贸易量的扩大使生产可能线向外扩张，促进了区内生产的增长和发展。共同市场在一体化程度上比关税同盟又进了一步，它将那些被保护主义分割的小市场统一起来，结成大市场，然后通过大市场内的激烈竞争，实现大规模经济利益。德纽对大市场带来的规模化生产进行了描述，最终得出结论："这样一来，经济就会开始其滚雪球式的扩张。消费的扩大引起投资的增加，增加的投资又导致价格下降、工资提高、购买力的提高……只有市场规模迅速扩大，才能促进和刺激经济扩张。"西托夫斯基则从西欧的现状入手，提出西欧陷入了高利润率、低资本周转率、高价格的矛盾，存在着"小市场与保守的企业家态度的恶性循环"。因而，只有通过共同市场或贸易自由化条件下的激烈竞争，才能迫使企业家停止传统的小规模生产而转向大规模生产，最终形成一种积极扩张的良性循环。

综合西托夫斯基和德纽的观点，大市场理论的核心是：通过扩大市场，获得规模经济，从而实现经济利益。也就是说，通过建立共同市场，使市场扩大，将比较分散的生产集中起来进行规模化的大生产，这样，机器得到充分利用，生产更加专业化、社会化，高新科技得到更广泛的利用，竞争更加激烈，从而生产成本下降，加之取消了关税及其他一些费用，使得销售价格下降。这必将导致购买力的增强与生活水平的提高，消费也会增加，消费的增加又促进投资的增加。于是，便进入了良性循环。

大市场理论的主要内容有以下几方面：

（1）通过建立共同市场，使国内市场向统一的大市场延伸。市场的扩大使市场上的竞争更加激烈，而市场的优胜劣汰必将促进企业之间的分化，一些经营不善的小企业被淘汰，一些具有技术优势的企业最终在竞争中获胜并且扩大经营的规模，实现了规模经济和专业化生产。

（2）企业生产规模的扩大以及激烈的市场竞争必将降低商品生产的成本和销售价格，而价格的下降会导致市场购买力的扩大和居民实际生活水平的提高。

（3）市场购买力的扩大和居民实际生活水平的提高反过来又会进一步促进投资的增加和规模的扩大，最终会使经济滚雪球似的扩张。因而得出结论：大市场的形成会促进和刺激经济的良性循环，带动经济蓬勃发展。

三、协议性国际分工理论

协议性分工原理是由日本学者小岛清提出的。他认为，经济一体化组织内部如果仅仅依靠比较优势原理进行分工，不可能完全获得规模经济带来的好处，反而可能会导致各国企业的集中和垄断，影响经济一体化组织内部分工的发展和贸易的稳定。因此，必须实行协议性国际分工，使竞争性贸易的不稳定性尽可能保持稳定，并促进这种稳定。

所谓协议性分工，是指一国放弃某种产品的生产并把国内市场提供给另一国，而另一国则放弃另外一种产品的生产并把国内市场提供给对方，即两个国家达成相互提供市场的协议，实行协议性国际分工。两国经过协议性分工以后，各自生产一种不同的产品，导致市场规模扩大、产量增加、成本下降，协议各国都享受到规模经济的好处。

为了相互获取规模经济的好处，实行协议性国际分工是非常有利的，但是实行这种协议性的国际分工有一定的约束条件：

(1) 两个（或多个）国家的资本、劳动禀赋比率没有多大差别，工业化水平和经济发展阶段大致相等，协议性分工的对象产品在哪个国家都能进行生产。如果这方面的差别比较大，则专业化生产的成本差异很大，就不适宜进行协议性分工。

(2) 作为协议性分工对象的产品，必须是能够获得规模经济的产品。否则，生产的集中并不能降低成本，就失去了应有的意义。

(3) 不论哪个国家，生产协议性分工产品的利益都应该没有很大差别。也就是说，自己实行专业化的产业和让给对方的产业之间没有优劣之分，否则就不容易达成协议。

因此，经济一体化必须在发展阶段与发展水平近似的国家之间建立，在同类型国家间，生活水平与文化近似，生产水平接近，容易达成协议，进行协议性分工的范畴也比较广泛，从而获得的收益也比较大。因此，成功的协议性分工必须在同等发展阶段的国家间建立，而不能建立在工业国与初级产品生产国之间；同时，发达国家之间可进行协议性分工的产品范围较广，因而利益也较大。另外，生活水平和文化等方面接近的国家容易达成协议，并且能够保证相互需求的均等增长。

本章小结

本章主要围绕区域经济一体化展开，介绍了区域经济一体化的含义、区域经济一体化的主要形式、第二次世界大战后区域经济一体化发展的原因，区域经济一体化的实践和区域经济一体化理论等内容。通过本章的学习，应了解区域经济一体化趋势出现的原因，结合中国的实际情况，中国应积极实施自贸区战略，促进中国经济发展。

课堂讨论

讨论区域经济一体化、经济一体化与经济全球化的区别和联系。

复习思考题

一、名词解释

自由贸易区　关税同盟　共同市场　经济同盟　完全经济一体化　狭义经济一体化　贸

易创造　贸易转移

二、选择题（1~7题为单选题，8~12题为多选题）

1. 签订有自由贸易协定，由两个或两个以上的国家和地区组成的贸易区域是（　　）。
A. 关税同盟　B. 自由贸易区　C. 共同市场　D. 特惠贸易安排

2. 在经济一体化组织中，对非同盟国家实行统一的关税率而缔结的同盟是（　　）。
A. 经济同盟　B. 完全经济一体化　C. 关税同盟　D. 自由贸易区

3. 下列经济一体化组织属于特惠贸易安排的是（　　）。
A. 东南亚国家联盟　B. 亚太自由贸易区
C. 欧洲煤钢联营　D. 欧洲联盟

4. 1994年1月1日成立的北美自由贸易区，将经济发展水平不同的国家联系在一起，它属于经济一体化组织中的（　　）。
A. 部门经济一体化　B. 垂直经济一体化　C. 水平经济一体化　D. 全盘经济一体化

5. 关税同盟对外实行保护贸易，导致从外部非成员国低成本的进口转向从成员国较高成本的进口，它是关税同盟的（　　）。
A. 贸易创造效应　B. 贸易转移效应
C. 关税同盟的动态效应　D. 关税同盟的静态效应

6. 对发展中国家经济一体化现象做出阐述的是最有影响的（　　）。
A. 协议性国际分工理论　B. 综合发展战略理论
C. 关税同盟理论　D. 大市场理论

7. 关税同盟理论的代表人物是（　　）。
A. 小岛清　B. 西托夫斯基
C. 鲍里斯·塞泽尔基　D. 李普西

8. 关税同盟的静态效应主要可以归结为（　　）。
A. 规模经济效应　B. 贸易创造效应　C. 贸易转移效应　D. 关税效应
E. 财政收入效应

9. 现有的经济一体化理论主要有（　　）。
A. 关税同盟理论　B. 自由贸易理论
C. 大市场理论　D. 综合发展战略理论
E. 协议性国际分工理论

10. 关税同盟的动态效应可以表述为（　　）。
A. 规模经济效应
B. 关税同盟的建立促进了内部的自由贸易
C. 关税同盟的建立将刺激内外投资的增加
D. 关税同盟建立后，生产要素可以在成员国间自由移动，促进了要素的合理配置
E. 关税同盟建立后，可以减少海关、边界巡逻人员

11. 下列对达成协议性国际分工应具备的条件，表述正确的是（　　）。
A. 作为协议性分工对象的商品，必须是能够获得规模经济的商品
B. 两国实行专业化后的产业与让给对方的产业之间没有优劣之分
C. 参加协议的国家工业化和经济发展水平没有多大差别

D. 参加协议的国家或地区应该是经济发展水平不同的国家或地区

E. 协议性国际分工理论是建立在成本长期递减理论基础上的

12. 按照贸易壁垒强弱的程度划分，经济一体化组织可以分为（　　）。

A. 关税同盟　　B. 完全经济一体化　C. 共同市场　　D. 经济同盟

E. 自由贸易区

三、简答题

1. 简述经济一体化的主要类型。
2. 什么是贸易创造?
3. 贸易转移效应是指什么?
4. 经济一体化理论包括哪些理论?
5. 协议性国际分工理论认为达成协议的条件有哪些?
6. 关税同盟的动态效应有哪些?

课外实训

我国自贸区建设取得新成就

2015 年，商务部加快实施自由贸易区战略，积极推进自贸区建设，完善自贸区整体布局，取得新成就。

截至目前，我国已经签署并实施 14 个自贸协定，涉及 22 个国家和地区，自贸伙伴遍及亚洲、拉丁美洲、大洋洲、欧洲等地区。这些协定分别是我国与东盟、韩国、澳大利亚、新加坡、巴基斯坦、冰岛、瑞士、智利、秘鲁、哥斯达黎加、新西兰的自贸协定，内地与香港、澳门的《更紧密经贸关系的安排》(CEPA)，以及大陆与台湾的《海峡两岸经济合作框架协议》(ECFA)。我国也正在推进多个自贸区谈判，包括《区域全面经济伙伴关系协定》(RCEP)、中日韩、中国—海合会等自贸区谈判。总体来看，自贸区建设促进了我国与有关国家和地区的经贸合作，取得了互利共赢的成果。2015 年我国自贸区建设主要进展如下：

一是成功签署并实施中韩自贸协定。经过 2 年多的谈判，2015 年 6 月 1 日，商务部高虎城部长和韩国产业通商资源部部长尹相直在韩国首尔签署中韩自贸协定。在完成各自国内程序后，中韩自贸协定已于 2015 年 12 月 20 日生效。中韩自贸协定是我国迄今为止对外签署的涉及国别贸易额最大的自贸协定，对中韩双方而言是一个互利、双赢的协定，实现了“利益大体平衡、全面、高水平”的目标。根据协定，在开放水平方面，双方货物贸易自由化比例均超过税目 90%、贸易额 85%。协定范围涵盖货物贸易、服务贸易、投资和规则等共 17 个领域，包含电子商务、竞争政策、政府采购、环境等新议题。同时，双方承诺在协定生效后将以负面清单模式继续开展服务贸易谈判，并基于准入前国民待遇和负面清单开展投资谈判。

二是成功签署并实施中澳自贸协定。经过历时 10 年的谈判，2015 年 6 月 17 日，中澳自贸协定正式签署。在完成各自国内程序后，中澳自贸协定已于 2015 年 12 月 20 日生效。中澳自贸协定实现了“全面、高质量和利益平衡”的目标，是我国与其他国家迄今已商签的贸易投资自由化整体水平最高的自贸协定之一，在一些领域创新了谈判模式。在服务领域，澳方承诺自协定生效时起对中方以负面清单方式开放服务部门，成为世界上首个对我国以负面清单方式做出服务贸易承诺的国家，中方以正面清单方式向澳方开放服务部门。澳方还在假日工作机制等方面对中方做出专门安排。在投资领域，双方自协定生效时起将相互给予最惠国待遇。双方还同意未来以负面清单模式谈判投资和服务的开放升级。

三是如期完成中国—东盟自贸区升级谈判并签署《中国—东盟自贸区升级议定书》。经过2年4轮谈判，2015年11月22日，高虎城部长与东盟十国部长分别代表中国政府和东盟十国政府，在马来西亚首都吉隆坡正式签署《中国—东盟自贸区升级议定书》（以下简称《议定书》）。《议定书》是我国在现有自贸区基础上完成的第一个升级协定，内容涵盖货物贸易、服务贸易、投资、海关合作与贸易便利化、经济技术合作等领域，是对原有协定的丰富、完善和补充，体现了中国与东盟深化和拓展双方经贸合作的共同愿望。中国—东盟自贸区的升级，将为双方经济发展提供新的助力，会加快建设更为紧密的中国—东盟命运共同体，推动实现2020年双边贸易额达到1万亿美元的目标，并促进《区域全面经济伙伴关系协定》谈判和亚太自贸区建设进程。

四是推动《区域全面经济伙伴关系协定》（RCEP）谈判取得实质性进展。RCEP谈判于2012年启动，是目前亚洲正在建设的规模最大的自贸区，涵盖了全球一半以上的人口，经济和贸易规模占全球的30%，其中包括中国和印度这两个世界上人口最多的国家。2015年，在中方推动下，谈判取得了积极的进展。在2015年8月的吉隆坡RCEP经贸部长会议上，经过中方大力引领，会议按照中方方案全面结束模式谈判，进入实质性出要价阶段。在2015年11月的东亚领导人系列会议上，RCEP领导人又达成了力争2016年结束谈判的共识。

此外，2015年我国积极推进中日韩自贸区谈判、与斯里兰卡的自贸区谈判和与巴基斯坦的自贸区第二阶段谈判，还启动了与马尔代夫、格鲁吉亚的自贸区谈判和与新加坡的自贸区升级谈判。

（资料来源：我国自贸区建设取得新成就，中国自贸区服务网 http://fta.mofcom.gov.cn/）

思考：中国为什么积极推进区域经济一体化建设？在进行区域经济一体化的构建中，中国面临着哪些机遇和挑战？

第十二章

国际贸易与环境

★学习目标

了解国际贸易和环境的关系及 WTO 对环境问题的相关规定；熟悉并掌握环境问题的表现形式。

重点：环境问题的表现形式。

难点：国际贸易与环境的冲突表现及我国对环境问题所采取的策略。

★引例

贸易增长与生态环境的关系

20 世纪 70 年代开始，印尼生产的“半球牌”胶合板装饰材料受到世界各国的欢迎。由于国际市场的需求不断增加，为了满足消费者的需求，印尼大量生产和出口胶合板，既创造了劳动就业机会，带动了本国经济增长，又创收了大量的外汇。但由于生产胶合板需大量砍伐树木，会造成水土流失，使环境遭到严重破坏。于是到 20 世纪末，印尼再也没有出口胶合板，而且由于过度砍伐对环境造成危害，很多耕地失去了生产能力，其影响是深远的。

对外贸易确实能促进一国的经济增长，但是，如果一味追求比较经济利益，结果很可能会付出惨重的生态环境代价，这通常是一时的经济利益远远不能弥补的，将严重限制该地区的健康发展。

随着对环境的不断了解，越来越多的人认识到环境与人类社会的发展（包括科技的发展和经济的发展）之间有密切的关系，在经济社会发展的同时，往往会造成对自然环境的破坏，带来各种污染，致使生态失衡。那么，国际贸易自由化既然能促进经济的发展，它必定对环境造成负面影响。基于这种认识，各种保护环境和生态平衡的组织应运而生。环境保护本来是以保护自然环境和人类健康为目的的运动，但贸易保护主义混淆环境保护与贸易保护的关系，乘机设置各种绿色贸易壁垒，而且这种贸易壁垒比其他贸易壁垒更加有效、隐蔽，甚至更加“名正言顺”。当前环境壁垒被滥用的情况越来越严重。所以，现在比过去任何时候都更应该重视环境与国际贸易的关系问题。

自20世纪70年代开始，人类发现除贸易和经济增长之外，另一个与人类命运生死攸关的问题更需要关注，并且到了人类必须立即采取行动的时刻，这就是全球环境正在迅速恶化和衰退，以至威胁人类的健康和生存。

第一节 全球环境问题与国际贸易概述

国际贸易能够促进一个国家或地区的经济发展，宏观经济管理创始人、英国经济学家凯恩斯在其对外贸易乘数理论中指出，对外贸易顺差能增加国民收入、扩大就业，从而促进该国的经济发展；而对外贸易逆差会减少国民收入、加重失业，从而阻碍该国经济的发展。国际贸易在增加国民收入和扩大就业的同时，也在加速自然资源的耗竭，增加环境污染，对生态环境造成破坏，产生负效应。如果这种效应既没有消除或减少，又未能完全反映在产品生产成本中，那么国际贸易的增加对环境质量造成的损害将会越来越大，甚至造成环境恶化，反而影响经济的发展。

一、国际贸易环境问题的产生

环境问题自古有之，但是，随着人类从农业社会进入工业社会，环境问题也从局部的、零散的问题发展成为影响整个人类生存和发展的问题。温室效应、臭氧层损耗、酸雨现象、生物多样性减少、水资源短缺、土壤和森林的退化、化学污染、海洋的过度开发等，这些威胁人类生存和健康的问题已经超越国界，任何一个国家都无法仅凭自身的力量单独解决这些全球化的环境问题。这些全球性的威胁人类生存的环境问题促使人们反思自身的价值观和生活方式，反思人类孜孜以求的经济发展和增长模式。

（一）国际贸易环境问题的理论解释

国际贸易环境问题是指国际贸易活动中带来的环境污染问题，由于国际贸易过程中没有考虑环境成本，使贸易与环境出现矛盾，从而产生外部不经济或外部效应。国际贸易环境问题的产生可以追溯到两个经典的自由国际贸易理论，即亚当·斯密的绝对成本理论和大卫·李嘉图的比较成本理论。

经典国际贸易理论是建立在资源分工的基础上，即由于自然资源或劳动力资源不同，一个国家出口的产品应该是本国生产要素比较丰裕或者具有比较优势的产品，进口国进口那些本国资源比较稀缺或处于相对劣势的产品，贸易使双方获利。经典国际贸易理论成为发展中国家出口资源型产品或初级产品的理论依据。但是经典国际贸易理论没有考虑自然资源的限制性或不可再生性，片面追求国际贸易对经济增长的作用，而忽略了国际贸易的生态环境效应。由于国际贸易使生活与消费增加，使非再生资源快速耗竭，对自然地理环境造成更大的压力。美国经济学家赫尔曼·E·戴利的《超越增长》一书认为，国际贸易的初衷是改变自给自足的闭关锁国的约束，但并不是越多越好。很显然，不可能每个国家都成为自然资源的纯进口国。他在该书中还引用这样的例子："渔业的发展受自然资源的限制，即鱼的剩余数量的限制，而非人造资源渔船的限制。"如果一个国家或地区的国际贸易比较利益是在宽松的环保要求下获得的，国际贸易将给生态环境带来很大的负效应，即如果一味追求比较经济利益，结果很可能会付出惨重的生态环境代价，这些代价很多是经济利益远远不能弥补的，将严重限制该地区的健康发展。

（二）国际贸易环境问题的产生过程

20 世纪 30 年代，美国经济学家罗伯特森和纳克斯认为，对外贸易是经济增长的发动机，国际贸易不仅能使利润增加，而且能带来技术的进步。但国际贸易活动引起的大量物资、资金在世界各国之间的流动，恰恰是引发生态危机的一大因素。

1. 国际贸易可能引起生态环境退化

贸易自由化以及国际贸易所主张的国际分工刺激了人们无休止地开采自然资源，造成一些国家尤其是发展中国家对自然资源的过度开发，最终导致生态环境恶化。一些发展中国家虽然已经意识到自身生态环境的恶化情况，但为了出口创汇，还不断地以低价格出口资源性产品。

2. 国际贸易产生了大量的污染跨境转移问题

国际商品的生产和消费产生了大量的污染，由于不同的国家收入水平不同，从而环境标准也有所不同，收入高的国家环境标准高，经济落后的国家环境标准低。而环境标准的差异，促使发达国家把一些污染产业或夕阳产业转移到发展中国家，发展中国家则成为“污染的天堂”。

3. 国际贸易运输过程引起环境污染

国际贸易涉及商品运输，也导致环境污染。一是交通运输工具的能耗和排污造成环境污染。货物在贸易各国之间的流通离不开交通工具，但这些交通工具本身也消耗大量的能源并排放大量的污染物，直接产生较为严重的环境污染。二是运输过程对生态环境造成潜在威胁。贸易的商品是多种多样的，其中不乏有毒有害的化学物品或其他商品，在运输这些物资的过程中，对运输途中的生态环境存在一定威胁。有毒有害物质（如酸液）、有毒药品、油类、放射性等对环境构成威胁的物质，一旦在物流过程中因存储和运输不当而发生泄漏，将对当地生态环境造成严重破坏。

（三）国际贸易与环境的关系

人类对环境与国际贸易之间关系的认识经历了相当长的历史过程。最初，环境问题被认为是一国的国内问题。但随着时间的推移，环境问题关注的焦点逐渐从国内问题转变为全球问题。热带雨林的减少、臭氧层的破坏越来越引起公众对环境问题的关注。造成环境退化的原因有许多，从社会层面看，人口的增长加速了自然资源的消耗，在一定程度上造成对环境的破坏；从经济层面看，环境退化的根本原因是市场失灵，而市场失灵是由于市场不能正确地为环境资产定价，进而导致对自然资源的过度开发和使用，造成环境恶化，尤其是现实生活中的很多环境资源具有很强的非独占性，如空气、水、公海的鱼类等，没有人承担资源枯竭所造成的损失。所以在存在市场失灵的情况下，贸易和环境会发生相互影响。

1. 国际贸易对环境的影响

（1）结构效应。结构效应产生于贸易活动所导致的全球范围内的专业化分工，即开展贸易活动之后，原来自给自足的国家能专门生产其具有比较优势的产品并出口，同时进口产品。专业化分工和生产提高了生产活动的效率，扩大了生产规模，提高了各国的消费水平。对于一国的环境而言，如果扩大的出口部门的生产活动的平均污染程度低于规模缩小的进口竞争部门，则该国的结构效应就是正的，反之则是负的。

（2）规模效应。规模效应主要反映经济活动的规模变化，通常被认为具有加剧环境恶化的作用。在生产活动污染系数和产业结构布局一定的情况下，国际贸易在促进经济活动规模扩大的同时，也增加了对环境的污染。因此，贸易的发展对环境影响的规模效应是负的，即对环境是有害的。

（3）技术效应。技术效应体现了产业生产技术的改进。随着收入水平的提高，各国政府会实施更加严格的环境标准与法规，以使企业生产的产品对环境的危害降至最低。

2. 环境对贸易的影响

首先，各国制定的环境法规和国际环境公约在一定程度上给国际贸易带来影响，如产品的环境技术标准对产品的生产、工艺、材料、品质和成分的含量都提出了更高要求，这就使企业出口产品的成本上升、竞争力下降，客观上起到限制贸易的作用。但同时，严格的环境保护措施也可能给贸易带来新的市场机遇。出口企业在达到较高的环境标准后，由于领先于其他的竞争者，则更容易进入国际市场。如近年来欧盟实施的“环保标签”的认证，使很多得到认证的发展中国家的出口产品拿到了进入欧盟国家市场的“通行证”。

其次，各国政府实施的绿色补贴影响着发展中国家出口产品在国际市场上的竞争力。在关贸总协定乌拉圭回合谈判中，各成员方允许政府对环境保护提供绿色补贴或环境支持，但由于大多数发展中国家经济水平落后，资金匮乏，在利用此规定对生产者提供补贴时处于不利地位。

最后，由于各国环境标准不一致，标准较高的发达国家利用对外投资的机会，有意识地将一些污染行业转移到发展中国家，更使发展中国家的环境由于外来投资而加剧恶化。

当然，贸易和环境之所以发生冲突，在很多情况下是由于政府没有充分重视环境问题，特别是一些需要国际合作才能解决的环境问题更是如此。

二、国际贸易环境问题的表现

国际贸易环境问题是指国际贸易的负效应。由于各国各地区的资源禀赋和技术水平不同，国际贸易导致外部效应的跨国转移，使一些国家对自然资源过度开发，从而导致对生态环境的破坏。这种环境问题主要表现在发达国家对发展中国家的环境剥削。

（一）发展中国家不断向发达国家出售“生态精华”

发达国家凭借雄厚的资本和先进技术，从发展中国家进口其在经济发展过程中所需的资源，与发达国家进口的资源密集型产品相对应，发展中国家出口大量的资源密集型产品和初级产品。例如，发展中国家木材资源的过度出口导致国内森林锐减，水土流失严重；矿产资源的过度出口刺激一些企业盲目开采，导致生态失衡加剧；农产品的过度出口影响耕地质量，并导致土地退化。发达国家与发展中国家贸易结构长期建立在发展中国家不断出售其“生态精华”，同时遭受发达国家的“生态剥削”的基础上。不仅如此，在资源密集型初级产品贸易中，有些发达国家并不直接进口原材料，而是只进口原材料中的精华部分，而把其余部分废物残留在当地，发展中国家出口的这种产品被称为污染残留型产品。

另外，由于发达国家在国际贸易中处于绝对优势，国际贸易中商品的定价和交易的主动权往往掌握在发达国家手中，加上发达国家产品技术含量高，定价很高，而发展中国家资源型产品和初级产品技术含量低，定价极低。结果发达国家的贸易条件日益优化，而发展中国家贸易条件日益恶化。也就是说，发达国家生产和消费产生的负外部效应通过国际贸易转移到发展中国家，最终造成发展中国家资源的过度开发利用，发达国家通过低价进口大规模生产与消费的国际自然资源生产、贸易、消费的格局。

（二）发达国家向发展中国家转移污染

1. 以出口转移污染物品或危险废物

发达国家自20世纪70年代开始，就不断地把危险废物运往一些发展中国家，而且情况越来越严重，经合组织（OECD）国家每年约有10万起越境转移事件，数量达1 000万吨。绿色和平组织的一个调查报告指出，发达国家正以每年5 000万吨的规模向发展中国家运送危险废物。据联合国环境规划署（UNEP）估计，1986—1992年，发达国家约有3.63亿吨废物转移到发展中国家，1993—2008年约有16.5亿吨废物转移到发展中国家。

2. 通过直接投资渠道转移污染密集型产业

一些发达国家的跨国公司通过直接投资，把许多污染密集型产业转移到发展中国家。尽管有些跨国公司将有利于环境保护的技术、设备及环境管理方法等也带到了发展中国家，但不少跨国公司在发展中国家对环境保护重视不够，没有把生产过程中的安全和污染问题摆到应有的位置，不愿在防治污染的技术和设施方面做更多投资。由于这些原因，加上跨国公司投资的规模较大，生产工艺和技术比较复杂，因此污染密集型产业的转移对发展中国家的环境造成很大的危害。

3. 通过贸易与投资渠道转移有害技术、工艺、设备产品

除了通过直接投资转移污染密集型产业外，一些发达国家的企业还通过贸易和投资方式将国内已淘汰或因严重污染环境而遭禁止使用的有害技术、设备、产品转移到发展中国家。这些有害技术、设备虽然进口价格低，但治理污染费用高，加剧了发展中国家的环境污染。

（三）发展中国家过度或不合理地开发自然资源对生态环境造成影响

这主要表现在两个方面：一是一些发展中国家依赖自然资源和初级产品出口发展经济，由于过度和不合理地开发自然资源，严重破坏了本国生态环境，使这些国家的进一步发展受到很大限制。因为以不可再生资源的加速耗竭和污染程度的逐渐加重为代价的经济增长属于指数型，不可持久。二是一国生产污染产品而对他国或全球生态环境造成负面影响。如过度开发技术产品也影响全球气候；跨国河流上游国家大量砍伐森林以出口木材而造成土地沙化，水土流失，甚至洪水泛滥，从而严重损害下游国家的出口型农业。

三、国际贸易环境问题的效应

国际贸易环境问题产生的原因多种多样，其中最重要的原因是国际贸易本身具有明显的环境效应，即国际贸易的结果必然对自然环境产生某种后果。贸易与生态环境之间的冲突并非全是负面效果，实际上，在一定程度上，在引导商品的清洁生产和保护环境方面也可起到重要的作用。国际贸易在一定程度上能够增加一国的财富，促进国家的经济发展和技术进步，使国家可以拥有更强大的经济实力和技术水平保护国内的环境；能够使一国的居民富裕，从而更加关心环境质量的改善，并可以减少对自然环境过度掠夺的压力，因此国际贸易为生态环境提供了经济条件。一般来说，国际贸易的环境效应是通过贸易经济活动及其直接影响的三个层面来反映的：第一个层面是贸易所涉及的产品，第二个层面是贸易活动的规

模，第三个层面是贸易活动促成的国际分工结构。国际贸易对环境在这三个层面上的效应分别称为产品效应、规模效应和结构效应，详细分析见表12.1。

表12.1　国际贸易的环境效应分析

环境效应	产品效应	规模效应	结构效应
正效应	绿色产品市场和环保服务市场大规模兴起和扩大 国际贸易促进环保设备和环保技术的国际转移和传播，有助于加快解决全球生态环境问题	国际贸易规模的迅速增长导致经济增长，而经济增长则可增加环保资金 贸易扩大有利于增加人均收入，也促进各国国民增强环保意识	国际贸易促使各国经济活动按环境禀赋配置 资源配置的合理化促使全球资源有效利用
负效应	有害废物和危险化学品的国际转移，造成污染国际传递 濒危动植物物种的国际贸易造成生态失衡	大规模的国际贸易导致对稀缺性自然资源的加速耗竭 大规模跨国运输恶化了整体环境质量	国际贸易使生产和消费活动超出环境承受能力 环境标准国际差异使各国的生产有悖于各国自然禀赋

学术界对国际贸易的环境影响效应的认识存在分歧。环保主义者认为国际贸易对环境的影响是负效应，而自由贸易主义者认为国际贸易对环境的影响是正效应，大部分学者从实际出发，从理论和实证上得出国际贸易对环境的影响既有正效应又有负效应。显然，一部分研究支持贸易破坏和加速了环境恶化的观点，另一部分研究则认为贸易改善和提高了环境质量，且大部分研究者得出的结论是国际贸易的环境效应比较复杂，究竟是正效应还是负效应，要看具体研究对象、数据和研究方法。

其实，分歧在于看待此问题的出发点不同，环境主义者以自然原貌为本，自由贸易主义者将人类的目标加载于环境，大部分学者认识到应该更全面地看待此问题。环境保护和自由贸易是既相互依存，又互相矛盾，二者之争的根源在于是生态至上还是功利至上。现在看来，无论是自由贸易还是环境保护，都不能使全人类的福利得到提高。实际上，贸易与环境本质上是统一的，无论是贸易政策还是环境政策，都要通过对自然资源的有效配置提高整个社会的福利水平。

知识链接

绿色产品是指生产过程及其本身节能、节水、低污染、低毒、可再生、可回收的一类产品，它是绿色科技应用的最终体现。绿色产品能直接促使人们消费观念和生产方式的转变，其主要特点是以市场调节方式来实现环境保护。公众以购买绿色产品为时尚，促进企业以生产绿色产品作为获取经济利益的途径。

第二节　国际贸易与国内生产污染

在经济全球化的国际背景下，我国致力于改革开放，更加开放的中国经济快速增长，我国已经成为世界经济和贸易大国。但是两头在外、大进大出的贸易格局使地方政府和一些企业片面追求外贸发展的速度和规模，甚至以牺牲环境为代价，忽视环境成本的内部化，引发了一系列环境问题。在我国，尤其是加工贸易作为扩大对外贸易的主要方式之一，在出口创汇、拉动地区经济、解决国内就业问题上起到重要的促进作用。但是没有将环境问题作为首要考虑的因素，必然伴随高污染的产生。目前我国虽然已经意识到这个问题的严重性，并接连扩大基于环境保护目的的加工贸易禁止类商品目录，但是仍不容乐观。

提　示

据世界银行2007年的统计，空气污染导致中国每年有35万~40万未成年人死亡，其中SO_2和酸雨是空气污染的最主要来源。为此，国家在1996年实施了酸雨和SO_2的两控区政策（TCZ），要求在2005年控制区内的硫排放水平比2000年少20%。

一、我国的国际贸易与环境污染

我国沿海地区作为开展加工贸易的主要地区，在取得经济快速增长的同时，环境污染日趋严重。在珠三角地区，加工贸易以劳动密集型为主，且集中在污染较为严重的纺织、制鞋、电子装配、陶瓷、塑料、五金等产业。国家环保总局针对经济发达地区的土壤调查项目《典型区域土壤环境质量状况探查研究》结果初步显示，珠三角地区近40%的农田菜地土壤重金属污染超标，其中10%属“严重”超标。在这些土壤里生长的蔬菜中铅、镉残留较多，已经严重影响农业生态环境及百姓的食品安全。自20世纪80年代以来，环太湖区域的工业化和城市化进程的加速推进，使以其为核心的长三角地区成为我国重要的区域经济发展中心，但与之相伴的是，太湖正成为长三角地区的一个公共“污水盆”。2007年夏季，由于太湖污染严重而造成的蓝藻大面积暴发，不仅造成工农业生产的损失，甚至影响当地居民饮用水的供给。据2006年《中国海洋环境质量公报》报告，江浙沪海域未达到清洁海域水质标准的面积约为50 470平方千米，比2005年增加4 030平方千米。严重污染海域主要集中在长江口、杭州湾和宁波近岸。

西部地区在发展经济的同时也遇到了同样的问题。以山羊绒贸易为例，山羊绒作为内蒙古的优势资源，产量居全国首位，其相关产业链条对内蒙古经济的发展起到了重要作用。由此带来的山羊绒大量出口需求，刺激了当地农牧民饲养山羊的积极性。但是山羊不仅吃草，还吃草根、树皮，对地表植被和草原植物生态破坏极大，使草原的生态环境进一步恶化。20世纪80年代以来，80%的草地被破坏或沙化，但是，以牺牲环境为代价的山羊绒出口并没有给我国带来丰厚的利润，相反，由于我国的羊绒制品在国际上缺乏知名度，自主品牌严重不足，羊绒制品的出口一直靠低价扩张，形成低水平的数量型增长。比如，羊绒衫的出口价2001年为每件31美元，到2006年则下降到每件2.8美元，而且企业的加工费只占到羊绒衫售价的1/40。尽管中国是全球羊绒资源和羊绒衫出口第一大国，但中国企业由于大多是以低价出口羊绒资源或为国外公司贴牌生产，付出生态代价的同时仅能赚取微薄的加工费。

二、我国在国际贸易中遇到的环境问题

（一）洋垃圾进口问题

随着世界工业的迅速发展以及人们生活水平的提高，工业和生活垃圾越来越多。由于发达国家在本国处理垃圾的成本越来越高，有害废物和垃圾的跨国转移成为发达国家解决垃圾问题的另一个渠道，主要表现在发达国家将大量工业和生活垃圾，特别是有害废物通过各种

途径向环境标准较低的发展中国家转移，对垃圾的接受国造成巨大的环境压力。

我国作为发展中国家，遭遇的洋垃圾“进口”事件屡见不鲜。洋垃圾通过贸易、走私和捐赠等形式频频进入我国，对我国环境造成极大影响。洋垃圾事件主要涉及工业垃圾、城市生活垃圾和危险废物垃圾。中国环境与发展国际合作委员会在2012年的年会报告显示，2010年中国进口废物总量为3 308万吨，共计93亿美元。另有报道，2011年全国海关缉私部门对58件涉嫌犯罪的固体废物走私案件立案侦查，查获各类走私进口废物11 194吨，其中工业废物8 247.1吨，城市生活垃圾92.4吨，危险废物2 854.5吨。而全世界数量惊人的电子垃圾，有80%出口至亚洲，其中90%进入我国。

（二）生产技术和设备引进中的环境问题

一些发达国家的企业为了逃避本国较严的环保法规，通过国际贸易等渠道，将本国已淘汰或因严重污染环境而遭禁止使用的有害技术、工艺、设备以技术转让的形式转移到中国，加剧了我国的环境污染。

例如，我国在1991年6月加入了《关于消耗臭氧层物质的蒙特利尔议定书》（伦敦修正案），并于1992年组织制定了《中国逐步淘汰消耗臭氧层物质的国家方案》，将分行业逐步淘汰消耗臭氧层的物质的消费和生产。其中包括化工生产、泡沫、哈龙、工商制冷、家用冰箱、汽车空调、气雾剂、烟草、清洗及回收利用等行业。但在1992年后，一些国家以“技术转让”的形式在我国境内转移兴办了多家使用氟利昂的生产企业。这不仅有损于这些企业的长远利益，导致我国环境污染的进一步加剧，也给我国的国际公约履行制造了障碍。

又如，在20世纪90年代，投建于山东胶南的三家投资超过千万美元的化纤印染企业共占地200多亩①，距离海滩均只有四五百米远。仅其中两家企业每年要用各种染化剂将近6 000吨；日排含各种有机物的印染废水4 000余吨，且一直超标排放到附近海域中，成为当地的水污染源。

（三）有害生物入侵造成的环境问题

随着全球经济一体化步伐的加快，国际贸易往来越来越频繁，生物入侵所引发的生物灾害和生物安全问题日益严峻和凸显，已成为全球性问题。生物入侵严重的区域包括重要港口、口岸附近，并在铁路、公路两侧遇到适宜环境条件后扩散。目前入侵我国的外来物种有400多种，其中危害较大的有100余种。在世界自然保护联盟公布的全球100种最具威胁的外来物种中，我国就有50余种。在我国，仅烟粉虱、紫茎泽兰、松材线虫病等11种主要外来入侵生物，每年给农林牧渔业生产造成的经济损失就达574亿多元。

以木材为例，我国是世界上木材及木制品生产大国，也是一个消费大国，但我国森林覆盖率仅为18.21%，是世界上森林资源相对贫乏的国家之一。因此，近年来随着我国木材需求的不断加大，木材进口数量迅速上升。由于原木输出国除害处理技术相对落后或处理条件无法达到规定要求，因此进口原木携带各类有害生物的情况非常严重。

此外，木质包装也是有害生物入侵的一个渠道。我国规定所有进境货物木质包装必须经国外木质包装标识加施企业进行合格的处理，并加施IPPC专用标识。但在海关查验中仍存在已加施IPPC标识的进境货物木质包装发现有害生物的现象，这说明国外木质包装除害处

① 1亩≈666.667平方米。

理机构的信用度不高，除害处理未按照标准规范操作，致使木质包装中有害生物不能被彻底消灭。这些有害生物一旦传入，将对我国的农、林业生产和生态环境构成严重威胁。

（四）资源性产品的出口问题

资源性产品包括可以用自然力保持或增加蕴藏量的再生资源和那些不具备自我繁殖能力，随着人类的开发和使用不断减少至枯竭的非再生资源两大类。资源性产品的出口除了在贸易中可获得利益外，其过度出口将会对我国自然资源起到破坏作用。

由于利益驱动，我国非再生资源性产品的出口一度成为我国在出口贸易中的优势。据海关统计，2015 年我国一些非再生资源性产品的出口继续呈大幅上升势头。如原油出口 807 万吨，共计 269 601 万美元，出口数量比 2014 年增长 46.9%，出口金额增长 103.5%；成品油出口 1 401 万吨，共计 641 083 万美元，出口数量比 2014 年增加 22.2%，出口金额增加 61.9%；生铁及镜铁出口 223 万吨，共计 66 651 万美元，与 2014 年相比，出口数量增加了 72.9%，出口金额增长 84.4%；未锻造的铜及合金出口 144 671 吨，共计 54 982 万美元，出口数量比 2014 年增加 14.6%，出口金额增加 59.3%。

与非再生资源性产品出口大幅增长相对应的是我国非再生资源总量和人均资源量均严重不足。在资源总量方面，我国石油储量仅占世界总量的 1.8%，天然气占 0.7%，铁矿石不足 9%，铜矿不足 5%，铅矿不足 2%。在人均资源方面，我国人均石油占有量是世界平均水平的 1/10。这种用子孙后代发展的资源基础来换取一代人富足的做法是短视的，不符合可持续发展的理念。不仅如此，在这些资源开采过程中造成的环境污染和能源消耗又对我们赖以生存的环境造成破坏。

可再生资源性产品的出口也不容乐观。例如，一次性木筷的出口受到人们的普遍质疑。从 20 世纪 80 年代开始，日本和韩国等亚洲国家一次性木筷的使用风靡于世，促使我国抓住商机开始大规模出口一次性木筷，并成为日本主要的出口国。国内企业对一次性木筷的争相出口，导致东北地区以白桦树为主体的次生林遭到破坏，对水土保持和生物多样性的保护等造成巨大的冲击。

（五）高污染产品的出口问题

高污染产品主要是指那些在生产过程中产生大量污染的产品。Joseph C. H. Chai（2002）采用各制造业污染排放总量除以相应各行业总产值所得的比例来衡量中国制造业的污染密集度，得出中国前五位的高污染行业为：黑色金属冶炼及压延业、有色金属冶炼及压延业、造纸及纸制品业、化工原料及化学制品制造业和非金属矿物制造业。

以焦炭为例，中国现已成为世界最大的焦炭生产国、消费国和出口国。中国目前的焦炭产量占全球产量的一半以上，出口占全球贸易量的近六成。但是同国际先进技术相比，中国炼焦整体工艺装备仍然落后。焦炉的大型化及装备水平不及发达国家，技术落后的土焦所占比例较高。土焦生产工艺落后，每生产 1 吨焦炭平均要排放 1 吨的废水、废气和废渣，污染严重。自 20 世纪 90 年代以来，我国焦炭的出口数量大幅增加，加剧了我国的环境污染。

（六）高耗能产品的出口问题

高耗能产品是指在生产过程中消耗大量能源的产品，包括钢铁、电解铝、铜冶炼、铁合金、电石、焦炭、水泥、煤炭等。高耗能产品的出口大量增加，一方面造成煤、电、油等资源运输紧张，同时也加剧了环境压力。

长期以来，由于我国地方普遍重视发展重化工业，一些高耗能产品如钢铁、水泥等的生产在国内市场已经明显出现产能过剩，因此造成这些产品的大量出口。这些粗加工产品的附加值低，生产能耗高，污染大。大量出口这些产品，不仅严重破坏生态环境，加剧了煤炭和电力资源的供应压力，还造成我国能源的大量流失。据测算，我国每年出口的高耗能产品所消耗的能源相当于全国出口产品能源消耗总量的1/5。

三、有效利用国际贸易提高我国环境水平的对策

国际贸易是把双刃剑，虽然国际贸易通过进口对我国环境污染带来了一定的负面影响，但是不可否认，国际贸易的存在也为解决我国的环境问题提供了一个很好的渠道。因此，我们可以充分利用国际贸易，提高和改善我国环境总体水平。

（一）加强政策导向作用，鼓励治污技术的引进

国际贸易为我国环保技术的国际交流和环保产业的国际贸易提供了新的发展机遇，可以加快我国引进国际先进技术、工艺和设备的步伐，大大提升环保产品整体水平，推动我国环保产业市场化的进程，增强参与国际市场竞争的能力。另外，应加快污染防治和生态环境保护关键技术的研究和开发，用高新技术改造环保制造业，提高环保产业的科技含量，增强市场竞争力，推动我国环保产业的发展。

以水污染处理设备为例，与国外先进的同类设备相比，我国现有的水污染处理设备在标准化程度、质量、成本乃至配套方面都有较大差距。由于我国是淡水资源紧缺的国家，随着城市化进程发展的加快和工业企业的迅速发展，城市生活污水的排放和工业水污染问题日益突出，现有污水处理设备的生产能力远不能满足国内日益增长的市场要求。

因此，更加专业化的污水处理设备和清洁技术的引进为我国解决水污染问题提供了一个良好的渠道。对于在国际贸易中引进国外最新污染治理技术和设备，以及采用清洁技术进行生产的厂商，政府在政策允许的范围内应给予资金上的支持和政策上的倾斜。

（二）加强口岸工作的管理，有效阻止污染废物的直接进口

洋垃圾以其高额的利润吸引了国内外贸易商，对其的热衷程度与日俱增，也给我国环境保护工作带来了巨大的压力和挑战；甚至有些国家的慈善组织打着慈善捐赠的名义，将洋垃圾“无偿捐赠”给我国，对我国环境造成了恶劣的影响。2007年5月，宁波的大榭海关在进口查验中发现宁波某企业从韩国进口的废PVC杂色片料和废PE白色粉末，大部分货物未经加工清洗，其夹带量超过国家环控限量标准，有严重的环保问题，因此责令其退运出境。为此，海关总署特别规定，凡监管人员少，没有电子地磅、X线查验设备及单独货物堆场等设施的小口岸，停止受理进口废金属和废塑料的申报，这对把好污染废物进口的第一关，打击不法贸易商，有效保护我国环境具有重要意义。

（三）通过提高引进外资质量，实现产业优化升级

我国自改革开放以来，截至2014年7月底，累计实际使用外资金额达7 224亿美元，来华投资的国家和地区近200个。大量外资的引进推动了我国国民经济的高速增长，加速了我国的工业化和现代化进程。但我国在吸引外资的同时，一些污染企业进入我国，对我国的环境造成巨大影响。因此应提高外资质量，严把环境关，从而实现产业结构的优化升级。首先，以资源集约、产出效益和环境效应为标准引进外资，注重引进节能减排型的企业，以提

高可持续发展能力。其次，增加服务业和农业领域的引资力度。最后，在注重引进国外先进技术的同时，加快自主技术创新的基础和能力建设，不断提高创新能力，培育自己的品牌。

（四）强化技术创新，提升出口企业的环境效率

环境效率的基本理念，就是在不增加环境负荷的前提下，保持或扩大经济活动总量，进而提高社会的福利水平。因此，环境效率的提升是实现人类社会可持续发展的必由之路。而技术进步和技术创新可以提高环境产出投入比，在产出不变的情况下减少所使用要素的投入量，或当要素投入不变时增加产出。

在我国的出口企业中，出口产品多以劳动密集型和资源密集型为主，技术含量不高。而作为资源相对稀缺的国家，技术创新有利于增加出口企业产品的附加值，减少环境成本的支出。技术创新作为企业持续发展的生命线，对于在激烈的市场竞争中占据优势，提升企业国际竞争力具有重要的意义。因此，我国的出口企业应加强技术创新能力，以提高资源的使用效率和环境效率，实现经济和环境双赢的目标。

第三节 WTO 与环境保护

WTO 主张贸易与环境协调发展，贸易不应以破坏和牺牲环境为代价，建立和维护一个公开、无歧视和公正的多边贸易体制与维护环境和促进可持续发展不应产生抵触；要求各成员根据不同需要和不同经济发展水平采取措施，按照可持续发展目标使世界资源得到最合理利用，维护和保护环境。当今世界，随着经济的发展，环境污染日益严重。环境恶化已成为制约国际贸易可持续发展的一个十分突出的问题。环境治理这个涉及全球经济发展的大课题，只有在 WTO 全体成员不懈的共同努力下才能取得成果。

知识链接

1994 年 4 月 15 日，在摩洛哥的马拉喀什市举行的关贸总协定乌拉圭回合部长级会议，决定成立更具全球性的世界贸易组织（简称“世贸组织”），1995 年 1 月 1 日正式挂牌运作。

一、WTO 与重要环境协定的关系

目前，在 WTO 体系之外有 200 多个国际协定与环境问题相关，它们多为多边环境协定（MEAs）。其中有 20 个协定会影响贸易，含有贸易条款的重要 MEAs 主要包括以下几个：

（1）《关于破坏臭氧物质的维也纳议定书》和《蒙特利尔议定书》。《蒙特利尔议定书》建立了控制几类已知的破坏臭氧层的工业化学品的制度，规定禁止其中几类化学品的生产和使用，以及对其他几类的严格限制。议定书成功地实施了防范（Precaution）原则，即在获得明确的科学证据之前采取行动，并且实施了共同但区别责任的原则，建立了帮助发展中国家摆脱对受控物质依赖的基金。

（2）《控制危险废物越境转移及其处置巴塞尔公约》。它是出于对发展中国家特别是非洲国家的关注而产生的，这些国家担心本国可能会成为发达国家处置危险废物的倾卸场。发展中国家和非政府组织继续在该制度中发挥着重要的作用。

（3）《濒危野生动植物物种国际贸易公约》（CITES）。它是最早的重要多边环境公约，

于 1973 年签署，两年后生效。CITES 所管制的是濒危物种及其器官与制品的贸易。三个附录中列出了缔约方大会根据科学建议确定的濒危程度不同的物种。该公约规定了从完全禁止到部分许可的贸易控制措施。

（4）《生物多样性公约》。该公约在里约大会上开放签署，其目标是保护生物多样性、永续使用其组成部分，并公平合理地分享利用遗传资源产生的惠益。但是公约的操作并不容易。

（5）《气候变化框架公约》（FCCC）。该公约在 1992 年里约大会上开放签署，其目标在于对付最复杂并且最具潜在经济影响的环境问题。由于温室气体很难通过技术性的末端治理技术加以限制，所以该公约的主要战略是改变未来投资模式，以鼓励减少温室气体产生的行动。

二、乌拉圭回合最后法律文本中的环境内容

（一）WTO 框架下讨论环境问题时所遵循的原则

由于发达国家和发展中国家所处的经济发展阶段不同，所以对贸易与环境问题所持的态度存在很大的分歧。发展中国家认为，将两者结合起来考虑，势必会要求其厂商加大对环保设施的投入，由此势必造成成本的巨额上浮，唯一的结果只能是产品的国际竞争力减弱。而发达国家则认为，以牺牲环境利益为代价取得的优势，本身就是不公平的。为寻求发达国家和发展中国家在多边贸易体制下讨论环境问题所持不同态度之间的平衡，WTO 成员协商决定在讨论环境问题时遵循以下原则：

（1）WTO 并不是一个环保机构。

（2）WTO 规则允许各国制定环境政策。

（3）发展中国家需要通过接近市场来加强环境保护。

（4）政策协调不仅要在各国之间进行，也要在各国政府内部之间进行。

（二）WTO 框架中有关环境问题的决定和协定的主要内容

1.《贸易与环境的部长决定》

在乌拉圭回合多边贸易谈判在马拉喀什签署最后文本的前夕，终于签订了《贸易与环境的部长决定》（*Decision on Trade and Environment*）。决定内容虽然简单而笼统，但它明确地指出了环境与贸易之间的关系，并突出了环保、贸易与持续增长三者之间相互促进的宗旨。

2. 乌拉圭回合的各项协定与环境有关的原则及具体规定

虽然在乌拉圭回合最后的法律文本中未对环境问题形成一项协定，但 WTO 中的许多条款是涉及与贸易有关的环境问题的。这些原则包括：非歧视原则（最惠国待遇原则和国民待遇原则），以及《关税及贸易总协定》第 20 条中关于要保护人类、动植物的生存及健康，保护稀缺自然资源的有关内容。具体内容如下：

（1）非歧视原则。有两大组成部分：一是最惠国待遇，二是国民待遇。非歧视原则阻止了可能的环境政策的滥用，以及将环境保护用作变相的贸易保护的手段。它确保了贸易政策不能在本国产品和外国产品间或来自不同的贸易伙伴间进行歧视。严格地说，不能在类似产品间进行歧视。

(2)《马拉喀什建立世界贸易组织的决定》。该协定开门见山地指出 WTO 的宗旨:“认识到在处理贸易与经济关系方面，应以提高生活水平、保证充分就业、保证实际收入与有效需求的大幅度增长及扩大货物与服务的生产与贸易为目的，同时应依照可持续发展的目标，考虑世界资源的最佳利用，寻求既保护和维护环境，又以与他们各自在不同经济发展水平的需要和关注相一致的方式，加强为此采取的措施。”

(3)《货物贸易协定》中的一般例外:《关税及贸易总协定》第 20 条。《关税及贸易总协定》第 20 条列举了一些特殊情况，“本协定的规定不得解释为阻止缔约方采用或实施以下措施，但对情况相同的各方，实施的措施不得构成武断的或不合理的差别待遇，或构成对国际贸易的变相限制”，允许成员方在此类条件下不履行《关税及贸易总协定》的条款。

(4) 服务贸易的一般例外:《关税及贸易总协定》第 14 条。除了有与《关税及贸易总协定》第 20 条一样的开头语外，第 14 条的（b）款也同样允许成员方在“为保护人类、动物或植物的生命或健康”时，采取与《关税及贸易总协定》规则不相符的做法。

(5) 农业协定。在此协定下，国内采取对国际贸易有微量影响的措施（“绿箱”政策）是被认为可接受的，并被认为可以免除削减承诺。这其中就包括满足特定条件的有关环境项目的开支。

(6)《实施卫生与动植物卫生措施协定》。这是一份关于食品安全和动植物健康和安全的法规，与《农产品协定》有着密切的联系。它开篇就阐述道:“不得阻止任何成员方采取或加强为保护人类、动植物的生命或健康所必需的措施。”承认各成员方政府在保护人类、动植物生命和健康时，可以采取动植物检验检疫措施。

(7)《与贸易有关的知识产权协定》。该协定的第二部分第五节（与专利有关的部分）清楚地规定：各成员方对发明创造如涉及环境方面（在其所规定的范围内）可以不授予专利权。

(8)《技术性贸易壁垒协定》。它包含对贸易可能起非关税壁垒作用的措施。这些措施可包括进口或出口产品必须满足的技术性能标准，如洗衣机的能效标准；也可包括产品生命周期中必须满足的环境、健康、劳工或其他标准，如林业产品必须产自可持续管理的森林。

(9)《补贴与反补贴措施协定》。该协定的第 8 条第 2 款（c）项将与环境有关的补贴列为“不可申诉”的补贴，即任何成员方都可以采用而别的成员方无权对其采取反补贴措施的所谓“绿色补贴”。它规定：各成员方为促使现存的企业设施适应新的依法实施的环保要求（这类要求会对企业造成较大的制约或较重的经济负担）而给予的补贴，即为不可申诉补贴。

知识链接

生态倾销是指某国国内厂商使用过低的环境标准在国际上获得某种不公平的竞争优势。这里的“过低的环境标准”是指低于最佳社会福利所要求的环境标准，即没有消除外部不经济的环境标准。

生态倾销描述了此种状态：某国制定的环境标准低于其他国家的环境标准。通过此办法竞争，该国政府实际上减少了国内厂商的生产成本从而导致了不公平竞争。从这种界定方式来看，只要某国使用较低的环境标准生产并在国外销售产品，即为生态倾销，但是各国环境标准是不完全相同的。

三、中国加入世界贸易组织的承诺及相关法律文件中与环境有关的规定

正如环境问题在 WTO 协定中未能达成一项单独的协定一样，在《中华人民共和国加入议定书》及《中国加入工作组报告书》两份法律文件中，也未能就环境问题单独提出任何承诺。

我国于 2001 年 12 月 11 日正式成为 WTO 成员。我国贸易与环境规则面临与 WTO 规则相接轨以及维护我国贸易与权益两方面的沉重压力；但与此同时，加入 WTO 也给我国环境法的创新与发展提供了难得的机会和空间。把握这历史性的机遇，实现我国环境保护的法制化，是我国法律实务部门和法学界责无旁贷的任务。

我国作为 WTO 的正式成员，理应承担起保护自然环境的国际义务。我国出口企业的许多产品都与环境密切相关。企业只有掌握 WTO 关于 TBT 的规定，才能避免受到各种技术性壁垒的影响。

知识链接

绿色壁垒（Green Barriers，GBs）已经成为技术性贸易壁垒的重要组成部分。实际上，在国际文献中并没有“绿色壁垒”一词，绿色壁垒也称为环境壁垒。“绿色壁垒”是我国使用的一个新词，在国际上并没有权威的定义。我国有些学者提出的绿色壁垒概念，大多是基于发展中国家的经济利益立场，具有一定的片面性。绿色壁垒是指那些为了保护生态环境而直接或间接采取的限制甚至禁止贸易的措施。通常，绿色壁垒是由进出口国为保护本国生态环境和公众健康而设置的各种环境保护措施、法规标准等，是对进出口贸易产生影响的一种技术性贸易壁垒。

从实践角度看，绿色壁垒主要包括国际和区域性的环保公约、国别环保法规和标准、检验和检疫要求、绿色包装与标签要求、ISO 14000 环境管理体系和环境标志等自愿性措施、生产和加工方法及环境成本内在化要求等类型。

第四节 自由贸易与环境保护并重

随着全球经济的高速发展，贸易与环境的冲突日益受到广泛的关注。然而，表面看似不可调和、此消彼长的经济与环境问题，实质上具有一致的目标，可以相互促进、共同发展。

20 世纪 30 年代，Dennis 和 H. Robertson 首次提出对外贸易是“经济增长的发动机”的命题，随后很长时期，自由贸易被认为是有益于一国经济增长的因素而在全球范围内大力推进。然而，20 世纪 70 年代以来，随着贸易和投资在全球范围迅猛发展，传统的以过度开发和消耗资源、以高环境污染换取高产量的经济发展模式越来越遭到全球范围的质疑与抨击。20 世纪 90 年代以来，各类全球性组织（如联合国、WTO、OECD 等）对环境问题的关注程度超过了对贸易增长的关注，环境保护者纷纷指责贸易自由化是造成环境恶化的元凶之一，经济学家也相继论证出贸易自由化危害环境的作用机制。贸易自由化背景下的贸易与环境真的不可调和吗？

一、环境保护与贸易自由化的关系

由于环境问题确实与国际贸易存在一定关系，所以环境保护者认为，贸易增加所带来的收益将被环境污染成本所抵消，贸易自由化将造成环境恶化。发达国家乘机制定各种贸易政策来限制外国产品的进入，其实这是一种变相的贸易保护主义。产品的污染可能发生在产品的生产过程中，即生产污染；也可能产生在消费过程中，即消费污染；也可能在生产和消费过程中都有污染。如果在产品的生产和消费过程都采取环保措施，贸易自由化就能带来社会财富净增加。

（一）污染产生于生产过程中的产品

根据传统的国际贸易理论，结合环保措施来综合分析污染产生在生产过程的产品，对生产国（出口国）而言，有以下三种情况。

1. 实行贸易自由化（取消或减少进出口关税），但没有采取环保措施

贸易自由化使进出口量增加，产量增加使社会财富增加，但产量增加的同时也增加了对环境的污染。由于没有采取环保措施，污染将造成环境恶化、社会财富下降。从长远来看，生产国（出口国）环境恶化的损失甚至超过贸易自由化带来的福利。所以，贸易自由化是否带来福利增加无法确定。

2. 生产国（出口国）采取环保措施，但没有贸易自由化

为了对付生产污染，政府决定由厂家治理生产过程中产生的污染，这时生产成本增加，产品价格提高，出口量减少，社会福利也相应减少。

3. 采取环保措施，也实行贸易自由化

贸易自由化使进出口量增加，社会福利也增加。虽然产出增加的同时也增加了污染，但由于出口国采取环保措施，使环境得到保护，所以采用环保政策后，贸易自由化就会提高出口国的福利水平。对于进口国（消费国）来说，由于污染是来自生产过程，消费过程没有产生污染，所以不管有没有采取环保政策，贸易自由化都会给进口国带来福利的增加。

从以上分析可看出，当污染发生在生产过程中时，如果没有采取环保措施，贸易自由化能给进口国带来福利增加，但是出口国的福利则难以确定。而在实施环保政策后，无论进口国还是出口国都能从贸易自由化中获得更多利益。

（二）污染产生于消费过程中的产品

由于污染是产生在消费过程中，对于出口国（生产国）来说，进行国际贸易会带来更多福利，而且贸易自由化使社会财富的增加更多。对于进口国来说，有三种情况。

1. 实行贸易自由化，但没有采取环保措施

由于贸易自由化使产品价格下降，进口量增加，社会福利提高，但社会福利可能被消费增加导致的污染增加所抵消。所以，在没有采取环保措施的情况下，贸易自由化是否能给进口国带来福利增加无法确定。

2. 进口国采取环保政策（如征收消费税用于治理环境），没有实行贸易自由化

此时价格上涨，消费量下降，进出口量减少，社会福利下降。

3. 采取环保措施，也实行贸易自由化

由于进口商品价格下降，消费增加，进口增加，社会福利也增加。因为已经采取环保措

施，消费增加不会降低进口国的福利，所以进口国也能从贸易自由化中得到净福利的增加。

从上述分析中我们可以看出，如果没有采取环保措施，当污染发生在消费过程中时，出口国就能从贸易自由化中获得利益，而进口国的福利增加则难以确定。但是如果采取环保措施，与生产污染情况相同，无论进口国还是出口国都能从贸易自由化中获利。

综上所述，即使考虑了环境因素的影响，贸易自由化也能给贸易国带来福利的增加，那些认为应该为了保护环境而限制贸易自由化的观点是没有理论根据的。但是国际贸易与环境问题确实有密切关系，而且由于世界各国经济发展状况不同，采取的环境政策不同，导致了一系列环境问题。所以，各种以“环境保护、地球之友、绿色产品、保护生态平衡”为名的运动和组织应运而生。它们不仅要唤起全球民众的环保意识，而且促使各国政府和世界组织重新认识环保的重要性，制定环境保护法规。例如，1972 年召开的联合国人类环境大会和 GATT 乌拉圭回合谈判通过的《关于贸易与环境的协议》，充分说明联合国与 WTO 对环境问题的重视程度进一步增强。

二、国际贸易与环境问题冲突的表现

国际贸易表面上是参与国都从中获得利益，但由于贸易发展的不平衡性，发达国家占有绝对优势，而发展中国家处于劣势，贸易给发展中国家带来环境负效应。所以，在贸易环境问题上南北冲突的结果是：发达国家是贸易扩张的受益者，而发展中国家是环境问题的受害者。目前，贸易环境问题的南北冲突主要表现在四个方面。

（一）贸易政策与环境政策的冲突

贸易政策与环境政策的冲突主要表现在贸易与环境保护问题上。各国所处的发展阶段不同，处理贸易与环境的政策立场也会有所差异。由于国际贸易可以带动经济增长，不排除某些发展中国家通过宽松的环境政策来获得竞争优势或吸引外资；而发达国家则利用其先进的技术优势，故意提高环境标准，使发展中国家产品无法进入国际市场或只能出口资源密集型的初级产品和污染滞留产品。新贸易指导下的新国际贸易方式更有利于发达国家发挥其优势，并通过贸易政策与环境政策的冲突来限制发展中国家的产品。

（二）竞争优势与环境保护的冲突

贸易环境问题是世界性问题，环境保护应该是世界各国的共同责任，发展中国家自身财力有限，环保技术相对落后，发达国家掌握的新技术本应该与发展中国家共享，以此推进全球环境保护进程；但实际上在国际贸易与投资中，掌握先进技术是发达国家保持其国际竞争优势的关键，出于对各自国家利益的考虑，实现技术共享是极为困难的。事实上，能得到大范围推广并与发展中国家共享的技术通常与高效低耗无关。相反，推广到发展中国家的技术通常是要被淘汰的“夕阳”产业和技术，或低效高耗的污染产业。

（三）资源保护与环境剥削的冲突

这主要涉及两个方面的问题：一是污染转嫁，发达国家为解决或者避免国内污染，把污染严重的行业转嫁到发展中国家，也把污染严重的废料转移到发展中国家处理，从而加重了发展中国家环境的压力；二是生态掠夺，发达国家依仗其在国际贸易中的有利地位（主要是资金和技术的优势）进行生态掠夺，发展中国家不得不靠出口自然资源或资源密集型产品来进行国际贸易，过度开发利用其限制性的自然资源，从而超过本国的地理承受能力，引起生态失衡，进一步引起贸易条件和生态环境的恶化。另外，在生物多样性问题上，由于地球物种主要集中于南方国家，发达国家所负的责任并不大，它们便不顾发展中国家的实际情况，对多种物种的贸易进行限制。而在资金援助方面，却没有一个发达国家愿当英雄，甚至还会逃避责任。

（四）绿色贸易与绿色壁垒的冲突

贸易可持续发展必须有恰当的环境措施支持，环境问题的日益严重也为国际贸易创造了商机。发达国家利用其技术优势，纷纷推广“生态工程”“环保工程”和“无污染工程”等绿色技术，实施生态农业和生态工业，发展“生态产业群体”。这些国家争先恐后地生产绿色产品，开展绿色营销，希望通过绿化国际贸易来减少对环境的破坏，并在国际市场上获得新的竞争优势。绿色产业的蓬勃发展带来日益激烈的竞争，越来越多的国家政府不断增加绿色投资，力求在未来的国际绿色市场上获得竞争优势。许多发展中国家也积极参与“绿色革命”，加强环境保护，追求可持续发展模式。但发展中国家由于发展水平较低，社会矛盾多，加上资金和技术的限制，在绿色潮流中起步较晚，处于明显劣势，所以绿色国际贸易对发展中国家来说是一个新的挑战。在全球国际贸易和环境政策还没有协调的情况下，环境保护和绿色贸易给发达国家设置新贸易壁垒（绿色壁垒）以可乘之机。目前，绿色壁垒已成为发展中国家难以逾越的贸易障碍。

三、环境保护对于实现贸易自由化的目的具有促进作用

首先要明确的是，贸易自由化只是一种手段，而不是最终目的。其次，环境保护并不意味着贸易产品竞争力的下降，严格的环境规制并不是一种贸易壁垒，环境成本加成到总成本上而形成的比较优势并不能反映生产的总成本，因而基于这种比较优势的产品的贸易，相当于产品出口国在对产品进行隐蔽的补贴，这看似是自由的贸易，实际上违反了贸易自由化的原则（消除非贸易壁垒），而只有把商品的环境成本加在单个商品上，使商品的价格更能够反映出生产商品的成本，这样形成的有竞争力的产品才是真正基于比较优势理论的贸易品，才能在贸易自由化的基础上实现“帕累托最优”。所以，环境保护是在宏观层面纠正原本的贸易非自由化行为。

在微观层面上，从长期动态的角度来看，环境保护通过刺激绿色技术来提高出口企业竞争力，通过改进工艺，高效利用能源，减少环境成本来降低企业经营成本；通过差异化的生产来细分市场，提高市场份额，树立良好的企业形象；通过技术转让来获取收益等。从对我国改革开放以来环境规制与我国的产业竞争力的实证分析来看，环境规制对我国的不同行业的影响是不同的：给化工产品、运输设备和机械电气设备中的消费品带来的是机遇，给化工产品、运输设备和机械电气设备的中间产品或工业用品带来的影响不大，而给纸制品、渔业产品、纺织服装、皮革制品和橡胶及塑料制品带来的挑战较大。这从一个侧面也反映出贸易自由化对我国环境保护的结构效应。

面对日益严重的环境问题，贸易自由化（本质为经济发展问题）确实显得不那么重要，但是通过以上论述，我们可以看出，贸易自由化与环境保护从理论到现实，都是目标一致、可以调和的，但是在成功地协调环境和贸易这一问题上，我们的确还一直在路上。

四、国际贸易绿色化趋势

国际贸易的绿色化趋势迫切要求国际贸易向环保化方向发展。一些企业特别是发达国家的企业为了获取高额利润和逃避本国的环境管制，利用发展中国家环境标准低和环保意识淡薄的缺陷，相继出口污染型产品，或在这些国家大量投资设立污染防治费用高、处理难度大的农药、化工、印染、造纸、电镀等污染型企业项目。

从某种意义上说，WTO 是以可持续发展为导向的经济形态。可持续发展是针对工业化造成的人与自然的关系的严重失衡提出来的崭新发展观，所以，有人把 WTO 下的国际经济和贸易称为“绿色经济”“绿色贸易”。目前，绿色产品在世界市场上走俏，据调查，84%的荷兰人、90%的德国人、89%的美国人在购物时会考虑消费品的环保标准，85%的瑞典人愿为环境清洁支付较高的价格，80%的加拿大人愿付出多于 10%的钱购买对环境有利的产品，77%的日本人只挑选和购买有环保标志的产品。随着新兴绿色产业的不断进步，环保产业的发展将快速增长，而亚洲将成为增长最快的地区。

绿色消费市场的兴起和扩大，使许多发展中国家认识到环保对经济可持续发展的重要意义。但要真正解决问题，发展中国家只有提高自己的经济实力和技术水平，使自己在贸易中达到发达国家的环保要求。我国对外贸易中面临的环境问题越来越突出，实施贸易可持续发展，用科学发展观转变贸易增长方式已成为我国构建和谐社会不可缺少的部分。

（一）从战略高度重视环境问题

（1）经济全球化和科学技术的发展使贸易壁垒的结构和手段发生变化，在对外贸易中应正确使用绿色壁垒措施维护我国的合法权益。除保护生态环境和人民健康安全外，应把绿色壁垒作为维护我国经济安全、促进科技发展、调整和优化产业结构、合理保护我国有比较优势的产业、提升我国产品国际市场竞争力、扶植我国有比较优势的出口产品的重要手段。

（2）树立贸易可持续发展的观念。加强可持续发展立法，完善有关法律制度。贸易与环境的协调发展应该建立在可持续发展理论上，从战略高度综合考虑贸易可持续、经济发展、生态效益与社会效益的关系，制定有效的措施，把提高环境质量作为提高产品出口竞争力的重要内容来抓，树立环境竞争力意识，实现可持续发展。

（3）把环境作为产品生产的要素，努力提高环境竞争力。建立清洁生产机制，积极引进和开发环境保护技术；鼓励企业参与 ISO 14000 和环境标准认证，与国际标准接轨。

知识链接

各国法律、法规对产品的环境指标提出了各种要求，如要求某些产品一定要有“环境标志”，或称“生态标志（Eco-Label）”“绿色标志”。什么是环境标志？按国际标准化组织（ISO）的定义，环境标志是指“印在或贴在产品或其包装上的宣传环境品质或特征的用语或象征性符号”。产品贴上此标志后，表明此产品从生产直到使用以及回收处理的整个过程符合保护特定环境的要求，对生态环境无害或损害极少，有利于资源再生和回收利用。

到目前为止，世界上已经有50多个国家实施了环境标志制度。有德国的“蓝色天使”、北欧四国的“白天鹅制度”、瑞典的“良好环境选择制度”、欧盟的“EU 制度”、日本的“生态标志制度”，以及加拿大的“环境选择方案”等。这些方案的出台，要求进入这些国家的产品首先获得环境标志，然后才能通关入境。所以，环境标志已成为产品进入这些国家市场的一张“绿色通行证”。

ISO 14000国际标准是指由国际标准化组织环境管理技术委员会（ISO/TC207）起草的，在自愿和国际一致意见基础上制定的环境管理体系国际系列标准。ISO 14000系列标准是一套科学化、系统化、规范化的管理标准，是由最高管理者承诺与支持的，一个组织有计划、协调运作的管理活动，它通过明确职责、义务的组织结构来贯彻落实，目的在于防止对环境造成不利影响。环境管理体系是一项内部管理工具，旨在帮助组织实现自身设定的环境表现水平，并不断改进环境行为，以保证组织内部环境管理体系的不断完善和提高。ISO 14000主要由环境方针、规划、实施与运行、检查与纠正措施、管理评审五大要素组成，每个大要素又可分成若干个小要素，构成建立环境管理体系的基本要求。ISO 14000系列标准是通用的，既可以应用于制造业，也可用于服务业；既可用于公共部门，也可用于私营部门。

（二）建立环境保护体系

（1）制度绿色壁垒技术措施体系。措施要尽量符合WTO有关规定，充分利用有关协议赋予的权利，特别是发展中国家的特殊和差别待遇；要有利于优化产业结构和提升产品档次；要结合国情，充分考虑我国的广义比较优势，把劳动力成本与人多地少的劣势结合起来，化比较优势为竞争优势；充分发挥有关职能部门的作用，统一协调，统一对外，同时发挥社会各种力量的积极性，形成整体优势；系统考虑国际环境公约，国家环保法规及标准、检验检疫制度、包装和标签制度，自愿性的环保措施及内在化要求；要考虑各种措施之间的协调性，努力形成整体优势；同时结合我国保护生态环境的需要，利用绿色壁垒与其他技术性壁垒、关税、一般非关税壁垒措施的相互关系，形成相辅相成的机制。

（2）根据我国产业发展的实际情况和WTO的规则，修订相应的产业发展和环境法规，完善农业环境标准体系。同时要借鉴日本和欧美等国的做法，对进口产品贴上强制性的标识，具体、明确地说明对人体和环境是否有影响，以增加进口产品的成本。

（3）采用严厉措施，防范有害生物的入侵。依据《生物多样性公约》和《生物安全议定书》，结合我国生产的实际，完善法律法规体系，加强生物安全管理，预防与风险评估结合；提高生物多样化意识，采取切实可行的措施，防范国外有害物种进入。

（三）制定绿色产品生产战略

（1）支持开发绿色产品。绿色产品是对外贸易的发展方向，有利于生态环境保护，优化我国出口结构，提高产品档次，树立我国产品的崭新形象，这也是突破国外绿色壁垒的最佳途径，是贸易效益和生态环境的最佳结合点。

（2）大力支持绿色包装产业的发展。中国出口产品历来重质量、轻包装，所以我国应在战略高度上改变产品包装的观念，花大力气建立出口产品的绿色包装体系，把产品的绿色包装作为实现贸易可持续发展的重要内容。同时要制定我国的出口产品包装条例，强化环保包装意识，重点是再循环、再利用、适度包装。

（四）实施绿色贸易战略

绿色贸易战略是贸易可持续战略的一部分。国家环保部门、外经贸管理部门要联合起来，加快实施绿色贸易的行动计划，把加快实施绿色贸易行动计划作为贸易可持续发展的重大措施。建立贸易与环保政策的内部协调机制，国家环保总局、商务部、农业部、商检局、海关等部门要建立联合协商机制。尽快组建绿色壁垒专家委员会和建立合格产品评审机构，为突破国外绿色壁垒和建立我国的绿色壁垒措施体系提供研究、咨询服务和决策参考，并参与 WTO 的绿色壁垒通报和评议工作。

（五）加强技术创新

技术创新是实现可持续发展的必由之路，包括科学研究、发明、创造以及进行科技成果推广、应用、增强生产能力和获取最大效益的行动过程。构建技术创新体系必须做到：第一，制定有效的政策及管理机制，研究、推广关键技术和生产模式，鼓励采用清洁生产技术；第二，加强对出口产品的生产管理和质量控制，提高工人素质，强化对产品生产、加工、存储、运输过程和售后服务的管理，保证产品出口每个环节都不影响生态环境；第三，促进“研、产、销”相结合，把“研、产、销”的模式应用到对外贸易中，帮助生产企业进行产品创新研究和国际市场调研工作，特别是在开发绿色产品上更需要科研部门的协助。

（六）加强对公众环境保护意识的教育与宣传

公众环境保护意识是建立环境壁垒体系的重要部分。公众环境保护意识的高低影响着国家环境政策的实施。公众是推动可持续发展战略的主体，公众能否有效地参与是实施可持续发展战略的关键。要在广大群众中开展生态环境宣传教育，帮助他们牢固树立“保护环境就是保护生产力”的观念，提高全社会的可持续发展意识。要通过开展各种形式的可持续发展宣传、教育和培训，引导和鼓励公众自觉地保护环境、节约资源，改变不可持续发展的生产和消费方式；同时要充分发挥民间非政府组织的作用，不断增强广大公众和社会各界参与可持续发展行动的积极性。通过对公众的环境保护宣传教育，引导消费者对环境保护的理解和支持。

（七）利用 WTO 平台加强国际合作，积极参与多边谈判

我国作为 WTO 成员，首先要明确自己的义务和对贸易与环境问题的态度；其次要支持贸易与环境问题的多边谈判，坚持既有利于贸易和可持续发展，又有利于保护生态环境的原则。反对以环境为借口而设置的贸易绿色壁垒，反对把环境问题作为国际贸易的一种任意或无理的歧视手段，或把环境问题作为新贸易保护的手段。不少贸易壁垒问题是由于贸易双方缺乏沟通和理解造成的，所以应加强贸易的多边合作与交流，建立相互认可的标准，促进环境壁垒与贸易关系的进一步协调。

【案例 12.1】

巴西与奥地利关于热带木材贸易的纠纷

1992 年，奥地利通过一项法案，规定所有热带木材产品都要贴上说明是热带木材的标志，以便与其有质量认可标志的木材相区别。而质量认可标志是奥地利颁发给以可持续发展方法管理森林的国家所生产的木材及其制品的。针对奥地利的这项法案，巴西向 WTO 争端解决机构提出申诉，认为奥地利的做法违反了《GATT 1994》第 1 条的最惠国待遇原则，即“在对输出或输入、有关输出输入货物的国际支付转账所征收的关税和费用方面，在征收上述关税和费用的方法方面，在输出和输入的规章手续方面，缔约方对来自或运往其他国家的产品所给予的利益、优待、特权或豁免，应当立即无条件地给予来自或运往所有其他缔约方的相同产品”。

专家组经调查后发布报告认为，仅以木材的原产地，而非以木材本身的性质来使用环境标签，构成了对热带国家的贸易歧视，因此，奥地利的法案违反了《GATT 1994》第1条的最惠国待遇原则。报告建议奥地利限制修改自己的法案，以符合 WTO 的规则。

【案例 12.2】

长虹企业致力开发“绿色产品”

2000年，在由中华环境保护基金会开展的“绿色产品”评奖活动中，长虹“小清快”系列空调机 KFR/FONT/25 GW/EQ 经过各项性能指标测试，均符合中华环境保护基金绿色产品认证标准，获“中华环境保护基金绿色产品奖”。

长虹空调致力于为消费者提供“健康舒适的室内空气”，一改传统空调的技术设计理念，采用各种先进工艺和世界顶级技术，率先涉足绿色环保空调的研制和开发。产品一上市便以其强力除湿、除尘、除异味、超静音运转等卓越功能赢得消费者的认可，创下了日销售量10 000台以上的纪录。特别是长虹与日本东芝共同开发的“大清快”空调，其强力清新空气等功能促进了中国空调绿色新技术的换代升级，被日本专家称为“21世纪的空气清洁机”。随着世界环境保护呼声日益高涨，空调界积极展开了对臭氧层没有破坏性的绿色产品的开发。长虹企业在这方面走在前列，推出了一系列健康环保绿色空调，获得国际制冷协会授予的“卡诺大奖”。业内人士认为，长虹空调能被评为“绿色产品”和“绿色环保空调”，尤其是在空调节能和环保技术上的两项重大突破，必将成为中国空调绿色环保化技术发展的主流。

当前，可持续发展的理念越来越深入人心，绿色产品越来越受到消费者的青睐。据市场调查表明，越来越多的消费者走进市场，首先考虑的是绿色产品和环保型产品。长虹企业致力于开发绿色产品，就是为了满足当前全世界消费者的需求，开拓国际市场，提高产品的国际竞争力。

本章小结

近年来，随着经济一体化进程的加快和国际贸易的迅猛发展，日益扩大的生产和消费活动与资源、环境的冲突已经引起世界各国的普遍关注。首先，工业化的加强，全球环境污染日益严重，甚至威胁到人类自身的生存和发展。各种国际组织的大力宣传和推广，使人们的环保意识逐渐增强，可持续发展的观念日益为各国接受，各种类型的国际环保公约和协议也越来越多，对国际贸易产生了显著的影响。其次，WTO 削减关税，使发达国家的贸易保护主义受到很大约束，为此它们把绿色壁垒当作更加“合理”和更加隐蔽的贸易保护手段。环境问题涉及的范围越来越广，从生产、包装、储运到使用和回收的全过程，都有不同程度的环境限制。我国的出口产品正面临绿色壁垒的严峻考验，为了突破国外的绿色壁垒，我国应采取正确的应对措施，生产更多的绿色产品。

课堂讨论

1. 现实世界里是否实现了零污染？
2. 采取贸易保护的手段来消除环境污染有效果吗？

复习思考题

一、名词解释

ISO 14000 国际标准　绿色产品

二、简答题

1. 论述对外贸易环境问题产生的原因。
2. 简述国际环境问题的主要表现。
3. 简述我国利用国际贸易来提高和改善国内环境总体水平的措施。
4. 简述国际贸易与环境问题冲突的表现。
5. 论述我国实施贸易可持续发展的战略。

三、分析题

2002 年 3 月，浙江台州出口的 10 万亩左右的西兰花被欧盟拒之门外，理由是“农残检”不合格，最后只能降价处理，价格从 2 元一棵降到 1 角一棵。

试问：中国农产品如何跨越“绿色壁垒”走出国门？

课外实训

组织学生到当地检验检疫局了解进出口产品的检验工作。

第十三章

国际服务贸易

★学习目标

了解国际服务贸易的概念、基本特征和国际服务贸易的分类；熟悉《服务贸易总协定》的主要内容；掌握我国服务贸易发展的现状及对策。

重点：理解国际服务贸易的相关概念以及我国发展服务贸易对我国经济的重要意义。

难点：理解《服务贸易总协定》的相关内容，理解我国整体和行业服务贸易的竞争力发展现状及未来发展趋势。

★引例

服务贸易或将成为杭州经济转型发展"黄金增长极"

2016 年 2 月，国务院印发《关于同意开展服务贸易创新发展试点的批复》，同意在天津、上海、海南、深圳、杭州、武汉、广州、成都、苏州、威海和哈尔滨新区、江北新区、两江新区、贵安新区、西咸新区等省市（区域）开展服务贸易创新发展试点，试点期为 2 年，自国务院批复之日起算。

（1）为什么要瞄准"服务贸易"搞试点？总额跃居世界第二位，服务贸易有望成为拉动中国经济的"奔驰轿车"。

2016 年伊始，上市公司陆续发布 2015 年年报，多家杭州服务贸易企业业绩抢眼：主打视频监控产品与服务的海康威视 2015 年的营业总收入达到 253 亿元，同比增长 46.97%，其中净利润 58 亿元，比 2014 年同期增长 25.23%；主打文化产业的华策影视 2015 年共实现营业总收入 26.46 亿元，同比增长 38.10%，其中归属于上市公司股东的净利润 4.77 亿元，比 2014 年同期增长 22.40%……

这几家杭州企业的强劲增长俨然是整个服务贸易行业的缩影。来自商务部的统计数据显示，2015 年中国服务进出口规模达到 7 130 亿美元，跃居世界第二位。历年来，我国进出口贸易的特点是货物贸易占大头，服务贸易比例较小。但就 2015 年情况看，服务贸易同比增长14.6%，远高于货物贸易。在这一背景下，需要提高对外开放水平以发掘新的经济增长点，加快发展服务贸易，推进外贸结构优化，培育经济新动能和带动就业。

阿里巴巴集团董事局主席马云在亚布力论坛上说："如果把过去拉动经济增长的投资、消费、出口比作'马车'，服务业、消费和高科技则是拉动中国经济发展的三辆'奔驰轿车'。"从这个角度来看，将"服务业"与"外贸"彼此融合的"服务贸易"将会是其中动力最强、跑得最远的那辆"奔驰轿车"。

(2) 为什么要选在杭州搞试点？底子好、后劲足，试点有望让善于创新发展的杭州如虎添翼。

2015年杭州服务贸易实现进出口总额190.33亿美元，同比增长25.38%，在全省的占比超过四成。其中，以计算机和信息服务为主的国际服务外包是出口额最大、顺差优势最明显，同时也是增长速度最快的领域。2015年杭州服务外包出口额接近42亿美元，占服务贸易出口总额的40.71%，离岸执行额占到全省的七成以上。

作为全国首批"服务外包示范城市"之一，杭州有着传统服务外包的显著优势，并且近年来在建筑服务、旅游服务、运输服务等传统领域，以及金融、通信、教育、文化、医疗等新兴领域也显现出较大的增幅。

根据国务院批复要求，服务贸易试点建设将推进服务贸易领域供给侧结构性改革，健全服务贸易促进体系，探索适应服务贸易创新发展的体制机制和政策措施，着力构建法治化、国际化、便利化的营商环境。而杭州的试点将着力从完善服务贸易管理体制、培育服务贸易市场主体、健全服务贸易统计体系等方面进行探索试点。

(3) 激发活力，再拓融资通路，服务贸易有望成为杭州创业创新热土。

在税收优惠之外，国务院的批复中还提出设立服务贸易创新发展引导基金，为试点地区中小服务企业提供融资支持，对试点地区进口国内急需的研发设计、节能环保和环境服务给予财政贴息。此外，政府还鼓励金融机构创新供应链融资等业务，对试点地区经认定的技术先进型服务企业全面实施服务外包保税监管。

这也就意味着，富于活力的中小服务贸易企业，尤其是具有创新优势的企业有望迎来"春天"。

（资料来源：《杭州日报》）

当今世界，全球贸易竞争的焦点逐渐转向服务贸易，大力发展服务贸易已经成为各国的首要目标，国际服务贸易竞争力的大小对于一国经济发展具有举足轻重的作用。大力发展我国服务贸易，增强我国服务贸易的国际竞争力，增大我国服务贸易的全球占比，缩小我国服务贸易的进出口逆差，使我国从根本上成为一个服务贸易强国，是我国经济发展的重要战略目标。

第一节　国际服务贸易概述

一、国际服务贸易的概念

服务贸易是产业进步的标志，第二次世界大战后的半个世纪中，特别是20世纪70年代以来，随着国际分工的深化、产业结构的不断调整、科技革命的发展以及跨国公司的崛起，国际服务贸易以高于货物贸易的速度迅速发展。

根据乌拉圭回合达成的《服务贸易总协定》第1条第2款的规定，服务贸易是指服务提供者从一国境内通过商业现场或自然人现场向消费者提供服务，并获取外汇收入的过程。具体来说，国际服务贸易包括以下四项内容：

（一）跨境交付

跨境交付（cross border supply）是指从一成员方境内向境外任何一成员方境内提供服务，这是典型的跨国界服务贸易，其特点是服务提供者和消费者分别处于不同的国家或地区。其中的“跨境”是指“服务”的过境，至于资金和人员在现代科技环境下则一般无过境，如通过国际电信、卫星电视、计算机网络等为对方服务。这类服务贸易充分体现了国际贸易的一般特征，是国际服务贸易的基本方式。

（二）境外消费

境外消费（consumption abroad）是指在一成员方境内向其他成员方的服务消费者提供服务，如提供涉外旅游服务、为外国病人提供医疗服务等。

（三）商业存在

商业存在（commercial presence）是指一成员方的服务提供者在其他成员方境内通过商业存在提供服务，即服务提供者在外国建立商业机构为消费者服务。例如，外国公司到中国开设银行、保险公司、律师事务所等。这种服务贸易往往与对外直接投资联系在一起，规模大、范围广、发展潜力大，对服务消费国，特别是发展中国家的冲击力较强，是国际服务贸易中最敏感、最活跃、最主要的形式。

（四）自然人流动

自然人流动（movement of personnel）是指一成员方的自然人在其他成员方境内提供服务。这类贸易规模较小，时间有限。自然人流动也是生产要素流动的主要内容，发展中国家要求把劳工流动纳入服务贸易框架之中。自然人流动中的自然人在他国境内的存在是暂时的，且不能取得其他成员国永久公民的资格，不能永久居留和就业。

提　示

商业存在和自然人流动有着本质区别。商业存在是指允许外国企业和经济实体到一国境内开业，提供服务，包括设立合资、合作和独资企业。自然人流动则是允许外国单独的个人入境来提供服务。以自然人流动方式提供的服务具有个体性和暂时性。

二、国际服务贸易的特征

与货物贸易相比，国际服务贸易具有如下特征。

（一）国际服务贸易主要是无形贸易

与国际货物贸易的有形性相比，国际服务贸易所提供的服务，如金融、保险、运输、广告、律师、会计师等服务，均为无形交易。

（二）国际服务贸易的不可储存性

国际货物贸易中的商品一般可以储存、运输，并通过进出口商批发、零售，最后到消费，因而具有非常明确的生产领域、流通领域和消费领域；而国际服务贸易所提供的服务是一种特殊商品，往往是生产、销售与消费同时进行。

（三）国际服务贸易的统计数字的显示特点

国际服务贸易的统计数字无法在国家海关的进出口统计表中显示出来，一般显示于各国的国际收支平衡表上。

（四）国际服务贸易的国家保护性

由于国际服务贸易是一种不平衡的发展，发达国家的服务贸易占据绝对优势，发展中国家处于从属地位。以美国为首的发达国家要扩张市场，而发展中国家为了保护民族经济的利益不得不对本国的服务贸易实施保护，即使是发达国家也对某些服务领域实施保护。因此，国际服务贸易的国家保护程度比货物贸易的保护程度要高得多。

（五）国际服务贸易与国际货物贸易在监管方式上大不相同

对于货物贸易，一国政府总是以进出口关税、进出口许可证、配额等非关税措施作为保护贸易或贸易自由化的手段；而服务贸易不通过海关，以上管理货物的手段无法对其进行监督，一般只能通过国内相关立法和制定行政法规来达到目的。例如，采取对提供服务的主体资格限制、股权的限制、经营的限制、税收歧视或补贴歧视等手段。

三、国际服务贸易分类

就其实际效用讲，国际服务贸易可以划分为追加服务与核心服务两大类。

（一）追加服务

追加服务通常是指伴随商品生产和交易所提供的补充服务。在这种服务中，对消费者来说，有形商品的实体本身才是核心效用，而服务只是提供了某种追加效用。国际追加服务贸易与货物的国际贸易和国际投资有密切的联系。实际上，随着科技的迅速发展，这种追加服务已成为商品在国际市场上进行非价格竞争的重要因素。

在当代，追加服务表现在商品生产的上游、中游和下游三个阶段。在上游阶段，追加服务的投入包括可行性研究、研究与开发、市场调研和资本筹措等。在中游阶段，既需要与有形商品的生产和加工融为一体的附加服务投入，如质量控制和检验、设备租赁和维修等，又需要与有形商品生产平行的追加服务投入，如财务和人事管理、信息的收集和整理、保险、卫生安全保障和不动产管理等。在下游阶段，追加服务的投入包括产品的广告宣传、储存运输、安装维修、使用指导和提供信贷等方面。追加服务的发展是产品差异化的重要表现，是非价格竞争的重要手段，也意味着消费者满足程度的本质性提高。在竞争中，谁提供的核心产品和追加服务的效用高，谁就能居于领先地位并占有较高市场份额。发达国家往往具有以上两方面的综合优势，故现实中的贸易格局是有利于发达国家的，而发展中国家在国际贸易中，由于其资本实力、质量控制和文化水准的低下，往往处于不利的竞争地位。

（二）核心服务

核心服务通常是指与商品的生产和交易无关的、作为消费者单独购买的、能为消费者提供核心效用的服务。从核心效用上看，服务贸易与货物贸易有着明显区别，上述的服务贸易与货物贸易的几点区别就是从核心服务贸易角度而言的。

核心服务包括“面对面型”和“远距离型”两类。

“面对面型”核心服务是指服务必须通过服务提供者和接受者的实际接触来实现。这种实际接触可以是消费者流向提供者，如留学和就医等；也可以是提供者流向消费者，如作为家庭服务员的劳务出口和行医等；还可以是提供者和消费者的双向流动。不管接触方式如何，都会伴随着生产要素的跨国界流动。“面对面型”核心服务的主流项目是银行服务、国际旅游和劳务服务。

“远距离型”核心服务是指不需要服务提供者和接受者的实际接触，而通过一定的媒介实现的跨国界服务。例如，以卫星为媒介传递的国际视听服务、借助于通信媒介传递合同开展的国际金融和保险服务等。电子计算机和网络技术的发展，大大丰富了人们的生活，扩大了“远距离型”核心服务，使信息查询、电子数据交换、文件传输协议等产生了更为深远的影响，使网络营销和网络购买更为方便地服务企业的运营和个人生活。

随着国际社会文明程度的不断提高，国际服务贸易也随之呈现复杂化、多样化和系统化的趋势，国际服务贸易内容也日渐庞杂。虽然《服务贸易总协定》将国际服务贸易界定为四种形式，但现实生活中服务门类越来越多，根据不同的标准可以做出不同的划分。乌拉圭回合服务贸易谈判小组在对以商品为中心的服务贸易分类的基础上，结合服务贸易统计和服务贸易部门开放的要求，在征求各谈判方的提案和意见的基础上，提出了以部门为中心的国际服务贸易分类方法，将国际服务贸易分为 12 大类。

(1) 商业性服务。指在商业活动中涉及的服务交换活动，既包括个人消费的服务，也包括企业和政府消费的活动。

(2) 通信服务。指所有有关信息产品、操作、储存设备和软件功能等的服务。

(3) 建筑服务。指工程建筑从设计、选址到施工的整个服务过程。

(4) 销售服务。指产品销售过程中的服务。

(5) 教育服务。指各国在高等教育、中等教育、初等教育、学前教育、继续教育、特殊教育和其他教育中的服务。

(6) 环境服务。指污水处理、废物处理、卫生以及相关的服务等。

(7) 金融服务。指银行业和保险业及相关的金融服务活动。

(8) 健康及社会服务。指医疗服务、其他与人类健康相关的服务、社会服务等。

(9) 旅游及相关服务。指旅馆、饭店提供的住宿服务、餐饮服务及相关的服务，旅行社提供的导游服务等。

(10) 文化、娱乐及体育服务。指不包括广播、电影、电视在内的一切有关文化、娱乐、体育的服务。

(11) 交通运输服务。主要包括货物运输服务、客运服务、船舶服务及附属于交通运输的服务。

(12) 其他服务。指以上 11 类服务以外的服务。

四、国际服务贸易的发展趋势及原因

(一) 国际服务贸易的发展趋势

1. 国际服务贸易发展迅速，国际服务贸易的重要性日益增强

国际服务贸易增长势头迅猛，年平均增长率为 15%，国际服务贸易总额在全球贸易总

额中的比重已超过1/4。专家预计，随着国际服务贸易自由化进程的加速发展，各国将进一步开放服务市场，国际服务贸易也会进一步发展，21世纪初期，国际服务贸易总额将占全球贸易总额的1/3。

服务业和服务贸易在一国经济活动中的地位日益重要。服务业成为各国国民收入和创造就业机会的重要来源，对经济的发展起着巨大的推动作用。20世纪80年代，在世界经济活动中，服务业已经超过第一、第二产业，成为经济中最有活力的部分。20世纪90年代初，服务业在世界生产总额中所占比重已达到60%左右，为大多数国家GDP中最大的组成部分。服务业发展对增加就业意义重大。从全球范围看，服务业容纳的就业人数占总就业人数的比例是：发达国家为70%或更高，中等收入国家为60%左右，低收入国家为40%左右。服务业已经成为国际直接投资的重点领域。由于服务业中许多专业化的服务要求服务提供者贴近客户，而商业存在是向客户提供服务的必要条件，因此，服务业成为跨国投资的重点领域。20世纪80年代以前，跨国公司的海外直接投资多集中于农业、矿业及制造业；80年代以后，服务业在跨国公司海外直接投资中的地位越来越重要。

2. 国际服务贸易结构进一步优化，领域进一步扩大

传统的国际服务贸易主要集中在运输、旅游和劳务输出与输入领域。随着科技的发展，技术、知识密集型的服务行业发展迅速，增长最快的是电信、金融、保险等服务，其发展速度大大超过了运输、旅游等传统行业。信息技术不仅大大提高了服务的可贸易性，同时也促进了服务生产的产业化，越来越多的会计、广告、营销、咨询、策划等各种专业服务公司应运而生，从而使服务贸易从运输、工程建筑等传统领域拓展到知识技术和数据处理等新兴领域。近年来，与先进科技和物质生产结合最紧密的服务贸易（如金融、保险、通信、数据处理、技术、咨询、广告等）发展迅速，且远远超过传统的服务贸易。这意味着服务贸易的行业结构已从以劳动密集型的服务行业（如旅游、售后服务等）为主，转变到以资本密集型服务行业（如运输、电信、金融等）及知识密集型服务行业（如专业服务、计算机软件、数据处理等）为主。生产性服务在国际服务贸易中上升为主体，已经成为国际化大生产的必要条件。

3. 国际服务贸易发展不平衡，发达国家仍居主导地位

服务贸易基于服务经济发展，而服务经济的高度发展又离不开技术进步。因此，服务贸易的相对优势也如同货物贸易的相对优势一样，是由经济的发展和技术的进步决定的。由于发展中国家经济基础和技术水平比发达国家低，因此，发展中国家在国际服务贸易中的地位处于相对劣势。在全球服务贸易中，发达国家占较大比重。从整体上来看，发达国家具有巨额的服务贸易顺差。尽管近年来，发展中国家的服务贸易也有了较快发展，但是，发展中国家国际服务贸易额在世界服务贸易中所占比例仍然很小。比如占发展中国家贸易比例最高的旅游业，也仅占该项目世界总额的18%，而“其他”服务和“运输”项目则分别只占世界总额的13%和14%左右。事实上，发展中国家在劳动密集型的建筑、承包工程上有一点优势，但其涉及知识和资本密集型的服务项目一般都非常薄弱，就连那些传统的服务贸易项目，如旅游、运输，也由于其日益依赖先进的科学技术与信息等关键因素的投入而面临严峻的挑战。

4. 国际服务贸易自由化步伐将进一步加快

目前国际服务业产品多达150种以上，国际服务业的发展壮大，必然要求其产品在全球范围内实现自由贸易，要求各国开放服务贸易市场。1994年4月15日通过的《服务贸

易总协定》及1995年7月26日世界贸易组织达成的《全球多边金融服务贸易协议》为国际服务贸易进一步实现自由化奠定了坚实的基础。随着世界经济一体化的进一步发展，服务贸易自由化也必将得到进一步的发展。

5. 非关税保护措施多样化

在国际服务贸易自由化发展的同时，由于各国经济发展水平与阶段的不同，加之开放服务市场意味着大量要素的跨国流动，一些敏感性领域，如金融、保险、通信以及航空运输等，往往关系到服务贸易输入国的主权和安全，各国必然对相应的服务业进口进行限制。

由于服务贸易的特殊性，关税保护方式并不适用于对服务贸易的保护，但为了保护本国的服务业，各国纷纷采取非关税壁垒措施，主要表现为：

（1）政府对服务贸易的管理加强。一是政府通过制定法律、规则、标准、制度等对外国服务的进入设置障碍；二是对外国服务提供者在本国境内从事服务活动设置障碍。

（2）政府采购和补贴。政府在安排服务支出时，一般对本国优先考虑。同时，政府对本国服务出口实行财政补贴、减免税等，使本国的服务业在国际服务市场竞争中处于有利的地位。

（二）国际服务贸易迅速发展的原因

当代国际服务贸易迅速发展的根本原因在于世界经济结构发生了历史性的变化。20世纪60年代兴起的新科技革命加速了这种历史演变的进程，从而导致世界贸易结构和人们社会生活方式的改变。具体来说，当代国际服务贸易的发展主要有以下几方面原因。

1. 世界产业结构升级的驱动

按照发展经济学的经济增长阶段论，随着国家经济能力的增长，该国的产业结构将依次提升，逐步由农业经济过渡到工业经济，再由工业经济发展到服务经济。20世纪60年代初，主要西方国家都已完成了本国的工业化进程，开始步入后工业化的发展阶段，即国内经济重心向服务业偏移。由各国经济能力增长所带动的产业升级使得世界产业结构发生大规模的调整。在这一过程中所形成的新的世界经济结构不平衡，导致了对国际服务的更大规模的需求，使全球服务性产业的贸易总额有了高速增长的潜力。

2. 国际货物贸易和国际投资增长的带动

第二次世界大战后半个多世纪以来，国际货物贸易流量不断扩大，以世界货物贸易出口总值为例，1950年总计为611亿美元，2010年达到150 820亿美元，50年间增长了近250倍，远远超过了同期世界工业生产和国民生产总值的增长速度。在货物贸易高速增长的带动下，同货物进出口直接相关联的传统服务贸易项目，如国际运输服务、国际货物保险、国际结算服务等，都相应地在规模上、数量上成倍增长。而国际投资的迅速扩大和向服务业倾斜，不仅带动了国际货物贸易的增长，而且带动了国际服务贸易的迅猛增长，特别是国际投资收益作为要素服务项目，其迅速扩张本身就构成海外服务贸易流量的扩大。

3. 高新技术的有力推动

国际服务贸易自第二次世界大战以来在越来越大的范围内得以迅速发展，主要是建立在高新技术迅速发展与应用的基础上。以信息技术为主的高新技术不仅大大促进了传统服务贸易的发展，而且扩大了服务贸易的领域，改变了传统服务贸易的提供方式。现代化信息和传输技术使服务的不可储存性及服务的生产和消费必须同时、同地、面对面进行的特性发生了改变，从而使许多生产和消费原本需要同时进行的服务可以实现生产与消费的分离。例如，银行、保险、医疗、咨询和教育等，原本是需要面对面直接接触的服务，现在可以采取远距离信息传输的方式。近年来，与先进科技和物质生产结合最紧密的服务贸易（如金融、保险、通信、数据处理、技术、咨询、广告等）发展迅速，且远远快于传统的服务贸易。随着科技的进步，发达国家的产业结构逐渐向技术密集和资本密集的高科技产业转移，把劳动密集型产业转移到新兴工业化国家和部分发展中国家，使这些国家和地区能够利用本地区丰富、廉价的劳动力资源发展服务业，形成大规模的境内服务输出。

4. 跨国公司发展的带动

随着信息技术迅猛发展，跨国公司通过在全世界范围内提供产品和服务来满足其不断扩张的需要。它们作为金融、信息和专业服务等方面的重要供应者，向全球出售服务，这些都促进了国际服务贸易量大幅度增加。少数跨国服务公司也在各种兼并活动中诞生，它们有能力向几个市场提供各种服务，或把商品和服务结合起来。这些活动都加快了服务国际化的速度。

第二节　国际服务贸易协议

GATT 第 8 轮乌拉圭回合首次将服务贸易谈判提上日程，通过谈判最后达成了服务贸易的国际性协议，即《服务贸易总协定》（GATS）。

一、《服务贸易总协定》的产生

（一）《服务贸易总协定》产生的背景

美国主张服务贸易自由化，是服务贸易谈判的积极倡导者。其原因在于美国的服务贸易在世界处于领先优势地位，实行服务贸易自由化，有利于美国打开其他国际服务贸易市场。所以早在东京回合谈判期间，美国政府就对服务业和服务贸易加以研究，并专门成立了服务贸易咨询委员会。随后，美国在不同场合多次主张将 GATT 原则适用于服务贸易。虽然这一主张遭到大多数发展中国家的反对，但发达国家几乎都支持美国关于进行服务贸易谈判的动议。经过一系列准备后，1986 年 9 月，《埃斯特角城部长宣言》将服务贸易作为三项新议题之一列入乌拉圭回合多边贸易谈判。

（二）乌拉圭回合关于服务贸易的谈判概况

1. 美国的五点主张

在乌拉圭回合谈判中，美国提出了服务贸易全面自由化的具体意见。其主要内容是：

（1）确定《关税及贸易总协定》的基本原则适用于服务贸易。

（2）采用“单轨制”方式，将商品贸易与服务贸易综合在一起谈判。

（3）拓宽服务贸易谈判的项目和范围。

（4）根据 WTO 有关原则及达成的部分协议，逐步实现服务贸易自由化。

（5）为推进服务贸易自由化，主张发达国家在商品贸易谈判中做出某些让步，以换取发展中国家在服务贸易自由化问题上的让步。

2. 发展中国家的妥协

发展中国家的服务业和服务贸易都比较落后，在国际服务贸易领域大多实行贸易保护主义，为了维护国家和民族利益，短期内做到服务贸易自由化是不可能的。美国关于服务贸易自由化的主张自然遭到发展中国家的反对，有些发展中国家明确表示，反对将服务贸易纳入GATT体制。但是，随着谈判的进行，发展中国家为了换取发达国家在商品贸易上的让步，在服务贸易谈判中做出了一定程度的妥协，在“双轨制”方式下，将服务贸易和商品贸易作为并列的议题进行谈判。

3.《服务贸易总协定》的产生

乌拉圭回合关于服务贸易谈判的议题集中在以下几个方面：

（1）关于服务贸易的定义、范围，与服务贸易有关的国际规则和协议。美国等发达国家主张较为宽泛的定义，发展中国家则主张较为狭窄的定义，欧共体提出折中意见。最后多边谈判基本上采纳了欧共体的意见。

（2）关于《关税及贸易总协定》的有关基本原则在服务贸易中的适用问题。如透明度、逐步自由化、最惠国待遇、国民待遇、市场准入、发展中国家更多参与、例外和保障条款以及国内规章在服务部门的运用等。就上述问题各国分别提出了自己的方案，中国等7个亚非国家提交了《服务贸易多边框架原则与规则》的提案，被后来的《服务贸易总协定》采纳，反映了发展中国家的利益和要求。

（3）关于开放和不开放服务部门的列表方式问题。发达国家提出“否定列表”方式，即要求各国列出不能开放部门清单，主张清单一经列出，便不能再增加，并应逐步减少；发展中国家则提出“肯定列表”方式，即各国（地区）列出能够开放的部门清单，之后可随时增加开放部门的数量。后来采纳了发展中国家的主张。

上述三个方面的问题，表现出发达国家和发展中国家之间利益上的矛盾和冲突，经过谈判，终于取得了一定成果。在此基础上，经过进一步深入谈判，谈判各方终于在1994年4月15日于马拉喀什正式签署了《服务贸易总协定》。该协定作为乌拉圭回合一揽子协议的组成部分和世界贸易组织对国际贸易秩序的管辖依据之一，于1995年1月1日与世界贸易组织同时生效。

二、《服务贸易总协定》的主要内容

（一）序言

序言阐明了WTO全体成员对服务贸易的认识，即“认识到服务贸易对世界经济的增长和发展日益重要”，“认识到所有成员方为了符合国内政策的目标，有权对其境内提供的服务制定和实施新的规定，并考虑在制定服务贸易法规时，不同国家存在着不同的发展程度，发展中国家可根据其特殊需要实施该项权力”。

序言提出两点希望：

（1）希望通过连续不断的深入谈判，促使成员方在互利的基础上获得利益，并将服务贸易自由化推向更高层次，从而早日获得成功。

（2）希望发展中国家通过提高其国内服务的能力、效率和竞争力，在国际服务贸易中更多地参与和扩大服务贸易的出口。

（二）文本的主要内容

《服务贸易总协定》的文本包括6个部分。

1. 第一部分是范围和定义

（1）范围。限定“适用于成员方为影响服务贸易所采取的各项措施”。《服务贸易总协定》所指的“服务”，是除政府服务外的一切服务，是指非政府团体（如商会）在其境内履行职责而采取的措施。

（2）定义。乌拉圭回合对服务贸易的定义可概括为通过跨境提供、境外消费、商业存在和自然人流动四种方式提供服务。

2. 第二部分是一般责任和纪律

第二部分包括最惠国待遇、透明度、发展中国家的进一步参与、经济一体化、国内规定、对服务提供者资格的承认、垄断与专营服务、商业惯例、保障措施、支付与转移、政府采购、协定一般纪律与责任的例外、补贴等条目。

3. 第三部分是承担特定义务

第三部分包括第 16 条“市场准入”、第 17 条“国民待遇”和第 18 条“附加承担义务”。规定了参加方在承担具体的服务市场开放义务时所遵循的一些原则。

4. 第四部分是逐步自由化

在服务领域逐步实现自由化对于发展中国家是至关重要的。总协定第 19 条第 2 款体现了第 4 条（发展中国家的更多参与）的精神。允许发展中国家根据自己的竞争能力和服务出口实际水平来开放市场，逐步实现自由化。主张在确立今后谈判准则之前应根据总协定的目标，对国际服务贸易的情况进行评估。评估应采用恰当的资料，特别是在全球范围和部门水平上确定服务贸易在国际经济、国家集团、各个国家中的重要性。对于最不发达国家，只要求它们承担与其自身发展、金融和贸易需要或管理和机构能力相适应的义务。

5. 第五部分是制度条款

第五部分主要是阐述争端解决问题。此内容与《商品贸易总协定》的争端解决程序规定基本一致。

6. 第六部分是最终条款

第六部分主要是规定了加入和接受规则，并指出了协定的不适用状况、利益的否定和协定的退出。

（三）附录

附录是协定的组成部分，充实了协定的若干重要内容：

（1）关于免除第 2 条义务的附录。

（2）自然人提供服务活动的附录。

（3）空中运输服务的附录。

（4）金融服务的附录一。

（5）金融服务的附录二。

（6）海运服务谈判的附录。

（7）电信服务的附录。

（8）基础电信谈判的附录。

三、《服务贸易总协定》的意义

（一）促进国际服务贸易的自由化

GATT 对于国际贸易自由化的推进和努力主要集中在商品贸易领域，对服务贸易一直未能进行统一规范。《服务贸易总协定》第一次为国际服务贸易自由化提供了体制上的安排和保障，对于促进各成员方服务市场的开放，促进国际服务贸易自由化具有重大作用。

（二）促进各成员方在服务贸易领域的合作与交流

《服务贸易总协定》主张各成员方通过谈判、对话逐步开放服务市场，以代替市场保护和对立。主张各成员方在服务领域加强信息交流，规定建立联系点，提供不断磋商和对话的机制和机会。这些主张和规定有利于促进各成员方的合作与交流。

（三）对发展中国家给予适当的照顾

《服务贸易总协定》在国民待遇、最惠国待遇、透明度、市场准入、逐步自由化以及其他许多条款中都对发展中国家做出了特殊规定。这些规定有利于发展中国家根据自己的国情确立服务贸易发展的方针政策。

第三节　我国服务贸易发展的现状及对策

一、我国服务贸易现状

改革开放以来，我国服务业各领域相对落后的面貌发生了很大变化。中国服务业的稳步增长，促进了中国服务业与国际接轨，推动了中国服务贸易的发展。

具体来说，我国服务贸易的现状和特点主要有以下几方面。

（一）我国服务贸易的国际地位不断上升，但进出口仍为逆差

2001 年我国服务贸易进出口总额 726.1 亿美元，其中，出口额 333.4 亿美元，进口额 392.7 亿美元；到 2014 年，我国服务贸易进出口额已经达到 6 043 亿美元，其中，出口2 222 亿美元，进口 3 821 亿美元，年均增长率分别达到 18.7%、18.38% 和 19.0%，见表 13.1。我国服务贸易在世界服务贸易中的排位不断提高。2001 年，我国服务贸易出口及进口占世界的比重分别为 2.2% 和 2.6%，在世界的排位分别为第 12 位及第 9 位；2014 年，我国服务贸易出口在世界的排位升至第 5 位，占世界比重为 4.6%，进口升至第 2 位，占世界比重为 8.1%。显然，中国已经成为全球服务贸易体系中的一个重要国家。但短期内仍然存在一些难以改善的问题，如由于运输、旅游、金融、专利使用和特许等行业的逆差状况，我国服务贸易整体仍为逆差，2014 年，中国服务贸易逆差 1 599.3 亿美元，同比增长 35%，中国服务贸易逆差主要集中在旅游、运输服务、保险服务以及专有权利使用费和特许费等领域。

表 13.1　2014 年世界服务贸易前十位出口和进口国家

排名	出口国家（地区）	金额/亿美元	比重/%	增长率/%	排名	进口国家（地区）	金额/亿美元	比重/%	增长率/%
1	美国	6 860	14.1	3	1	美国	4 540	9.6	4
2	英国	3 290	6.8	4	2	中国	3 820	8.1	16
3	德国	2 670	5.5	5	3	德国	3 270	6.9	1
4	法国	2 630	5.4	4	4	法国	2 440	5.1	6
5	中国	2 222	4.6	8	5	日本	1 900	4.0	12

续表

排名	出口国家（地区）	金额/亿美元	比重/%	增长率/%	排名	进口国家（地区）	金额/亿美元	比重/%	增长率/%
6	日本	1 580	3.3	19	6	英国	1 890	4.0	-1
7	荷兰	1 560	3.2	11	7	荷兰	1 650	3.5	8
8	印度	1 540	3.2	4	8	爱尔兰	1 420	3.0	16
9	西班牙	1 350	2.8	5	9	新加坡	1 300	2.7	0
10	爱尔兰	1 330	2.7	9	10	印度	1 240	2.6	-1

（二）服务贸易结构持续优化，新兴服务贸易发展迅速

随着服务贸易开放程度的加深，我国传统服务贸易额比重下降，建筑服务以及计算机和信息服务、咨询、通信服务等新型服务增速提高，部分高附加值行业则出现了持续、较快增长。2001 年，运输、旅游和其他商业服务的出口及进口占我国服务贸易出口及进口的比重分别为 88.6% 和 82.4%，2014 年则分别降至 58.5% 和 74.5%，2014 年旅游、运输和建筑服务出口额为 1 106.3 亿美元，占服务出口总额的比重为 50.4%。尤其是高附加值服务贸易出口增势强劲，2014 年金融服务、通信服务、咨询服务、计算机和信息服务的出口增速分别达到 59.5%、24.6%、7.9% 和 25.4%，进口分别增长 57.8%、8.9%、5.8% 和 19%，此外广告、宣传和电影、音像的进出口额也有较大幅度增长。从上述数据可看出，加入 WTO 后我国服务贸易结构也在开放中发展优化，高附加值服务进出口的快速增长为资本技术密集型企业发展提供了助力，推动了中国经济转型升级。

（三）服务贸易进出口结构不合理，国际竞争力不强

从总量上来看，我国服务贸易进出口结构仍不尽合理。在出口方面，占比例最大的为旅游、咨询和其他商业服务，分别占出口总额的 25.6%、19.8% 和 17.7%；在进口方面，旅游和运输服务占进口总额的五成以上，其中旅游进口占比 43.1%，运输服务进口占比 25.2%，其他服务贸易进口占比相对较低，如保险、金融、计算机与信息、专利等。这些都不符合当今国际服务贸易结构向技术、知识密集化方向发展的大趋势。2013 年中国服务贸易的整体竞争力 TC 指数为 -0.034，呈微弱竞争劣势，而美国的 TC 指数为 0.19，具有竞争优势。从行业来看，中国仅在建筑、计算机与信息服务、咨询和其他商业服务行业具有竞争优势。因此，中国服务贸易的整体竞争优势还有待加强。而且我国服务市场结构过于单一，单一的市场结构必然导致对某一市场的过度依赖，一旦该地区发生经济波动，就会对我国的服务贸易形成巨大冲击。如我国劳务输出在海湾战争期间急剧滑坡就是例证。

知识链接

TC 指数，即贸易竞争优势指数，是指一国进出口贸易差额占进出口贸易总额的比重，是分析一国服务贸易竞争力常用的测度指标。

TC 指数取值范围为（-1，1）。如果 TC 指数大于零，表明该类商品具有较强的国际竞争力，越接近 1，竞争力越强；TC 指数小于零，则表明该类商品不具国际竞争力，越接近 -1，竞争力越弱；指数为零，表明此类商品为产业内贸易，竞争力与国际水平相当。

二、我国服务贸易发展的对策

加快发展服务贸易是我国从贸易大国走向贸易强国的必由之路。未来要营造更加开放透明的法律环境及稳定有序的经营环境，进一步提升服务业对外开放的质量和水平；要进一步加强服务贸易的交流与合作，消除服务贸易壁垒，争取更好的市场准入条件；要进一步推进服务贸易便利化，构建我国服务贸易的竞争新优势。

（一）优化服务贸易结构，实现服务贸易增长方式的转变

在《中国加入WTO议定书》中，我国政府承诺全方位、有步骤地开放服务业市场。总体来看，我国对服务贸易的开放承诺水平较高，在服务贸易12个领域中，针对9个领域做了具体承诺。在160个细分领域中，针对102个做了具体承诺，明显高于一般发展中国家的承诺水平。截至2010年，在按WTO规则分类的160多个服务贸易部门中，中国已经开放了100个，占服务部门总数的62.5%，包括银行、保险、证券、电信服务、分销等在内的服务贸易部门已全部向外资开放，远高于发展中国家平均水平。要进一步优化我国服务贸易结构，应继续采取有步骤、分层次、分地区的渐进式服务贸易开放策略，实现由粗放型、外延型到集约型、内涵型的转变，使服务贸易的发展、服务贸易的出口增长真正建立在提高劳动生产率的基础上，而不是依靠一般劳动力的大量投入。

第一，应根据我国服务业发展的特点及状况，包括优势、劣势、潜力等，结合我国加入WTO的承诺，统筹规划并协调制定各行业的市场准入政策，在既考虑国际规则，又依据本国国情的基础上来确定我国服务贸易的开放度和保留度。

第二，分行业有选择地进行开放。积极推进旅游、水上运输等领域的开放，逐步推进商业、对外贸易、会计、法律资讯的开放试点范围，审慎并适度地实行金融和通信领域的试点开放。

第三，分地区有选择地开放。根据我国各地服务业发展水平不均衡的状况，对东南沿海地区，尤其是上海、广东、福建等地区可加快开放步伐，对中西部地区可采取先行先试的方式逐步开放。

第四，对中国港、澳、台地区可实施优于其他外商的开放政策，甚至可以实施对港、澳、台地区在服务业领域的全部开放，即享受内资待遇。

（二）发挥企业和行业组织的作用，合理保护服务贸易市场

实现货物贸易与服务贸易协调发展的路径之一，就是加快服务行业协会的建立步伐，充分利用货物贸易行业协会的经验和优势，加强两协会的合作，互通信息，共同应对国际竞争。这样就可以使中国的商品与服务资源获得最优化使用，形成对外贸易发展的合力和内生动力，实现“兄弟同心，其利断金”的最优化效应。首先，要加强服务销售网络一体化，增强市场进入的难度。如虽然日本公开的保护政策已明显减少，但日本仍是最难进入的市场，其经验在于有十分完善的一体化网络，国外企业进入很困难，我国也应加强一体化网络的建设。其次，要提高国内市场的竞争能力，提高进入成本。因为竞争会迫使企业提高技术、效率和服务水平，使国内没有现成的市场空间留给国外新进入者。同时，国内企业竞争力增强，受到的冲击也会减少。最后，要充分发挥行业组织的作用。行业组织在保护本国企业和促进进出口方面有重要作用。

（三）利用比较优势，推动服务贸易的发展

优化服务贸易结构是当前我国服务贸易发展的主要方向，但优化结构并非传统意义上的弱化传统服务贸易，发展现代服务贸易，而是应该巩固传统服务贸易，大力发展旅游、运输等我国具有优势的服务贸易，借助于货物贸易的发展经验和发展优势，打造我国独具特色的传统服务贸易品牌；在同时发展传统服务贸易的基础上，大力发展现代服务贸易。我国许多服务业，特别是资源密集型的旅游业和劳动密集型的对外工程承包和劳务输出等服务业拥有比较优势，应该继续积累和扩大这些服务贸易领域的比较优势，增加服务贸易出口，推动服务贸易的发展。

在巩固传统服务贸易基础上发展现代服务贸易，抓准突破点，通过重点发展一批可以起到引领和示范作用的现代服务业，带动整体现代服务业和服务贸易的发展。鉴于我国的国情，当前可重点发展四类现代服务业：与人民生活息息相关的商贸、保险、旅游、房地产业，与科技创新有关的咨询、信息、中介等专业服务业，为农业发展提供服务的农村服务业，对国民经济发展具有支持作用的教育培训、公共服务业等。通过给予一定的政策支持，使之成为我国服务贸易跨越式发展的支柱。

（四）积极推进政府服务贸易管理体制改革，完善服务贸易法律法规

政府应尽快建立和完善促进服务业和服务贸易发展的管理协调机制。加强各行政管理部门间的交流与合作，协调解决服务贸易发展过程中的重大问题；统筹安排我国服务贸易的规划、统计、立法、政策、对外谈判和促进工作，进一步提高政府服务贸易管理效率和水平。具体在政策制定和法律法规建设方面，应立足国情，参照国际上的相关规则和惯例，加强对GATT、GATS、WTO有关条款原则的研究，加强法律的可操作性，增加我国服务贸易的透明度，使服务贸易真正实现制度化和规范化。

（五）加快服务贸易人才培养，加速企业自主创新

中国与发达国家在服务贸易方面的差距，归根结底是服务专业人才数量和质量的差距。为加快中国服务贸易的发展，一方面，政府要制定措施，形成多渠道、多层次的人才培养体系。要鼓励和引导高等院校建立与服务贸易发展相适应的学科和专业，支持高等院校、职业院校、科研院所与有条件的服务企业建立服务贸易实习实训基地；对国内外服务贸易培训机构，对独资或与高校、企业合作成立培训机构给予审批便利。教育、人事和劳动保障等部门，应按照服务贸易发展需要，调整和完善职业资格和职称制度，尽快设立相应的职业资格和职称。

另一方面，要建立健全激励机制，充分发挥现有高层次服务贸易人才的作用，避免由于外资服务企业的大批进入而造成国内人才的流失，为服务贸易积累和培养长期竞争优势。与此同时，加速服务业企业的自主创新，培育有国际竞争力的服务业企业，提高服务业研究和基础设施的投入。引导企业积极参与国际服务业竞争，积极有效利用外资，有序承接国际现代服务业转移，改进外汇与资本流动管理，支持有条件的服务业企业到境外投资。

（六）积极培育国内服务外包市场

一是要积极稳妥地开放服务市场，放宽对服务贸易领域市场准入的限制，为跨国企业来我国开展服务外包业务创造条件；二是制定鼓励承接服务外包的专门政策措施，进行外包企业认定，仿照给予高新技术企业的支持政策，为外包企业提供低息信贷，减免企业开展离岸

外包的所得税和营业税，对用于提供外包所需的进口设备可以免征关税及进口环节增值税；三是积极推进服务外包商务环境建设。

（七）加强沟通与合作，赢得更大发展空间

作为WTO成员方，我国可以充分利用自己作为一个发展中大国和国际贸易大国的地位，与其他成员方积极沟通与合作，为我国的服务业和服务贸易赢得更大的发展空间。一方面可以与美国等主要发达国家充分沟通，使其增加对我国服务业和服务贸易状况和做法的了解，以获得它们的支持；另一方面，我国应团结广大发展中国家，特别是在服务贸易的许多方面与我国有共同或相近利益的发展中大国，如印度和巴西等国，努力争取和维护发展中国家在服务贸易方面的利益。虽然美国等发达国家在制定服务贸易国际规则和推动服务贸易自由化谈判中占据主导地位，但中国、印度和巴西等具有一定实力的发展中国家，在上述方面也具有一定的影响力，可以在发展中国家的服务业对外开放水平、服务贸易自由化力度和速度等方面争取自己的权利。此外，我国还可以在APEC等机构中发挥影响力，为我国的服务业和服务贸易争取更为有利的发展空间。

【案例13.1】

印度发展软件外包成功的启示

据圣才学习网2010年3月8日报道，全球服务外包的迅速发展给发展中国家带来了新的机遇，引起了各国的密切关注。在此方面，印度排名前20家软件公司贡献了印度软件服务总出口额的42%，其平均出口额是1.66亿美元，且其行业协会——印度全国软件与服务公司协会（NASSCOM）以涉及面广、参加企业众多而闻名于世。

作为承接国际服务外包业务最早的国家之一，印度发展服务外包之所以能够取得成功，关键在于以下方面：

（1）合理的业务选择。在印度国内，长期以来软件服务市场属于买方市场，严重供过于求。一方面，由于政府政策的鼓励，软件研发迅速发展。另一方面，印度国内基础设施薄弱：2000年，印度全国只有124万台个人计算机，人均拥有量居世界最低国家之列；每千人电话线拥有量只有8条，远远低于发达国家，甚至低于发展中国家的平均水平。因此，国内难以消化的软件供给只能寻求国外市场。而此时的美国经济连续出现强势增长，需要大量的软件供给，部分企业开始将非核心的软件研发业务外包出去，以降低成本、提高核心竞争力。印度软件业正是把握住了这一机遇，大力发展对美国的软件外包。以软件外包为切入点，印度国内软件业供过于求的压力找到了释放的途径，从而形成了“研发促成软件外包、软件外包带动研发”的良性循环。

（2）准确的市场定位。准确定位承接服务外包市场是印度服务外包得以迅速发展的关键因素。实践证明，印度做出了正确的选择：以与本国有密切联系的美国作为承接对象。这种联系一方面表现在印度文化深受英语国家的影响，在文化上与美国有“认同感”；另一方面，印度的许多软件开发人员都有在美国研发的经历，了解美国IT技术发展的状况以及外包的技术取向，很多外包业务甚至都是“将在美国的工作带回到印度来做”而形成的。

（3）完备的政策体系。印度政府为服务外包的迅速发展提供了良好的政策环境。从20世纪80年代中期到“十五”计划（2002—2007年），印度明确将IT产业发展作为战略重点，政府扶持计算机和软件产业的发展，先后制定了多项支持鼓励政策。1991年6月，印度在班加罗尔创建了全国首个计算机软件技术园区，其后又在马德拉斯、海得拉巴、孟买、加尔各答等地建立了18个具有国际先进水平的软件技术园区，并对园区的企业实行各种优惠政策，对软件和服务公司的银行贷款实施“优先权”等。1998年，印度政府设立风险投资基金，用于支持中小企业发展。同时，为了保护知识产权，保护企业和消费者的信息安全，为信息服务纠纷解决提供法律规范，印度也在不断地完善相关法律；为了保证软件公司的规范运作，印度国家软件和服务公司协会还规定，凡拥有10名员工以上的软件公司必须实行ISO 9001标准认证。

（4）丰富的人才储备。在20世纪80年代中期，提出“要用教育和电子革命把印度带入21世纪”的口号以后，印度逐渐形成了“全民学软件”的风潮，培养了一大批被世界誉为“一高一低”型的“软件蓝领”。“一高”是专业素质高，“一低”是工资诉求低。以APTECH的培养模式为代表，目前印度已经形成了印度理工学院居于顶端、各大学居中、国家信息技术学院居于底层的金字塔式的人才培养体系，这一完整的体系每年为印度培养软件设计人员约1.78万人。在软件教育中，印度还十分重视软件研发的标准化建设。印度软件企业的质量管理及认证除了采用国际通用的ISO质量认证体系外，还采用目前世界软件业公认的权威性认证体系——CMM等级认证体系。目前，印度已有上百家软件企业获得了该体系最高的CMM 5级认证证书。CMM认证体系目前已成为行业公认的选择外包合作者的指标体系，通过CMM体系等标准化建设促进了印度软件开发的国际化，使印度的软件服务外包竞争力得以大幅度提高。因此，系统规范的教育为印度软件外包的发展储备了丰富的、标准化的软件开发人才。

【案例13.2】

中国服务外包产业发展成效显著

据商务部统计，2014年我国承接服务外包合同金额首次超过1 000亿美元，达到1 072.1亿美元，执行金额813.4亿美元，同比分别增长12.2%和27.4%。其中承接离岸合同金额718.3亿美元，执行金额559.2亿美元，同比分别增长15.1%和23.1%。云计算、大数据、移动互联等技术快速普及应用，推动我国服务外包产业向价值链高端延伸。离岸知识流程外包业务达186.7亿美元，占离岸执行总额的比重为33.4%。

离岸服务外包市场多元化趋势日益显现，逐渐从美欧日和中国香港地区等传统市场拓展至东南亚、大洋洲、中东、拉美和非洲等近200个国家和地区。2014年，承接美国、欧盟、中国香港和日本的离岸服务外包执行金额合计346.5亿美元，占执行总额的62%，比2013年同期下降2.9个百分点。与此同时，我国与“一带一路”沿线国家服务外包合作快速发展，承接“一带一路”沿线国家服务外包合同金额和执行金额分别为125亿美元和98.4亿美元，同比分别增长25.2%和36.3%，均远高于总体增速。我国服务外包业目前呈现出四个方面的特点：一是美国、欧盟、中国香港和日本是购买服务的主要发包市场；二是示范城市产业集聚作用突出；三是服务外包就业规模稳步扩大；四是信息技术外包（ITO）占主导地位。

当前，全球服务外包呈现出交易规模不断扩大、业务范围日益拓宽、参与群体迅速增多的趋势。由于全球服务外包的迅速发展及其所蕴藏的巨大发展潜力，作为发展中国家，我国应抓住机遇，主动承接国际服务外包。这既是提高利用外资水平、融入全球经济的客观需要，也是新形势下产业结构优化升级、加快贸易和经济增长方式转变的战略选择。

本章小结

服务贸易是指服务提供者从一国境内，通过商业现场或自然人现场向消费者提供服务，并获取外汇收入的过程。具体来说，包括以下四项内容：跨境交付、境外消费、商业存在和自然人流动。

根据服务贸易的实际效用，国际服务贸易可以划分为追加服务与核心服务两大类。按照以部门为中心的国际服务贸易分类方法，国际服务贸易可分为：商业性服务，通信服务，建筑服务，销售服务，教育服务，环境服务，金融服务，健康及社会服务，旅游及相关服务，文化、娱乐及体育服务，交通运输服务，其他服务等12大类。

《服务贸易总协定》的主要内容包括序言、文本内容和附录，其中文本包括六个部分：第一部分是范围和定义，第二部分是一般责任和纪律，第三部分是承担特定义务，第四部分是逐步自由化，第五部分是制度条款，第六部分是最终条款。

全球贸易竞争的焦点逐渐转向服务贸易，大力发展服务贸易已经成为各国发展的重要目标。我国应把握机遇，发展服务贸易，使服务贸易成为我国经济新的增长点。

课堂讨论

1. 联系我国服务贸易的现状，谈谈如何发展我国的服务贸易。
2. 利用TC指数，对比分析中国与印度在国际服务贸易各行业的竞争优势差异。

复习思考题

一、名词解释

过境交付　境外消费　商业存在　自然人流动　国际服务贸易　TC指数

二、填空题

1. 经过______回合多边贸易谈判于______年____月____日达成了《服务贸易总协定》(GATS)，迈出了重要的一步，它将服务贸易逐步纳入国际规范中。

2. 定义“服务”应考虑三个主要因素：①______，即主要体现为一种______；②______，即涉及______；③______，即提供______。

3. 《服务贸易总协定》所涵盖的“服务”包括任何部门的任何服务，但______除外。

4. 在反映国家（地区）之间交易的国际经济统计中，主要有三种统计：①______；②______；③______。

三、选择题

1. “一般义务和纪律”是GATS的核心内容，是成员方各项权利和义务的基础；各成员方在各服务部门，均应统一实施。下列不属于“一般义务和纪律”的是（　　）。

   A. 最惠国待遇　　　　B. 透明度原则

   C. 发展中国家的更多参与　　　　D. 国民待遇

2. 下列服务部门没有在中国服务贸易承诺表中列出的是（　　）。

A. 娱乐、文化和体育服务　　B. 旅游服务

C. 运输服务　　D. 金融服务

3. 经过谈判，中国保留了对重要的产品及服务实施国家定价和政府指导价的权利。服务业中的（　　）是实行“政府定价”，（　　）则实行“政府指导价”。

A. 运输服务；专业服务　　B. 教育服务；医疗服务

C. 邮电服务；教育服务　　D. 银行结算服务；旅游景点服务

4. 下列表述不正确的是（　　）。

A. WTO 是联合国的专门机构

B. WTO 是国际法主体，其职员和成员的代表享有与联合国专门机构同等的特权和豁免权等待遇

C. 与 GATT 相比，WTO 不再仅是一个条约性组织，而且有着更完善的组织结构和管理机制

D. 各成员方在加入 WTO 的同时，也一并加入 WTO 的所有协定

5. 根据商品移动方向不同，国际贸易可分为（　　）。

A. 出口贸易　　B. 无形贸易　　C. 过境贸易　　D. 进口贸易

四、简答题

1. 服务贸易是如何分类的？
2. 试述国际服务贸易与货物贸易的异同。
3. 试述《服务贸易总协定》的基本原则及对我国经济的影响。

课外实训

到当地旅游部门了解当地旅游发展情况，并写一份关于发展当地旅游贸易的建议书。

第十四章

国际贸易新格局

★学习目标

了解金融危机后国际贸易的新格局。

★引例

历史性事件与全球贸易格局

第一、第二次工业革命的产生与推广，奠定了欧洲作为世界经济与贸易的中心地位。第二次世界大战后，西方资本主义国家政治、军事及经济实力重新洗牌；随着以电子计算机为代表的第三次科技革命兴起，美国作为世界政治、军事和经济中心的地位得以巩固，世界贸易格局经历了深刻变革。中国的改革开放、特别是2001年中国“入世”，成为推动世界经济和贸易格局发展变化的新力量。2007年的世界经济危机之后，美国无力维持对全球经济体系的控制，新兴经济体也不甘心受到美国的制约，加深了美国全球经济体系崩塌的危机；各种力量在博弈中寻求新的均衡，国际贸易新格局正在酝酿之中。

自第二次世界大战结束以来，国际贸易格局不断分化，集中表现为发展中经济体的迅速崛起与国际贸易的多极化发展。这既促进了WTO（GATT）成员及内容的扩展，也导致了以WTO（GATT）为基本框架的多边贸易规则的弱化。国际贸易的区域化发展，导致不同层级、不同规模、不同紧密程度的贸易区域并存，形成“套娃”现象。贸易的区域化发展又进一步推动了双边与区域自由贸易协定的兴起，形成所谓的“意大利面碗”效应。双边与区域贸易规则既是对多边贸易规则的挑战，也是对多边贸易规则的补充。随着美国等贸易强国在国际贸易中的地位下降，其贸易单边主义日益盛行，对多边贸易规则产生了破坏作用，但我们不能由此简单判定美国贸易政策已经由自由主义全面转向贸易保护主义。

各个经济体着眼于自身在国际贸易格局中的优势与劣势，力求将自身利益诉求植入国际贸易秩序中，多重博弈将成为一种常态。中国对外贸易的迅猛发展是国际贸易格局分化的重要因素，也得益于加入以WTO为基本框架的多边贸易规则，因此，中国应尽力维护这一多边规则；与此同时，要积极推进双边与区域贸易规则的制定，特别是以“一带一路”建设促进贸易便利化为突破口，强化自身在双边与区域贸易秩序建设中的主导权；进一步深化内部的改革开放，为应对TPP做好准备，在新的国际环境下与新的历史起点上，促进货物贸易的转型升级与服务贸易的快速发展。

第一节　全球化背景下的国际经济形势①

经济全球化是指以市场经济为基础，以先进科技和生产力为手段，以发达国家为主导，以最大利润和经济效益为目标，通过分工、贸易、投资、跨国公司和要素流动等，实现各国市场分工与协作、相互融合的过程。表现在：一是世界各国经济联系的加强和相互依赖程度日益提高；二是各国国内经济规则不断趋于一致；三是国际经济协调机制强化，即各种多边或区域组织对世界经济的协调和约束作用越来越强。通过经济全球化，各国经济紧密联系成一个命运共同体。

一、经济危机以来的“新常态”

2008年金融危机的爆发改变了世界经济的发展趋势以及世界经济格局等基本经济形势。危机后世界经济分化日益明显和加剧，大国的货币政策、金融政策、贸易政策、外交政策等宏观经济政策及外交政策的博弈成为影响世界经济增长的主线，世界经济的不确定性风险增加，表现出如下“新常态”特征：一是低增长、低利率、低通胀；二是高债务风险、高龄化、高失业率；三是收支失衡、贫富失衡、全球协调机制“阶段性”失衡。

（一）“三低”

1. 低增长

2008年金融危机爆发前，世界经济连续多年保持4%～5%的增长速度，金融危机爆发后，世界经济基本处于低速增长状态，低于之前整个世界经济的走势，目前复苏到3%左右。从近几年的情况来看，尽管受持续宽松货币政策和中性财政政策等的综合影响，从2014年开始，主要发达经济体经济增长有所增强，失业率普遍下降，但是宽松货币政策导致了全球流动性泛滥，国际市场的动荡通过金融链条扩散到世界各地，这导致发展中国家汇率大幅度贬值，新兴经济体和发展中国家宏观调控政策面临刺激需求和降低外部脆弱性的艰难权衡，经济增长已经连续6年持续下滑。据国际货币基金组织（IMF）测算，2015年全球经济增速约为3.1%，比2014年同期的预测低了0.2个百分点；2016年全球经济增速可能不会有太大的进步，估计为3.2%，见表14.1。

① 本节主要根据陈文玲在2016年2月发表在《中国流通经济》上的《当前世界经济形势与中国战略选择》一文整理而成。

表 14.1　2010—2015 年世界经济增长率　%

年份	世界经济增长率	发达经济体增长率	新兴经济体和发展中国家增长率
2010	5.4	3.1	7.5
2011	4.2	1.7	6.3
2012	3.4	1.2	5.2
2013	3.3	1.1	5.0
2014	3.4	1.8	4.6
2015	3.1	2.0	4.0
2016（预计值）	3.2	2.2	4.5
2020（预计值）	4.0	1.9	5.3

资料来源：国际货币基金组织。

新兴经济体和发展中国家的群体性崛起已经成为不可逆转的事实，新兴经济体和发展中国家对世界经济增长贡献最大。据统计，2008—2011 年全球经济总量增长的近 90% 来自发展中国家。新兴经济体和发展中国家在世界总产出中所占比重不断提高。根据 IMF（国际货币基金组织）的研究，2014 年新兴经济体和发展中国家占世界经济总量的 57%，预测到 2019 年将占 60%，而 1990 年新兴经济体和发展中国家经济总量占全球总产出所占的比例仅为 1/3。因此，从短期来看，受包括中国在内的新兴经济体增长放缓的影响，世界经济将处于低速增长“新常态”。

2. 低利率

低利率也是当前世界经济的突出特点。金融危机后，美国为了尽快走向复苏，先后推出了四轮量化宽松货币政策，按照计划美国本应于 2015 年 9 月加息全面退出宽松货币政策，但鉴于威胁经济和通胀风险的因素仍然存在，美联储推迟了加息。

金融危机以来，发达国家普遍实行了低利率政策。美国四轮量化宽松政策使其基准利率下调到 2015 年 9 月的 0.13%，即基本为零的水平。存款利率也不断下降，美国联邦存款保险公司的投保银行平均成本率下降到 2014 年的 0.3%。欧元区自 2010 年开始步入零利率时代，2015 年欧洲央行实行宽松的货币政策，欧元区零利率蔓延。日本年利率趋零的态势也持续了很长时间。安倍晋三任日本首相之前，日本一直在学习美国的宽松货币政策，2013 年安倍晋三上任后，日本开始实行“三支箭”政策，其中第一支“箭”就是无限量、无限期的宽松货币政策。美国的量化宽松政策是一个确定的量，而安倍晋三政府所实行的是无限量、无限期的，只要利率水平没有达到 2.5%，就要实行这种货币政策。宽松的货币政策导致货币大幅度贬值。

新兴经济体也下调利率，其中下调得最厉害的是俄罗斯。2015 年，俄罗斯先后两次下调利率，货币政策趋于宽松，也是极低的利率。我国现在实行的是稳健的货币政策，而实际上稳健也带有宽松的意思。目前，我国一年期存款利率已经下降到历史上的最低位 1.75%，尽管高于欧洲和日本，但与自己比下降幅度很大。银行存款不合算，收益太少，银行的中间业务受到巨大挑战。发展中国家除巴西以外，几乎绝大部分的国家采取了宽松货币政策，进入低利率的时代。

3. 低通胀

世界经济低通胀的特点非常明显，具体的像美国的通缩，2015 年 1 月商品价格实际上同比下降了 0.1，9 月美国生产者价格指数（PPI）下跌 0.5，创了 2015 年 1 月以来最大降幅。欧元区从 2014 年 12 月起连续四个月通胀率都为负，在 QE 政策的影响下，欧元区通胀率逐渐恢复，但是 2015 年 9 月份欧元区通胀率再次转为负值。2015 年 1—3 月，欧元区通胀率同比增长分别为 -0.6、-0.3、-0.1，二季度也都是负数。这都是 2009 年以来跌至的负值。CPI 低于“0”，使欧元区陷入了技术性通缩的境地。日本也在通缩中徘徊，2015 年 8 月日本 CPI 为 0.2%，核心 CPI 只有 -0.1，也再次陷入通缩。中国的 PPI 已连续 35 个月负增长，CPI 始终在 2% 以下。

造成低通胀的主要原因是石油价格持续暴跌，能源的供求结构发生了巨大变化。2015 年石油价格的起伏最大，上一轮石油价格的最高点接近每桶 150 美元，最近降到每桶 40 美元左右，最低时甚至降到每桶 37 美元。今后随着美国页岩气成本的不断降低，有可能降到每桶 30 美元以下，国际能源价格特别是石油价格有可能进一步走低。美国主导的页岩气革命，导致能源的总供给和总需求发生了很大的变化，导致需求方变成了供给方，之前总需求排第一位的美国，现在不仅可以自给自足，而且将成为最大的能源出口国。能源将从石油、天然气转变为太阳能、水能、潮汐能、波浪能、生物质能等多元化的能源，总供给将大于总需求，石油价格将持续走低。

此外，其他大宗商品价格连续下跌也是低通胀的重要原因。比如铁矿石，自 2014 年开始，受钢材价格下跌影响，铁矿石价格一路走低。全球粮食价格也在下跌，现在中国粮食的价格比国际市场上粮食的到岸价还要高出许多。目前，通缩的危险也是存在的，包括美国。美国劳工部公布的数据显示，2015 年 1 月美国消费价格指数环比下降 0.7%，其中受汽油价格大跌影响，能源价格环比下降 9.7%，2015 年 9 月生产价格指数月率下跌 0.5%，创 2015 年 1 月以来最大降幅。欧元区从 2014 年 12 月开始，连续 4 个月，通货膨胀率都是负的。尽管在宽松货币政策影响下，其通货膨胀率有所恢复，但紧接着又变成负数。日本也一直在通缩附近徘徊，实际上已经陷入通缩了。日本的“失落十年”，其中一个非常重要的表现就是长期通缩。我国现在的消费者价格指数为 1% 多，不到 2%，我国生产者价格指数连续负增长的状态已经持续了很长一段时间，也面临通缩的风险。

（二）“三高”

1. 高债务风险

全球主权债务负担沉重，去杠杆化、去债务化压力非常大。自 2007 年以来，全球债务总和增加了 57 万亿美元，远高于全球同期的经济增量。全球债务总负担（包括私营部门债务和公共部门债务）占 GDP 的比例，已经从 2010 年的 160% 上升到 2013 年的 215%。各国政府出于控制经济风险的考虑，都提出了去杠杆化、去债务化、去福利化的对策，特别是那些高福利和背负高额债务的国家压力很大。我们知道，2015 年希腊陷入债务危机，整个欧盟都不再提供资金援助，中国也不再继续借钱，欧洲的问题只能依靠欧洲人自己解决，之前中国曾经借钱给希腊，但不能一直借下去。欧盟很多国家为希腊开出改革方案，要求希腊降低福利，降低支出，做出承诺，然后才能继续提供资金援助。结果，希腊政府刚刚提出降低福利的决议，尚未做出决定，希腊的公务员及各界人士就上街游行了。高福利上去容易，下来是非常难的。笔者认为，去债务才是政府所要采取的重大战略措施，去杠杆要依靠政策调整，去福利要取得社会共识，否则高福利是下不来的。从这个角度看，中国要实行适度福利，特别是我们作为一个拥有13亿人口的大国，应当做到公共服务可及化，应当公平公正，但确实不能实施高福利，确实不好把握。如果只是一时支持率高、得票多，但不可持续，这种制度设计就是有问题的。

欧盟国家，如希腊借钱度日，它所借的资金毕竟数额有限，而我们这么大一个国家，如果依靠借钱度日，所借资金数额就非常巨大，估计没有哪个国家会借给我们。我们现在之所以买美国的国债，是因为有收益，而且是稳定的收益。过去有人担心，我国在美国的美元资产加上所购买的美国国债，已经达到1.8万亿美元，是否安全？其实我们之所以购买美国国债，就是因为它有固定收益，而且有信用担保，中国所购买的美国国债仅占美国总债的10%左右。外国人及外国政府所购买的美国国债，总体上占比较低，持有美国国债的主体是美国的企业和公民。也就是说，美国国债最大的购买力量来自美国国内，因此与购买欧元、日元相比，购买美国国债的风险更低，因为现在欧元相对于美元贬值了。

2. 高龄化

高龄化也是一个全球性的问题，之前仅限于个别国家，现在差不多全球都遇到了这个问题。第二次世界大战以后，工业化国家陆续进入老龄化社会。20世纪30年代，英国最早出现了老龄化特征，并于20世纪70年代进入深度老龄化社会，即60岁以上老年人占到16%以上。2010年以后，德国、日本进入超级老龄化社会，即老年人占到21%以上。现在，日本老年人占到27%，差不多每3个人中就有1位老年人。目前，我国人均寿命为76岁，其中60岁以上老年人占比超过15%，65岁以上老年人占比超过10%，老龄化速度非常快。2025年，我国老年人占比将达到14%，2035年将达到21%，预计2030—2035年我国老年人口将突破3亿。3亿人到底是一个什么样的概念？3亿人大约相当于美国的全部人口，相当于日本人口的3倍。总之，老龄化是一个全球性的问题，也是我国所面临的问题，且老龄化问题将长期存在。老龄化将使社会缺少经济发展的动力，让已经形成的人口红利消失。未来印度可能会成为我国一个强劲的竞争对手，因为根据印度的人口结构，其适龄劳动人口所占的比重要高得多。

3. 高失业率

国际劳工组织《2015年世界就业与社会展望》报告显示，2014年全球失业人口突破2亿，就业形势几乎没有改观。按照全球70亿人计算，70亿人中有2亿人失业，所占的比例似乎不是很高，但真正的问题在于，目前失业人口更多集中在美国。美国金融危机爆发后，失业率曾一度达到9.6%，经过四轮宽松货币政策的实施，现在控制到5%左右。此外，日本及欧盟国家的失业率也很高。当然，我国也有失业率和潜在失业率，2014年解决了1 300万人的就业问题。不过，尽管我国的GDP增速下降了，但就业人口是上升的，这与产业结构调整有关。

（三）"三失衡"

1. 收支失衡

一些国家的主权债务和支出水平大大失衡。美国的主权债务在2012年就超过GDP总量，现在继续保持在100%以上的水平。2014年全球GDP总量是77.3万亿美元，其中美国是17.47万亿美元，所占比重超过20%，而其债务超过18万亿美元，也就是说，人均背负着5万多美元的国债。日本2015年年底主权债务率达到244%，现在仍然在240%以上。欧盟的一些国家超过100%，特别是希腊的负债率高达175%，中国的国家债务虽然还在国际规定的合理范围之内，但是也有相当大的风险。

2. 贫富失衡

联合国经济合作与发展组织2015年5月公布的一份报告指出，在经济合作与发展组织的几个国家中，最富有的10%人均收入是最贫穷的10%的9.6倍，富人与穷人的收入差距已经达到近3年以来的最高点。2008年国际金融危机爆发后，美国贫富失衡问题愈发严重。2010年，美国人发起占领华尔街、华盛顿的群众运动，在报纸上出现过“1%和99%”的口号，提醒人们1%的人占有99%的财富，而99%的人仅仅占有1%的财富。2014年我国基尼系数为0.469，也突破了贫富差距的警戒线，我国现在处于贫富严重失衡阶段，因为基尼系数达到0.4，就是贫富严重失衡。此外，印度、俄罗斯、巴西、阿根廷等也都存在同样的问题。

贫富失衡是一个全球性的问题，富国与穷国之间的失衡也非常严重，富国越来越富，穷国越来越穷。现在全球有11亿贫困人口，还有8亿饥饿人口。在贫困人口中排在第一位的、占比最高的是印度，占到32%多。第二位是中国，中国仍然占到12.8%。排名全世界前五位的还有尼日利亚、刚果（金）、孟加拉，占到35%。

2015年10月，习近平主席在2015减贫与发展高层论坛上讲话中提出，到2020年我国农村贫困人口将全部脱贫。现在我们有多少贫困人口？按照2015年我国的贫困线标准农民年人均纯收入2 800元计算，我们还有7 017万贫困人口。至于5年内如何解决7 017万人口的脱贫问题，习主席在《关于〈中共中央关于制定国民经济和社会发展第十三个五年规划的建议〉的说明》中进行了部署：到2020年，通过产业扶持，解决3 000万人脱贫；通过转移就业，解决1 000万人脱贫；通过易地搬迁，解决1 000万人脱贫。还有2 000多万完全或部分丧失劳动能力的贫困人口，全部纳入低保覆盖范围，国家全部解决。

3. 全球协调机制“阶段性”失衡

在2008年国际金融危机之后，全球宏观经济协调的功能曾经一度发挥作用。近2年，特别是2016年，这种阶段性失衡的特点表现非常突出。旧的机构、旧的机制、旧的规则对全球性的困境和问题无能为力，新的机构和新的治理机制开始涌现并发挥作用，但是新的秩序和新的治理体系替代旧秩序和旧的治理体系仍将是一个长期的过程。

尽管与美国相比，我国在经济实力、外交实力、国际影响力方面还存在很大差距，仍然需要韬光养晦，但也要有所作为，而且一定要有所作为，要让世界重新认识中国、接受中国，使中国真正在维护世界秩序、制定世界规则、领导世界发展中发挥大的作用。

近年来，中国的外交发挥了非常大的作用，包括中亚峰会、亚洲太平洋经济合作组织（APCE）会议，以及2016年二十国集团领导人峰会在中国的召开都意义重大。中国需要协调一系列全球宏观经济政策，需要加强中美之间以及中国宏观经济政策的协调。现在旧的机制、旧的规则遇到了很大的问题，而新的秩序、新的治理体系对旧秩序与旧治理体系的替代是一个长期的过程。中国正是推动这样一个变革和建设过程的主导者。原来我国只是世界规则、世界秩序的接受者或者被视为“另类”，现在我们要做建设者，要做引导者，未来还应做领导者，只有成为规则的制定者，才能在战略上占据制高点。因此，我们要讲好中国故事，要提出中国方案，要提出中国主张，要研究中国理论。

二、世界经济分化加剧

未来，世界经济低速增长的“新常态”不会发生根本改变，但世界经济分化日益明显和加剧。将表现出以下发展趋势：

第一，世界经济继续分化。美国基本上走出困境，开始复苏；欧洲经济基本上还是比较低迷，但比零增长的时候略好一些，总体来看呈现非常低迷的增长态势；日本经济基本上处于零增长状态；印度的经济增速在提升；“金砖五国”的经济增速普遍下降，但仍然是世界经济增长的主要动力，其中下降幅度最大的是俄罗斯、巴西，中国只是从超高速放缓到中低速。

第二，货币政策分化加剧。美国的货币政策将趋于正常，其最初实行宽松的货币政策，待达到宏观调控目标后，就退出宽松的货币政策；欧元区货币政策加码，2014 年开始实行宽松的货币政策，2015 年又开始了新一轮的货币宽松政策；其他主要经济体的货币政策也开始趋于宽松。

第三，国际贸易格局日益分化。全球性多边贸易谈判艰难推进，区域性贸易谈判日益活跃，国际贸易格局开始分化；从世界层面看，全球性贸易增长减缓，从地区层面看，区域性贸易活跃；包括 12 个国家在内的跨太平洋伙伴关系协定（TPP）将于 2017 年开始实施；由美国主导的跨大西洋贸易与投资伙伴关系协定（TTIP）也在积极推进；而中国则提出了“一带一路”战略。

第四，大宗商品市场价格在跌宕起伏中分化。石油、铁矿石、煤炭，特别是黄金的价格，现在跌到了低点。

第五，全球跨境电子商务蓬勃发展。美国有 1.8 亿的在线购买者，中国是后来居上，2015 年 6 月中国网民规模达到 6.68 亿，网络购物用户规模达到 3.74 亿，跨境电子商务消费者超过 2 亿人。

第二节　国际贸易的发展趋势

一、跨太平洋伙伴关系协定（TPP）

（一）TPP 的产生

2005 年 5 月 28 日，文莱、智利、新西兰、新加坡四国协议发起跨太平洋伙伴关系，签订经贸协议，成员之间彼此承诺在货物贸易、服务贸易、知识产权以及投资等领域相互给予优惠并加强合作。协议采取开放的态度，欢迎任何 APEC 成员参与，非 APEC 成员也可以参与。

（二）TPP 的实质

跨太平洋伙伴关系协定（Trans-Pacific Partnership Agreement），也被称作“经济北约”，是目前重要的国际多边经济谈判组织，前身是跨太平洋战略经济伙伴关系协定（Trans-Pacific Strategic Economic Partnership Agreement）。它是由亚太经济合作会议成员国中的新西兰、新加坡、智利和文莱等四国发起，从 2002 年开始酝酿的一组多边关系的自由贸易协定，原名亚太自由贸易区。该协议的重要目标之一就是建立自由贸易区，旨在促进亚太地区的贸易自由化。

2015 年 10 月 5 日，TPP 终于取得实质性突破，美国、日本和其他 10 个泛太平洋国家就 TPP 达成一致。12 个参与国加起来所占全球经济的比重达到 40%。

（三）TPP 对世界贸易格局的影响

跨太平洋伙伴关系协议将突破传统的自由贸易协定（FTA）模式，达成包括所有商品和服务在内的综合性自由贸易协议。跨太平洋伙伴关系协定将对亚太经济一体化进程产生重要影响，可能将整合亚太的两大经济区域合作组织，亦即亚洲太平洋经济合作组织和东南亚国家联盟重叠的主要成员国，将发展成为涵盖亚洲太平洋经济合作组织（APEC）大多数成员在内的亚太自由贸易区，成为亚太区域内的小型世界贸易组织，开创并主导 21 世纪贸易协议的新标准。第一，TPP 将打破传统 FTA 模式，达成无例外的综合性自由贸易协议；第二，贸易协议新标准将更加关注工人和环境问题；第三，高举自由和公平贸易旗帜，意在维护美国出口利益；第四，在贸易协议中推行美国的全球价值观。

二、“一带一路”的国际区域协作发展趋势

（一）“一带一路”的提出

2013 年 9 月 7 日，习近平主席在哈萨克斯坦发表重要演讲，首次提出了加强政策沟通、道路联通、贸易畅通、货币流通、民心相通，共同建设“丝绸之路经济带”的战略倡议；2013 年 10 月 3 日，习近平主席在印度尼西亚国会发表演讲时明确提出，中国致力于加强同东盟国家的互联互通建设，愿同东盟国家发展好海洋合作伙伴关系，共同建设“21 世纪海上丝绸之路”。

（二）“一带一路”的实质

“一带一路”是“丝绸之路经济带”和“21 世纪海上丝绸之路”的简称。

“一带一路”不是一个实体和机制，而是合作发展的理念和倡议，是依靠中国与有关国家既有的双多边机制，借助于既有的、行之有效的区域合作平台，借用古代“丝绸之路”的历史符号，高举和平发展的旗帜，主动地发展与沿线国家的经济合作伙伴关系，共同打造政治互信、经济融合、文化包容的利益共同体、命运共同体和责任共同体。

“一带一路”的建设不仅不会与上海合作组织、欧亚经济联盟、中国—东盟（10 + 1）等既有合作机制产生重叠或竞争，还会为这些机制注入新的内涵和活力。

（三）“一带一路”对世界贸易格局的影响

当今世界正发生复杂深刻的变化，国际金融危机深层次影响继续显现，世界经济缓慢复苏、发展分化，国际投资贸易格局和多边投资贸易规则酝酿深刻调整，各国面临的发展问题依然严峻。共建“一带一路”，是顺应世界多极化、经济全球化、文化多样化、社会信息化的潮流，秉持开放的区域合作精神，致力于维护全球自由贸易体系和开放型世界经济。共建“一带一路”旨在促进经济要素有序自由流动、资源高效配置和市场深度融合，推动沿线各国实现经济政策协调，开展更大范围、更高水平、更深层次的区域合作，共同打造开放、包容、均衡、普惠的区域经济合作架构。共建“一带一路”符合国际社会的根本利益，彰显人类社会共同理想和美好追求，是国际合作以及全球治理新模式的积极探索，将为世界和平

发展增添新的正能量。

共建"一带一路"致力于亚欧非大陆及附近海洋的互联互通，建立和加强沿线各国互联互通伙伴关系，构建全方位、多层次、复合型的互联互通网络，实现沿线各国多元、自主、平衡、可持续的发展。"一带一路"的互联互通项目将推动沿线各国发展战略的对接与耦合，发掘区域内市场的潜力，促进投资和消费，创造需求和就业，增进沿线各国人民的人文交流与文明互鉴，让各国人民相逢相知、互信互敬，共享和谐、安宁、富裕的生活。

当前，中国经济和世界经济高度关联。中国将一以贯之地坚持对外开放的基本国策，构建全方位开放新格局，深度融入世界经济体系。推进"一带一路"建设，既是中国扩大和深化对外开放的需要，也是加强与亚欧非及世界各国互利合作的需要，中国愿意在力所能及的范围内承担更多责任和义务，为人类和平发展做出更大的贡献。

三、WTO 贸易便利化协议（TFA）

全球经济在全球金融危机近 7 年之后仍在挣扎中寻求发展的牵引力，国际贸易也停滞不前。全球贸易在 2010 年最初的反弹后，已大大低于其历史平均增长率。贸易增长的预测者们也不敢说很快就会恢复到历史标准发展水平。这一问题引起了广泛的讨论，讨论的结论更倾向于认为，贸易放缓反映出经济结构存在问题，而不是纯粹的经济周期性引起的问题。这就是产生 TFA 的前兆。

WTO 贸易便利化协议（TFA）是于 2013 年 12 月在巴厘举行的 WTO 成员方部长级会议通过的协议，是 1995 年世界贸易组织建立以来签订的第一个多边贸易协定。TFA 是 WTO 的一个里程碑式的成就，具有每年潜在增加世界贸易 10 000 亿美元的能力。

（一）简易国际贸易协议（Trade Facilitation Agreement）

贸易便利化，即简单化、现代化和进出口流程协调，已成为世界贸易体系的一个关键主题。20 年前，它甚至不在 WTO 的议事表上，今天却成为 WTO 全球贸易谈判多哈回合的主要目标之一。在全球经济日益开放和相互联通的今天，全球贸易面貌正在以比我们的认识更快的速度发生变化。简化、加速和协调贸易流程，进一步促进贸易自由化的政策，将有助于世界贸易的扩大，有助于各成员方融入一个日益全球化的生产体系。也就是说，贸易便利化协议（TFA）十分重要，因为在关税壁垒、运输和通信成本下降，以及新兴市场不断崛起的形势下，公司可以在不同的国家（地区）组织商品和服务的生产，并通过复杂的跨国网络实现增值。

TFA 不同于过去的贸易协定。过去的贸易协定是一种"消极"的整合，主要致力于各国（地区）降低关税和非关税壁垒；而 WTO 贸易便利化协议（TFA）则是一种积极整合，即各国（地区）共同致力于简化流程、共享信息，并合作制定相应的监管和政策目标。

从广义上讲，贸易便利化可以覆盖从信息技术能力到运输和物流服务等广泛的主题。尽管如此，政府行政流程和监管要求的效率仍然是一个关键因素。这就是以精简、协调和现代化的海关手续为特点的 TFA，在减少贸易成本和时间上有重大影响的原因。

（二）TFA 的作用

1. 有利于成员方融入世界价值链

20 世纪的装配线已成为当今全球价值链，这个高度连接的全球经济使这一价值链在没有减少贸易的重要性的基础上进一步增长。企业可以在全世界组织资源开展生产经营活动，可以在全球设立分公司，将装配线上各个生产环节分布在全世界，从而形成全球价值链。贸易便利化更是有利于全球价值链的强化和成长，使全球经济日益成为一个整体。

2. 有利于扩大贸易，降低贸易成本

尽管 WTO 在《世界贸易报告（2013）》中估计了基于 TFA 贸易成本变化的孤立潜在影响，但是其他因素也会影响贸易流动，因此其估计的影响可能会被放大或被其他因素抵消。2015 年的报告表明，TFA 是通过大量的国际贸易降低了贸易成本，并使国际贸易和全球经济有显著的上升运动的轨迹。目前，WTO 的有关研究结论是：通过 TFA，贸易成本平均可以下降 14.5%。

《世界贸易报告（2015）》是第一个基于 TFA 最终文本的要求，充分详细分析了 TFA 的潜在影响的研究报告。该报告认为，发展中国家将从 TFA 中显著受益，将占有可获取的收益的很大一部分。

本章小结

2008 年全球金融危机以来，世界经济一直处于深度变革之中，全球经济表现出来的三大“新常态”正是这一变革的体现。针对这一变革，各国都在寻求新的突破，以美国为首的西方资本主义国家推出了 TPP，而中国则推出了“一带一路”国际合作建议。不管怎样，国际贸易便利化协议（TFA）的形成对于全球国际贸易的发展仍然有巨大的推动作用，有利于全球价值链的进一步强化。

复习思考题

1. 在全球化背景下国际贸易新格局有何特点？
2. TPP 和“一带一路”将如何改变世界贸易格局？

课外实训

从 WTO 官网查找有关 TFA 的资料，讨论：

（1）TFA 可以使国际贸易的哪些环节更加便利？

（2）TFA 对于发展中国家有哪些作用？

参考文献

[1]〔德〕卡尔·马克思，冯·恩格斯. 资本论（第一卷）[M]. 北京：人民出版社，1975.

[2] 蔡玉彬，龙游宇. 国际贸易理论与实务（第3版）[M]. 北京：高等教育出版社，2012.

[3] 朱金生，柳哲. 国际贸易理论与实务 [M]. 北京：人民邮电出版社，2011.

[4] 吴汉嵩. 国际贸易学 [M]. 广州：暨南大学出版社，2010.

[5] 张相文，曹亮. 国际贸易理论与实务 [M]. 武汉：武汉大学出版社，2011.

[6] 薛荣久. 对国际贸易学说的回顾、比较与展望 [J]. 国际贸易问题，1985（1）：37.

[7] 薛荣久. 国际贸易 [M]. 北京：对外经济贸易大学出版社，2008.

[8] 窦祥胜. 国际贸易学教程 [M]. 北京：北京大学出版社，2011.

[9] 王新哲，梅花·托哈依. 国际贸易 [M]. 北京：北京理工大学出版社，2010.

[10] 陶涛. 国际贸易学 [M]. 北京：机械工业出版社，2015.

[11] 张玮. 国际贸易原理（第2版）[M]. 北京：中国人民大学出版社，2013.

[12] 李宏. 国际贸易理论与实务（第2版）[M]. 北京：电子工业出版社，2015.

[13] 杨全发. 新编国际贸易 [M]. 广州：中山大学出版社，1995.

[14] 闫国庆，孙琪，陈丽静. 国际贸易理论与政策 [M]. 北京：高等教育出版社，2012.

[15] 张鸿，文娟. 国际贸易 [M]. 上海：华东师范大学出版社，2011.

[16] 崔岩. 美国战略性贸易政策研究 [D]. 长春：吉林大学，2010.

[17] 刘伟丽. 战略性贸易政策理论研究 [M]. 杭州：浙江大学出版社，2006.

[18] 池元吉，李晓. 世界经济概论（第3版）[M]. 北京：高等教育出版社，2013.

[19]〔美〕丹尼斯·R·阿普尔亚德，小艾尔弗雷德·J·菲尔. 国际经济学：国际金融分册（第8版）[M]. 赵英军，译. 北京：机械工业出版社，2015.

[20]〔美〕保罗·R·克鲁格曼，茅瑞斯·奥伯斯法尔德. 国际经济学理论与政策：国际贸易部分（上册）（第8版）[M]. 黄卫平，胡枚，宋晓恒，等译. 北京：中国人民大学出版社，2011.

[21]〔美〕罗伯特·C·芬斯特拉，艾伦·M·泰勒. 国际贸易 [M]. 张友仁，杨森林，等译. 北京：中国人民大学出版社，2011.

[22]〔美〕多米尼克·萨尔瓦多. 国际经济学（影印版）（第10版）[M]. 杨冰，等译. 北京：清华大学出版社，2011.

[23]〔美〕托马斯·A·普格尔. 国际贸易（英文版）（第15版）[M]. 北京：中国人民大学出版社，2012.

[24]〔美〕保罗·克鲁格曼. 战略性贸易政策与新国际经济学 [M]. 海闻，等译，北京：中国人民大学出版社，北京大学出版社，2000.

[25] 夏申．论战略性贸易政策（上）[J]．国际贸易问题，1995（8）：34－39.
[26] 夏申．论战略性贸易政策（下）[J]．国际贸易问题，1995（9）：12－16，42.
[27] 关艳丽，张习宁．经济全球化、国际贸易与中国政策选择——基于战略性贸易政策理论的分析 [J]．经济问题，2008（7）：9－12.
[28] 张丽娟．金融危机以来美国贸易政策的回顾与展望 [J]．国际贸易问题，2011（6）：35－46.
[29] 尹小平，崔岩．日美半导体产业竞争中的国家干预——以战略性贸易政策为视角的分析 [J]．现代日本经济，2010（1）：8－12.
[30] 李媛，孙碧宁，倪志刚，等．“一带一路”契机下中国服务贸易的机遇分析 [J]．沈阳工业大学学报（社会科学版），2016（1）：26－30.
[31] 毛燕琼．当前国内外经济形势的若干判断及对策探索 [J]．世界经济研究，2010（9）：13－17.
[32] 张亚斌，范子杰．国际贸易格局分化与国际贸易秩序演变 [J]．世界经济与政治，2015（3）：30－46.
[33] 陈文玲．当前世界经济形势与中国战略选择 [J]．中国流通经济，2016，30（2）：5－13.
[34] 赵伟．国际贸易：理论、政策与现实问题 [M]．大连：东北财经大学出版社，2008.
[35] WTO. World Trade Report 2015 [O], http://www.wto.org/.
[36] World Bank. World Development Report 1994 [O], http://www.worldbank.org/.

[25] 裴长洪. 论扩大利用外资政策（上）[J]. 国际贸易问题, 1992(8): 34-39.

[26] 裴长洪. 论扩大利用外资政策（下）[J]. 国际贸易问题, 199[illegible](9): 12-16, 42.

[27] [illegible], 张少军, [illegible]. [illegible]——基于[illegible]政策的[illegible]分析 [J]. 经济问题, 2008(7): 9-12.

[28] [illegible]. [illegible]与外资政策的调整与创新 [J]. 国际贸易问题, 2011(6): 13-16.

[29] [illegible]——以[illegible]政策为视角的分析 [J]. 现代经济探讨, 2010(9): 8-12.

[30] [illegible]——[illegible]中国的外资政策演进与[illegible] [J]. [illegible], 2016(13): 26-30.

[31] [illegible] [J]. 世界经济研究, 2010(9): 13-17.

[32] 张亚斌, 范子杰. 国际贸易格局分化与国际贸易秩序演变 [J]. 世界经济与政治, 2015(3): 30-46.

[33] 陈文玲. 当前世界经济格局变化与中国的战略选择 [J]. 中国流通经济, 2016, 30(2): 5-13.

[34] 赵春明. 国际贸易: 理论、政策与实证研究. 大连: 东北财经大学出版社, 2008.

[35] WTO. World Trade Report 2015 [R/OL]. http://www.wto.org/.

[36] World Bank. World Development Report 1994 [R/OL]. http://www.worldbank.org/.